아베 신조 회고록

아베 신조 회고록

마르코폴로

아베 신조 지음
하시모토 고로 지음
오야마 히로시 지음
기타무라 시게루 감수
유성운 옮김

安倍晋三 回顧錄

安倍晋三 回顧録

목차

왜 아베 신조 회고록인가 ―
'역사의 법정'에의 진술서

2022년 9월 27일 도쿄(東京) 지요다(千代田)구의 일본 부도칸(武道館)에서 아베 신조(安倍晋三) 전 총리의 국장(国葬)이 열렸습니다. 장례위원장인 기시다 후미오(岸田文雄) 총리는 "총리대신이란 녹은 쇠를 쇳물 모양으로 흘려 넣으면 되는 '주조품'이 아니라 수 차례 두들겨지고 나서야 비로소 모양을 이루는 '단조품'"이라는 아베 씨의 말을 인용하며, "당신은 스스로를 한층 강한 단조품으로 단련했다"고 추모했습니다. 약 7년 9개월에 걸쳐 관방장관으로서 아베 씨를 계속 지지해 온 스가 요시히데(菅義偉)[01] 전 총리는 두 사람의 깊은 유대를 나타내는 에피소드를 이야기하면서, 아베 전 총리의 의원 회관 사무실 책상 위에 있던 오카 요시타케의 「야마가타 아리토모(山県有朋)」(이와나미 서점)에 마카펜으로 선이 그어져 있던 부분을 회고했습니다. 그것은 야마가타가 맹우였던 이토 히로부미(伊藤博文)를 먼저 보내며 비탄에 잠겨 불렀던 노래였습니다.

흉금을 나누던 이가 먼저 가버렸네
이제 이 세상은 어디로 가야 하나.

스가 씨는 "총리(아베 씨), 지금 이 노래만큼 저 자신의 생각을 잘 읊은 한 수는 없습니다"라며 두 번이나 노래를 이어 불렀습니다. 인

---

01) 2012년 12월~2020년 9월 아베 신조 제2차 정권의 관방장관으로 재임하면서 아베 정권의 2인자로 자리를 굳혔다. 2020년 9월 사임한 아베 신조의 뒤를 이어 자민당 총재 및 99대 총리대신에 올랐으나 코로나19 대처 미숙 등 각종 논란으로 지지율이 하락해 2021년 10월 사임했다.

사가 끝나자 식장에서는 큰 박수가 터져 나왔습니다. 엄숙해야 할 장례식이 박수로 뒤덮이는 등 거의 전례가 없는 일이었습니다. 참석한 사람들에게는 그만큼 감동이 깊었을 것입니다.

비슷한 시기 부도칸 근처에 마련된, 일반인을 위한 헌화대에는 저마다 직접 꽃을 들고 온 사람들의 긴 줄이 밤까지 끊임없이 이어졌습니다. 한편 '국장 반대' 시위도 전국 각지에서 벌어졌습니다. 아베 전 총리의 국장은 국민을 한층 분열시킨다는 비판도 있었습니다. 도합 8년 9개월에 걸친 아베 정치는 안전보장 관련법을 비롯해 국론을 양분하는 현안에 끊임없이 도전한 나날이었습니다. 그런 의미에서 국장에 대해서도 찬반이 소용돌이치는 것은 당연하다고 할 수 있습니다. 국장에 참석하면서 절감한 것은 일본 헌정 사상 최장 정권을 철저하게 분석하는 것은 아베 정치에 대한 찬반이나, 호불호가 어떻든 언론인으로서의 책무라는 것이었습니다.

우리가 아베 씨에게 회고록 출간을 위한 인터뷰를 제의한 것은 총리 사임을 표명하기 한 달 반 전인 2020년 7월 10일이었습니다. 회고록을 제안한 첫 번째 이유는 어떻게 태평양 전쟁 전의 가쓰라 타로(桂太郎)를 제치고 133년 헌정 사상 최장 기간을 집권한 정권이 될 수 있었는지, 그 이유와 정책 결정의 막후, 번민과 고독의 나날을 본인이 말해줬으면 했기 때문입니다. 서구 지도자들은 대통령이나 총리를 그만두면 오래지 않아 회고록을 출판합니다. 그것이 전통이자 지도적 위치에 있던 정치인의 책임이라고 생각하기 때문일 것입니다.

하지만 일본의 경우는 다릅니다. "기록된 것이 역사다"라는 윈스턴 처칠 영국 총리의 말처럼 총리직에서 물러난 뒤 많은 저서를 남긴 나카소네 야스히로(中曽根康弘)조차 본격적인 회고록 『천지유정』(이토 다카시(伊藤隆) 외, 분게슌쥬(文藝春秋))을 낸 것은 퇴진 후 10년 가까이 지나서였습니다. 관계자에게 폐를 끼쳐서는 안 된다는 배려나, 스스로를 자랑하는 것은 삼가려는 일본적인 미덕의 표현일지도 모릅니다.

그럼에도 불구하고 아베 총리의 퇴임 후 가능한 한 빨리 되돌아보아야겠다고 생각한 첫 번째 이유는, 기억이 생생한 상태에서 말해 줌으로써 더욱 진실에 가까워질 수 있다고 생각했기 때문입니다.

또한 정치인만의 문제는 아니지만 회고록에는 정도의 차이는 있더라도 자기 정당화가 따라다닙니다. 그건 피할 수 없는 일입니다. 시간이 지날수록 본인은 의식하지 않아도 정당화나 미화의 정도가 더 강해지는 것이 일반적입니다. 직설적으로 말하면, 그것을 조금이라도 상대화할 수 있는 것이 회고록을 관계자들 앞에 드러내는 것입니다. 많은 눈에 노출되면 말하는 쪽도 스스로 자제하게 됩니다. 이것이 두 번째 이유입니다. 사실을 보는 시각은 결코 하나가 아닙니다. 영국의 역사가 E.H.카가 적절히 지적했듯이, "역사란 해석"(『역사란 무엇인가』 이와나미 서점)입니다. 여러 가지 해석이 있을 수 있습니다. 그걸 위해서라도 관계자에게 반론의 여지를 남겨 두는 것이 중요합니다. 신속히 '회고록'이 출판되면 일본 정치에 무슨 일이 일어나고 있었는지를 보다 다각도로 조명할 수 있게 됩니다.

그런 점도 아베 씨에게 전해드리며 회고록을 부탁드렸습니다. 다만 인터뷰 시기는 자민당 총재로서 3기 임기를 채우는 2021년 9월 이후라고 생각했습니다. 그런데 2020년 8월 28일 갑작스러운 사의 표명이 있었습니다. 게다가 건강 악화가 이유이기 때문에 일단은 이 기획을 포기할 수밖에 없었습니다. 곧 스가 요시히데 내각이 발족했습니다. 곧바로 인터뷰하는 것은 무리라고 나름대로 생각하고 있었는데, 아베 씨 측에서 인터뷰 제의에 응하겠다는 의사를 전해 왔습니다. 아베 씨도 정치적 질풍노도의 시대에 대한 증언을 제대로 남겨 두고 싶은 마음이 있었던 것 같습니다.

이렇게 2020년 10월부터 2021년 10월까지, 1회 2시간씩 18회에 걸쳐 총 36시간의 인터뷰가 진행됐습니다. 정치부 기자로서의 경험으로 말하자면 아베 내각은 매우 특이한 내각이었습니다. 제1차 정권에서는 교육기본법 개정과 방위청의 성(省) 승격, 헌법 개정 절차를 규정한 국민투표법의 제정 등 50~60년간의 묵은 현안을 처리했습니다. 제2차 정권에서는 특정비밀보호법 제정, 집단적 자위권의 한정적 용인과 안전보장 관련법 정비, 테러대책법 제정 등 모두 국론을 양분하는 과제를 추진했습니다. 야당과 일부 언론으로부터 입헌주의를 짓밟는 내각이라는 비판을 받았습니다. 그러나 아베 총리-총재 밑에서 싸운 여섯 번의 선거는 모두 자민당이 승리했습니다. 정권을 선택하는 중의원 선거에서 승리하면 그 다음 참의원 선거에서는 의석이 줄어들기 일쑤입니다.[02] 선거 공약이 기대만큼 성

---

02) 일본은 중의원(480석)과 참의원(242석)으로 나뉜 양원제다. 법률 제정과 총리 인

과를 거두기는 단기적으로 무리입니다. 그것이 국민들로 하여금 회초리를 들게 하는 것이죠.

그런데도 아베 총리는 어떻게 여섯 번의 선거를 승리하고 장기집권할 수 있었을까요. 여러 가지 이유가 있을 수 있습니다. 간사장에 다니가키 사다카즈(谷垣禎一) 씨나 니카이 도시히로(二階俊博) 씨를 기용해 당이 엇나가지 않도록 관리하고, 내각의 주축으로는 아소 다로(麻生太郎) 씨를 앉혀 중심을 잡고, 스가 관방장관을 통해 관료들이 꼼짝할 수 없도록 목덜미를 누른 노련한 인사 배치의 효과도 컸을 것입니다.

일하는 방식(働き方·하타라키카타) 개혁처럼 야당의 정책까지 끌어들인 유연성이나 인사가 정치의 요체라며 내각 인사국을 최대한 이용한 철저한 현실주의자의 측면도 무시할 수 없습니다. 만사를 언제나 전략적으로 생각하고 있었다는 점도 그렇습니다. 장기집권의 비결에는 이 모든 것이 포함되어 있다는 것을 '회고록'을 읽어본다면 이해가 될 것입니다.

아베 씨에게는 '매파', '우익' 성향의 이미지가 늘 따라다닙니다. 그러나 내정 문제에서는 경제계에 임금 인상을 요청하는 등 사회주

선, 예산 편성 등을 결정하는 중의원이 사실상 우리가 생각하는 국회의 기능을 맡고 있다. 정권 수립이나 교체도 중의원 선거로 정해진다. 참의원은 중의원 견제 기능을 맡고 있으며 총리 인선, 예산 편성, 조약 비준 외 법안에 대한 비토권을 갖고 있다. 중의원은 임기가 4년이지만 총리의 해산을 요구하면 임기가 중단되고 선거가 다시 치러진다. 참의원의 임기는 6년이며, 242석을 절반으로 나눠 3년에 한 번 선거를 치른다.

의자인가 싶을 정도의 유연성이 있었습니다. 그것은 안보 개정 등으로 우파 성향이라고 불리던 기시 노부스케(岸信介) 정권에서 '국민개보험(國民皆保險),'[03] 등 전후 사회보장의 기초가 마련된 것과 궤를 같이하고 있습니다. 금융정책에서는 철저한 비둘기파라고 해도 좋을 것입니다. 선입견에 사로잡혀 사물을 보면 안 된다는 교훈이기도 합니다. 허심탄회하게 봐야 한다는 것을 절감하게 됩니다.

이 회고록에는 장기집권의 비밀과 함께 '지구본을 내려다보는 외교'를 통해 친분을 쌓은 세계 지도자들의 인물평과 에피소드가 듬뿍 담겨 있습니다. 비유의 묘도 있습니다. 중국과의 외교는 장기와 같다는 것도 그렇습니다. "상대가 포(包)를 빼앗으려 하면, 차(車)나 상(象)을 뺏는 한 수를 쳐야 한다. 중국의 억지 행태를 바로잡기 위해서는 이쪽이 선거에서 계속 이겨 중국에 성가신 아베 정권이 오래 지속될 것이라고 생각하게 만든다. 그런 신경전을 벌여온 것 같다"는 말에서 엄청난 내공을 보게 됩니다. 인물평에서 도널드 트럼프, 버락 오바마 두 미국 대통령에 대한 평가도 무릎을 치게 합니다. 백미는 고이케 유리코(小池百合子) 도쿄도지사에 대한 평입니다.

'고이케 유리코 조커'설입니다. 조커 없이도 카드 게임을 할 수 있지만 조커가 들어가면 특수 효과를 발휘해 스페이드 에이스보다 강해지죠. 그녀는 자신이 조커라는 것을 충분히 인식하고 행동하고 있다는 것입니다. 정치 세계에서 살아남기 위해서는 인물에 대한 정확한 관찰이 필수적이라는 것을 새삼 생각하게 됩니다. 중국의 시진

---

03) 전국민을 대상으로 하는 일본의 공적보험제도로 한국의 의료보험제도에 해당

핑, 러시아의 블라디미르 푸틴 평도 맛보셨으면 좋겠습니다.

회고록의 출간은 아베 씨가 잠시 기다려 달라고 요청해 잠시 중단됐습니다. 사실 그는 아베파 회장으로서 정계에 본격적으로 복귀하려고 했습니다. 회고록에 워낙 민감한 부분이 많다보니 주저했을 겁니다. 그러다가 불행한 사건이 일어나고 말았습니다. 전후에 나온 1급이라고 생각되는 회고록을 이렇게 둬서는 너무 아깝다고 판단해, 아베 씨의 49재가 지나고 나서 아베 아키에(安倍昭惠) 여사에게 출간을 부탁하러 갔습니다. 아키에 여사도 아베 씨의 책상 위에 '유품'처럼 놓여 있는 것을 발견했다면서 쾌히 허락해 주셨습니다. 진심으로 감사드립니다.

나카소네 야스히로 전 총리는 "정치인의 삶은 그가 이룬 결과를 역사라는 법정에서 심판받는 것으로만 평가받는 것"[04]이라고 종종 강조했습니다. 정치가라는 것에 대한 깊은 자각 없이 정치에 종사해서는 안 된다는 강한 훈계이기도 합니다. 그런 의미에서 아베 씨의 회고록은 역사 법정에 제출하는 아베 신조의 진술서이기도 합니다. 되도록 많은 사람들이 읽어 주셨으면 하는 바람입니다.

2023년 1월

하시모토 고로(橋本五郎)

오야마 히로시(尾山宏)

---

04) 『자성록-역사법정의 피고로서』 신초샤(新潮社)

///////////////

제1장

코로나 확산 ─
다이아몬드 프린세스부터 사임까지

2020년

중국에서 신종 코로나19 바이러스 감염증(코로나19) 발생에 대해 첫 공식 발표를 한 것은 2019년 12월 31일이었다. 후베이(湖北)성 우한(武漢)시 위생건강위원회가 '현재 폐렴 감염 현황 통보'라는 제목으로 원인불명의 폐렴 환자가 잇따라 확인되고 있다고 밝혔다.

그러다 순식간에 코로나19가 전 세계에 퍼졌고 경제, 사회뿐 아니라 일상까지 확 바꿔 놓았다. 각국은 도시 봉쇄나 이동 제한, 접촉 억제 같은 조치를 반복하게 된다.

역사상 흑사병이나 천연두 등 감염병이 큰 재앙을 몰고 온 사례는 있었다. 하지만 과학기술의 발달과 의료 발전으로 그러한 재앙은 과거 역사에 지나지 않는다고 생각한 사람이 많았다. 보이지 않는 바이러스의 위협에 아베 정권도 농락당하고 있었다.

프롤로그

— 2019년 11월 8일 총리 관저에서 신종 인플루엔자 등에 대한 종합 대책훈련이 열렸습니다. 2009년 감염이 확산됐던 신종 플루의 다음 유형에 대비한 훈련으로써, 해외 출장에서 귀국한 직장인이 양성으로 확인됐다는 가정이었습니다. 이 훈련에서는 기본 대처 방침을 정하고 적극적 역학조사 실시와 환자 입원, 밀접접촉자 외출 자제 요청 등을 결정했습니다. 일상에서도 손 씻기나 기침 예절, 임시 휴교 요청 등이 포함되어 있습니다. 이 훈련에 이미 신종 코로나 바이러스 대책으로 실시한 대부분이 망라되어 있었네요.

맞아요. 훈련에서 이미 다 가정하고 있었어요. 감염증 전문가들은 곧 이러한 사태가 올 것이라고 말했습니다.

— **하지만 그들의 목소리는 사회에 퍼지지 않았습니다.**

일본은 중국과 한국, 대만이 겪은 사스(SARS)[01]나 사우디아라비아 등 중동에서 퍼진 메르스(MERS)[02] 피해가 없었거든요. 그러니 좀처럼 위기감이 확산되지 않았던 거죠. 2009년 유행한 신종 플루도 간사이(關西) 지방을 중심으로 감염이 확산됐지만 감염자 수는 그리 많지 않았습니다. 그래서 저는 신종 코로나 바이러스도 억제할 수 있지 않을까 생각했습니다. 일본인은 위생관념 수준이

---

01) 중증급성호흡기증후군
02) 중동호흡기 증후군

높으니까요.

솔직히 2020년 1월 신종 코로나바이러스 이슈를 처음 들었을 때는 지금까지의 신종 감염병과 마찬가지로 중국 내에서 봉쇄가 가능하지 않을까 생각했습니다. 중국이 봉쇄에 실패하면 일본 상륙을 막아버리면 된다고 생각했습니다. 그러면 심각한 일은 일어나지 않을 것이라고요. 그런 의미에서 저의 인식도 일반 국민과 거의 같았다고 생각합니다.

국제 사회도 마찬가지였어요. 자기 나라에서는 감염 확산 같은 것은 일어나지 않는다고 생각하고 있었어요. 영국 런던 시장 선거의 후보자는 도쿄 올림픽·패럴림픽 개최가 코로나19 확대로 어려워지면, 런던에서 개최하겠다고 말하지 않았습니까. 하지만 그 후 영국은 폭발적인 감염 확산을 겪었습니다. 유럽도 코로나19의 위협을 과소평가하고 있었다는 것입니다.

코로나19 '기브 앤 테이크'의 일본인 대피

— 2019년 12월 중국 후베이성 우한시에서 원인불명 폐렴 발병이 잇따랐고 해가 바뀌자 1월 5일 세계보건기구(WHO)가 사태를 감시하겠다며 경계심을 나타냈습니다. 아베 총리는 언제 보고를 받았습니까?

2020년 1월 9일 신종 코로나 바이러스를 검출했다는 중국 중앙 TV의 보도를 토대로 10일 다키자와 히로아키(瀧澤裕昭) 내각 정보관으로부터 보고를 받았습니다. 중국에서 신종 바이러스 감염이 발생하긴 했지만, 사람 사이의 감염은 아직 확인되지 않았다고 했습니다. 실제로 중국도 WHO도 사람에서 사람으로의 감염은 없다고 발표했습니다.

— 후생노동성은 국내 공항에 포스터를 부착해 우한에서 오는 입국자나 기침, 발열 등 증상이 있는 사람은 의료기관에 사전 연락하여 진료를 받으라고 당부했는데, 1월 15일 처음으로 국내에서 확진자가 확인되었습니다. 우한에서 귀국한 가나가와(神奈川)현에 거주하는 30대 중국인 남성이었습니다.

확진자가 1명 발견된 단계에서는 솔직히 큰 위기감은 없었습니다. 두 번째 환자가 확인된 후 1월 24일 첫 관계장관회의를 총리 관저에서 열고 미즈기와 대책(水際対策)[03]과 검사 체제 정비를 결정했는데, 이때만 해도 아직 담담하게 회의를 진행했습니다. 당시엔 국내 감염보다는 1월 23일 중국 정부가 우한시 전역 봉쇄를 발표한 것이 충격적이었습니다. 순간 그곳에 있는 일본인들을 어떻게 지킬 것인지 생각하지 않을 수 없었거든요. 인구 1100만명의 우한에는 160개 이상의 일본 기업이 진출해 있었습니다. 중국이 과연 제대로 대처해 줄지 우려가 컸습니다.

당시 중국 측은 자국에서 사람들이 점점 **빠져나가는** 상황을 싫어했습니다. 그렇지만 도시를 봉쇄해버리면 그곳에 살고 있는 사

---

03) 입국을 엄격하게 제한하는 정책

람들은 버려지게 되는 것이죠. 그래서 중국 당국을 설득해 일본인을 구출하는 방안을 마련하기로 결정했습니다. 처음에는 소극적이던 중국도 점차 우리 측 요청을 수용하게 되었습니다. 당시 중·일 관계는 개선되고 있었고, 그해 봄 시진핑 국가주석이 일본 방문을 앞두고 있던 (3월 5일, 방일 연기가 결정됨) 점도 영향을 미쳤을 것입니다.

— 1월 29일부터 2월 17일까지 모두 5차례에 걸쳐 항공기를 파견했습니다. 미국과 호주, 한국 등도 자국민을 수송했지만, 일본은 반복적으로 파견했습니다.

사실 중국과의 협상에서 우리가 제안한 게 있었어요. 일본에서 우한 공항으로 갈 때 의료 기자재나 방호복을 가져갈테니, 대신 일본인들을 귀국시킬 비행기를 여러 차례 보낼 수 있게 해달라고 요청했습니다. 중국 당국도 의료 장비를 고맙게 생각했는지 항공편을 수차례 받아들였습니다. 그렇게 해서 총 828명을 귀국시킬 수 있었습니다. 일본인 구출 작전은 잘 진행되었다고 생각합니다. 다만 귀국자를 어떻게 다룰지 결정하는 문제는 힘들었습니다. 후생노동성은 법률상 코로나19 증상이 없는 사람들을 강제 격리할 수 없다며 귀가시키는 방향으로 진행하려 했습니다. 하지만 감염되었을지도 모르는 사람을 전철에 탑승시켜도 괜찮은 것인지 관저 내에서 논란이 있었습니다.

결국 귀국자들에게 의향을 물었더니 대부분이 임시 시설에 머무

르며 경과를 관찰하고 싶어 했습니다. 그래서 경찰대[04]나 국립보건 의료과학원[05], 세관연수소[06] 등에서 수용할 수 있게끔 준비했습니다. 다만 그것만으로는 부족하다고 판단해 가쓰우라(勝浦) 미카즈키 호텔[07]에 부탁하게 된 것입니다. 하세가와 에이이치(長谷川榮一) 총리 보좌관이 미카즈키 호텔 사장님과 아는 사이였기 때문에 다리를 놔주어서 제가 사장님께 직접 전화를 걸어 부탁드렸습니다. 사장님은 젊고 우국지사 스타일이었어요. 제 이야기에 깊이 공감하면서 "알겠습니다"라고 승낙했습니다. 무척 감사했습니다. 그 후 미카즈키 호텔은 '왜 귀국자들을 받아들였냐'며 현지에서 큰 비난을 받았습니다. 그때 사장님과 종업원 여러분께 큰 폐를 끼쳤습니다.

— 정부 내에서는 증상이 있든 없든 일정 기간 격리해야 한다는 주장도 있었는데, 긴급 상황에 대응하는 법령이 없어 강제할 수 없었다는 건가요?

그렇습니다. 후생노동성은 강제로 하면 인권 문제가 된다고 말했습니다. 그래서 어디까지나 요청을 통해 숙박 시설에서 대기토록 하거나, 무증상자에 대해 PCR 검사를 진행한 것입니다. '강제할 수는 없다. 하지만 그래도 괜찮은 것인가'라는 논의는 이 후에도 계속 이어졌습니다.

---

04) 도쿄(東京)도 후추(府中)시
05) 사이타마(埼玉)현 와코(和光)시
06) 치바(千葉)현 카시와(柏)시
07) 현재 치바현 가쓰우라의 미카즈키 시파크 호텔

다이아몬드 프린세스를 '병원선'으로 규정

— 크루즈선 다이아몬드 프린세스에서 집단 감염이 일어났습니다. 1월 20일 요코하마항을 출항해 홍콩에서 하선한 남성의 감염이 확인됐습니다. 2월 3일 요코하마항으로 귀항하기 전 감염이 확산되고 있었던 것으로 보입니다. 이 배는 영국 선적인데, 운항하는 회사는 미국에 있었습니다. 국제법상 일본은 공해상의 배에 대해 감염 대책을 실시할 권한이 없고, 입항을 받아들일 의무도 없었습니다.

그렇다고 입항을 막겠다는 생각은 없었어요. 승무원·승객은 3700명 이상이었습니다만, 이 가운데 일본인이 1000명 이상으로 압도적으로 많았습니다. 그러니 일본이 크루즈선을 받아들이는 것은 당연하다고 생각했습니다. 문제는 감염이 의심되는 3700명이나 되는 사람을 어떻게 처리할 것인가 하는 점이었습니다.

— 후생노동성은 2월 5일 승객들에게 원칙적으로 2주간 선내 개인실에서 대기하도록 요청했습니다. 결과적으로 700명 이상으로 감염이 확산되었습니다. 당시 검사 시스템이나 의료 기관의 수용 시스템이 충분히 갖춰져 있지 않았나요?

외신에서는 후생노동성의 대기 요청을 거세게 비판했습니다. 왜 일본에 하선시키지 않느냐는 것이죠. '승객에게 감염이 확산되지 않겠냐', '승객들이 불쌍하다' 등의 반응이 나왔습니다. 이때만 해도 유럽과 미국에서는 아직 감염이 확산되지 않아 '원하는 대로' 할 수 있는 상황이었지요.

당시 외국인의 하선은 인정했습니다. 그래서 각국 정부에 이들의 귀국을 준비해달라고 요청했는데, 어느 나라나 '조금 기다려 달라'는 입장이었습니다. 감염 가능성이 있으니 받아들이고 싶지 않다는 것이었겠죠. 너무 무책임해서 놀랐어요. 그래서 외국인 승무원·승객에게도 대기 요청을 할 수밖에 없었습니다.

공해에서의 선박은 해당 국적의 관할권을 따른다는 기국주의(旗國主義)가 있습니다. 일본 영해에 들어왔다고는 하지만 원래는 영국 정부가 대처해야 했습니다. 그러나 영국 측의 반응은 매우 느렸습니다. 또 영국 언론은 배 안에 사람을 남기는 바람에 감염이 확산됐다고 보도했지만, 그것은 사실과 다릅니다. 감염은 요코하마 항에 입항하기 전에 이미 퍼져 있었던 것이죠. WHO가 1월 30일 긴급사태를 선포한 후에도 크루즈 안에서는 파티가 열리고 있었습니다. 일본인 승객들을 하선시키지 않는다는 결정은 어쩔 수 없었습니다. 이런 상황에서 이들을 하선시킨 후 전철로 집에 돌아가도록 허용한다? 그건 무리예요.

검사도 여의치 않고 의료기관의 수용 준비도 충분치 않은데 3000명 이상을 어디에 수용하겠습니까. 그것이 어렵기 때문에 다이아몬드 프린세스를 병원선으로 규정해 다루기로 한 것입니다.

— 우한에서의 일본인 대피나 크루즈선 대응에서는 누가 사령탑이 되었나요.

총리 관저였습니다. 3월 26일 '개정 신형 인플루엔자 등의 대책 특별조치법(개정 특조법)'에 근거한 정부대책본부를 설치했지만, 그 전에도 공적 지위가 있는 신종 코로나 대책회의에서 결정했습니다. 이 밖에 매일 '연락회의'라고 해서 총리 관저의 간부가 후생노동성이나 외무성 등과 한 자리에서 협의를 하고 있었습니다.

감염 초기에는 바이러스의 실태를 모르기 때문에 어떻게 대처해야 할지 의견이 갈렸습니다. 그런데 우리 같은 비전문가는 그렇다고 쳐도 전문가들의 의견도 달랐기 때문에 저도 판단을 망설였습니다.

후생노동성의 의료 관계 기관은 단정적인 말을 일절 하지 않았습니다. 일본과 세계 감염자 수 등 숫자 설명만 하고 "이런 의견도 있고 저런 의견도 있어요"라고 말하는 거죠. 내가 "그래서 결국 어떻게 하자는 거죠?"라고 물으면 "관저에서 결정하세요"라고 대답했어요. 후생노동성 간부들로부터는 '절대로 책임을 지지 않겠다' 라는 강한 의지를 느꼈습니다. 어차피 책임을 지는 것은 총리이기 때문에 그런 걱정을 할 필요는 없지만, 어이가 없었어요. 후생노동성은 사고(思考)가 멈춰 있었습니다.

다이아몬드 프린세스의 한 승객은 중증화됐다가 치료됐는데, 다른 질환이 악화돼 뇌경색으로 입원한 것으로 알려졌습니다. 원래 코로나가 당시 상황의 원인이니까 이 분도 중증자 명단에 넣고 있었지만 뇌경색이 있는 분을 코로나 중증자에 계속 포함시키는 것은 역시 이상하겠죠. 그래서 이 분은 통계에서 제외했습니다.

— 2월 16일 신종 코로나바이러스 감염증 대책 전문가 회의의 첫 모임이 열렸습니다. 전문가 회의의 좌장은 와키타 다카시(脇田隆字) 국립감염병연구소 소장, 부좌장은 오미 시게루(尾身茂) 지역의료기능추진기구 이사장이 맡았습니다. 전문가 조직 인선에는 관여했나요?

아니요, 인선은 실무 차원에서 정해져 있었어요. 원래 전문가 회의는 신종 인플루엔자 유행에 대비한 회의를 기반으로 만든 것입니다. 의료 분야이기 때문에 아무리 총리라고 해도 아마추어가 끼어들 여지는 없었습니다.

모든 것을 책임져야 하는 최고 지휘관이 변명을 해서는 안 되지만 사실은 사실대로 말해야 합니다. 솔직히 당시는 우한에서의 일본인 구출 작전과 다이아몬드 프린세스에 대한 대응으로 머릿속이 꽉 차 있었습니다. '크루즈선에 타고 있는 외국인을 어떻게 귀국시킬 것인가' 하는 외교 문제가 있었고, 또 물가 대책도 마련해야 했습니다. 2월 1일에는 우한시가 소재한 후베이성, 13일에는 감염이 확산되고 있던 중국 저장(浙江)성도 입국 거부 대상 지역으로 지정했습니다. 그 후, 전문가 회의는 다양한 감염 대책을 내놨습니다만, 그 중에서도 WHO에서 경험을 쌓은 오미 시게루 씨의 인선이 좋았습니다. 전문가이자 학자면서 의사소통도 잘 해주셨어요.

— 2월 17일, 감기 증상이나 37.5도 이상 발열이 4일 이상 지속되는 경우에는 보건소 등 전국 536개소에 설치한 '귀국자·접촉자 상담

센터'에 상담을 하도록 요청했습니다.

전문가들은 감염자의 동선을 추적하고 감염이 확산되는 것을 억제해 나간다는 생각이었죠. 이 집단감염 대책은 확진자가 적은 단계에서는 나름대로 효과를 거뒀지만 확진자가 늘어나면 모든 동선을 쫓을 수 없게 돼 별 의미가 없어집니다. 다만 애초에 충분한 PCR 검사 체제가 갖춰지지 않았습니다. 하루 200건이었어요. 대규모 검사를 할 수 없는 이상 클러스터 대책(환자 집단이 발견되면 이를 집중 관리해 다음 집단으로 확산되는 것을 방지하는 데 중점을 둔 대책)으로 감염 봉쇄를 목표로 할 수밖에 없었던 것이죠.

— 독일의 예를 보면 감염병 대책을 담당하는 정부기관인 로베르트 코흐 연구소에서 1월 초 워킹 그룹을 만들고 2월에는 기존 독감의 10배나 감염 위험이 있다고 결론지어 대책을 수립했습니다. 의료 종사자에 의한 충분한 검사 체제 등이 포함되어 있었습니다. 전문가들이 중심이 되어 진행했다는 것이 특징입니다.

감염병은 근본적으로 전문가의 세계니까요. 일본도 국립 감염병 연구소가 사령탑으로 있었지만, 어디까지나 현상 분석까지였습니다. 구체적인 계획 운영까지는 손을 대지 않았습니다.

멈춰버린 PCR 검사

— 일본은 오랜 세월 감염병 대비 체제 구축을 게을리해 왔습니다. 후생노동성의 지식인회의(有識者會議)[08]는 2010년 단계에서 검사 체제 확충 등을 호소했지만 정부는 전혀 준비하지 않았습니다. 코로나19에 대한 대규모 검사 체제를 구축하는 동시에 병상 확보를 진행해야 한다는 목소리가 많았지만 전혀 개선되지 않았습니다.

PCR 검사 수에 대해서는 애당초 근본적으로 준비가 부족했습니다. 후생노동성은 PCR 검사를 늘리는 것에 소극적이었습니다. 나는 후생노동성 간부에게 "민간의 검사기관에서 가능한데, 왜 공공에서는 검사를 늘리지 못하냐. 어떻게든 개선할 수 없겠냐"고 했지만 후생노동성 간부의 대답은 "검사를 늘리면 양성자가 늘어날 뿐입니다"라거나 "민간 상황은 조사해 오겠습니다" 같은 것이었습니다. 하지만 결과 보고는 없었습니다. 저는 관료를 호통친 적이 한 번도 없지만, 이때만큼은 말이 거칠어졌어요. 바로 격화소양(隔靴搔癢)[09]이라는 느낌이랄까요. 후생노동성 간부는 입 밖에 내지는 않았지만 저를 보면서 마치 '아마추어가 무슨 소리를 하고 있는 거야'라고 말하고 싶은 눈치였어요.

— PCR 검사를 늘리면 양성자도 늘어나겠지만 애초에 충분한 시스템을 구축하는 것이 정치의 역할이겠죠.

....

08) 행정 운영상에 참고하기 위해 지식인이나 시민 대표를 모아 각각의 의견을 수렴 또는 교환하는 회의

09) 신발을 신고 발바닥을 긁는다는 뜻으로, 성에 차지 않거나 철저하지 못한 데 대한 안타까움을 가리키는 말

후생노동성은 클러스터 대책으로 충분히 대처할 수 있다고 생각했던 것이겠지요. 제 앞에 각 도도부현(都道府県)[10] 클러스터 지도를 가져와 "여기 감염자 집단이 있습니다. 그래서 이곳을 중심으로 검사를 진행합니다"라고 설명했습니다. 그런데 다이아몬드 프린세스의 승무원과 승객을 검사해보려고 해도 "그(PCR 검사) 데이터는 없습니다"라고 잘라 말했습니다.

— 전국적으로 망라해 검사를 실시하는 발상은 없었던 것입니까?

거기까지는 생각하지 않았어요. 한꺼번에 하면 '가짜 양성'이 쏟아지게 됩니다. 그보다는 어떻게 하면 필요한 사람이 제대로 검사받을 수 있는 시스템을 마련할 수 있을지 생각하고 있었습니다. 물론 후생노동성에도 딱한 사정은 있었습니다. PCR 검사 정보를 가지고 있지 않았거든요. 검사를 하는 보건소는 지자체 소관이기 때문에 국가 차원의 컨트롤이 제대로 작동하지 않았습니다. 보건소에는 국가에 대한 보고 의무가 없습니다. 그러니까 실제로 PCR 검사가 어디서 어느 정도 이뤄지고 있는지조차 정부는 파악을 못하고 있었던 거죠.

— '관저 일강'[11]으로 불리던 체제가 코로나19 대응에서는 주춤했습니다. 검사와 병상 확보를 지연시킨 정체는 무엇이었을까요?

감염병 대처는 국가의 책임이지만 권한으로나 예산으로나 국가가

---

10) 일본의 행정구역은 1개 도(都), 1개 도(道), 2개 부(府), 43개 현(県)으로 구성된다.

11) 역: 아베 총리 시대에 한국의 청와대(대통령실)에 해당하는 총리 관저의 파워가 막강해지면서 다른 정부 기관을 압도했던 것을 가리킨다.

개입할 수 있는 수단이 적었던 것 같아요. 지시할 권한이나 구조가 갖춰져 있지 않았기 때문에 국가가 지자체나 보건소, 의료기관을 움직일 수 없었습니다. 그 벽은 두꺼웠습니다.

민주당 정권 시절인 2012년에 제정된 '신종 인플루엔자 등 대책 특별조치법(특조법)'은 지자체에 많은 권한을 넘겼습니다. 총리가 긴급사태를 선포하지만 구체적인 외출 자제 요청과 영업시간 단축 요청, 의료시설 확보 등은 지자체장이 맡고 있습니다. 국가의 역할은 종합 조정입니다. 이런 건 기만이죠. 정부의 책임하에 감염 억제에 적합하게끔 만들어야 합니다. 민주당이 나쁜 법을 만들어 버린 것입니다.

예를 들어 1999년 이바라키(茨城)현 도카이(東海)촌의 JCO임계 사고[12]를 토대로 제정된 원자력재해대책특별조치법에 따르면 긴급 사태에는 원자력재해대책본부장인 총리가 지자체장에게 지시를 할 수 있도록 규정하고 있습니다. 재해 시에는 총리에게 권한을 집중시키는 구조로 되어 있는 것입니다. 그러니까 국가의 책임과 임무도 명확합니다. 그에 비해 대책을 지방에 맡긴 특조법은 책임 소재가 모호합니다.

3월 13일 특조법이 개정되었는데 개정안을 국회 제출하기 전, 개인권 제한을 좀 더 강화하고 시간 단축 요청에 응하지 않는 사업자에 대한 벌칙을 마련하면 어떨까 하고 관저 내에서 논의했습니다.

---

12) 1999년 9월 30일 일본 이바라키현 도카이촌에 위치한 JCO 핵연료 공장에서 근로자의 부주의로 계획하지 않은 임계가 발생하여 다량의 방사능이 누출된 원자력 사고

미국이나 유럽 등에서는 비상 사태에 정부가 국민의 권리를 제한할
수 있는 법제를 갖추고 있으니까요.

후생노동성과 의사회가 움직이지 않은 이유

— **항바이러스제 아비간은 신종 코로나 치료제로 승인을 목표로 했
지만 성사되지 않았습니다. 아베 씨는 5월 4일 기자회견에서 5월 중
승인을 목표로 할 뜻을 밝혔음에도 불구하고 승인되지 않았죠.**

아비간은 후지필름 도야마(富山) 화학이 개발한 약으로 독감 치
료제로 승인이 된 것입니다. 코로나19 환자에게 쓴다고 해서 아직
승인되지 않은 약을 사용한 것은 아닙니다. 현장 의료진으로부터 경
증 코로나 환자에게 사용하고 싶다는 강력한 요청을 받았기 때문에
우선 임상 연구 형태로 널리 투여를 진행한 것입니다. 방위성 자위
대 중앙 병원에서도 현저한 성과가 나오고 있었습니다. 그러나 다음
단계의 치험(治驗)[13]에서 멈춰 버린 것입니다. 치험약의 유효성을
과학적으로 증명하기 위해서는 유효성분이 포함된 치험약과 효과가
없는 가짜약을 투여해 그 차이를 조사할 필요가 있는데, 후생노동성
은 통계상 차이가 현저하지 않다고 결론 내렸습니다. 임상 연구에서
는 상당한 효과가 있었음에도 불구하고 말입니다.

동물 실험 결과 임신 중인 여성이 마시면 장애가 있는 아기가 태
어날 수 있기 때문에 널리 사용하는 것에 주저하게 된 거죠. 그렇다

13) 동물 실험을 마치고 사람에 대한 임상 시험 단계

면 그런 사람에게는 처방하지 않으면 됐을 이야기입니다만.

5월 4일 기자회견에서 표명하기 전 후생노동성 국장은 아비간을 승인하겠다고 말했습니다. 그러나 약무과장이 반대해서 덮은 것입니다. "어렵게 됐습니다"라는 말을 들었습니다. 후생노동성은 제 생각을 순진하다고 여겼던 모양이에요. 그런데 그렇게 위험하다면 독감약으로는 왜 승인했을까요. 위험하다면 코로나19 임상연구에서도 사용할 리가 없잖아요. 의약에 관한 승인의 실질적인 권한을 가지고 있는 사람은 약무과장입니다. 내각인사국은 간부 관료 700명의 인사를 맡고 있지만 과장급은 인사 대상이 아니에요. 관저에서 뭐라고 하든 인사권이 없으면 말을 들어주지 않아요.

독일에서는 아비간이 효과가 있었다는 증례가 많이 나왔기 때문에 앙겔라 메르켈 독일 총리가 저에게 아비간을 보내달라고 말해왔습니다. 그래서 제가 '그럼 수출하겠습니다. 우리나라에서는 승인하지 않지만'이라고 말하자 메르켈은 놀라더군요. 사실 북한의 고위 관리도 아비간을 달라고 요청해 왔습니다. 인도적인 문제로 미묘한 안건이었지만, 이후 대응에 대해서는 상상에 맡기겠습니다.

— 약무과장은 왜 완고한 입장이었을까요.

1980년대 약해(藥害) 에이즈 사건(약으로 인한 에이즈 피해 사건)에서는 비가열 혈액제제를 수입하고 있던 제약회사 총수와 이를 사용한 의사, 나아가 에이즈 바이러스(HIV)에 오염되어 있을 위험성을 알고도 회수를 지시하지 않은 후생성 관리들이 잘못했습니다.

당시 후생성 약무국장은 사무계(事務系) 경력이었는데 불기소 됐습니다. 반면 유죄가 확정된 생물제제과장은 약무계(藥務系)였습니다. 국장이 도장을 찍어 승인했는데도 과장만 유죄가 됐다는 것이 약무계 관료들에게는 불만이었을 것입니다. 그런 역사가 있습니다. 그래서 약무계 기관들은 '책임지는 것은 우리이니 우리가 결정하겠다'는 의식이 강합니다.

후생노동성 내부도 제각각이에요. 의계(医系), 약무계(藥務系), 커리어[14]로 나뉘어져 있는데 의계와 커리어 쪽은 차관까지 자리가 있고 국장도 많이 됩니다. 반면, 약무계는 과장 또는 심의관에 머무릅니다. 하지만 약과 백신의 승인 권한을 쥐고 있습니다. 이런 이유 등으로 인해서 조직이 전체적으로 원활하게 돌아가지 않고 있습니다.

— 병상 부족은 정부와 지자체가 국공립병원 감축을 추진해 온 영향이 있는 것 아닌가요? 삭감을 진행시킨 배경에는 경쟁 상대를 줄이고 싶은 의사회의 바람이 반영됐다고 알려져 있습니다. 자민당의 지지 조직이 일본의 의료 체제를 약화시켜 버렸다고 볼 수도 있습니다.

공립·공공병원이 비효율적이고 의료비를 끌어올리고 있는 것은 사실입니다. 실제로 지자체 병원의 90%는 적자였습니다. 다만 보건소 삭감을 포함해 자민당 정권이 오랜 세월에 걸쳐 행정 개혁을 지나치게 추진한 측면도 있을 것입니다.

의사회의 협력을 얻지 못한 것은 반성하고 있습니다. 이들은 '압

---

14) 사무관·행정고시 등의 시험을 통해 들어온 고급 공무원

력에 굴하지 않는 의사회'를 내세웠지만 병상을 늘리지 않으면서 국
민에게 압력을 가한 것은 의사회 쪽입니다. 의료 현장에서 코로나
환자를 받아들이고 땀 흘리는 의사도 많습니다. 하지만 의사회와 거
리를 두고 있는 사람도 있고, (의사회가) 제대로 기능하고 있다고
말할 수는 없습니다.

위험을 감수한 일제 휴교

— 정부는 2월 25일 많은 사람이 모이는 행사에 대해 일률적인 자제
요청을 하지 않겠다는 방침을 발표했지만 아베 총리는 다음 날 '2주
중단, 연기 또는 규모 축소'를 요청했습니다. 학교 휴교에 대해서도
문부과학성은 당초 지자체의 판단에 맡겼으나 아베 씨는 2월 27일
일제 휴교를 요청하겠다고 밝혔습니다. 감염 확대에 따라 앞질러 대
응하고 싶다고 생각했겠지만, 조령모개(朝令暮改)[15]라는 비판이 더
거세졌습니다.

　일제 휴교를 결정한 2월 27일에 보고된 감염자 수는 전국적으로
23명으로, 많다고는 할 수 없었습니다. 다만, 그 직전에 지바(千葉)
현 이치카와(市川)시의 헬스클럽에서 집단감염이 발생해 관찰이 필
요한 사람 중에 교사도 몇 명 포함되어 있었습니다. 교사의 감염은
어디서 일어나도 이상하지 않습니다.

----

15) 아침에 내린 명령을 저녁에 고친다는 뜻으로, 일관성이 없다는 말

당시 어린이가 중증화된 예는 없었지만 천식 등 기저질환을 가지고 있는 학생도 있습니다. 만일 어린아이에게 중증화 혹은 사망이라는 불행한 일이 일어난다면 그로 인한 국민적 충격은 헤아릴 수 없을 것입니다. 패닉으로 이어질 가능성도 있습니다. 또한, 통학을 없애면 인파는 줄어듭니다. 휴교에는 그런 이점이 있습니다. 감염자가 제로인 현(県)도 있었지만, 휴교를 요청한다면 전국에서 일제히 과감하게 해야 국민 의식도 바뀔 것이라고 생각했습니다. 자녀의 교육권을 빼앗는다는 지적도 있었지만, 교육을 받을 권리와 생명 중 어느 쪽이 중요한지 생각한 후의 결단이었습니다.

— 조정이 부족했던 것은 사실이죠.

일단 달리면서 생각하는 거죠. "1주일 후 휴교합시다"라고 말하고, 그 동안 바이러스에게 조금만 기다려 달라고 말할 수는 없잖아요. 그 사이에 한 명이라도 아이가 죽으면 국민들은 엄청난 충격을 받게 됩니다. 그렇게 될 바에는 '너무하다'라는 비판을 받는 편이 낫습니다. 휴교를 결정할 만한 근거가 없다고 했지만, 전 세계가 처음 감염되는 병인데 그런 게 있을 리 없죠. 그렇다면 정치인이 위험을 감수할 수밖에 없어요. 당시 언론에서는 엉망진창이라고 했지만 국민들이 위기감을 갖게 하는 데는 그 판단이 옳았다고 지금도 생각합니다. 그 후 여론 조사에서 몇몇 코로나 대책은 평판이 나빴지만 일제 휴교는 평가가 높았습니다.

— 아이가 집에 있어 일하러 갈 수 없다는 부모들의 목소리가 확산 됐습니다.

부모님의 의견도 맞습니다. 그래서 일제 휴교를 계기로 정부에 서 다양한 지원에 관한 노력이 시작된 것입니다.

— 일제 휴교 여론이 나빠져 과감한 정책을 펴기 어려워지면서 감염 이 확산되던 유럽으로부터의 입국 제한 조치가 늦었다는 정부 관계 자의 증언이 있습니다. 이탈리아와 스페인 등 38개국으로 입국 제한 대상을 넓히겠다고 발표한 것은 3월 18일이었습니다.

그런 인식은 없었어요. 오히려 유럽으로부터 입국을 막기에 앞 서 '거기에 있는 일본인들의 피난 작전을 해야 하는 것이 아닌가' 하 고 걱정하고 있었습니다. 우한뿐이라면 800명이면 됐지만 유럽 전 역에서 귀국시키려면 큰일이 납니다. 미카즈키 호텔을 확보하는 것 만으로도 고생했는데 그 많은 인원을 어디에 격리하겠어요. 결국 그 렇게까지는 안 했어요.

— 아베 씨는 2월 29일 처음으로 신종 코로나에 관해 기자회견을 했 습니다. 하지만 '국가 수장으로서 국민에게 직접 말하고 이해를 구 하려는 노력이 부족하다', 거기에 '시간이 짧다'는 비판을 받았습니 다. 이날 기자회견은 36분 동안 진행됐습니다.

기자회견을 도중에 끝냈다는 말을 들었는데, 끝없이 이야기했다 면 어땠을까요. 긴급 사태 선언의 발표나 해제 때는 확실히 1시간 정도 들여 정중하게 했습니다. 비서관이나 사무관들은 제가 기자회견을 하는 이상 새로운 옥일(玉一)[16]을 찾기 위해 안간힘을 씁니다. 새롭게 추진하는 대책이나 뉴스가 없으면 해서는 안 된다는 생각인 것이죠.

확실히 총리에게 기자회견은 귀문(鬼門)[17]입니다. 대실패가 될 위험이 언제나 있거든요. 비서관들은 정확성을 매우 중시합니다. 내 답변 중에는 엄밀히 말하면 옳지 않은 것도 있었습니다. 그것을 가능한 한 줄이고 싶기 때문에 그들은 기자회견은 적은 편이 좋다고 생각했습니다. 저는 "굳이 '알맹이'가 없어도 되지 않을까"라고 말했어요. 설령 정확하지 않은 답변이라고 해도 답변하는 방식에 따라서는 문제가 되지 않기도 하니까요.

하지만 일단 기자회견을 열게 되면 사무관들은 꼼꼼하게 준비해야 하기 때문에 부하가 걸리게 됩니다. 팀으로서의 일인만큼 그들의 부담도 생각해야 합니다. 연일 기자회견을 할 수는 없는 거죠.
프롬프터를 사용해서 원고를 읽고 있다는 비판을 받았지만 해외 정상도 모두 그렇게 합니다. 더구나 해외 정상들은 질문을 받지 않고 일방적으로 이야기만 하는 경우도 많습니다. 신문들이 기자회견 방식까지 비난하니까 차라리 인터넷으로 이야기만 할까 생각도 했지만, "그래도 거기까지는…"이라고 주변에서 간곡하게 말렸습니다.

---

16) 구체적 시책이나 정책
17) 아무리 해도 잘 안 되는 상대·장소·일, 피하고 싶은 것

중국 전역 입국제한, 법 해석이 벽에 부딪히다

— 미즈기와 대책(水際対策)에 대해 묻겠습니다. 2월 1일 중국 후베이성, 13일 저장성을 대상으로 체류 경력이 있는 외국인의 입국 거부를 결정했고, 중국과 한국 전역을 대상으로 입국 제한을 시작한 것은 3월 9일이었습니다. 미국은 1월 31일 중국 전역을 대상으로 입국 거부를 결정했습니다. 일본의 입국 제한 결정이 늦어진 것은 4월로 예정되어 있던 시진핑 중국 국가주석의 국빈 방문과 '인바운드'[18] 영향을 고려했기 때문입니까.

그렇지 않습니다. 우한에서의 귀국 작전이 끝나는 2월 중순쯤엔 이미 시진핑 주석의 국빈 방문이 어려울 것으로 생각했습니다. 중국은 여권을 성(省)별로 발급하기 때문에 중국 전역을 대상으로 하지 않아도 감염자가 많은 지역을 입국 제한 대상으로 지정하면 충분히 통제할 수 있다고 생각했습니다. 실제로 저장성과 후베이성을 제외하면 그다지 감염이 확산되지 않았습니다. 효과적으로 대책을 세우고 있었다고 생각합니다.

— 그러나 한국과 중국 전역에서의 입국 제한 결정은 시진핑 주석의 일본 방문 연기 결정과 같은 3월 5일이었습니다. 누구든지 연관지어 생각할 겁니다.

같은 날이 된 건 순전히 우연이에요. 중국에서 양제츠(楊潔篪)

---

18) 외국인의 일본 방문 여행

공산당 중앙정치국 위원이 일본을 방문해 나와 모테기(茂木) 외상을 만난 2월 28일에 시진핑 주석의 국빈 방문을 연기하기로 합의했습니다. 하지만 중국 공산당의 결정이 늦어지면서 발표가 일주일 미뤄졌습니다. 이것은 추측이지만, 시진핑 주석에게 정식으로 알리는 데 시간이 걸리지 않았을까요.

입국 제한에는 법률상의 벽이 있었습니다. 출입국관리 · 난민인정법(입국관리법)에서 입국을 금지하고 있는 대상은 개인입니다. 그래서 국가나 지역 전체를 지정해서 입국자를 거부할 수 있느냐 하는 법률 해석의 문제가 있었습니다. 일본으로서는 불미스러운 외국인의 입국을 금지할 수는 있지만, 그 대상은 '어느 누구'라고 지정해야 했습니다. 그때까지 국가나 지역을 지정하여 입국을 거부한 적이 없었습니다. 일본에 위해를 끼친다는 근거가 없는 사람까지 입국을 제한하기 어렵다는 것이 내각 법제국의 견해였습니다. 나를 계속 지지해 준 스기타 가즈히로(杉田和博) 관방 부장관조차도 이때는 입국 제한에 신중했습니다. "만약 국가 전체로부터의 입국을 거부한다면 이민법의 개정이 필요하겠네요"라고 말했습니다. 하지만 법 개정 따위는 할 겨를이 없었어요. 그래서 이것도 정치적 결단으로 입국 제한을 결정한 것입니다.

— **초법적 조치란 말인가요?**

초법적 조치는 아닙니다. 이 입국 제한 계획에 대해서는 법제국에서 꽤 버텼습니다. 미즈기와 대책 관계 각료 회의에 법제국 장관이 늦게 참석하더군요. 아베 내각이 법제국을 무시하고 있다는 불만의 의사 표시였던 것이죠. 법제국의 입장도 이해가 됐습니다. 하지만 긴급 상황에서는 정치가 과거의 법 해석이나 선례를 뛰어넘을 수밖에 없는 경우도 있습니다.

올림픽을 연기하다

— 3월 24일 토마스 바흐 국제올림픽위원회(IOC) 회장과 전화통화를 하고 2020년 도쿄올림픽·패럴림픽 1년 연기에 합의했습니다. 앞서 3월 13일 도널드 트럼프 미국 대통령과 전화통화를 통해 1년 연기에 대한 지지를 얻었고, 3월 16일 G7 정상과의 화상회의에서 각국의 이해를 구하는 수순을 밟았습니다. IOC가 올림픽 연기에 응할지 말지 예측할 수 없었던 건가요?

바흐 회장이 어떻게 생각하는지 몰라서 조심스러웠던 것은 사실입니다. IOC에 대한 미국의 영향력은 압도적이기 때문에 1년 연기에 대해 우선 트럼프 대통령의 지지를 얻으려고 했습니다. "연기하고 싶다"고 솔직하게 말하자 그는 "100% 지지한다"고 말해줬어요. 다음은 G7이었습니다. 저도 오랫동안 멤버였기 때문인지 '아베가 그렇게 말한다면 그걸로 됐다'는 분위기였습니다. 바흐 회장과의 창구는 올림픽 조직위원회 회장이었던 모리 요시로(森喜朗) 전 총리에게 부탁했습니다. IOC는 당초 예정대로 하겠다는 쪽이었습니다만, 세계 감염 상황을 내다볼 수 없기에 연기는 불가피했습니다.

정부에서는 2022년까지 2년 연기하는 방안도 있었습니다. 다만 그럴 경우에는 2024년 파리 올림픽에 너무 가까워요. 2020년 올림픽을 위해 선발된 선수가 다른 선수로 바뀌어 버릴지도 모릅니다. 역시 1년 연기가 현실적일 거라는 생각이 들었어요. "2년 연기할 바에야 중단하라"는 목소리도 나올 것이고요.

바흐 회장이 1년 연기를 받아줄 것이라고 예상은 했지만, 확신은 없었습니다. 총리 공저에서 전화해서 바흐가 동의했을 때는 동석하고 있던 모리 씨도, 고이케(小池) 유리코 도쿄 도지사도 안심했습니다.

— 올림픽의 주최는 도쿄도입니다. 국가는 어디까지나 지원하는 입장입니다. 그런데도 총리가 연기론을 이끈 이유는 무엇입니까?

고이케 씨는 연기 여부에 대해 명확한 태도를 보이지 않았습니다. 여론이 어떻게 반응할지 몰랐기 때문이겠죠. 다만 이런 조정은 총리가 하는 것이 자연스러웠어요. 2016년 리우데자네이루 올림픽 폐회식때 제가 슈퍼 마리오로 분장해서 등장한 책임도 있고요.

아베 마스크, 수급을 안정시키다

— 4월 1일 정부대책본부에서 천 마스크를 국내 전체 가구(약 5000만 가구)에 2장씩 나눠주겠다고 밝혔습니다. 정부의 대책은 '이 정도냐'는 비판을 받았습니다. 이른바 '아베 마스크'의 배경은 무엇이었습니까?

여러 가지 말을 들었습니다만, 저는 정책으로서 전혀 틀리지 않았다고 자신하고 있습니다. 당시 마스크는 극단적인 품귀현상을 빚었고 가격이 급등하고 있었습니다. 인터넷 판매로 사려고 해도 말도 안 되는 비싼 가격이었어요. 판매 사업자에게 유통을 부탁해도 시중에 나오지 않았습니다. 그래서 우선 3월 초 의료 현장과 요양 시설, 장애인 시설에 2000만 장을 배포하기로 결정했습니다. 경제산업성이 미얀마 등 동남아시아와 협상해보니 직물(織物)이라면 확보할 수 있을 것 같다고 해서 마스크 제작을 발주했어요. 직물이라면 빨아서 반복해서 사용할 수 있고 좋지 않을까 판단했던 것이죠. 그리고 전 세대에 배포하기로 결정했습니다. 어쨌든 시중에 마스크를 유통시켜 수요를 억제하겠다는 판단이었습니다. 전 가구에 배포하기로 결정한 후 마스크 제조업체인 유니참 사장과 영상통화를 했을 때도 이것으로 수급 균형을 맞출 수 있을 것이라며 동참해 주었습니다. '크기가 작다'거나 '바로 도착하지 않는다'거나 '누런 것이 있다'는 비판은 있었지만, 그때 천 마스크가 유통되면서 업체는 보유하고 있던 재고를 내놓았고, 매장과 인터넷 가격이 안정된 것이 사실입니다. 전부 우편함에 넣었던 방법이 다소 투박했던 것은 인정합니다. 하지만 청년들은 마스크를 선물로 사용하기도 하고, 자수(刺繡)도 넣는 등 꽤 호평도 받았어요. '선물하지 말고 본인이 사용해줬으면…'이라고 생각했지만요.

— 외출 자제를 호소하는 호시노 겐(星野源)[19] 씨의 동영상과 함께 총리가 자택에서 휴식을 취하는 영상을 트위터 등에 올렸습니다. 누구 생각인가요?

관저 홍보팀이 '청년들에게 어떻게 하면 외출 자제의 메시지가 닿을까' 하고 생각하다가 저에게 출연해달라고 해서 동참했던 것입니다. '생계가 걸린 국민이 있는데 한 나라의 지도자가 우아하게 쉬고 있다'는 식의 험담도 있었지만 정책적 실패가 아니기 때문에 신경쓰지 않았습니다. 여론, 특히 중장년층 일부가 비난하려 했을 뿐인 것 같아요. 오히려 청년들에게 메시지가 공감되는 측면도 있으니까 다행이죠. 악평과 호평이 공존한 가운데 조회수는 바로 100만 회를 돌파했습니다. 비판한 사람들에게는 '당신은 그 정도 조회수의 동영상을 찍을 수 있나요'라고 말해주고 싶었습니다.

긴급 사태 선언

— 4월 7일, 첫 긴급 사태 선언을 도쿄(東京), 가나가와(神奈川), 사이타마(埼玉), 지바(千葉), 오사카(大阪), 효고(兵庫), 후쿠오카(福岡)의 7개 지역에 발령했습니다. 앞서 4월 1일 열린 전문가 회의는 의료 체제의 절박함을 들어 정부에 근본적인 대책을 제언했습니다. 하지만 감염자 수는 미국과 유럽 등에 비해 압도적으로 적었습니다. 망설임은 없었나요?

---

19) 일본의 인기 배우 겸 뮤지션. 부인은 유명 배우 아라가키 유이(新垣結衣)

망설이지는 않았어요. 다만 조정에는 고생했네요.

고이케 도쿄도지사는 3월 23일과 25일 기자회견을 열어 락다운(Lockdown: 도시 봉쇄) 가능성을 언급하며 '감염 폭발의 중대 국면'이나 'NO!! 3밀(밀폐, 밀집, 밀접)'이라는 메시지를 반복했습니다. 감염 방지를 위해 위기감을 부추긴 것이겠지만, 그 영향으로 슈퍼마켓에서 화장지가 사라져 버렸습니다. 감염 방지와는 전혀 관계없는 물품의 사재기가 일어난 것입니다. 정부가 개정 특조법에 근거해 정부 대책 본부를 설치한 것은 3월 26일이었습니다. 이것은 '긴급 사태 선언을 발표하겠습니다'라고 세상에 알리기 위한 예고였습니다. 하지만 고이케 지사의 발언 직후에 즉시 긴급 사태 선언을 하면 패닉 상태가 되어 버립니다. 그래서 우선 정부로서는 '유럽과 같은 락다운은 일본에서는 할 수 없습니다. 생필품 공급은 문제없으니 사재기는 삼가세요'라는 메시지를 우선시하기로 했습니다.

당시 스가 요시히데 관방장관도 경제에 미치는 영향을 걱정해 "긴급사태 선언은 필요 없을 것"이라고 말했기 때문에 스가 씨도 설득했습니다. 4월 11일 긴급사태 선언은 타이밍으로서는 좋았다고 생각합니다. 고이케 지사가 부추김으로써 국민들이 정부에 "제발 빨리 해 주세요"라고 재촉하는 분위기가 되었던 것이죠. 국민들이 그런 상태가 되지 않으면 자숙의 효과는 나타나지 않습니다. 강제력이 없음에도 불구하고 번화가와 통근 열차가 텅 빈 것은 국민들이 긴급사태 선언을 요청했기 때문이라고 생각합니다.

— 요청 형식의 조치라도 양식 있는 일본인이라면 따라줄 것이라 생각했습니까.

결과는 낼 수 있을 것이라고 생각했어요. 왜냐하면 일제 휴교도 강제력은 없지만, 꽤 많은 지자체가 응해 주었으니까요.

— 4월 11일, 코로나 담당을 맡은 니시무라 야스토시(西村康稔) 경제재생상이 휴업 보상으로써 일정 비율의 손실을 보전하는 나라는 세계에서 찾아보기 어렵다고 말해 경제활동에 악영향이 우려됐습니다.

보상의 의미가 어렵거든요. 예를 들면 긴자의 클럽이라면 하룻밤 매상이 1000만엔이나 되는 가게도 있습니다. "거기에 통째로 1000만엔을 내줍니까? 그럴 수는 없죠"라고 말하고 싶었던 것이죠. 설명 방법이 딱딱했던 것은 사실이지만 별도로 여러 가지 메뉴얼을 다 갖추었습니다.

사업자 매출 감소에는 지속화 급부금,[20] 인건비에 대해서는 고용조정 조성금 보조 상한 인상, 이밖에도 무이자 융자나 대출 상환 유예, 월세 지원 급부금도 제공했습니다. 과도하다고도 했지만 앞을 내다볼 수 없는 국면에서는 무엇보다 국민의 불안을 불식시키는 것이 중요합니다. 특히 매출이 반감된 모든 업종을 대상으로 한 최대 200만엔의 지속화 급부금은 획기적이었다고 생각해요. 지속화 급부금과 다양한 대출로 도움이 되었다는 목소리는 음식점이나 미용실,

─────────────────────

20) 국가나 공공 단체에서 내어 주는 돈

헬스장 등 많은 업종으로부터 전해졌습니다. 고용조정 조성금 보조 상한 인상을 포함해 모든 대책을 취했기 때문에 실업률을 악화시키지 않고 끝난 것입니다.

우회 끝에 정해진 10만엔 급부

— 우회 끝에 결정됐습니다. 4월 7일에 일단 저소득 가구에 30만엔 지급을 담은 2020년도 추경안을 국무회의에서 결정했지만, 16일에는 긴급사태 선포 전국 확대에 맞춰 일률적으로 10만엔을 지급하는 것으로 변경됐습니다. 각의에서 결정한 예산안을 바꾼 것은 이례적이었습니다. 아베 씨는 원래 일률적인 10만엔 지급론자였던 것 같습니다만, 왜 이런 과정을 밟아갔던 것인가요?

일률적인 10만엔 지급은 처음에 아마리 아키라(甘利明) 세제조사회장과 논의했는데, 신속하게 지급하고 소비로 이어지면 경제에도 도움이 된다는 생각이 일치했습니다. 저의 경제 고문들도 모두 찬성했습니다. 다만 재무성에서 반대했습니다.

— 아소 다로(麻生太郎)[21] 부총리는 총리 시절인 2009년 리먼 쇼크 이후 경기부양책으로 국민 1인당 1만 2000엔의 급부금을 지급했지만 상당액이 저축으로 돌려지는 바람에 선심성 정책이라는 비판을

─────────────

21) 아베 신조와 마찬가지로 정치 명문가 출신으로 2008년 9월~2009년 9월 92대 일본 총리대신을 지냈다. 아베 내각에서는 부총리 겸 재무상을 지냈으며, 정권의 핵심인사로서 많은 영향력을 행사했다.

받았습니다. 그래서 일률적으로 10만엔을 지급하는 것에도 신중했습니다.

그렇죠. 그래서 재무성은 저소득 가구를 대상으로 가구당 10만엔 지급이라는 안을 내놓았던 거죠. 무척 떨떠름했습니다.

— 기시다 후미오(岸田文雄) 정무조사회장이 저소득 가구에 30만엔을 제안하자 아베 씨가 승낙했습니다. 관저에서 밥상을 차려 기시다 씨에게 가져다주려고 했는데, 결과적으로 이 30만엔안은 사라지고 기시다 씨를 띄우는 계획도 실패로 끝났습니다.

기시다 씨에게는 미안한 일이었습니다. 그런데 감염 상황이 바뀌더군요. 지방에서도 클러스터가 산발하면서 골든위크 귀성과 여행을 우려하는 목소리가 확산된 것입니다. 그래서 긴급사태 선언을 전국으로 확대하기로 했는데 이때 많은 국민들이 어려움을 겪고 있으니 똑같이 안심시키는 것이 좋겠다는 목소리가 나온 거죠. 신문 논조에도 그런 주장이 있었습니다.

이렇게 되니 일률적인 10만엔 지급은 이제 이치를 따질 만한 사안이 아니었습니다. 기분의 문제인 것이죠. 일률적으로 10만엔이 얼마나 소비로 돌아갈 것인가 하는 경제적 합리성은 따지지 말고 국민이 기댈 수 있는 정책을 실행해야 하지 않을까 생각했습니다. 자숙만 요구받는 국민들이 침울해지는 상황 속에서 정치는 불안감을 불식시킬 책임이 있다고 다시 생각한 것입니다.

한번 결정한 예산안을 변경한다는 것은 책임을 져야 하는, 정치적으로 매우 위험한 행위입니다만, 공명당과 니카이 도시히로(二階 俊博) 간사장도 건의했고, 그럼 과감히 추진하자고 결심했습니다. 공명당의 야마구치 나츠오(山口那津男) 대표는 결의를 다지고 관저에 올라와서는 "일률적으로 10만엔을 지급하지 않으면 정치적으로 매우 힘들어질 것"이라고 하더군요. 코로나19 유행에도 연금은 줄지 않았지만, 연금 수급자에게도 10만엔을 지급하게 됩니다. 또 부유층에게 나눠주는 것이 무슨 의미가 있느냐는 목소리도 알고 있었습니다. 하지만 모든 국민들에게 외출 자제를 요청하고 참아달라고 하고 있는데, 받지 못하는 사람이 있는 것은 좋지 않다는 결론에 이르게 된 것이죠.

— 일종의 민폐료를 지불했다는 말인가요?

민폐료를 국가가 지불하는 것은 이상할지도 모르지만, 그것도 국민에게서 모은 세금이니까요.

— 여러 가지 이유가 있었겠지만 일률적인 10만엔 지급은 포퓰리즘 같습니다.

그렇게 볼 수 있어요. 하지만 아베 정권이 줄곧 대중에게 영합해 온 것은 아닙니다. 특정비밀보호법이나 테러 등 준비죄(공모죄) 법안 등 반대가 많은 정책도 해 왔습니다.

공황을 피하면서 강제력 없는 정부의 요청을 따라오게 하려면 국민들의 환심을 사는 정책이 있어야 하는 것이죠. 경제가 멈추면 죽는 사람도 나옵니다. 그건 무조건 피해야 했습니다.

재무성의 발언이 워낙 강하다보니 많은 사람들이 잘못 알고 있는데, 여러 가지 코로나 대책을 위해 국채를 발행한다고 해서 손자나 자녀에게 빚을 돌리는 게 아닙니다. 일본은행이 국채를 전부 매입하고 있습니다. 일본은행은 국가의 자회사와 같은 존재이기 때문에 문제가 없습니다. 신용이 높은 것이 전제 조건이지만요.

국채 발행으로 인해서 일어날 수 있는 우려로 하이퍼인플레이션이나 엔화 폭락이 거론되었지만 둘 다 일어나지 않았습니다. 인플레이션은커녕 일본은 여전히 디플레이션 압력에 시달리고 있습니다. 재무성의 주장은 틀린 것입니다. 만약 지나친 인플레이션 가능성이 높아지면 즉시 긴축재정을 하면 되는 것이죠.

납북 문제와 요코타 시게루 사망

— 아베 씨가 밀서(密書) 시대를 포함해 가장 힘써온 것이 납북자 구출이었다고 생각합니다. 납치 피해자 요코타 메구미(横田めぐみ) 씨(납치 당시 13세)의 부친이자 가족모임 대표였던 요코타 시게루(横田滋) 씨가 2020년 6월 5일 세상을 떠나자 '애달픈 심정이다. 정말 죄송하다'며 통절한 심경을 밝혔습니다.

요코타 씨의 고생은 헤아릴 수 없습니다. 13살짜리 딸이 북한에 납치당해 인생을 빼앗겨버렸습니다. 그는 메구미뿐만 아니라 모든 납북자 구출을 위해 계속 노력하고 있었습니다. 납북자 가족 모임의 대표가 된 것도 아내 사키에(早紀江) 씨와 함께 두 분의 인품이 신뢰받았기 때문입니다.

지샤사(自社さ) 정권[22]이 1995년 인도적 관점에서 북한에 유상 35만 톤, 무상 15만 톤의 쌀을 지원했는데 요코타 씨는 이때 자민당 본부 앞에서 반대 운동을 벌이고 있었습니다. 저는 요코타 씨에게 미안하다고 사과하러 갔는데 땀을 흘리며 애쓰고 있는 요코타 씨의 모습이 인상적이었습니다. 제가 대북 경제 지원의 조건으로 납치 문제 해결을 내세운 것은 피해자 가족의 필사적인 활동을 봐왔기 때문입니다.

2002년 9월 고이즈미 준이치로(小泉純一郎) 총리의 방북 때 북한은 메구미 씨가 입원한 병원에서 자살했다고 주장했습니다. 2004년 11월에는 메구미 씨의 것이라며 유골까지 넘겼습니다. 유골은 일본 측 감정에서 메구미 씨와는 다른 사람의 것으로 판명됐습니다. 다만 북한은 이후 요코타 부부와 손녀인 김혜경 씨의 면회를 평양에서 하자고 제안했습니다.

이 제안을 받을지 어떨지 요코타 씨의 가족과 상담하기 위해, 당시 있던 아카사카 프린스 호텔[23]에서 만났습니다. 나는 "북한은 어떻게든 경제 지원을 원합니다. 두 분을 평양으로 불러 김정일 국방위원장이 나와 "메구미는 이미 사망했다, 유감이다"라고 사과하는 식으로 한 번에 해결하려 할 가능성도 있습니다"라고 설명했습니

---

22) 자유민주당·일본사회당·신당 사키가케에 의한 연립정권
23) 현 더 프린스 갤러리 도쿄 키오이쵸

다. 그러자 시게루 씨는 손자를 만나고 싶다고 했지만, 사키에 씨는 "북한의 의도에 넘어가지 말아야 한다"라고 반대했습니다. 그러다가 마지막으로 아들 테츠야(哲也) 씨, 타쿠야(拓也) 씨가 "우리가 구해내야 할 건 누나이지 혜경이가 아니예요"라고 말해서 결국 시게루 씨가 굽힌 것이죠. 2014년 다시 북한이 공을 던져왔습니다. 이번엔 평양이 아니라 울란바토르에서의 면회였습니다. 요코타 부부도 고령이 되었고 저의 힘이 부족해 아직 납치 피해자들을 되찾지 못하고 있었습니다. 그래서 두 분이 희망하신다면 이 기회를 놓치지 말고, 실현하는 방향으로 하자고 진행한 것입니다. 당시 차히아긴 엘베그도르지 몽골 대통령에게는 "개방적인 형태로 진행하면 북한에 이용될 우려가 있으니 비밀리에 만날 수 있도록 해달라"고 부탁했고, 제대로 대응해 주었습니다. 납치 문제 해결에 대해 재임 중에 결과를 내지 못한 것은 매우 죄송스럽게 생각합니다.

검찰청법 개정안 포기에 따른 비판 확산

— 검사 정년을 63세에서 65세로 올리는 검찰청법 개정안에 대해 물어보겠습니다. 여론의 비판을 받아 5월 18일에 정기국회 처리를 포기한다고 발표했습니다. 내각이나 법무장관의 판단으로 검찰총장, 검사장의 정년을 최장 3년 연장할 수 있는 특례규정이 문제시됐습니다. 발단은 1월에 종래의 법 해석을 변경해, 당시의 구로카와 히로무(黑川弘務) 도쿄 고검장의 정년 연장을 결정한 것입니다. 구로

카와 씨는 법무성 관방장이나 사무차관으로서 관저와의 조정역을 오랫동안 맡아, 관저와 가까운 거물로 여겨져 왔습니다. 이 때문에 개정안이 구로카와 씨의 정년 연장과 검찰총장 취임을 가능하게 만들기 위한 것처럼 보인 것도 영향을 미쳤습니다.

검찰청법 개정안은 국가공무원 정년을 65세로 올리는 법안과 함께 국회에 제출한 법안이었습니다. 검찰청이 고령에 접어든 직원을 최대한 활용하고 싶다고 요청했습니다. 검찰 간부 정년 연장 특례는 법무장관을 포함해 내각 전체에서 인사를 결정하는 내용이었습니다. 검사라고 해도 공무원이기 때문에 정년 연장을 내각에서 판단하는 것은 당연한 것이죠.

당시 구로카와 씨의 정년 연장을 요구한 것은 쓰지 히로유키(辻裕教) 법무 사무차관과 이나다 노부오(稲田伸夫) 검찰총장입니다. 이나다 총장이 2020년 4월 교토에서 열리는 국제회의에 참석하기 전에 후임인 구로카와 씨의 정년을 연장하고 싶다고 설명했습니다. 그래서 1월에 구로카와 씨의 정년 연장을 결정한 것입니다. 원래 개정안의 시행은 2022년 4월 1일 예정이었기 때문에 구로카와 씨를 위한 법 개정이라는 비판은 완전히 빗나갔습니다만, 야당은 그런 인상을 주고 싶었던 것이겠죠.

국회의원은 법무성과 별로 접촉이 없습니다. 오히려 제가 법무성에서 잘 알던 인사는 하야시 마코토(林眞琴) 씨(후일 검찰총장)입니다. 조직범죄처벌법을 개정해 테러 등 준비죄를 창설할 때 형사국장으로 함께 손발을 맞췄습니다.

2017년 국회에서 조직범죄처벌법 개정안을 심의하기 직전 테러 등 준비죄에 대해 알기 쉬운 사례를 내달라고 법무성에 부탁했더니 웬일인지 그 내용이 제가 아니라 민진당(民進党)으로 넘어갔습니다. 단순 실수였는지 법무성이 저를 곤란하게 하려고 했는지 잘 모르겠지만 가스미가세키(霞が関)[24]에서는 가끔 이런 일이 일어납니다. 야당에만 자료가 넘어갔기 때문에 국회 심의가 시작됐을 때 답변석에서 군색하게 "하야시 씨 부탁합니다"라고 했더니 하야시 씨는 "죄송하지만 총리께서 답변해 달라"고 하더군요. 이 법을 만들 때 하야시 씨와 여러 가지 고생한 추억이 있습니다. 구로카와 씨도 행정 수완에 대해서는 익히 들어 알고 있었습니다. 두 사람은 흔히 볼 수 있는 라이벌이었을 것입니다. 하야시 씨는 2018년 1월 나고야 고검장이 되었는데, 저는 '어, 하야시 씨가 나고야로 가버리는구나' 라고 놀랐습니다. 이것은 가미카와 요코(上川陽子) 법무상이 결정한 인사였습니다. 그리고 구로카와 씨는 2019년 도쿄 고검장이 됐습니다.

— 5월 15일 검찰 OB(올드 보이)들이 개정안에 반대하는 의견서를 정부에 제출했습니다. 검찰 수사는 권력의 핵심에 이르기도 하는데 개정안은 정치로부터의 높은 독립성을 담보할 수 없다는 주장이었습니다. 이런 비판을 어떻게 받아들였나요?

---

24) 도쿄도 치요다구에 있는 도쿄의 관청지구. 중앙합동청사, 외무성, 재무성 등 일본의 주요 행정기관들이 대다수 자리잡고 있음.

검찰 OB들은 정치가 자신들의 영역에 들어오지 말라고 말하고 싶었던 거죠. 관공서 어디든 OB들은 인사를 스스로 결정한다고 잘못 알고 있으니까요. 원래 검찰의 수장인 검찰총장이나 대검 차장검사, 전국 8곳의 고검장 임명권은 내각이 갖고 있습니다.

— **법안에 대한 집착이 강했던 사람은 인사를 중시하는 스가 관방장관과 스기타 가즈히로**(杉田和博) **관방부장관이었다고 하는데요.**
구로카와 씨의 정년 연장이 비판을 받았기 때문에, 저는 "검찰청법 개정안은 한숨 돌리고 나서 하면 되지 않느냐"고 말했습니다만, 스가 씨와 스기타 씨는 강경했습니다. 솔직히 저는 그 법안이 마음에 들었던 것은 아니지만, 정기국회에서 처리해야 한다는 두 사람의 의견을 전면 무시할 수도 없었어요.

— **5월 18일 니카이 간사장과 협의해 검찰청법 개정안 통과를 보류하기로 했습니다. 그 직후 21일 주간지의 보도로 구로카와 씨가 내기 마작을 하고 있던 것이 발각되면서 사임했습니다.**
그 마작 한 건이 없었다면 구로카와 씨는 아마 검찰총장이 되었을 것입니다. 내기 마작이라고 해도 판돈은 1000점 당 100엔이었는데, 그건 일반 직장인들도 하는 수준이죠. 검찰심사회는 기소할 사안이라고 판단했는데, 너무 가혹한 것 같기도 했어요. 검사라는 신분이라서 그랬을까요.

가와이 부부 체포

— 6월 18일 가와이 카쓰유키(河井克行) 전 법무장관(중의원)과 아내 가와이 안리(河井案里) 참의원이 공직선거법 위반(매수)으로 체포됐습니다. 이후 두 사람 모두 의원직을 사퇴했습니다. 애초에 2019년 참의원 선거에서 개선정수[25]가 2석인 히로시마 선거구에 미조테 겐세이(溝手顕正) 씨와 안리 씨등 같은 자민당 소속 후보 2명을 내세운 이유는 무엇입니까.

히로시마(広島)는 여당인 자민당과 야당에서 의석을 나눠왔습니다. 여야가 각각 1석씩 당선시키기 좋은데, 그러면 선거운동도 느슨해지기 쉽습니다. 2019년 선거 정수가 3명인 지바(千葉)에서는 2명을 세웠는데, 2명 모두 당선되었습니다. 홋카이도(北海道)도 3인 선거구이지만, 자민당이 2명 당선되었습니다. 아베 정권이 들어선 이후로는 각 지역에 이렇게 어려운 싸움을 요청하며 승리해 왔습니다.

— 과거 미조테 씨는 아베 씨를 강하게 비판했습니다. 1차 내각 당시 참의원 선거에서 자민당이 참패하자 총리 연임에 신중해야 한다는 뜻을 내비치기도 했고, 민주당 정권 시절에는 아베 씨를 '이미 과거의 인물'이라고 평가하기도 했습니다. 한편 히로시마현이 본거지

---

25) 역: 일본 참의원 선거는 일본 45개 지역에서 선출하는 의원 수가 1~6명까지 다양하다. 예를 들어, 가장 큰 선거구인 도쿄도는 6명, 홋카이도는 3명, 히로시마현은 2명이다.

인 기시다 씨에 대해서는 스가 관방장관이 라이벌 의식을 불태우고 있었습니다. '미조테·기시다'[26]에 대한 불편함과 견제 의식이 안리 씨를 출마시킨 배경이 아닌가요?

히로시마는 이케다 하야토(池田勇人) 수상과 미야자와 기이치 (宮澤喜一) 수상을 배출한 자민당의 철옹성입니다. 2인 당선이 무리라는 건 어리광이죠. 미조테 씨는 낙선했지만, 직전 여론 조사에서는 안리 씨를 이기고 있었어요. 패배한 책임을 자민당 지도부에 떠넘기는 것은 설득력이 없지요.

— 자민당 중앙당이 안리 씨 측에 제공한 5000만엔의 용처는 밝혀지지 않았습니다. 누가 5000만엔을 제공하기로 결정했나요?

자민당 히로시마 지부는 참의원 선거를 위해 파티를 열고 모은 돈을 모두 미조테 씨를 위해 쓰고 있었습니다. 안리 씨측에는 아무것도 돌아가지 않았습니다. 광고 차량도 안리 씨에게는 제공하지 않았습니다. 그러니까 중앙당에서 지원하는 건 당연한 거죠. 중앙당에서 정치자금을 이전하는 것은 아무런 문제가 없습니다. 금액이 많다는 지적은 있었지만, 1개 선거구에서 1억엔 이상 지출한 예는 얼마든지 있습니다. 고이즈미 정권 시절인 2004년 참의원 선거에서 저는 간사장으로서 자금을 배정했지만, 조금만 더 노력하면 이길 수 있는 선거구에는 많이 주었습니다. 반면 사전 조사에서 완패하거나 압승

---

26) 역: 미조테와 안리는 같은 자민당 소속이지만 파벌이 달랐다. 미조테는 기시다파, 안리는 니카이파로 분류됐다. 이 선거에서 스가 장관은 안리를 적극 지원했다.

하고 있는 선거구에는 거의 주지 않았습니다.

1억5000만엔은 당사에서 여러 차례에 걸쳐 입금됐습니다. 결재는 당 간사장과 경리국장입니다. 논란으로부터 도망갈 생각은 전혀 없지만, 저는 간사장 시절 당 총재였던 고이즈미 총리에게 돈 문제를 보고한 적이 한 번도 없었습니다. 자민당 간사장이라는 자리는 그만큼 무거운 자리인 것입니다.

방위성 실수로 이지스 어쇼어 좌절

— 코로나19 사태 휴교로 인한 학업 지연을 우려해 4월에 여러 지사들이 9월 입학과 새학년을 시작하는 방안을 제안했고 정부 내에서도 검토했습니다. 아베 씨도 긍정적이었던 것 같은데요.

이제 많은 학생들이 해외에 유학하고 있고 해외에서 일본으로 인재가 오는 시대이기 때문에, 9월 입학을 도입하면 유학하기도 쉬워지고 취업 시기도 외국과 맞출 수 있다고 생각했습니다. 지금도 교육재생회의에서 9월 입학은 검토 의제로 되어 있습니다. 국제사회와 학기를 맞추는 딱 좋은 기회인가 싶었는데, 아무래도 무리였습니다. 지금 학교를 다니는 학생들은 현재 학년이 17개월이 되어 버리거든요. 그건 너무 비현실적이죠. 6개월을 떼어내면 좋을 텐데, 그러면 코로나로 인한 학업 손실을 회복하는 문제와 부딪히게 됩니다. 일본과 9월 학기제를 도입한 국가는 구조적으로 여러 가지가 다릅니다. 일본은 4월에 일제히 신규 졸업자가 입사하지만 미국은 졸업시기에 상관없이 채용해요. 국제화가 진행되는 가운데 어떻게 해보려고 하더라도 많은 국민들이 9월 입학을 선호하게 되지 않으면 좀처럼 실현되지 않을 거예요.

— 북한의 탄도미사일 공격에 대한 대처 능력을 높이기 위해 정부는 2017년 아키타(秋田), 야마구치(山口)현에 미사일 요격 시스템인 이지스 어쇼어를 배치하기로 했으나 2020년 6월 포기했습니다. 요격 미사일을 발사할 때 떼어내는 추진보조장치(부스터)가 훈련장 안에 떨어지지 않을 수도 있다고 알려지자 현지 주민들이 반발했기 때문이라고 하는데, 기술적 문제가 배치를 포기한 가장 큰 원인인가요?

방위성은 추진 장치의 부스터를 자위대 부지 내에 떨어뜨릴 것이라고 현지에 설명하고 있었습니다. 계획을 정하기 전에 저도 그렇게 설명을 듣고 있었는데, 그 전제가 무너져 버렸습니다.

이지스함의 요격미사일 SM-3로 떨어뜨리지 못한 탄도미사일은 지상의 지대공 유도탄 PAC-3로 쏘아 떨어뜨리는데, 이때도 미사일 파편은 일본 영토에 떨어집니다. 하지만 파편이 국내 어딘가 떨어진다고 해서 요격미사일을 쏘지 않겠다는 발상은 하지 않겠죠. 다만 이지스 어쇼어의 경우 부스터가 자위대 부지 내로 떨어진다고 방위성이 현지 주민들에게 설명해 버렸습니다. 그 편이 주민들이 수용하기 쉽도록 만든다고 생각했겠지만 이지스 어쇼어를 개발한 미국 기업이나 미 국방부는 그렇게까지 확정적인 설명을 방위성에 하지 않았습니다. 미국은 핵미사일을 요격미사일로 반격할 때 부스터가 미국 내 어디로 떨어질지까지는 생각하지 않습니다.

광활한 땅이 있으니까 신경쓰지 않는 거죠. 일본과는 기본적인 인식에 차이가 있습니다.

주민들에게 설명했던 전제가 무너진 이상, 제 지역구인 야마구치현이나 스가 관방장관의 출신지인 아키타현이라도 배치는 어렵다고 생각했습니다. 배치하는 데만 눈이 멀어서 좋을 대로 이야기 해버린 방위성의 실수입니다. 현지를 조사하지 않고 구글 어스를 사용해 측량 실수를 저지른다든지, 현지 설명회에서 방위성 직원이 졸아버리는 불상사도 겹쳤습니다.

문제는 포기를 결정한 후였습니다. 고노 다로(河野太郎) 방위상이 상의하러 와서 배치 중단은 양해했습니다만, 미국과 전혀 조정하지 않았던 것이죠. 그래서 미국 측에 배치 계획은 중단하되, 당분간 연기다, 즉 묶여버린 상황이라는 설명을 힘들게 해야 했습니다.

이지스 어쇼어는 미국 군사 장비를 동맹국 등에 유상 제공하는 대외유상군사원조(FMS) 제도의 틀에서 최신예 장비로 구입할 예정이었습니다. 저는 그동안 트럼프 대통령과의 정상회담에서 FMS를 통해 F35 전투기를 147대 구입한다, 이지스 어쇼어는 2대 도입하겠다고 강조해 왔습니다. "이만큼 너희 나라 무기를 사고 있잖아"라며 미국의 군사력 증강 요구를 피해온 겁니다. 트럼프로부터 "고마워요, (아베) 신조"라는 말을 들어왔는데 배치를 중단해 "뭐야, 안 사는 거야?"라고 나오게 되면 곤란해지겠죠. 그래서 이 이슈에 대해서는 트럼프에게 알리지 말아달라고 미국 정부에 적극 요청했습니다. 어쨌든 이후 미국과의 조정 문제는 정무적으로도, 실무 차원에서도 꽤나 힘들었습니다.

— 이지스 어쇼어 배치 계획 중단에 따라 국가안전보장회의(NSC)에서 새 안보전략을 논의하면서 "새로운 방향을 제시하겠다"고 밝혔습니다. 이것이 9월 11일 발표한 아베 씨의 '내각총리대신의 담화'로 이어집니다. 적 기지 공격력 보유를 염두에 두고 미사일을 저지하기 위해 '바람직한 방안'을 다음 내각에서 검토한다는 내용이었습니다.

전 세계에서 미사일 방어에 이만큼 돈을 들이고 있는 것은 미국과 일본뿐입니다. 예를 들어 이지스함에서 발사하는 요격미사일은 상대 미사일을 핀포인트로 쏘아 떨어뜨리기 위한 정밀 무기입니다. 미국과 일본이 공동 개발하고 있는 고성능 미사일 SM3 블록 2A는 1발에 수십억엔이 될 것으로 알려져 있습니다. 이것은 괜찮은 투자가 될 겁니다. 미사일 방어 자체가 억지력이기 때문에 예산을 승인했습니다.

한편 적을 때리는 능력, 타격력을 유지하는 것도 중요합니다. 타격을 목적으로 하는 순항 미사일은 요격 미사일만큼 비싸지 않습니다. 미국이 개발한 토마호크는 1발에 2억엔 정도면 됩니다. 그렇다면 토마호크를 배치하는 것이 효율적이라고도 할 수 있을 것입니다. 더구나 실제로 쏘지 않아도 적을 향해 "일본을 공격한다면 발사할 것이다. 타격할 위치도 알고 있다"고 생각하게 할 수 있으니까요. 그래서 저는 타격력 검토를 요구했던 것입니다.

— 다만 미사일 방어 담화를 '내각총리대신 담화'가 아니라 '내각총리대신의 담화'로 한 것은 이해하기 어렵습니다. 왜 국무회의 결정을 하지 않았을까요?

정부 내에서만 통하는 '가스미가세키 문학' 같은 것인데, '~의'가 들어가면 총리가 개인적으로 낸 담화가 되고, '~의'가 들어가지 않으면 내각회의(각의)를 거친 정식 문서가 되는 것이죠. '의'가 들어가는 경우와 들어가지 않는 경우는 공명당에서 받아들이는 수준이 다릅니다. 공명당은 각의에서 결정한 문서를 무겁게 여기기 때문에 그 점을 고려해 '내각총리대신의 담화'로 한 것이죠. 또한 다음 내각의 정책을, 곧 그만두게[27] 될 내가 고정시켜버린다는 것은 문제가 있었기 때문에 각의 결정으로 하는 것은 피했습니다.

지병 재발, 악화된 순간 사임 결정

— 사퇴에 이르는 경위를 묻겠습니다. 6월 13일 검사를 받은 결과 궤양성 대장염 재발 징후가 보였고 7월 컨디션이 악화되어 8월 재발이 확인되었다고 하는데, 6월 단계에는 어느 정도 위기감을 가지고 있었습니까?

제 병에는 완치가 없습니다. 증상의 안정을 유지하기 위해 계속 약을 복용하고 있습니다. 약에서 해방된 적은 과거 40년간 없었어요. 오랜 세월 병과 싸워 왔기 때문에 상태가 상당히 좋지 않다는 것

---

27) 아베 총리는 이를 발표하기 약 2주 전인 2020년 8월 28일 사의를 표명한 상태였음

은 느낌으로 알 수 있었습니다. 복통이 심해지고 몸이 늘어지는 증상도 나타납니다. 정권 운영을 맡은 7년 9개월 동안에도 그런 상태가 된 적이 했지만, 이때는 그동안 겪었던 것보다 더 심한 증상이 나타나고 말았습니다. 그래서 6월 검사 후 아사콜이라는 약의 투여량을 최대치까지 늘렸습니다.

몸속에 염증 반응이 일어나면 단백질의 일종인 CRP(C-리액티브 프로틴)가 늘어나는데 혈액 속을 살펴보니 역시 기준치를 초과하고 있었습니다. 처음에는 그렇게 크지는 않았지만, 점점 증가해 버렸습니다.

— **보도된 총리 동정에 따르면 2차 검사는 8월 17일입니다. 6월 이후에는 아무런 치료나 검사도 실시하지 않았던 것입니까?**

8월 초 의사에게 가서 혈액 채취와 진찰을 받았습니다. 확실한 원인은 모르겠습니다만, 재발 원인은 정신적인 면을 포함하여 여러 가지 피로가 쌓여 버렸기 때문이라고 생각합니다.

— **8월 12일 한 시간 가까이 회담했던 아마리 아키라**(甘利明) **전 경제재생상은 16일 후지TV 프로그램에서** (아베 총리가) **좀 쉬었으면 좋겠다고 말했습니다. 아마리 씨에게는 건강 상태를 전하고 있었나요?**

아프다는 얘기는 했어요. 하지만 정치인들은 사임 얘기는 마지막 순간까지 하지 않죠.

— 8월 6일 히로시마 평화기념식 참석이 힘들었다고 들었습니다.

장 상태가 안 좋은데 기념식에 가서 기념사를 제대로 읽고 돌아오는 것은 어려운 일이었습니다. '제대로 해낼 수 있을까' 하는 부담감이 있었고, 행사 도중에 화장실에 갈 수도 없었죠.

— 물러나는 게 낫겠다는 생각이 든 것은 언제인가요?

이 평화기념식 무렵입니다. 코로나 대책은 가을에서 겨울로 접어들 때 만전을 기해야 합니다. 총리가 진두지휘를 하지 않으면 안 되기 때문에 대책에 차질이 생겨서는 안 된다고 생각했습니다. 2007년 사임했을 때는 국회 개원 직후여서 혼란을 빚고 말았습니다. 그런 상태는 피하고 싶었습니다.

또, 되도록 원활하게 바통을 넘기고 싶다는 생각도 들었습니다. 총리는 항상 최전선에서 바람을 맞고 있는 셈입니다. '역풍을 맞아도 앞으로 나아간다'는 강한 마음가짐이 필요합니다. '이것은 어렵겠다'고 약해지는 순간이 바로 교체해야 하는 타이밍입니다. '사임 이유로 질병을 전면에 내세우는 것이 어떻겠냐'는 의견도 있었지만 솔직하게 말하는 것이 책임을 다하는 것이라고 생각했습니다.

— 스가 관방장관에게는 사임 의사를 전했나요?

관방장관은 총리의 컨디션을 파악하고 있을 필요가 있습니다. 관방부장관이나 이마이 나오야(今井尚哉) 보좌관, 기타무라 시게루(北村滋) 국가안전보장국장, 비서관 등 관저의 핵심 멤버들은 사임

기자회견 절차 등을 준비해야 합니다. 갑자기 기자회견 당일에 알리는 것은 아니죠.

— **8월 24일 연속 재임 일수가 사토 에이사쿠**(佐藤榮作) **총리를 넘어섰습니다. 역대 최장이 될 때까지는 그만두지 않겠다는 의식이 있었나요?**

그럴 때는 아니었어요. 만약 사토 에이사쿠 씨의 연속 재임 일수를 넘는 날이 9월 초순이었다고 해도, 8월 중에는 그만두었을 것입니다. 코로나19에 대한 제대로 된 대책을 마련해서 하반기의 방향을 어느 정도 잡으면 그만두려고 생각하고 있었습니다.

— **장기집권이었지만 이루지 못한 과제도 많습니다. 가장 아쉬운 점은 납치 문제 해결의 실마리를 찾지 못한 것입니까?**

나는 북한 피랍자 가족들을 계속 만나고 교류도 해 왔습니다. 가족분들과는 동지일 거예요. "아베 씨밖에 없으니까…"라는 말을 자주 들었습니다. 그때마다 피랍의 고통을 절절히 느껴왔습니다. 가족분들이 저에게 기대해 주셨는데 해결하지 못한 점은 정말 죄송하게 생각합니다. 외교 협상이기 때문에 상대가 있다고는 하지만 어떻게든 해보려고 이런저런 방법을 써봤는데 결실을 맺지 못했습니다.

— **총재 4선 생각은 전혀 없었나요?**

병이 악화되지 않았어도 4선에 도전하는 일은 없었을 것입니다.

니카이 도시히로 간사장으로부터는 강력하게 권유를 받았습니다
만, 세상사에는 조수(潮水)가 있는 법이죠.

총재 선거

— 9월 8일 자민당 총재 선거가 치러졌습니다. 스가 요시히데 관방장관, 기시다 후미오 정무조사회장, 이시바 시계루(石破茂)[28] 전 간사장 등 3명이 출마했습니다. 기시다 씨에게 외상을 5년이나 맡겼고, 의지가 있다며 '포스트 아베'로도 밀었는데, 정작 총재 선거에서는 스가 씨를 지지한 이유는 무엇일까요?

총리로 적합한지, 적합하지 않은지를 생각할 때 저는 나라를 지키는 최후의 보루인 자위대의 최고사령관이 될 것인지 아닌지가 중요하다고 생각합니다. 기시다 씨는 그런 점에서 매우 적임자였다고 생각합니다. 다만 이 총재 선거에서는 정말 미안한 일을 했습니다. 스가 씨는 나를 7년 9개월의 인연 동안 지탱해 주었습니다. 아내는 "당신은 관방장관 시절 고이즈미 씨를 그렇게까지 지지해줬느냐"고 묻더군요. 스가 씨의 은혜는 컸습니다.

— 스가 내정자에 대한 지지는 당내 제2파벌을 이끄는 아소 부총리와도 상의해 결정한 것입니까?

---

28) 아베 신조가 자민당 총재 및 총리대신으로 재임하는 동안 자민당 내 정치적 라이벌로 꼽힌 인물. 자민당 내에서는 온건파로 꼽히며 한국과의 관계를 중시하는 것으로 평가된다.

네, 상의했습니다.

— 2020년 9월 16일자 요미우리신문 조간에서는 '기시다 씨로는 인기 있는 이시바 씨를 이길 수 없다'며 스가 씨 지지를 결정한 것으로 보도됐습니다. '반 아베'인 이시바 씨에게는 넘기고 싶지 않았던 건가요?

총재 선거 전체의 구도를 보고 어떻게 해야 할지 생각한 것은 사실입니다. 주변의 신망이 있는지 없는지, 어려운 결정을 내릴 수 있는지, 각료 시절 관료들의 평판은 어떤지, 그런 점도 고려했어요.

— 아베 내각은 9월 16일 총사퇴했습니다. 총리 재임 일수는 2012년 12월 2차 아베 내각 출범 이후 연속 2822일, 1차 내각을 포함하면 통산 3188일로 모두 사상 최장이었습니다.

8월 28일 사임 표명 후 여론조사에서는 2차 내각 이후 7년 9개월에 대해 요미우리신문에서 74%, 아사히신문에서 71%, 교도통신에서 71.3%가 호평해 주었습니다. 병에 의한 사임이라는 효과도 있었다고는 하지만, 상당히 높은 수치였습니다.

스스로 말하는 것도 이상하지만 나름 냉정한 평가를 해주셨다고 생각합니다. 코로나 사태를 두고 따가운 비판에 휩싸였지만 끝나고 보니 그래도 나름 열심히 하지 않았냐는 것이겠죠. '아베의 정치는 인정해 주지 않는다'는 아사히 신문 여론조사에서도 70%가 호평해 준 것은 놀라웠습니다. 총사퇴할 때는 이미 충분히 했다는 감회가 가득했어요.

////////////

제2장

총리대신이 되다 —
1차 내각 출범부터 퇴진, 재등판까지

2003~2012년

2006년, 쇼와(昭和) 시대의 격동을 겪은 기시 노부스케(岸信介) 전 총리가 외조부였고, 아베 신타로(安倍晋太郎) 전 외무상이 부친인 정계의 황태자 아베 신조가 총리대신에 올랐다. 제2차 세계대전 후 태어난 첫 총리로 52세에 취임한 것은 전후 최연소였다.

전후 체제 탈피를 내건 아베 정권은 교육기본법 개정, 방위청의 성(省) 승격, 국민투표법 제정 등 50~60년에 한 번 꼴로 나올 만한 중대 법안 개정을 잇달아 추진하면서 일정 부분 성과를 남겼다. 그러나 각료들의 거듭된 실언과 편협한 정권 운영으로 불과 1년 만에 막을 내렸다. 사임하면서 '정권 내던지기'라는 맹비난에 직면했던 아베 총리는 현장의 지지자들의 목소리에 귀를 기울이며 조용히 재기의 길을 걷기 시작한다.

총리를 목표로 할 때까지

— 2003년 9월 고이즈미 준이치로 총리가 자민당 총재 선거에서 승리하면서 관방부장관이었던 아베 씨를 간사장으로 앉혔습니다. 3선 중의원의 간사장 취임은 자민당의 오랜 역사 속에서도 이례적이었습니다. 간사장 취임은 더 높은 곳을 목표로 하는 계기가 되었습니까?

저는 아버지 아베 신타로의 비서를 맡고 있었고 정치인 가문 출신입니다. 의원들이 당에서 체급을 어떻게 올리는지 다양하게 살펴볼 수 있었습니다. 저도 '언젠가는…'이라고 생각은 했지만 차근차근 제대로 계단을 밟고 올라가는 것을 상상하고 있었습니다. 2003년 당시 간사장이라는 포지션은 전혀 원하지 않았어요. 각료로 발탁되는 일은 흔합니다. 각료의 상대는 관공서입니다. 공무원들은 대개 말을 따라주거든요. 그러나 국회의원은 각자가 장수이기 때문에 제가 간사장이라고 해도 그렇게 쉽게 따라주지 않습니다. 당에서는 당선 횟수나 경력을 중시하니까요.

간사장이 되기 전날 고이즈미 씨로부터 전화를 받았는데 "당신의 자리를 생각 중이다. 절대 거절하지 말라"는 것입니다. 그때만 해도 '장관으로 처음 입각하는 건가'라는 생각이 떠올랐을 뿐, 그 자리가 간사장이라고는 생각지도 못했어요.

다음날 자민당 지도부 인사가 있었는데, 그날 오후에 파벌 영수였던 모리 요시로(森喜朗)⁰¹⁾ 전 총리가 전화해서 "고이즈미는 자네를 간사장으로 만들려고 한다. 거절하면 인사 구상이 무너진다"고 말씀하시는 거예요. 저는 "간사장은 받기 어렵습니다. 다들 제 말을 안 들을 겁니다"라고 거절했습니다. 그 뒤 한참 입씨름을 하고 있는데 TV 자막에 '간사장 아베 신조'라고 나와 버렸습니다. 그래서 거절할 수 없게 된 것이죠. 전혀 기쁘지 않았습니다. 게다가 그 후 결정된 부간사장 분들은 대부분 4선 이상이었으니까요.

나가타초(永田町)⁰²⁾에 '장차 총리가 되어야지'라는 생각을 가진 정치인은 많이 있습니다. 저도 간사장이 되면서 현실성이 높아졌다고는 생각했습니다. 하지만 그렇게 맹렬한 속도로 뛰어오르는 것은 생각하지 않았습니다. 경험과 실력을 제대로 쌓은 후가 아니면 총리의 업무를 수행할 수 없다고 생각했습니다.

— 간사장 경험은 총리가 되는 데 필수적이라고 보십니까?

필수인지 아닌지 여부와 별개로 매우 중요합니다. 그때까지 나는 당무라고는 국회대책부위원장과 사회부회장, 청년국장 정도만 맡았습니다. 국회대책부위원장이라고 해도 초선 의원 때는 말단이에요. 간사장 시절에는 당 개혁에 힘썼습니다. 연말에 나눠주는 '떡

---

01) 자민당 내 유력 파벌 세이와(清和)정책연구회의 수장이었으며, 2000년 4월~2001년 4월 85·86대 총리였다. 같은 파벌인 고이즈미 준이치로에게 자민당 총재와 총리 자리를 내주고 물러났다. 퇴임 후에도 파벌 리더로서 영향력을 행세했다.

02) 도쿄도 지요다구 남단에 있는 지역. 국회의사당, 국립국회도서관, 수상 관저, 중의원 의장 및 참의원 의장 공관, 자유민주당 본부 등이 있는 일본 정치의 1번지

값'과 여름에 나눠주는 '얼음값'을 계좌 송금으로 바꿨어요. 이전까지는 간사장이 경리국장실에 쌓여 있는 돈을 모두에게 차례로 전달했습니다. 너무 구시대적이지 않나요?

힘들었던 것은 나카소네 야스히로(中曽根康弘) 전 총리 등 원로들에 대한 은퇴 권고였습니다. 고이즈미 총리는 2003년 중의원 선거부터 자민당에 비례대표 후보 '73세 정년제'를 도입했지만 나카소네 씨는 1996년 중의원 선거 이래 기타간토(北関東)[03] 블록에서 '종신 비례 1번'을 약속받고 연이어 당선되고 있었습니다. 고이즈미 총리는 나카소네 씨에게 사전에 말해뒀다고 했는데, 2003년 선거 직전 비례 명부를 결정할 때 드디어 정식으로 은퇴를 요청하게 되었습니다. 나는 고이즈미 총리에게 "나카소네 씨는 대정치가니까 총리가 직접 가는 것이 좋겠다"고 말했지만 고이즈미 총리는 "당신이 가면 된다. 당신이 가도록 해"라고 말하는 거예요.

어쩔 수 없이 도쿄 히라카와초에 있는 사보회관의 나카소네 씨 사무실에 갔더니 혼자 앉아 계셨어요. 나에게 "하시모토 류타로(橋本龍太郎) 총재,[04] 가토 고이치(加藤紘一) 간사장이 종신 1번을 보장한다고 썼다"며 두 사람의 서명이 있는 서류를 보여주는 겁니다. 그러면서 "너는 무슨 이유로 이걸 어기는 거냐. 50년 넘게 지켜온 의석을 반납하라는데, 나를 납득시켜 달라"고 말씀하셨습니다. 납득시키려고 해도 좋은 이유가 떠오르지 않았어요. "이제 선거인데

03) 간토 지방의 중북부 지역으로 이바라키(茨城)현, 도치기(栃木)현, 군마(群馬)현 등을 가리킴
04) 1996~1998년 일본 총리로 재임한 자민당의 거물 정치가

자민당이 매우 어렵습니다. 고이즈미 총리가 결단해 정년제를 도입할 것을 약속했습니다. 자민당을 돕는다고 생각하고 제발 협조해 주실 수 없을까요?"라고 말하니까 나카소네 씨는 잠시 말없이 있다가 내 얼굴을 보고 픽 웃은 뒤 "너도 참, 불쌍하게 뽑혔구나"라고 말씀하셨습니다. 그 순간 구원받은 기분이 들었습니다. 나카소네 씨는 "간사장의 역할은 선거에서 이기는 것이다. 응원할 테니, 힘내라"라고 말해주더군요. 눈물이 날 정도로 기뻤습니다.

— **정년제 도입으로 은퇴 권고를 한 의원 중 저항한 사람도 있었죠.**

미야자와 기이치(宮澤喜一)[05] 전 총리, 하야시 요시로(林義郎) 전 재무장관은 저항하지 않았지만, 스기야마 노리오(杉山憲夫) 의원에게는 "애송이 주제에 장난치지 마라"라고 쉴새없이 혼났습니다. 저는 "죄송합니다, 결정한 것은 제가 아니라 고이즈미 총리입니다"라고 짤막하게 사과했습니다.

— **간사장으로 맞은 2003년 중의원 선거, 2004년 참의원 선거에서 자민당이 부진했던 것은 이유가 무엇이라고 생각하나요?**

당시 고이즈미 정권은 구조개혁을 추진하고 있었지만 국민은 개혁의 성과를 실감하지 못했습니다. 참의원 선거 직전에는 고이즈미 총리가 회사원 시절의 연금 미납 문제를 국회에서 추궁당했는데, "인생은 다양하고, 회사도 다양하다"라고 말한 것 또한 선거에 영향

05) 1991~1993년 일본 총리

을 미쳤다고 생각합니다. 당시에 이미 국민들 사이에서 민주당에 대한 은근한 기대가 싹트기 시작했던 것이 사실입니다.

— 그 후 간사장 대리를 거쳐 관방장관에 취임했습니다.

중의원 선거 결과가 좋지 않아 저는 "책임지겠다"고 고이즈미 씨에게 말했지만 간사장 대리로 당 지도부에 남았습니다. 이후 2005년 관방장관으로 처음 입각했는데, 간사장으로서 당 인사와 선거를 담당하면서 나름대로 당내 기반을 마련할 수 있었습니다. 그 덕분에 관방장관으로서 다양한 정책을 추진할 때 당에서 누구와 미리 상의해둬야 하는지를 신경쓸 수 있게 됐습니다.

— 아베, 스가 요시히데 두 사람 모두 관방장관을 거쳐 총리가 됐습니다. 관방장관의 비중이 커지고 있습니다.

하시모토 행정개혁으로 내각의 관방에 종합조정권이 주어지면서 관방장관의 업무가 무거워졌습니다. 부처를 아우르는 정책 안건이 증가해 관방장관은 각 성(省)의 조정을 맡다보니 총리를 목표로 하는 데 훈련이 되겠죠.

— 2006년 9월 총재 선거에 처음 출마해 아소 다로 외무상, 다니가키 사다카즈 재무상과 총재 자리를 다투었습니다. 출마를 결정한 것은 언제쯤입니까?

출마할까 말까 한참 망설였는데 간사장과 관방장관을 거치면 다음에는 총재를 기대하는 목소리가 있습니다. 이런 때 손을 들지 않으면 정치계에서는 '뭐야, 그 정도 남자였나. 배짱이 없구만'이라는 평을 듣습니다. 그래서 결단을 내렸습니다. 언론사 여론조사에서는 다음 총리에 어울리는 사람으로서 저에 대한 기대가 높았고, 물러설 수 없다고 생각했습니다. 그런 점에서는 기세에 맡겼을 뿐 준비나 마음가짐이 되어 있다고는 말할 수 없었을지도 모릅니다.

— 총재 선거 사전 예상으로는 아베 씨의 득표가 70%를 넘어 압승할 것이라는 보도도 있었지만 실제로는 66%를 득표했습니다.

그것이 자민당의 좋은 점이겠지요. 한 후보가 너무 많이 얻으면 좋지 않아요. 한 방향으로 전부 모이는 것이 아니라 균형을 잡는 것입니다.

— 이 선거가 아소 씨와 맹우 관계를 구축하는 계기가 됐다고 하더군요.

제가 관방장관일 때 아소 씨는 외상이었고 2006년 북한에 대한 비난 결의를 추진했을 때 협력했습니다. 당시 외무성 관료는 반대했습니다. 한 외무성 국장은 "중국이 거부권을 행사해 부결되면 일본은 망신당하는 것 아니냐. 도저히 무리다"라고 말했습니다. "정치인이라서 상임이사국의 무서움을 전혀 모른다"고까지 말이죠.

나는 "만약 결의안을 부결시킨다면 궁지에 몰리는 것은 중국"이라고 말했습니다. 중국이 납치, 핵, 미사일 문제로 전 세계의 비난을 받고 있는 북한과 한패가 될 것인가를 국제사회가 주목하게 되겠죠. 그래서 "결의안을 제출해 중국이 거부권을 행사하게 하면 되지 않겠냐"고 했어요. 중국이 상식적인 나라인지, 국제사회와 일치 결속할 수 있는 나라인지를 보여주는 기회가 되지 않을까 하는 생각을 했습니다.

당시 미국의 스티븐 해들리 대통령 안보 담당 보좌관은 저에게 전화해서는 "일본이 끝까지 엄격한 자세로 임할 수 있겠느냐"고 걱정했습니다. 최종적으로 결의는 채택되었습니다만, 이때 몇 번이나 아소 씨와 연락을 주고 받았습니다. 아소 씨도 한 발짝도 물러서지 않으려 했습니다. 이것이 서로 신뢰를 돈독히 하는 계기였습니다.

— 다니가키 씨는 총재 선거에서 소비세 증세의 필요성을 호소하고 있었습니다. 아베 씨와는 생각이 달랐습니다.

다니가키 씨와 별로 접점이 없었던 것은 사실입니다. 정책적으로도 이른바 코치회(宏池会)[06], 재정 규율 중시, 비둘기파라는 입장이었고요.

1차 내각 출범,
야스쿠니와 센카쿠를 '냉동고 노선'으로 극복

---

06) 자민당의 파벌 중 하나로 현재는 총리인 기시다 후미오가 회장을 맡고 있어 기시다 파로도 불린다.

― 2006년 9월 26일 1차 아베 내각이 발족해, 최초 순방국으로서 10월 8일 중국을 방문했습니다. 중국은 당시 야스쿠니(靖國) 신사에 참배하지 않겠다고 일본 총리가 약속하지 않는 한 정상회담을 열지 않겠다는 자세였습니다. 고이즈미 씨가 야스쿠니 신사 참배를 반복했던 영향입니다. 또 고이즈미 씨보다 '우파'인 아베 씨가 총리에 취임하면 중·일관계는 더욱 악화될 것이라는 전망까지 있었습니다. 중국 방문을 결정한 것은 언제입니까?

총리에 취임하기 반년 전부터 비밀리에 야치 쇼타로(谷内正太郎) 외무차관에게 준비를 시작해 달라고 했습니다. 그의 중국 측 협상 상대는 나중에 국무위원이 될 다이빙궈(戴秉国)였습니다. 나의 기본적인 생각은 '만나기 위한 어떤 조건도 붙이지 않는다. 연인을 만나고 싶다는 것이 아니다, 공무로서 만나는 것일 뿐이다'라는 것이었습니다. 야치 차관에게도 그렇게 전했습니다.

― 외교에서 가장 어려운 중국을 첫 방문국으로 선택한 이유는 무엇인가요?

고이즈미 정권은 화려한 외교를 펼쳤습니다. 2001년 9·11테러 이후 테러대책특별조치법을 제정해 인도양에서 해상자위대의 미국 함정 급유를 성사시켰고 이라크 전쟁에서도 특별조치법을 만들어 이라크 본토에 육상자위대를 파견했습니다. 당시 미·일관계는 조지 W. 부시 미국 대통령과 고이즈미 총리 사이에 좋은 관계가 형성되어 있었기 때문에 그대로 계속 이어지는 게 좋았겠죠. 반면, 중·일

관계는 어떻게 개선할 것인가 하는 과제가 남았기 때문에 우선 그것부터 하려고 생각했습니다.

— 야스쿠니 문제와 센카쿠(尖閣) 열도 문제는 서로 타협할 수 없는 어려움이 있습니다. 어떤 해결 방법을 구상했나요?

'냉동고 노선'입니다. 양국이 야스쿠니 문제를 협의하면 이야기가 평행선을 달릴 것이라는 점은 알고 있었습니다. 그래서 이 문제는 냉동고에 넣어 동결하려고 했습니다. 다만 나는 "야스쿠니에 가지 않겠다"고는 절대 말하지 않았습니다. 분위기상 '아베는 가지 않겠지'라고 중국 측이 생각하게 만들면 됩니다. 중국이 더 이상 야스쿠니에 관해 일본에 왈가왈부하지 않는다는 암묵적인 양해가 이뤄진다면 관계 개선도 가능하다고 생각한 것입니다. 중국도 국내 권력 투쟁이 있습니다. 일본과의 협상은 다소 위험한 카드입니다. 그 카드에 손을 댔는데, 정상회담을 한 직후 일본 총리가 야스쿠니 신사로 간다고 하면 중국 정상도 정치적으로 어려워져요.

그래서 중국 측은 '야스쿠니에는 가지 않겠다'는 저의 언질을 원했던 것 같습니다. 하지만 나는 약속하지 않았어요. 그것 때문에 회담을 할 수 없다면, 어쩔 수 없다고 생각했습니다. 야치 차관이 중국 측과 어떤 협상을 했는지 100% 파악하고 있는 것은 아니지만, 다양한 리스크를 감수하면서 중국과 협상해 주었습니다.

— 2006년 아베 총리와 후진타오 중국 국가주석 간에 합의한 '전략

적 호혜관계'는 교묘한 명명인데 누구의 아이디어였나요?

당시 외무성 중국과장 아키바 다케오(秋葉剛男) 씨입니다. 그는 차이나 스쿨(중국통)이 아니었는데 굳이 중국 과장으로 앉힌 거예요. 차이나 스쿨은 중국 눈치만 봤으니까요. 아키바 씨가 '전략적 호혜관계'라는 표현을 처음 사용한 것입니다. 나도 그게 좋겠다 싶었어요. 그때까지 중·일관계는 우호지상주의 같고 감성적이었거든요. 그러나 우호는 수단이지 목적이 아닙니다. 우호를 위해 국익을 해치는 일은 없어야죠. 관계를 개선하고 긴밀한 관계를 만드는 것이 양국에 이익이 됩니다. 이것이 전략적 호혜 관계입니다.

— 중·일 정상회담은 이후 중·일관계를 규정하는 회담이 되었습니다. 중국 측에도 양국 관계를 개선하려고 하는 열의가 있다고 느껴졌나요?

경제 관계를 강화하고 싶다는 중국 측의 열의는 컸죠. 중국 일당 독재체제의 정통성은 무엇일까요? 그것은 중국 공산당 덕분에 국민 생활이 좋아질 것이라고 생각하게 만드는 것입니다. 덧붙여 말하면, 중국 국민을 지켜 온 것이 중국 공산당이라는 정통성이겠지요.

정면 돌파 스타일의 정권 운영

— 2006년 11월 우정민영화에 반대한 '반란파' 11명의 복당을 허용함으로써 유권자를 속였다는 비판을 받으면서 내각 지지율이 크게

떨어졌습니다. '낡은 자민당으로 돌아갈 일은 없다'고 말했는데, 왜 복당을 인정했나요?

우정 민영화는 고이즈미 정권에게 있어서는 간판 메뉴이자 개혁의 상징이었습니다. 고이즈미 씨가 우정 민영화를 내걸고 중의원 선거에서 대승을 거둔 것은 사실입니다.

고이즈미 씨는 법안에 반대했던 의원들의 공천을 제외하고 새 공천자로 자객까지 보냈습니다. 저는 그렇게 자객을 보내는 것은 일본적인 방법이 아니라고 봤습니다. 그리고 아베 내각이 출범했으니 이것은 결말이 난 문제라고 생각한 것이죠. 이들은 우정민영화의 확실한 이행을 약속하며 서약서까지 내고 고개를 숙여 왔습니다. 그렇다면 이제 적당한 때가 아닐까 하고 판단한 것입니다. 복당한 11명은 모두 유능한 사람이었습니다. 지금 국회대책위원장으로 활약하고 있는 모리야마 히로시(森山裕) 씨, 납치 문제에 열심히 임해 온 후루야 케이지(古屋圭司) 씨, 총재 후보라고도 불리는 노다 세이코(野田聖子) 씨 등이 있는데 이런 사람들은 복귀시켜야 한다고 판단했습니다. 여론조사에서는 엄중한 평가를 받을 것이라고 각오하고 있었지만요.

— 유권자에게는 너무 무르다고 비쳤습니다. 비정한 리더는 될 수 없었나요?

저는 상대를 완전히 때려눕히는 섬멸전은 하지 않습니다. 마이너스인 면도 있지만, 이것은 성격이라고 할까요. 저의 스타일이니까요. 2차 내각 이후에는 사적인 정은 버리려고 했지만, 저는 비교적 정에 이끌리는 면이 있습니다.

— 교육기본법 개정, 방위청 성 승격, 국민투표법 제정 등 50~60년에 한 번꼴로 나올만한 중대한 법 개정을 잇달아 실시했습니다. 통상, '1 내각 1 과제'라고 하는데, 이때 무리했다고 생각하지 않나요?

아베 정권은 '전후 체제로부터의 탈피'를 내걸고 있었습니다. 예를 들어 교육기본법은 일본이 미국의 점령하에 있던 시대에 만들어진 것입니다. 헌법과 마찬가지로 일점일획도 고치지 말라고 했습니다. 확실히 잘 만들어진 법이지만, 어느 나라 기본법인지는 모르겠습니다. 일본의 향기가 나지 않는 법이었던 셈입니다. 그래서 나라를 사랑하는 마음, 공공의 정신을 담은 거죠.

교육기본법 중의원 표결은 2006년 11월 야당이 불참한 가운데 이뤄졌습니다. 한편, 표결을 예정하고 있던 주말에는 오키나와 현 지사 선거가 있었습니다. 지사 선거에 악영향이 있으니 표결을 미뤄야 한다는 분위기가 당내에 들끓었습니다. 그러나 일단 시기를 늦추면 모멘텀을 잃습니다. 모두 그렇게 생각하게 되면 결국 임시국회에서 표결을 할 수 없게 됩니다. 그래서 과감하게 했어요. 그리고 선거가 있던 주말, 베트남으로 외유를 가는 비행기에서 오키나와 선거에서 이겼다는 보고를 받았습니다.

또 하나, 방위청은 연간 5조엔의 예산을 쓰는 조직과 실력을 갖춘 관공서입니다. 그것을 '청'으로 두고 있다는 것은 비정상적인 국가입니다. 그래서 이것을 방위성으로 올린 거예요. 방위청 장관이라고 하면 가벼운 자리처럼 들리는데, 해외에 그런 나라는 없습니다. 성으로 승격함으로써 방위성에도 우수한 인재들이 들어오게 되었습니다.

2007년 통과된 의원 입법의 국민투표법은 국민이 헌법 개정이라는 소중한 권리를 행사하는 데 필수적인 법률입니다. 그걸 업신여긴다는 것은 국민을 신뢰하지 못하는 셈입니다. 초대 중의원 헌법조사회장인 나카야마 다로(中山太郎) 씨가 무척 애써주셨습니다. 이것을 억지로 표결하는 바람에 이후 헌법 논의가 진행될 수 없었다는 지적이 나왔는데, 그것은 다른 목적이 있어서 하는 이야기입니다. 역시 자민당 총재인 제가 결단하지 않으면 계속 개점휴업 상태가 됐을 거라고 생각합니다. 일점 집중 돌파가 아니라 모든 과제를 전면에서 돌파하려고 생각하고 있었던 것이죠. 그것은 젊었기 때문이라고 생각합니다. 스가 요시히데 총리가 막 취임했을 무렵 "총재 선거에서 이겨 집권했을 때, 내각이 탄생했을 때가 가장 힘이 있습니다. '컨벤션 효과'가 있잖아요. 자신이 정신적으로 가장 고양되어 있을 때 할 수 있는 모든 것을 하는 것이 좋아요"라고 말해줬는데, 실제로 그렇습니다. 다만 저때는 제가 너무 서두른 것일 수도 있어요. 그 바람에 국회에는 상당히 부담을 끼치고 말았습니다.

잇따른 각료의 말실수와 불상사

— 1차 내각에서는 야나기사와 하쿠오(柳澤伯夫) 후생노동상의 '여

성은 아이를 낳는 기계' 같은 각료들의 말실수도 잇따랐습니다.

야나기사와 씨의 발언은 여성 멸시가 아니라 저출산 문제를 알기 쉽게 말하려고 한 것이지요. 나도 꽤 아슬아슬한 이야기를 하는데 이른바 '실언'은 하지 않았어요. 비유나 농담은 위험합니다. 비유는 이해하기 쉽게 해주지만, 자칫 정치적으로 올바르지 않게 될 위험성이 있습니다. 조크는 풍자나 냉소가 독이 될 수 있죠. 여성과 어린이, 고령자와 장애인에 관한 발언은 어쨌든 입 밖에 내기 전에 머릿속으로 다시 한번 생각해 보라고 소장파 의원들에게 말하고 있습니다.

규마 후미오(久間章生) 방위상의 "원폭 투하는 어쩔 수 없었다"는 말은 일본인의 감각으로서 그렇게 자신에게 타이를 수밖에 없었다는 의미였습니다. 야나기사와 씨나 규마 씨는 그때까지 부적절한 발언을 한 적이 없는 베테랑들이었어요.

이런 흐름이 되면 뭔가에 홀린 듯 나쁜 일이 연속으로 일어납니다. 마츠오카 도시카츠(松岡利勝) 농림수산상이 자살하는 안타까운 일도 있었습니다. 또 연금 기록의 부실한 관리 문제도 터졌습니다. 연금 기록 문제는 아베 내각에서 확인된 것인데, 마치 아베 내각 때 일어난 일처럼 되어 버렸습니다. 게다가 아카기 노리히코(赤城徳彦) 농림수산상의 반창고 문제가 있었네요. 사무실 운영비 관리에 문제가 있었는데, 무슨 일이었는지 얼굴에 어색하게 붙이고 나온 반창고에 초점이 맞춰져 버렸습니다.

― 아카기 씨를 경질한 이유는 무엇이었을까요?

　사무실 운영비 문제입니다. 본가를 사무실로 신고했는데 실체가 없다는 의혹에 대해서 설명하지 못했습니다. 그래서 "일단 사무실을 다른 곳에 다시 세우는 편이 낫지 않을까요?"라는 이야기를 했어요. 여러 가지 연쇄적인 부정적인 흐름을 막지 못했습니다. 어쩔 수 없는 상황이었어요.

― 1차 내각에서는 경제를 살피지 못한 것 아닌가요?

　정책이 약했죠. 그때는 경기가 좋았고 세수도 있었기 때문인데, 사실은 좀 더 경제 쪽으로 정조준할 걸 그랬습니다. 그렇게 하면 여러 면에서 성과를 올리고 있다는 느낌을 받을 수 있었을 것입니다. 지금 생각하면 전후 체제의 탈피에 너무 힘을 쏟았던 면이 있었습니다.

― '친구 내각'이라는 비판도 들었습니다.

　대체 누가 친구라는 건가요? 예를 들면, 시오자키 야스히사(塩崎恭久) 관방장관이나 네모토 다쿠미(根本匠) 총리 보좌관은 친구 관계입니다만, 마츠오카(松岡) 씨는 친구라고 하는 관계가 아니었습니다. 규마 씨도 야나기사와 씨도 이부키 분메이(伊吹文明) 문부과학상과의 관계도 전혀 달라요. 요컨대 '네이밍'에 의해 꼬리표가 붙었습니다.

　덧붙여서 과거 정권을 되돌아보면 총리는 마음을 터놓는 사람을 관방장관으로 두었습니다. 예를 들면 오히라 마사요시(大平正芳) 총리도 둘도 없는 친구라고 불리던 이토 마사요시(伊東正義) 씨를 첫 입각에서 관방장관으로 삼았습니다. 이것도 친구예요. 요점은 그 친구가 좋은 친구인가 나쁜 친구인가 하는 것이라고 생각합니다.

— 네모토 씨와 고이케 유리코 씨를 총리 보좌관으로 기용한 의도는 무엇이었나요?

총리 관저의 정치인이 총리, 관방장관, 관방부장관 2명 등 총 4명만으로 구성되는 것은 부족합니다. 당과의 조율도 어려워요. 그래서 늘리려고 했던 것인데 아쉽게도 제대로 작동했다고는 할 수 없었죠. 2차 내각 이후에는 이른바 '관저 관료'라는 말이 비판적으로 쓰였지만 관저에서 정권을 위해 일하는 관료도 필요합니다. 말하자면 '아베 정권의 관료'인 것이죠. 공무원 관료들은 관공서로 돌아갈 때를 생각해서 출신 부처에 정보를 흘리는 등 늘 눈치를 봅니다. 그래서는 중요한 일을 이룰 수 없습니다. '지금 이 정책을 하겠다'라고 했을 때 순순히 응하는 사람이 없으면 어려운 정책은 실현되지 않아요.

— 총리로서의 출발을 비롯해 여러 가지를 결정하면서 누군가와 상의했나요?

모리 요시로 전 총리와 상의했습니다. 나카소네 전 수상에게도 마음가짐을 배웠습니다. 나카소네 씨는 "총리대신이라는 것은 한

번 약해지기 시작하면 더는 안 된다. 자신이 옳다고 확신하는 한 항상 틀리지 않는다는 신념으로 가라"고 말씀하셨습니다. "항상 정면에서 강한 바람이 불어닥친다. 그것을 마주한 채 전진한다는 신념이 있어야 비로소 서 있을 수 있다"는 말도 처음 들었습니다. 그 때는 그런가 했는데 실제로 그렇더군요.

참의원 선거 참패와 퇴진

— 2007년 7월 29일 치러진 참의원 선거[07]에서 자민당은 기존 64석 중 37석밖에 얻지 못해 27석이 줄어들면서 역사적 참패를 당했습니다. 우노 소스케(宇野宗佑) 내각의 1989년 참의원 선거 36석에 이은 대패를 어떻게 보십니까?

사라진 연금 문제와 정치인의 사무실 운영비 문제가 클로즈업되는 가운데 참의원 선거를 맞이했는데 초반에는 여론조사에서도 충분히 이길 수 있는 숫자가 나왔습니다. 그러나 점점 힘들어졌습니다.

다만 지방에서 선거 유세를 하면 사람들이 모여 있기 때문에 나름 분위기가 고조됩니다. 그러다 보면 아무래도 그렇게 크게 질 리는 없다고 생각하게 되죠. 하지만 결과는 가혹하게도 37석이 되고 말았습니다. 선거전이 한창일 때는 어떻게든 분위기를 일으켜 세울 수 있다고 생각했지만, 결국 그런 일은 일어나지 않았습니다.

---

07) 역: 일본의 참의원 선거는 총 248석으로 임기는 6년, 3년마다 절반씩 새로 뽑는다.

— 참의원 선거 후의 대의원회에서 이시바 시게루(石破茂) 전 간사장과 나카타니 겐(中谷元) 전 방위상으로부터 사임을 강요받았습니다. 같은 당 인사로부터 퇴진을 요구받고도 연임하려고 생각한 이유는 무엇입니까?

정권을 선택하는 선거는 중의원 선거이기 때문에 참의원 선거에서 총리가 교체된다면 정치가 안정되지 않는다고 생각했습니다. 야당이 아니라 동료로부터, 그것도 많은 의원들의 면전에서 그만두라는 말을 들은 것은 정신적으로 괴로웠습니다. 하지만 이 국면에서는 계속해야 한다고 생각했어요. 일본 총리는 야당이 아니라 당내 항쟁으로 쓰러지게 됩니다. 2차 내각 때 테레사 메이 영국 총리와 대통령제와 의원내각제의 차이에 대해 이야기한 적이 있습니다. "대통령은 야당이 쓰러뜨리고, 총리는 여당에서 쓰러뜨린다"라고 말했더니 그녀는 '정말 그렇다'고 하더군요. 그녀도 자신이 소속된 보수당에 의해 물러나는 형태가 되었습니다.

— 참의원 선거 후 인도 방문 때 아팠던 것인가요?

몸 상태가 나빠졌다고 느낀 것은 2007년 8월 초입니다. 8월 19일부터 25일까지 인도네시아, 인도, 말레이시아를 방문하고 귀국한 지 이틀 뒤인 8월 27일에는 개각을 실시하는 매우 빡빡한 일정이었습니다.

두 번째 방문국인 인도에 갔을 무렵부터 몸 상태가 많이 나빠졌습니다. 설사와 위장 장애가 심해졌고, 지병인 궤양성 대장염이 악화되고 말았습니다. 개각 후인 9월 7일부터 아시아태평양경제협력체(APEC) 일정으로 시드니에 갔다가 10일 아침 6시 귀국해 관저에서 3시간 휴식을 취한 뒤 임시국회 첫날 연설을 했습니다. 아무튼 빡빡한 일정이었네요.

한편 당시 임시국회의 초점은 11월 1일로 기한이 만료되는 테러대책특별조치법의 연장이었습니다. 테러와의 전쟁을 위해 해상자위대가 인도양에서 미군 등에 보급활동을 벌이고 있었습니다. 이 근거가 되는 테러특조법을 연장하기 위해서는 직전 선거에서 참의원 제1당이 된 민주당의 협력이 필요했던 것입니다. 그래서 자리를 걸고 싶다는 생각을 시드니 기자회견에서 밝히고 오자와 이치로(小沢一郎) 민주당 대표에게 영수회담을 신청했는데 아쉽게도 동의를 얻지 못했습니다. 사임 표명은 9월 12일이었지만, 11일에 아소 다로 간사장에게는 자리를 계속 지킬 수 없을지도 모른다는 이야기를 했습니다.

— 왜 병을 숨기고 사임 의사를 밝혔나요? 제대로 병세를 말하면 자리를 내던졌다는 비판을 초래하지 않았을 것이 아닙니까?

당시에는 국정을 운영하는 수장이 육체적인 약점을 보여서는 안 된다고 생각했습니다. 결과적으로 매우 심한 꾸중을 들었죠.

— 누군가와 상의하고 있었나요?

정치의 세계에서는 그만둘지도 모른다는 상의를 하는 순간 물러나게 됩니다. 그래서 상의하기 어려웠습니다만, 저를 지탱해 주고 있던 이노우에 요시유키(井上義行) 정무 비서관에게는 이야기하고 있었습니다. 아내 아키에는 그 몸 상태로는 하루빨리 그만두는 것이 좋다고 했고요.

— 8월 27일 개각·당직자 인사를 실시해 아소 씨를 간사장에, 요사노 가오루(与謝野馨) 씨를 관방장관에 앉혔습니다.

반격을 다시 한번 시도해 본 것입니다. 아소 씨는 간사장을 원했고 요사노 씨의 기용은 내각의 안정감을 높일 것으로 기대했습니다. '친구 내각'이라는 말을 듣고 있었기 때문에 그 이미지를 바꾸기 위해 베테랑들을 끌어들인 것이죠.

와신상담

— 9월 12일 퇴진 의사를 밝혔고 25일 총사퇴했습니다. 퇴진 표명 후 당 총재 선거에서 후쿠다 야스오(福田康夫) 씨가 아소 씨에게 승리했는데 선거의 향방을 어떻게 보고 있었습니까?

당시 아소 씨는 인기가 있었기 때문에 후쿠다 선생님은 총재 선거에서 나서지 못할 것으로 생각했습니다. 또 아소 씨가 해 주면 좋겠다고 생각했고요. 그러나 후쿠다 선생님이 출마하자 당이 단번에 후쿠다 지지로 흘렀다고 하더군요. 제 정권이 불안정했기 때문에 차기는 안정을 요구했던 것 같습니다.

— 다른 유형의 인물이 총리 · 총재가 되는 진자의 원리로써 후쿠다 씨가 됐지만 기대에 어긋난다는 평가를 받아 2008년에는 아소 씨가 총재 자리를 차지했습니다. 최근 십여 년간 여론조사에서 다음 총리로 적합하다고 생각된 사람이 실제로 총리가 되는 경우가 많습니다. 인기 위주로 가는 게 좋다고 보시나요?

현재의 소선거구제에서는 당 총재의 인기가 각 후보자의 선거 결과에도 큰 영향을 미칩니다. 과거 중선거구 시절에는 총재의 인기와는 별 상관이 없었습니다. 물론 이때가 지금보다 더 낫다는 말은 아니지만, 어쨌든 자신의 노력으로 선거구에서 15~20% 정도의 표를 모으면 당선됐던 것이죠. 하지만 소선거구제에서는 과반을 얻어야 합니다. 그렇기 때문에 총재의 영향력이 큽니다.

— 총리 재임 중 내각 지지율 등 여론조사 숫자를 의식했나요?

1차 내각 때는 낮과 저녁마다 취재진이 따라붙었어요. 그래서 여론조사가 나올 때마다 기자들이 물어보는 게 부담스러웠어요. "일희일비하지 않는다"라고 대답을 하는데, 각 언론사마다 각각 물어봅니다. "고이즈미 정권의 지지율은 높았는데, 왜 떨어졌느냐"고 물어봐요. 그런데 딱히 대답할 수가 없었어요. 다만 지지율만 신경 쓰고 있으면 아무것도 할 수 없기 때문에 별로 신경쓰지 않으려고는 했습니다.

— 퇴진 후에는 무엇을 목표로 했나요?

그만둔 후에는 그야말로 망연자실한 채 있는 근신기간이었기 때문에 많은 의원이나 학자, 경영인들과 만나 이런저런 이야기를 나누었습니다. 다만 체력이 회복되면서 아직 50대 초반이니까 이대로 끝낼 수는 없지 않을까 하는 생각을 하게 됐습니다. 원래 정치인으로서 목표로 삼았던 것은 헌법 개정과 북한 납치 문제의 해결이었습니다. 그 문제가 남아 있으니까 정치를 계속해 나가자고 다짐했어요. 하지만 총리 경험자로서 나가타초에 남는 것이 아니라 다시 한번 총리로서 문제 해결에 도전하고 싶은 마음이 생겼습니다.

미니 집회로 기반을 다지다

— 재기를 기할 수 있는 계기가 된 일이 있었나요?

1차 내각에서 내각 홍보관을 맡고 있던 하세가와 에이이치(長谷川榮一) 씨의 권유로 2008년 봄 다카오산에 오른 것이 컸습니다. 그때 많은 사람들이 말을 걸어줬어요. "아베 씨, 건강은 어떠신가요?"라든가 "힘내세요"라고 격려를 받았습니다. 그것이 자신감 회복으로 이어졌습니다. 언론에 매섭게 두들겨 맞고 자신감도 자부심도 산산조각이 난 가운데 점점 다시 도전해야겠다는 마음이 생긴 것이죠.

일단 다음 중의원 선거 때 야마구치 4구에서 압승한다면 총리를 한 번 더 노릴 수 있지 않을까 생각했어요. 그래서 저의 지역 선거운동에 몰두했습니다. 편한 운동은 아니었어요. 열심히 응원해주셨는데 중간에 내던졌으니 어쨌든 사과부터 시작한 거죠. 큰 집회가 아니라 20명 이하의 미니 집회를 열었는데, 2009년 중의원 선거까지 총 300회를 했습니다. 미니 집회에서 저는 별로 이야기하지 않고, 찾아와 준 분들에게 마이크를 넘겼습니다. 거기서 쓴소리를 많이 들었어요. 또 거기서는 '케이블 TV를 수신할 수 없으니 어떻게든 해달라'와 같은 이야기들이 나와요. 그러니까 국회의원이라기보다 지역 시의원들에게 진정하는 듯한 민원도 많았습니다. 하지만 그런 이야기를 들으면서 일반 국민들이 무엇에 흥미가 있고 무엇에 어려움을 겪고 있는지 알 수 있어서 많은 도움이 되었습니다. 다시 한번 땅에 발을 붙일 수 있었던 것 같아요. 예컨대 200명이 모이는 행사를 열면 참가자들은 "아베의 이야기를 들었다"고 합니다. 하지만 20명의 만남에서는 "아베와 이야기했다"는 말이 나옵니다. 20명만으로 행사를 갖는 것은 효율이 안 좋아 보일 수도 있는데, 이 20명은 저의 운동원이 되어 줍니다. 200명 규모의 집회에서 몇 명이나 제 이야기에 공감하고 운동원이 되어주는지는 모르겠지만, 이 미니 집회가 저에게는 큰 의미를 가졌습니다.

1차 내각 퇴진 후, 중의원 선거는 2009년과 당 총재로 돌아온 후의 2012년, 총리로서는 2014년, 2017년에 있었습니다. 제 선거구 야마구치 4구의 성적을 말하자면 득표수가 가장 많았던 것은 2009년입니다.[08] 자민당이 야당으로 전락했을 때 득표수가 총재나 총리로서 선거를 치렀을 때의 득표수를 웃돌고 있는 것입니다. 많은 사람

08) 2009년 12만1365표, 2012년 11만8696표, 2014년 10만829표, 2017년 10만4825표

들이 이대로 낙선시키면 불쌍하다고 생각해 준 것이죠. 정치 활동의 일환으로 지지자 댁에도 사과하고 다녔습니다. 대부분 맞벌이를 하니까 주로 저녁에 가는데 단지에 가면 주변에 아이들이 있어요. "어, 아베 씨 아닌가?" 하고 아이들이 와서 저 대신 '딩동' 눌러주거든요. 분위기가 누그러지는 효과가 있었어요. 많은 사람들로부터 "자민당도 아동수당을 해줬으면 좋겠다"는 말을 들었습니다. 1차 내각은 매우 이념적인 정책이 많았습니다. 그런데 지역을 돌면서 유권자들의 관심은 역시 일상생활이라는 것을 깨닫게 되었습니다. 그래서 거기에 중점을 둬야 한다고 생각했어요. 이때 지원자의 목소리에 차분히 귀를 기울였기 때문에 2차 내각에서는 경제정책을 중시하게 된 것입니다.

일본은행과 재무성의 잘못을 확신하다

— 근신 중에는 반성 노트를 계속 갖고 다녔나 봐요?

반성뿐 아니라 울분 해소도 할 겸 글을 썼습니다. 시간이 많아서 매일은 아니지만 계속 쓰고 있었어요. 여러 정치인 이름이 나오니까 (이 노트는) 외부에 못 나가요.

— 민주당 정권을 어떻게 보셨나요?

민주당 정권의 실수는 수없이 많지만, 결정적인 것은 동일본 대지진 후의 증세였다고 생각합니다. 재해로 피해를 입었는데 세금을 늘리겠다는 것은 분명히 잘못된 것이죠. 다카하시 고레키요(高橋是清) 재무장관은 쇼와 금융공황의 모라토리엄 위기 당시 채무 지급을 유예하고 200엔권을 대량으로 찍어 시장을 안심시키려 했습니다. 증세는 정반대로 가는 것이죠. 그런 생각에 하마다 코이치(浜田宏一) 예일대 명예교수, 혼다 에쓰로(本田悦朗) 시즈오카 현립대 교수, 다카하시 요이치(高橋洋一) 카에츠대 교수, 이와타 키쿠오(岩田規久男) 가쿠슈인대 교수 등 경제 전문가를 만나 몇 번이나 의견을 주고받았습니다. 또, 1차 내각에서 경제 산업 부대신이었던 야마모토 고조(山本幸三) 씨에게 디플레이션 탈피에 대한 스터디 그룹의 회장을 부탁받고 스터디 그룹을 발족시켰습니다.

그러면서 일본은행의 금융 정책이나 재무성의 증세 노선이 잘못되었다고 확신하게 됐고, 아베노믹스의 골격이 만들어졌습니다. 이런 과정을 거치면서 아베 정권은 산업 정책 뿐만 아니라 금융을 포함한 거시 경제 정책을 망라하게 되는 것입니다. 꽤 보기 드문 정권이었다고 생각합니다.

— **소비세율을 2014년 4월 8%, 1년 6개월 뒤 10% 인상해 사회보장 혜택과 재정 건전화를 모두 달성할 수 있도록 하는 관련법이 2012년 8월 10일 통과됐습니다. 당시 민주·자민·공명 3당에서 합의했던 사회보장 및 세제(稅制)의 일체 개혁을 반대했습니까?**

일체 개혁에는 신중했어요. 디플레이션에 더해 지진 재해의 영향을 받고 있을 때 소비세를 올려서는 안 됩니다. 일체 개혁은 세금을 올려 사회보장으로 돌리는 것이 아니라 오히려 빚을 갚는 데 충당하는 것이 목적이었습니다. 정치적으로도 자민당이 정권을 되찾으려면 민주당이 내세운 증세와 정면 승부해야 한다고 생각했습니다.

당시 다니가키 사다카즈 총재는 사회보장 재원을 확보하려면 소비세 증세는 어쩔 수 없다고 설명했습니다. 당리당략보다 정책을 우선시하는 양심적인 다니가키 씨다운 사고방식입니다. 멋지다고 생각합니다만, 그 결과 총리가 될 기회를 놓쳐 버린 것 같습니다. 사회보장 및 세제의 일체 개혁은 재무성이 그린 그림입니다. 당시에는 나가타초가 재무성 일색이었지요. 재무성의 힘은 대단합니다.

정권의 핵심이 되는 정책을 갖고 있지 않으면 재무성이 다가옵니다. 정권도 그들에게 푹 의지하게 됩니다. 간 나오토(菅直人) 총리는 소비세 증세를 해서 경기를 좋게 만든다는 이해하기 어려운 논리를 폈습니다. 민주당 정권은 그런 시기에 굳이 대중 입맛에 '쓴' 정책을 내놓는 것이 멋있다고 취해 있었어요. 재무관료들의 '약물'이 그만큼이나 효과가 있었다는 것입니다.

총재 재등판으로

— 민주당 정권에 대한 비판이 높아지는 가운데 야당인 자민당 총재 선거가 9월 14일 고시되어, 26일 투·개표 일정으로 치러졌습니다. 아베 씨는 9월 12일, 총리 재등판을 목표로 총재 선거에 출마하겠다

고 밝혔습니다. 일본 전후 정치사에서 재등판하는 경우는 혼란기의 요시다 시게루(吉田茂) **씨를 제외하면 전례가 없었습니다.**

요시다 씨는 1946년부터 1년만 총리를 하고 그만뒀습니다. 그 후 가타야마 데쓰(片山哲) 내각, 아시다 히토시(芦田均) 내각이 등장했지만 모두 단기간에 와해되어 요시다 씨는 1948년 2차 내각을 만들어 부활한 것이죠. 거의 1년 만에 그만두고 이후 재등판했다는 점에서는 저도 비슷합니다만, 요시다 씨는 그만두고 있던 동안에도 민주자유당 총재를 하고 있었고, 그것이 저와는 다른 점입니다. 재등판은 모종의 혼란기가 아니면 일어나지 않는다고 말할 수 있을지도 모릅니다.

민주당은 통치 능력이 없고 미성숙한 상태에서 정권을 잡았기 때문에 불규칙하게 진로를 이탈했습니다. 총리는 하토야마 유키오(鳩山由紀夫), 간 나오토, 노다 요시히코(野田佳彦) 3명이 나왔죠. 그 이전의 저와 후쿠다 씨, 아소 씨를 포함하면 매년 1년 간격으로 총리가 교체되는 불안정한 정치가 계속되고 있었습니다.

경제는 디플레이션 불황이 진행되는 가운데 리먼 사태의 충격이 있었습니다. 그러던 중 동일본 대지진에 휩쓸려 도쿄전력 후쿠시마 제1원자력 발전소의 사고도 일어났습니다. 외교에서는 중국이 대두해 센카쿠 열도에 대한 압력을 강화했습니다. 안팎으로 과제가 산적한 가운데 과연 자민당이 정권을 탈환할 수 있을지를 추궁당하는 총재 선거였습니다.

저를 생각해 주는 사람들 대부분 출마에 대해 신중했어요. "정권을 내던진 것이 5년 전인 2007년인데 아직 그 타격에서 회복되지 않았다. 출마하면 반드시 또 비판을 받게 된다"며 걱정해 주었습니다. 저희 어머니도 아내도 형님도 아직 이르다는 생각이었어요. 모리 전 총리도 "이번에 싸워서 지게 되면 다시는 출마할 수 없다"고 말씀하셨습니다.

— 신중론이 대세인 가운데 주전론을 주창한 사람은 스가 요시히데, 아마리 아키라 씨였다고 합니다.

가장 먼저 주전론을 주장한 것은 스가 씨입니다. 아마리 씨가 가세해 준 것은 조금 뒤였어요. 저도 망설이고 있었고, 2009년 봄에는 1차 내각에서 금융상을 맡아 준 야마모토 유지(山本有二) 씨가 "총재 선거는 어떻게 할 건가요"라고 물었을 때도 저는 "나오지 않습니다"라고 대답했습니다. 그러니까 야마모토 씨는 "그럼 이시바 시게루 씨를 지지하겠습니다"라고 말하더군요. 그 후 제가 출마하자 야마모토 씨는 "이야기가 다르잖아요"라고 화를 냈습니다만 봄까지만 해도 출마할 생각이 없었습니다.

의욕이 생긴 계기는 스가 씨의 말이었습니다. 2012년 종전기념일 전후로 우리 집에 와서는 "꼭 나가야 한다"고 말하는 것입니다. "만일 이기지 못하더라도 총재 선거에서 전국을 돌며 아베 신조에게 당원들의 지지가 있음을 보여준다면 반드시 다음으로 이어질 것이다. 나는 아베 씨가 이번에 이길 수 있다고 생각한다"며 강하게 출마를 촉구했습니다. 그러고보니 스가 씨가 우리 집에 온 것은 그때뿐이군요.

— 스가 씨가 생각한 승산은 무엇이었을까요?

그는 국회의원 표를 잘 취합하면 세가 확장될 수 있다는 구상이었죠. 2010년 센카쿠 열도 주변에서 중국 어선이 해상보안청 순시선과 충돌하는 사건이 있었습니다. 그 후, 중국 선박들은 일본 영해 침입을 반복했습니다. 국민의 분노는 커졌고 자민당 내에서도 중국에 강경한 자세로 임해야 한다는 목소리가 늘어나고 있었습니다. 그런 분위기를 감지한 스가 씨는 보수파인 제가 총재 선거[09]에 입후보하면 지지가 확산될 것이라고 생각했을 것입니다. 지방에서는 이시바 씨의 인기가 높았지만, 국회의원만으로 치러지는 결선 투표에 들어갈 수 있으면 제가 이긴다는 것이 스가 씨의 구상이었습니다. 이게 맞았어요.

— 아소 다로 씨의 총재 선거 입장은 어땠나요?

아소 씨와 2차 내각 출범 때 부총재를 부탁하게 될 고무라 마사히코(高村正彦) 씨는 다니가키 총재를 밀었습니다. 스가 씨로부터 출마를 권유받아도 아소 씨의 지원이 없으면 이길 수 없다고 생각

---

09) 역: 자민당 총재 선거는 당원 300표와 소속 국회의원 표를 합산해 선출하지만, 과반수 득표자가 없으면 1·2위를 대상으로 결선 투표를 치른다. 2012년 총재 선거에서 아베 신조는 141표를 얻어 199표를 얻은 이시바 시게루에 이어 2위를 차지했지만, 결선투표에서 국회의원 198표 가운데 108표를 얻어 89표에 그친 이시바 시게루에게 역전승을 거뒀다.

했기 때문에 8월 하순 심야에 아소 씨가 자주 가던 술집에 상담하러 갔습니다. 그 단계에서는 다니가키 씨의 입장을 아직 알 수 없었지만, 저는 "총재 선거에서 보수 정당으로서의 모습을 명확히 하지 않으면, 다음 중의원 선거에서 이길 수 없는 것 아니냐"라고 말하면서 지지를 부탁했습니다. 그러나 아소 씨는 "다니가키 총재는 야당으로 전락한 뒤 3년간 자민당을 이끌어 왔다. 하자도 없다"고 하더군요. 확실히 아소 씨의 판단도 일리가 있어요. 그래서 다니가키 씨의 결정을 기다려보기로 했습니다. 저는 "아소 씨의 지지를 얻지 못하면 출마하지 않겠습니다"라고 말했습니다.

— 자민당 총재 선거에는 아베 신조, 이시바 시게루, 마치무라 노부타카(町村信孝), 이시하라 노부테루(石原伸晃), 하야시 요시마사(林芳正) 등 5명이 출마했습니다. 다니가키 총재는 과거 소속되어 있던 코치회(宏池會)의 지지를 얻지 못해 출마를 단념했습니다. 당초 흐름은 간사장이었던 이시하라 씨가 유력했지만 '다니가키 끌어내리기'처럼 비쳐지면서 지지를 잃었습니다.

간사장인 이시하라 씨가 당 총재인 다니가키 씨에게 반기를 든 것처럼 되어 버린 것입니다. 그런데 후쿠다 다케오 총재와 오히라 마사요시 간사장이 맞붙은 총재 선거에서도 오히라 씨는 간사장을 그만두지 않았습니다. 그렇게 큰 문제는 아니에요. 이시하라 씨는 음모를 꾸미거나 사람을 모함하는 사람이 아닌데, 총재 선거에서 일이 여러 가지로 나쁜 방향으로 가고 말았습니다.

— 이시하라 씨에게는 말실수도 있었습니다. 총재 선거 토론회에서는 센카쿠 문제에 대해 "(중국은) 공격하지 않는다. 센카쿠에는 아무도 살지 않으니까"라고 말해 안보관에 물음표가 붙었습니다. 텔레비전 프로그램에서는, 후쿠시마 제1원자력 발전소의 사고를 둘러싼 오염토 처리에 관해서, "제1 사티안(옴 진리교의 교단 시설)에 운반할 수밖에 없다"라고 말해 파문을 일으켰습니다.

단순한 착각에서 나온 발언이었겠지만 총재 선거에는 영향을 미쳤지요. 저에게 힘들었던 점은 제가 소속된 세이와(淸和)정책연구회(세이와켄)의 영수였던 마치무라 씨와의 관계였습니다. 출마를 결심한 마치무라 씨와 단 둘이서 장시간 이야기를 나누었습니다. 마치무라 씨는 "내 나이를 생각하면 이것이 마지막 기회다. 너에겐 아직 남은 시간이 있지 않느냐"며 저에게 물러나 달라고 요청했습니다. 그 말을 들으니 나도 곤란해지더군요. 그러자 세이와켄을 이끌어 온 모리 전 총리가 중재에 나섰습니다. 모리 씨는 처음에 파벌 후배인 저나 마치무라 씨가 출마하지 않을 거라고 생각해서 노부테루 씨를 지지했어요. 노부테루 씨의 아버지 이시하라 신타로 도쿄 도지사와 친분도 있었을 테고요. 모리 씨는 아오키 미키오(靑木幹雄) 전 참의원 간사장, 고가 마코토(古賀誠) 전 간사장과 함께 노부테루 씨를 밀려고 했습니다. 하지만 나와 마치무라 씨가 출마에 나서자 세이와켄 후보를 단일화하려고 했습니다.

모리 씨는 마치무라 씨에게 "어느 쪽이 나오든 세이와켄은 결국 정리가 되겠지만, 그것만으로는 이길 수 없다. 세이와켄 외부에서의 지지는 아베 군이 더 많을 것"이라고 말해 마치무라 씨를 만류하려고 했습니다. 그래도 마치무라 씨는 출마했지만, 고베시에서 가두연설회를 하고 돌아오는 도중에 컨디션이 나빠지고 말았습니다.

— 마치무라 씨는 마지막까지 총재 선거를 치렀지만 건강 문제를 안고 있어서는 어렵다고 생각했습니다.

세이와켄은 마치무라 씨와 저로 지지가 나뉘어져 있었습니다만, 저로 단일화를 해 준 것은 마치무라 씨 본인입니다. 첫 번째 투표는 마치무라 씨에게 투표하되, 제가 결선투표에 남았을 경우엔 저를 지지하라고 파벌 내부에 말했어요. 그로서는 즐겁지 않았겠지만, 어쨌든 결선투표에서의 승리는 마치무라 씨 덕분입니다.

— 2014년 중의원 선거 후 마치무라 씨를 중의원 의장으로 민 사람은 아베 씨로 알려져 있습니다.

은혜는 잊을 수 없어요. 총재 선거 후에는 병문안을 갔고, 그 후 중의원 선거에서는 마치무라 씨 지원 연설을 하러 갔습니다. 마치무라 씨에게 중의원 의장도 맡겼던 것이고요. 마치무라 씨는 2015년 세상을 떠났고, 이듬해 중의원 홋카이도 5구 보궐선거에는 그의 사위 와다 요시아키(和田義明) 씨가 출마했어요. 저는 지역구 유력자에게 닥치는 대로 전화해서 와다 씨에 대한 지지를 부탁했습니다. 그때는 마치무라 씨의 부인에게도 감사인사를 받았습니다. 이걸로 은혜를 갚을 수 있었을까 생각합니다.

— 총재 선거 결과 당원 투표와 국회의원 표를 합쳐 1위가 이시바 씨로 199표, 2위 아베 씨가 141표로 뒤를 이었습니다. 과반수를 획득한 후보자가 없었기 때문에 국회의원 표만으로 맞붙는 결선투표에서 아베 씨가 역전승을 거두었습니다.

정치란 여러 우연과 만남의 결과겠지요. 고이즈미 씨는 예전에 나에게 "아베 군, 정치는 운이야. 나를 좀 봐"라고 하셨어요. 다만 1차 내각을 되돌아본다면 운은 스스로 놓아버릴 수도 있습니다. 일단 놓아버린 것은 다시 움켜쥐려고 해도 모래를 쥐듯이 손 안에서 주르르 흘러내리게 됩니다. 조수는 순식간에 변합니다. 그러니 그렇게 되지 않도록 항상 최선을 다하는 것이 중요합니다.

— 자민당 총재로는 돌아왔지만 당시엔 아직 민주당 정권이었습니다. 민주당의 노다 요시히코 총리는 2012년 8월 민주·자민·공명 3당 당수 회담에서, '조만간' 중의원을 해산하겠다고 약속했는데, 그 해산이 언제가 될지가 초점이었습니다.

야당인 자민당의 총재로 취임한 후, 노다 총리가 사회보장 및 세제의 일체 개혁을 실현하기 위해 다니가키 씨를 속인 것 아니냐는 것에 초점을 맞춰 노다 정권과 대치했습니다. 노다 총리는 2012년 8월 가까운 시일 내에 국민에게 신임을 묻겠다고 약속해 자민·공명 양당과의 합의를 이끌어냈습니다. 그럼에도 불구하고 좀처럼 국회를 해산하려 하지 않자 국회 질문에서는 "민주당은 거짓말쟁이냐"라고 목소리를 높였습니다.

— 노다 총리는 11월 14일 아베 씨와의 당수 토론에서 이틀 뒤 해산을 선언했습니다. 그 자리에서 표명할 계획이라는 것을 알고 있었나요? 아베 씨는 노다 씨의 발언을 듣고 당황한 것처럼 보였습니다.

민주당 내에서도 서서히 해산 분위기가 고조되고 있었기 때문에 총무성이나 투표소를 확보해야 하는 지자체 등을 몰래 조사하면서 대략적인 중의원 선거 일정을 예상은 하고 있었습니다. 하지만 당수 토론 이틀 뒤 해산할 줄은 생각지도 못했습니다. 노다 총리는 11월 18일부터 동남아시아국가연합(ASEAN) 정상회의를 위해 캄보디아에 갈 예정이었기 때문에 해산은 틀림없이 그 귀국 후가 아닐까 생각했죠. 그래서 당수 토론 이틀 후 해산은 솔직히 놀랐습니다. 하지만 자민당으로서는 좋은 타이밍이었어요. 당의 사전 정세분석 조사에서는 중의원 선거에서 270석 전후는 가져올 수 있을 것 같다는 결과가 나왔습니다.

— 일체 개혁의 재검토를 내세울 생각은 없었나요?

경제에 관한 조언자들 대부분은 개혁을 포기해야 한다고 말했지만, 자민당으로서 일단 결정한 합의 사안입니다. 그걸 뒤집으면 당내에서 제가 지지를 잃을 가능성이 있었어요. 그래서 중의원 선거 공약으로는 내걸 수 없었습니다.

— 사회보장 및 세제의 일체 개혁 관련법이 통과된 직후인 8월에 해산했다면 어땠을까요. 노다 총리의 결단을 평가하는 목소리도 있었

을지도 모르겠네요.

조금 더 다른 결과를 맞이할 수도 있겠네요. 민주당은 대패하지 않았을지도 모릅니다. 언제 선거를 하면 이길 수 있을까? 그것은 당시 총리의 승부수에 달려 있습니다.

제3장

제2차 내각 발족 —
TPP, 아베노믹스, 야스쿠니 참배

2013년

탈관료, 지역주권, 콘크리트에서 사람으로

'반(反) 자민당'을 내세워 정권 교체를 이룬 민주당 정권이었지만 어이없이 자멸하면서 아베 신조가 다시 기회를 잡았다.

2차 내각에서는 많은 자민당 의원들이 반대하는 환태평양경제동반자협정(TPP) 협상 참여를 주저 없이 밀어붙였고 장기 디플레이션 탈출을 목표로 '재정지출 확대', '양적완화', '성장전략'으로 구성된 '아베노믹스'를 내놓았다. 유권자의 큰 관심사인 경제 살리기에 나서는 한편 내각 법제국 장관을 교체하는 등 집단적 자위권 행사 용인을 위해 착실히 입지를 다져 나갔다.

다시 아베 정권의 막이 올랐다.

2차 내각 발족

— 2012년 12월 16일 중의원 선거에서 자민당은 정권을 다시 잡았습니다. 12월 26일에는 국회에서 총리 지명을 받아 제96대 총리로 취임했습니다. 2차 내각 인사는 어떤 기본 방침으로 임한 것입니까?

9월 총재 선거에서 승리한 뒤 야당인 자민당 총재로서 간사장은 이시바 시게루 씨, 정조회장에 아마리 아키라 씨, 총무회장에 호소다 히로유키(細田博之) 씨를 충원했습니다만, 이 멤버는 다소 딱딱한 포진이지요. 그래서 내각은 좀 화려하게 하려고 생각했어요.

또 총재 선거에서 싸웠던 후보들과는 이제 이것으로 끝내고 싶었기 때문에 이시하라 노부테루 씨에게 환경상, 하야시 요시마사 씨에게 농림수산상으로서 입각해 달라고 했습니다. 병에 쓰러진 마치무라 노부타카 씨를 제외하면 모두 요직을 차지하게 되었습니다. 또한 아베노믹스 추진 담당으로서 환태평양경제동반자협정(TPP) 교섭을 진행시키기 위해 아마리 씨에게 경제재생상을 부탁했습니다.

TPP는 태평양 주변 국가들 사이에서 사람, 물건, 돈, 정보, 서비스의 이동을 사실상 완전히 자유롭게 하자는 국제 협정입니다. 원칙적으로 100% 자유화를 목표로 회원국 간에 전 품목의 관세를 단계적으로 철폐하는 것을 추구하기 때문에 소비자는 혜택을 받지만 농업과 축산업에 미치는 영향이 큽니다. 자민당 의원들도 적잖이 반대했기 때문에 만반의 태세로 임해야 했습니다. 그 점에서 1차 내각에서 경제산업상을 맡아 준 아마리 씨는 당내 최고의 정책통으로, 전적으로 신뢰할 수 있기 때문에 적임이었습니다.

부총리 겸 재무상은 아소 다로 씨의 희망이었습니다. 고무라 마사히코 씨에게도 입각을 부탁했지만, "내각에는 들어가고 싶지 않다. 이제 국회 답변은 싫다"고 해서 부총재를 맡아주신 것입니다. 고무라 씨는 명 부총재였습니다. 그 후의 안전 보장 관련법 심의를 포함해 다양한 메시지를 적절한 타이밍에 재치 있는 말로 내주었습니다. 입장은 보수인데, 중도적인 분위기를 자아내는 거죠.

관방장관은 당연히 스가 요시히데 씨였죠. 이 내각은 개조를 하지 않고 2년 가까이 지속됐는데 아무 문제도 일어나지 않았습니다. 각료들의 답변도 안정적이었고요. 또 하나, 이 내각의 포인트는 다니가키 사다카즈 법무상입니다. 2012년의 총재 선거 후 양원 의원 총회에서 총재를 그만둘 때에 다니가키 씨는, "100리 길도 99리를 절반으로 보는 것입니다.[01] 이 한 걸음을 넘어야 합니다. 아베 신임 총재는 이 마지막 걸음을 이겨낼 수 있습니다"라는 인사를 했는데, 이때 우레와 같은 박수를 받는 것을 보고 만약 내가 총리로 돌아온다면 다니가키 씨는 반드시 입각시켜야겠다고 생각했습니다. 그래서 다니가키씨에게는 중의원 선거 후, 가장 먼저 "어느 포스트라도 준비하겠습니다"라고 전했더니 법무상을 원하셨습니다. 많은 정치인들은 재무상이나 외무상 등 화려한 '꽃보직'으로 여겨지는 자리를 희망하는데, 법무상이 되고 싶다고 한 사람은 이전이나 이후로도 다

---

01) 역: <전국책(戰國策)>에 등장하는 고사로 무슨 일이든 마무리가 중요하고 어려우므로 끝마칠 때까지 긴장을 늦추지 말고 꾸준히 노력해야 한다는 말

니가키 씨뿐입니다. 역시 법률가구나라는 생각이 들었어요.

— 핵심 포스트 자리는 이후에도 기본적으로 바꾸지 않았습니다.

　바꾸면 안 된다고 생각했어요. 기둥을 움직이면 이쪽이 소모될 뿐이에요. 이게 아베 내각의 기본 방침이니까요. 당 인사에서는 처음에 노다 세이코 씨를 당 총무회장으로 했습니다. 다만, 당내를 억제할 수 있을까 하는 불안이 조금 있었기 때문에 베테랑인 니카이 도시히로 씨에게는 정말 실례지만, 총무회장 대리를 부탁했습니다. 그래도 든든하게 받쳐주셨어요.

TPP 돌진은 정권의 체력이 있었기 때문

— 2차 내각의 첫 번째 과제로 TPP가 있었습니다. 자민당은 2012년의 중의원 선거 공약으로 '성역 없는 관세 철폐를 전제로 하는 한, TPP 교섭 참가에 반대'라고 내걸고 있었습니다. '성역 없는 관세 철폐가 전제되지 않는다면 협상에 참여한다'고 읽을 수 있는 교묘한 표현이었습니다.

　잘 생각해낸 것 같아요. 이것은 야당 시절 고무라 씨가 중심이 되어 생각한 문구입니다.

— 2013년 2월 하순 미국을 방문해 버락 오바마 미국 대통령과 회담했습니다. 아베 씨가 TPP에 대해 어떤 태도를 표명할지가 관심이었

습니다.

방미를 앞두고 정권 내에서 간간이 논의가 있었습니다. 자민당 내 절반은 TPP에 반대하고, 농업협동조합(농협)도 반대했어요. 그러니까 교섭 참가의 표명은 7월 참의원 선거를 마치고 해도 되는 것이 아닌가 하는 사람이 많았습니다. 하지만 저는 애매한 설명은 하지 않고 오히려 일본이 빨리 협상 참가를 표명하는 것이 협상국 중에서 유리한 입장에 서지 않을까 생각했습니다. 협상 참여를 당당하게 내세우면 소비자들도 경제 성장에 반드시 플러스가 된다고 여기게 됩니다. 참의원 선거에서 농협 측에 'TPP에 찬성하면 낙선시키겠다'고 협박받기보다는 '보상이 필요하다면 예산으로 대처하겠습니다'라고 호소하는 것이 상책이 아닐까 생각했습니다. 아소 부총리는 이 생각에 '앗' 하고 놀랐습니다. 스가 관방장관도 조기 협상 참가 표명에 반대했지만, 결국엔 이해해 주었습니다. 문제는 미·일 정상회담에서 '관세 철폐에 대한 성역을 마련할 여지가 있다'는 약속을 얻어내야 한다는 것이었습니다. 가기 직전까지 미국 측과 꽤나 실랑이를 벌였습니다. 회담을 하더라도 오바마의 언질을 받아낼 수 있을지 모르겠다며 미국 관리들은 잔뜩 견제해 왔습니다.

그러니 직접 할 수밖에 없는 상황이어서 미국을 방문하자 우선 테타테[02]를 통해 내 생각을 말했습니다. 여기가 승부처라고 봤어요. 테타테에서는 먼저 "전후 일본 총리를 두 번째 맡는 것은 내가 처음이다. 일본에서는 한번 실패하면 기회를 주지 않는 것이 보통이

---

02) 외교용어로 통역만 넣은 일대일 회담. 프랑스어로 내밀한 이야기인 "tete-a-tete"에서 유래

지만 나는 몇 번이고 기회를 잡아 보이겠다"고 말했습니다. 또한 오바마의 취향인 '다양성'과 관련해 "모든 사람에게 기회가 주어지는 다양한 가치관이 있는 사회를 만들고 싶다. 동시에 외교 안보에 불안을 안고 있는 일본 국민은 미·일동맹을 강화하고 싶어한다. 그래서 동맹을 강화하기 위해 집단적 자위권 행사에 관한 헌법 해석을 변경할 방침"이라고 말했습니다. 미군 후텐마(普天間) 비행장을 오키나와 내 헤노코(邊野古)로 이전한다는 약속도 반드시 지키겠다고 했습니다. 오바마는 담담하게 듣고 있는 것 같았습니다.

— 이 시점에 이미 집단적 자위권 행사 용인 방침에 대해 미국 측에 얘기를 했습니까?

그렇습니다. 2013년 1월 정기국회가 시작됐을 때 저는 집단적 자위권 행사는 "다시 검토하겠다"고 답변했고 그다지 기치가 선명하지 않았습니다. 이에 대해 신중한 입장이던 공명당을 배려했기 때문입니다. 하지만, 오바마와의 회담에서는 한 걸음 더 나아갔습니다. 자위대의 역할을 확대하고 동맹국으로서 상응하는 부담을 짊어지겠다는 의지를 보이고자 했기 때문입니다.

안보 얘기를 한 다음에 TPP 얘기를 꺼냈습니다. "작년 말 중의원 선거에서, 자민당은 '성역 없는 관세 철폐를 전제로 하는 한 TPP 교섭 참가에 반대'라고 공약했다. 일본이 TPP에 참여하면 TPP 전체에 큰 의미를 부여하게 된다. 그동안 사무관들이 열심히 협상해왔는데 대통령께 직접 부탁드린다. 일본에는 몇몇 농산물, 미국에는 몇몇 공산품처럼 무역상의 민감 품목이 있다. 민감 품목을 제외할 수 있다면 TPP 협상에 참여할 수 있다. 최종 결과는 협상을 통해 결정하는 것이 어떠냐"고 했죠. 그랬더니 오바마 대통령은 "나는 괜찮다. 신경쓰지 않는다. 총리의 말에 동의한다"고 말해줬습니다.

— 이때 교섭 참여 표명을 공동성명에 포함시킨 것은 자민당 내부를 설득하기 위해서였나요?

반대론도 컸기 때문에 여러 가지 전제 조건을 마련해야 했습니다. 우선 교섭 참여 표명, 그리고 실제 교섭 참여, 그 후 TPP 참가 여부 판단 등 3단계 정도 밟게 되어 있었습니다.

— 미국에서 돌아온 뒤 2013년 3월 15일 기자회견에서 '국가의 백년 대계'라며 교섭 참여를 공식 표명했습니다. 그 직후 요미우리신문 여론조사에서는 'TPP 교섭 참가' 지지는 60%였고, 이후에도 TTP 추진에 높은 지지가 이어졌습니다.

TPP와는 관계없이 참의원 선거에서는 이길 수 있다는 자신이 있었습니다. 6년 전 내가 총리일 때 민주당이 세력을 키워 자민당이 대패했기 때문에 그때에 비하면 의석이 늘어날 가능성이 컸습니다. 그리고 정권이 출범한 직후에는 동력이 붙습니다. 체력이 강할 때 미국과의 협상이나 국회 심의를 진행해 나가는 것이 더 수월하다고 생각했습니다. 교섭 참가를 확정하고 참의원 선거에서 일치단결해 싸우고 싶었습니다. 그렇지 않으면 자민당 후보가 마음대로 'TPP

결사반대' 등을 공약으로 내걸 가능성이 있으니까요. 그런 공약으로 당선된 의원이 있으면 참의원 선거 후 당내를 다잡을 수 없게 됩니다.

— 총리가 큰 방침을 정하지 않고 자민당 내에서 철저히 토론하게 만드는 방법도 있습니다. 미국이 일본에 쇠고기와 오렌지 수입 자유화를 요구하던 협상이 1988년 타결됐을 때 당내 찬반 양측 의원들은 끝없이 논쟁을 벌였습니다. 많은 의원들이 지친 상태에서 마지막으로 다케시타 노보루 당시 총리가 자유화를 결정했습니다.

그 방식은 속도가 요구되는 국제화 시대에는 통용되지 않습니다. 저는 TPP에 관해서는 그 방법을 채택하지 않았기 때문에 미국의 신뢰를 되찾았다고 생각합니다. 이를 결정하기 어려운 일본의 상황을 미국도 잘 알고 있었으니까요.

아베노믹스 시동

— 아베노믹스에 대해 묻겠습니다. 야당 총재였던 2012년 11월 15일 요미우리 국제경제간담회 강연에서 경제 회생을 위한 금융완화와 공공투자 확대를 표명한 것이 시초였습니다. "일본 은행과 협조해 물가 상승률을 제시하고, 그 목표 달성을 위해 무제한으로 양적 완화를 해나가겠다"라고 밝혔습니다. 이 강연이 아베노믹스의 첫 표명이 되었습니다.

2007년 총리에서 퇴진하고 2012년까지 5년 사이에 리먼 쇼크가 있었고 동일본 대지진이 일어났습니다. 고용 사정도 나빠 유효 구인배율(월간 유효구인 수를 월간 유효구직자 수로 나눈 것. 1.0 이하이면 일자리보다 구직자가 더 많은 것을 나타냄)은 0.6 정도로 떨어졌습니다. 디플레이션도 계속 이어지고 있었습니다. 왜 물가가 계속 떨어지면서 사회 전체의 경제활동이 축소되는 것일까요. 물론 디플레이션에는 임금 저하나 혁신 문제 등 복합적인 요인이 있지만 기본적으로는 화폐의 문제입니다. 사회에 나도는 화폐가 많으면 인플레이션이 되고 적으면 디플레이션이 됩니다. 그렇게 생각하면 오랫동안 유지해 온 금융정책이 잘못된 것이 분명하겠죠. 제가 관방장관 시절 고이즈미 준이치로 총리와 함께 후쿠이 도시히코(福井俊彦) 일본은행 총재에게 양적완화 해제는 시기상조이니 그만두라고 부탁했는데도 2006년에 해제해 버린 적도 있었습니다.

경제정책에 대해 나에게 조언해 주고 있던 하마다 코이치 예일대 명예교수나 이와타 키쿠오 가쿠슈인대 교수 등과 계속 의견을 주고받으면서 금융정책에 문제가 있다는 인식이 강해졌습니다. 특히 부흥 증세는 모은 세금을 나중에 쓴다고는 하지만 일시적으로 돈을 빨아들이는 것이기 때문에 디플레이션을 가속화합니다. 이것은 분명히 잘못된 것이죠. 그래서 금융 정책을 바꿔 엔고를 시정해야 한다는 주장을 중의원 선거의 축으로 삼기로 한 것입니다.

미국 연방준비제도이사회(FRB) 의장이었던 벤 버냉키도 금융완화로 리먼 쇼크라는 위기를 극복하려 했습니다. 그런데 당시 일본에서는 이런 의견이 비주류였어요. 그래서 제 금융완화론은 처음에 여러 이코노미스트들로부터 크게 얻어맞았습니다. 당시 일본경제단체연합회(게이단렌) 회장으로부터도 막무가내식 정책이라는 말을 들었습니다. '여당인 자민당 총재가 내건 정책을 그렇게까지 말하나'라는 생각에 경제재정자문회의 의원에서 그를 제외했습니다.

— 전례 없이 일본은행의 영역에 발을 갖다댔기 때문에 일본은행의 독립성을 침해한다는 비판이 나왔습니다.

전 세계 어느 나라나 중앙은행과 정부는 정책 목표를 일치시키고 있습니다. 정책 목표를 일치시켜 실물경제에 압력을 가해야 의미가 있습니다. 실물경제란 무엇입니까. 가장 중요한 것은 고용입니다. 2%라는 물가상승률 목표를 인플레이션 타겟이라고 했지만, 사실 가장 큰 목적은 고용 개선입니다. 거시경제학에 필립스 곡선이라는 것이 있습니다. 영국 경제학자들이 제안한 것인데, 물가상승률이 높아지면 실업률이 낮아지고 실업률이 높아지면 물가가 내려갑니다. 실업률을 감소시키려면 인플레이션을 감당해야 한다는 것입니다. 완전고용이라는 것은 나라에 따라 차이는 있습니다만, 대체로 완전 실업률 2.5%이하입니다. 완전고용을 달성하면 물가상승률이 1%라도 문제가 없는 것이죠.

— 2차 내각 출범 때는 과감한 금융(양적)완화, 정부의 재정지출 확대, 민간투자를 일으키는 성장전략을 '세 개의 화살'로 규정해 경제

정책의 방향성이 확고해졌습니다.

양적완화와 동시에 정부의 재정지출을 확대한다, 성장전략도 추진한다는 '세 개의 화살'도 처음에는 상당한 비판을 받았습니다. 주가가 폭락한다든가, 엔고가 되는 것은 아니냐는 여러 가지 말을 들었습니다만, 당시의 그런 지적이 잘못되었다는 것은 증명되었다고 생각해요.

— **2013년 1월 4일 연두 기자회견에서는 "경제 살리기를 위해 로켓 스타트를 끊고 싶다. 일본은행의 정책결정회의가 결정적으로 중요하다. 책임지고 대응해 달라"며 2%의 물가 상승 목표에 대해 결론을 내라고 요구했습니다. 정책결정회의는 1월 21, 22일로 예정되어 있었습니다.**

시라카와 마사아키(白川方明) 일본은행 총재는 2%의 인플레이션 목표도, 그것을 위한 금융 완화도 결국 수용했습니다. 하지만 곧 사임해 버렸지요.

— **시라카와 총재는 2월 5일 관저에서 아베 총리를 만나 사임 의사를 전했습니다. 4월 8일 임기 만료를 기다리지 않고, 2명의 부총재의 임기가 끝나는 3월 19일 중도 사퇴를 표명했습니다. 정부의 압력에 의한 사임이라는 견해도 있었는데, 실제로 교체를 요구한 것입니까?**

그런 일은 하지 않았어요. 시라카와 씨 자신이 이제 그만둬야겠다고 결심하지 않았을까요? 재무성은 OB 중에서 다이와종합연구소(大和総研)의 이사장이었던 무토 토시로(武藤敏郎) 씨로 교체하려고 했고요. 재무성은 금융정책에는 관심이 없었습니다. 단지 중요한 자리를 갖고 싶을 뿐이었던 거죠.

— 후임 일본은행 총재 인사에서 구로다 하루히코(黒田東彦) 아시아개발은행 총재가 부상한 이유는 무엇입니까.

제가 야당 총재로서 금융 완화를 내걸었을 때, 언론과 경제학자들로부터 비판을 많이 받았는데, 구로다 씨는 제 정책을 높이 평가해줬어요. 국제기구라고 하지만 정부 측 입장을 대변하는 은행의 총재가 당시 야당 당수의 정책을 말입니다. 그런 배포가 있다면, 저와 정책이 일치했으면 좋겠다고 생각했습니다. 게다가 재무성 출신이잖아요. 그래서 재무성도 받아들일 수밖에 없다고 생각했습니다.

— 이케다 하야토(池田勇人) 내각의 '소득 배증'과 마찬가지로 아베노믹스는 정권이 내세운 정책 중에서 전후사에 기억되며 회자될 단어가 됐습니다. 누가 명명했나요?

아베노믹스라는 말은 제가 꺼낸 게 아니에요. 저는 '세 개의 화살'이라고 했는데 로널드 레이건 미국 대통령의 경제정책 총칭인 레이거노믹스에 갖다붙여 일부 언론이 말을 만들었어요. 그랬더니 다무라 노리히사(田村憲久) 후생노동상이 기자회견에서 한 질문에 "그것이 이른바 아베노믹스입니다"라고 대답하면서 퍼졌습니다. 주가는 오르고 엔화는 100엔 1달러 안팎이 됐습니다. 경제지표는 금세 좋아졌어요. 그래서 저도 자신감을 얻고 2013년 정기국회에서는 중의원 예산위원회의 집중 심의를 일사천리로 받았습니다.

그런데 재무성이 준비한 답변 자료가 엉망이었어요. "재정 건전화를 위해서, 세출·세입 개혁을 추진한다"라든가, 나의 정책을 전혀 이해하지 못하고 있더군요. 그래서 경제 조언 그룹과 매일밤 전화로 의견을 나눴습니다. 야당은 여러 가지 비판을 했지만, 경제 상황은 좋아지고 있었기 때문에 '무슨 말을 하는 거야'라는 느낌으로, 말하자면 '위에서 내려다보는' 시각으로 답변하고 있었지요. 예산위원회라는 것은 기본적으로 야당의 무대이기 때문에 심의를 하면 할수록 내각 지지도는 떨어지는데 이때는 할 때마다 지지율이 올라갔습니다. 덕분에 참의원 선거에서 압승했고, 중의원에 이어 참의원에서도 다수당이 되는 결과로 이어졌습니다.[03]

내각법제국 장관 교체, 집단적 자위권 헌법해석 변경

— 참의원 선거 후인 2013년 8월 내각법제국 장관에 고마츠 이치로 (小松一郎) 주프랑스 대사를 임명했습니다. 집단적 자위권의 헌법 해석을 변경하려는 포석이었는데, 이 인사는 총리로 복귀했을 때부터 생각했던 것인가요?

03) 역: 일본 선거에서 여야를 결정하는 것은 중의원 선거이다. 자민당은 2012년 중의원 선거에서 승리해 여당이 됐으나 참의원은 여전히 민주당이 제1당이었다. 2013년 참의원 선거에서 자민당이 승리하면서 자민당은 중·참의원에서 모두 제1당이 됐다.

아니요, 전임 야마모토 쓰네유키(山本庸幸) 법제국 장관과 집단적 자위권을 행사할 수 있게 헌법 해석을 변경하는 이야기를 꽤 나눴는데 완고했어요. 집단적 자위권은 유엔 헌장 제51조로 보장된 회원국의 권리입니다. 일본도 유엔 회원국이기 때문에 "국제법상 일본에도 권리가 있다"고 제가 말해도 야마모토 씨는 "헌법상 인정할 수 없습니다"라고 주장을 바꾸지 않았습니다. 이렇게 계속 엇갈린다면 바꿀 수밖에 없다고 생각했어요. 2012년 중의원 선거에서 자민당은 집단적 자위권 행사 용인을 공약했으니까요. 법제국 장관을 교체한 것은 사람에 대한 호불호 때문이 아니라 선거에서 내걸었던 공약을 실현하기 위해서였습니다.

저는 고이즈미 준이치로 내각 때 집단적 자위권 행사 용인을 어떻게든 실현할 수 없을까 생각했습니다. 2005년 우정민영화 관련법이 통과된 뒤 고이즈미 총리에게 남은 임기의 마지막 1년 동안 이것을 하자고 했더니 고이즈미 씨는 "네 임기 때 하라"고 말하더군요.

시간적 여유는 있었지만, 고이즈미 씨는 우정민영화를 끝낸 뒤엔 느긋하게 보내고 싶은 듯 보였습니다. '내일의 죠'[04] 마지막 장면에서 라이벌과 싸운 죠가 하얗게 불태운 상황 같았어요. 그래도 당시 관저의 관방장관실에서 외교평론가 오카자키 히사히코(岡崎久彦) 씨, 외무성 국제법국장이던 고마츠 씨와 몇 번인가 스터디 그룹을 하고 있었습니다. 집단적 자위권을 행사할 수 없는 범위는 분

---

04) 일본 고단샤(講談社)의 '주간소년 매거진'에서 1968년부터 1973년까지 연재된 복싱 만화. 누적 발행부수가 2000만부에 달하고, 애니메이션으로도 제작되는 등 큰 인기를 얻었다. 한국에서는 '허리케인 죠'라는 제목으로 간행됐다.

명히 있지만, 한정적이라면 허용될 수 있다는 이야기를 나눴어요. 2014년 각의에서 결정한 내용의 골격과도 같습니다. 고마츠 씨는 국제법 전문가로 이에 대해 확고한 신념이 있었습니다. 그러면 국회 질의를 극복할 수 있을 것 같아서 교체를 결정한 것입니다.

법제국이라고 해도 정부에 소속된 하나의 국(局)이니까 총리가 인사를 결정하는 것은 당연하지 않습니까. 그런데 법제국에는 과거 장관을 역임했던 OB들과 현직 장관이 모이는 '참여회'라는 모임이 있습니다. 이 조직이 법제국에서는 절대적인 권력을 가지고 있다는 거예요. 그래서 법제국 인사나 법 해석이 여기서 결정됩니다. 이거 이상하잖아요. 국가는 망하고 법제국은 남는다? 그런 식이면 곤란하거든요. 1차 내각 때도 법제국은 제 생각과는 전혀 다른 말을 했습니다. 종전의 헌법 해석을 일절 바꿀 생각이 없는 것입니다. '총알이 날아오든, 나라가 침략당해서 1만 명이 죽든 우리는 상관없다' 같은 식의 탁상공론입니다. 정부는 국민의 생명과 재산에 대해 책임이 있습니다. 그런데 법제국은 그런 책임을 전혀 알지 못했습니다. 사카타 마사히로(阪田雅裕) 전 법제국 장관은 집단적 자위권 행사를 용인하려면 헌법을 개정해야 한다고 말했는데, 헌법 개정 쪽은 장벽이 훨씬 높습니다.

김정은 북한 국무위원장이 핵 버튼에 손을 댈 가능성이 제로라고 말할 수 없습니다. 한 달 뒤일 수도 있고 1년 뒤일 수도 있어요. 그것을 주저할 수밖에 없도록 만드는 것이 정치의 책임입니다. 그런데 "그런 것은 헌법 해석이랑 관계가 없는데요"라고 말하는 것이 법제국의 자세였던 것입니다. 그래서 이건 확실하게 인사로 보여주는 게 좋을 것 같았어요.

— 암을 앓았던 고마츠 씨는 이것을 각의에서 결정하기 직전인 2014년 6월 사망했습니다.

전후 오랫동안 이어져 내려온 헌법 해석을 바꾸는 것인만큼 고마츠 씨에게는 엄청난 부담을 안기고 말았습니다. 그의 존재 없이는 실현할 수 없었다고 생각해요. 부인께서는 "남편이 '이렇게 훌륭한 일을 할 수 있어서 후회는 없다'고 말하곤 했어요"라고 전해주셨습니다. 생명을 걸고 일을 해주셨다고 생각합니다.

— 인사 방식에는 의도를 숨기고 등용하는 경우와 명확히 알 수 있도록 하는 경우가 있습니다. 고마츠 씨의 인사는 후자라고 할 수 있는데, 결론이 정해져 있다는 비판도 나왔습니다.

공명당에 나의 확고한 의지를 보여줄 필요도 있었습니다. 야마구치 나쓰오 공명당 대표는 당수 회담을 통해 제 의지가 확고한지 여부를 알아보고자 했어요. 그리 단단하지 않다고 생각되면 야마구치 대표는 양보하지 않습니다. 더불어 자민당 내에서도 집단적 자위권 행사 용인에 모든 의원이 찬성하는 것은 아니었습니다. 법제국 장관 인사는 그들에게 저의 각오를 보여주는 의미가 있었던 것이죠.

올림픽 유치를 결정한 황실의 힘

— 2013년 9월, 2020년 도쿄올림픽 패럴림픽 개최가 결정됐습니다. 앞서 도쿄도는 2016년 올림픽 유치에 실패했고, 정부가 전면에 나서지 않은 것과 로비 부족이 그 원인으로 꼽혔습니다. 이때는 국제올림픽위원회(IOC) 위원들의 표를 모으기 위해 노력했나요?

2020년 올림픽을 도쿄로 유치하자는 분위기가 확고하게 고조됐던 것은 아닙니다. 총리로 컴백한 뒤 첫 순방 일정으로 2013년 1월 베트남, 태국, 인도네시아를 방문했습니다. 사전 스터디 자리에서 외무성 간부에게 "이 3개국에 IOC 위원이 있나요?"라고 묻자 아무 대답도 못했습니다. 모처럼 각국 정상을 만나는데 뭘 하고 있나 했더니 "올림픽은 문부과학성 담당이라서요"라는 대답이 돌아오더군요. 이것이 일본 정부의 실태였습니다. 동일본 대지진이 일어난 지 얼마 되지 않았고 가라앉은 일본의 분위기를 바꿀 기회라고 생각했습니다. 제가 어렸을 때 1964년 도쿄 올림픽은 많은 사람들에게 용기를 주었습니다. 지진으로 인해 아직 가라앉은 분위기 속에서 일본은 다시 한번 그런 경험을 해야 한다고 생각했습니다. 다만 유치 활동을 했는데도 안 되면 비판을 받을 수 있는 정치적 리스크도 있었습니다. 유치를 목표로 한다면 철저하게 유치활동을 해야 합니다. 이것도 선거니까요.

이후에도 러시아와 중동 방문이나 아프리카개발회의(TICAD) 등에서 각국 정상을 만날 때마다 지지를 부탁했습니다. 러시아는 2020

년 세계박람회(엑스포) 유치에 나섰기 때문에 블라디미르 푸틴 러시아 대통령에게 엑스포를 협력할 테니 올림픽은 일본을 지지해 달라고 부탁했습니다.

— 도쿄 유치를 이끌어 낸 데는 황실의 힘도 있었다고 합니다. 도쿄 개최가 결정된 2013년 9월의 부에노스아이레스 IOC 총회에서는 노리히토 친왕비 히사코의 연설이 훌륭했습니다. 다만 황실을 정치적으로 이용한다는 비판도 일각에서 나왔습니다.

황실의 정치적 이용이라는 것은 견강부회의 논리죠. 유럽에서는 어느 나라나 왕실이 전면에 나서고 있어요. 우선 2013년 3월에 IOC 평가위원이 시찰 명목으로 도쿄에 왔습니다. IOC는 앞서 방문했던 나라마다 성대한 환대를 받아 왔는데 그런 것도 어떨까 생각하다가, 환영 만찬에 히사코 비가 와 주셨으면 좋겠다고 부탁드렸습니다. 돌아가신 부군 다카마도노미야 노리히토 친왕은 스포츠에 조예가 깊었으니까요. 총리 주최 만찬입니다만, 이런 사교 장소는 저 같은 레벨로는 안 되고, 역시 황실의 존재감이 압도적일 것이라고 생각했어요. 하지만 궁내청은 올림픽 유치에 이용되는 것에 조심스러워했습니다. 그래도 어떻게든 부탁해서 히사코 비가 연설을 해 주신 것입니다. 또한 개최지가 도쿄로 결정된 부에노스아이레스에도 와 주셨습니다. 총회 전날 밤 리셉션이 훌륭했어요. 히사코 비는 각국의 주요 인사들을 차례차례 돌면서 다정한 태도를 보여준 것이죠. 자연스럽게 오른손을 쭉 내밀어 손등에 키스를 청한다든지요. 저런 매너는 일반인이 도저히 할 수 없어요. 어느 나라의 위원도 "프린세스가 온다"며 무척 좋아했습니다. 프랑스어로 연설하는 것을 포함해 히사코 비의 존재는 결정타가 되었습니다. 마드리드 유치를 목표로 하고 있던 스페인도 당시 왕세자 부부가 와 있었습니다.

— IOC 총회에서 도쿄전력 후쿠시마 제1원자력발전소의 오염수 문제에 대해 아베 씨가 "The situation is under control"(상황은 통제되고 있다)**이라고 말한 것이 파문을 일으켰습니다.**

"통제되고 있다"는 것이 문제는 아닐 거예요. 오염수가 발전소의 전용 항만 내에서 분리되어 있는 것은 사실입니다.

— 2013년 10월 1일 소비세율을 예정대로 올리기로 결정했습니다. 실시는 2014년 4월 1일부터 했습니다. 증세 보류도 생각했을 텐데요.

사실 8% 인상을 뒤집는 것은 어렵다고 생각했습니다. 내각에는 과거 민주·자민·공명의 3당 합의를 결정했을 당시 당 총재였던 다니가키 사다카즈 법무상과 간사장이었던 이시하라 노부테루 환경상이 있었습니다. 당사자가 내각에 있는 상황에서는 정해진 노선대로 할 수밖에 없다고 생각했습니다. 이때 재무성은 "일단 경기는 내려가더라도 금방 회복된다, 계곡이 깊으면 그만큼 다시 돌아온다"라고 설명했습니다. 하지만 2014년 4~6월의 GDP(국내총생산)는 전년도 대비 6.8%가 감소했고 좀처럼 회복되지 않았어요. 재무성에 대한 불신이 한층 강해졌습니다.

정국의 핵이 된 특정비밀보호법

— 가을 임시국회에서는 특정비밀보호법이 정국의 핵으로 부상했습니다. 안보와 관련된 기밀정보를 외부에 유출한 공무원들에 대해 벌칙을 강화하는 내용인데, 태평양전쟁 전 치안유지법의 부활이라는 비판이 나왔습니다.

특정비밀보호법은 치안유지법과 전혀 관계가 없고, 의미 없는 비판이었다는 것을 그 후 일본의 상황을 보면 알 수 있을 거예요.

안전보장을 위한 정보를 제대로 수집하기 위해서는 해외에서 입수하는 기밀정보를 일본 정부가 보호한다는 것이 전제되어야 합니다. 단순히 '방위 비밀'이라고 해도 거기엔 무기 성능이나 영상 등 여러 가지가 있는 것입니다. 그런데 무엇이 특정 비밀에 해당하는지 체계적으로 되어 있지 않았던 것이죠. 게다가 벌칙도 국가공무원법으로는 징역 1년 이하, 자위대법으로는 5년 이하 등 일관성이 없었습니다. 그래서 최장 징역 10년으로 해서 여러 나라와 같은 수준으로 맞췄을 뿐입니다. 비밀을 지키는 수준을 높여야 외국에서 정보가 들어옵니다. 그래서 실제로 현격하게 많은 정보를 수집할 수 있게 됐습니다.

민주당 정권 시절인 2010년 센카쿠 열도 주변에서 중국 어선이 해상보안청 순시선을 들이받아 그 충돌 영상이 인터넷에 유출됐습니다. 국익과 관련된 동영상의 공개 여부는 본래 총리가 판단해야 합니다. 그것이 누설되는 상황은 엄중하게 처벌할 필요가 있습니다. 예를 들어 미·일간 핵 반입에 관한 밀약도 알았던 총리도 있지만 몰랐던 총리도 있습니다. 이 밀약은 미군 함선이나 항공기가 일본에 들러도 미국은 핵무기 소재에 대해 부정도 긍정도 하지 않는다는 내용입니다. 이에 대해 총리에게 알릴지 말지를 외무성 관료가 멋대로 정한다는 것은 이상하겠죠. 사실 1차 내각 때는 총리인 나에게 알리지 않았습니다. 야당 측은 "그건 아베 총리가 신뢰를 받지 못했기 때문"이라고 말했지만, 그런 수준의 문제가 아닙니다.

— 2차 내각 출범 직후인 2013년 1월 알제리에서 인질극이 벌어져 일본인 10명이 사망했습니다. 테러 정보가 충분히 수집되지 않았던 것 아닌가요?

정보가 적었던 것 같아요. 자국민을 구하기 위해 다른 나라 정보 기관에 의지할 수밖에 없는 상황은 역시 이상합니다. 국가로서 문제인 것이죠. 해외 정보 기관도 목숨을 걸고 정보 수집에 나서고 있는 것입니다. "그 정보를 주세요"라고 요청하는 것은 결코 쉬운 일이 아닙니다.

야스쿠니 참배

— 2012년 9월 자민당 총재 선거에서 승리한 뒤 1차 내각에서 야스

쿠니 신사를 참배하지 않은 것을 "통한의 극치다"라고 말했습니다. 그리고 2013년 12월 26일 총리로 돌아온 지 꼭 1년 만에 참배하면 서 "두 번 다시 전쟁의 참화로 사람들이 고통받지 않는 시대를 만들 겠다는 결의를 담아 전쟁 불가를 맹세했다"고 말했습니다. 8월 15일 종전기념일이나 봄, 가을의 야스쿠니 신사 예대제(제사)를 피한 이 유는 있었습니까?

총리대신이 나라를 위해 싸우다가 고귀한 생명을 바친 영령에게 존숭을 표한다는 것은 국가의 기본이라고 생각합니다. 제 신념입니 다. 외교적으로 마찰을 일으키더라도 야스쿠니에 가야 한다고 생각 했어요. 사실 신들이 모이는 춘계, 추계의 예대제에 참배해야 하는 데 이때는 국제 정치의 현실을 감안해서 가장 파장이 없을 시기에 가자고 결정한 것입니다. 그것이 정권 출범 1년 후인 연말이라는 것입니다. 이마이 다카야(今井尚哉) 총리 비서관은 "참배하겠다면 비서관을 그만두겠습니다"라는 말까지 했습니다. 관저 안은 난리였 어요.

— 중국과 한국뿐 아니라 미국도 실망을 표명했습니다.

그런데 한 번은 지나가야 하는 길이었거든요. 저는 이걸로 해야 할 일을 다했다고 생각했어요. 총리 재임 중 두 번 참배는 할 수 없 다고 생각했습니다. 그때 중국은 나에게 다시는 가지 않을 것을 약 속하라고 물밑으로 전해왔습니다. 나는 절대 약속하지 않겠다고 거 절했습니다. "정상회담을 할 수 없다면 못해도 좋다"고 답했습니다.

— 지난 전쟁에서 숨진 사람의 죽음을 애도하는 마음은 모두 갖고 있지만 1978년 도조 히데키 전 총리 등 A급 전범이 합사되면서 야스쿠니 참배가 문제시되고 있습니다.

야스쿠니 참배가 소위 전범을 숭배하는 행위라는 것은 위축된 시각에 근거한 비판입니다. 원래 A급, B급, C급이라는 구별은 공식적으로 이루어진 것이 아닙니다. 극동국제군사재판소에서 심리한 전범을 그렇게 부르게 되었을 뿐입니다. 합사는 후쿠다 다케오 내각 때 이루어졌으나 이후 오히라 마사요시(大平正芳), 스즈키 젠코(鈴木善幸), 나카소네 야스히로(中曽根康弘) 등 3대에 걸쳐 총리가 참배했습니다. 하지만 당시에 중국은 항의하지 않았어요. 역사 문제를 외교 카드로 사용하려고 하니까 문제 제기를 해 온 것이죠.

제4장

관저 일강 —
집단적 자위권 행사 용인으로,
국가안전보장국, 내각인사국 발족

2014년

중국은 무리한 해양 진출을 계속하고 있었다. 남중국해를 불법적으로 매립하면서 센카쿠 열도 주변에는 중국 어선이 대거 여러차례 몰려들었다. 일본을 둘러싼 안보 환경이 엄중해지는 가운데 아베 정권은 기존 헌법 해석을 변경해 집단적 자위권 행사에 길을 터주면서 전후 정치의 일대 화두에 물꼬가 트였다.

외교안보정책의 사령탑인 국가안전보장회의와 국가공무원 간부 인사를 일원적으로 관리하는 내각인사국이 출범하면서 관저 주도의 기틀을 다진 것도 이 시기다. 소비세 증세 연기를 내걸고 중의원 선거에서 대승을 거둠으로써, 재정 재건을 서두르던 재무성과 자민당의 증세파를 봉쇄했다. '관저 일강' 정치가 정착되어 갔다.

국익 중시의 국가안전보장회의(NSC)

― 2014년 1월 6일 이세 신궁을 참배한 후 연두 기자회견을 가졌습니다. 매년 연초에 이세 신궁을 참배하는 의미가 뭐라고 생각하나요?

새해 초 차가운 공기를 마시며 참배하면 정신이 정화되고, 다음을 향해 열심히 나아가고자 하는 기력이 충만해집니다. 이세 신궁은 오랫동안 쌓아 온 일본의 전통과 일본인의 정신을 되새길 수 있는 장소라고 생각해요.

― 연초 기자회견에선 야구에 비유해 "1년 전 노아웃 만루에서 마운드에 오른 나는 내가 믿는 공을 힘껏 던져 위기를 가까스로 넘길 수 있었다. 올해는 디플레이션 탈피라는 승리를 위해 공격하겠다"고 밝혔습니다. 당시 좋은 분위기를 타고 있었죠?

1년 만에 끝나버린 1차 내각을 넘어설 수 있었습니다. 과감한 금융완화, 재정지출 확대, 성장전략이라는 '세 가지 화살'의 효과로 경제는 호전되고 있었습니다. 그런 자부심은 있었죠. 다만 아직 고졸 취업이나 유효 구인배율은 만만치 않았어요. 고용 환경을 개선하고 일하는 사람의 소득 향상을 위해 도전해야 한다는 생각이었습니다.

― 이 해부터 총리가 경제계에 임금 인상을 요구하는 이례적인 방식이 시작됐습니다. '관제춘투(官製春鬪)'라는 호칭이 정착되었는데 사회주의적 행태라고도 할 수 있습니다.

경기가 어렵다고 해도 기업에는 내부 유보금이 있습니다. 유동성이 있는 현금과 예금은 적다는 주장도 있었지만 잉여 자금이 있는 것은 사실입니다. 사회에 스며든 디플레이션 분위기를 불식시키기 위해서는 월급을 올리는 것이 큰 힘이 된다고 생각했습니다. 당연히 고용상황 개선이 우선이지만 그와 동시에 임금이 오를 수 있는 환경을 만들고 싶었습니다. 정부가 임금인상을 주도한다는 것은 통상 없는 일이고 사회주의적으로 보일 수도 있지만, 이 점은 부탁하기로 결심했습니다.

고용을 늘린 후 월급도 올리려면 시간이 걸린다는 것은 충분히 알고 있었습니다. 하지만 기업에 있어서 6중고(엔고, 높은 법인세율, 엄격한 해고 규제, 경제동반자협정 지연, 온실가스 삭감 목표, 전력 부족)라는 상황을 상당히 개선하고 있었기 때문에 임금 인상은 협력해주었으면 하는 생각이었습니다.

우선 임금을 올리라는 민주당적 접근으로는 해고가 일어날 수 있습니다. 그래서 기업의 경영 환경 개선을 최우선으로 한 것입니다. '1달러=80엔' 전후라는 민주당 정권 시절의 지나친 엔화 강세는 아베 정권에서 완화되어 '1달러=100엔'을 넘어선 상태였고 기업은 최고 수준의 수익을 올리고 있었습니다. 하지만 임금은 좀처럼 오르지 않았습니다. 그래서 임금 인상을 계속 요청한 거죠.

— 1월에는 2013년 말 법 정비에 따라 내각관방[01]**에 국가안전보장**

------

01) 역: 관방장관이 이끄는 기관. 주요 정책의 기획·입안·조정 및 정보 수집 등을 담당한다.

국(NSS)이 출범했습니다. 외교 · 안보의 사령탑으로써 국무총리가 의장을 맡는 국가안전보장회의(NSC)의 사무국입니다. NSS 설치에 상당한 집착이 있었던 것 같네요.

국가안전보장회의는 1차 내각 당시 완수하지 못한 과제였습니다. 관저가 외교정책을 이끌려고 해도 외교는 외무성, 군사는 방위성, 정보는 경찰청에 있습니다. 이미 뿔뿔이 흩어진 것입니다. 본래 외교안보전략이라는 것은 이들을 일체 불가분으로 생각해야 합니다. '전후 70년 가까이나 되는 시간 동안 잘도 지금처럼 쪼개져 있었구나' 하는 기분이었어요. 그래서 일원화해서 관저에 조직을 둔 거죠. 총리가 판단해 외교를 전개해 나갈 환경이 갖춰진 것입니다. 2013년 말에는 NSS 설치에 앞서 국가안보전략도 수립했습니다.

외교에서 중요한 것은 '룰 만들기'이거든요. 지금까지는 미국과 유럽에서 룰을 만들어 줬고 일본은 그에 잘 따른다는 말을 듣는 우등생이었습니다. 하지만 외교의 승부는 '룰 만들기'에 참여하는 데 있습니다. 이것은 안전 보장 분야에만 국한되지 않습니다. 노르딕 복합에서 일본인 선수가 스키점프에서 앞서고 크로스컨트리에서도 따라잡히지 않아 우승하려는 순간, 갑자기 스키점프 점수의 비중을 낮춰버린다면 어떨까요. 이것은 노골적인 일본 누르기가 되겠죠. 그런 의미에서 국제 사회의 모든 분야에서 규칙 제정에 참여하지 않으면 안 되는 것입니다. 또 비전을 제시하는 것도 중요합니다. 그것이 2016년 제창한 '자유롭고 열린 인도 태평양' 구상입니다. 법의 지배에 근거한 자유롭고 열린 해양 질서의 실현을 위해 인도 태평양 지역 국가들이 서로 협력하자는 목표가 있습니다. 이것도 그냥 구상만 하면 안 돼요. 안보 관련 법이 2015년 통과돼 평화 정착을 위한 국제 협력에 그 어느 때보다 기여할 수 있는 여건을 조성했기 때문에 설득력을 가질 수 있는 것입니다. '일본도 역할을 해 나갈 것이다'라고 호소할 수 있게 됐습니다. 규칙 제정의 참가와 비전 제시는 1차 내각에서 내건 '전후 체제로부터의 탈피' 그 자체인 것이죠. 2차 내각에서 겨우 이룰 수 있었습니다.

국가안보국에는 경제정책을 담당하는 부서를 두어 차세대 통신 규격인 5G와 공급망 문제에 전략적으로 대응할 수 있도록 했습니다. 2020년에는 정식으로 경제반도 출범했습니다. 일본은 진작에 경제외교 사령탑을 만들어야 했습니다. 전쟁 전 일본은 석유 수입이 전면 금지되었기 때문에 전쟁을 단행했어요. 경제나 자원 외교를 좀 더 중요하게 봐야 합니다.

— **외교 브레인인 야치 쇼타로 전 외무성 부상을 국가안보국 초대 국장으로 기용했습니다. 야치 씨의 기용은 처음부터 정해져 있었나요?**

외무성, 방위성, 경찰청의 파벌주의를 갖고 있는 사람은 안 됩니다. 스케일의 크기로 생각하면 야치 씨 외에 다른 적임자는 없었습니다.

예를 들어 총리의 외교 고문이 해외를 방문하려고 하면 외무성은 방해를 합니다. 외교는 자신들의 영역이라고 여기는 거죠. 안보와 관련된 해외 요인을 만나려고 하면 방위성이 화를 냅니다. 야치 씨에게는 제 이름을 걸고 각국에 나가 달라고 했습니다. 국가안보국장은 국가 정책에 큰 영향력을 행사할 수 있기 때문에 외교 고문 같은 자리와는 달라요. 상대국의 대응에 있어서도 천양지차로 달라졌다고 생각해요.

TPP를 둘러싼 오바마 대통령과의 갈등

— **4월 23일 버락 오바마 미국 대통령이 일본을 방문했습니다. 미·일 정상회담에서 오바마 당선인은 환태평양경제동반자협정(TPP)협상에 대해 아베 씨에게 양보를 압박한 것으로 알려졌습니다. 실제로 어땠나요?**

4월 23일 만찬은 긴자(銀座)의 '스키야바시 지로(すきやばし次郎)'에서 열렸습니다. 가게 입구에서 잡담도 하지 않고 곧바로 본론으로 들어갔는데, 오바마가 "아베 내각 지지율은 60%, 내 지지율은 45%다. 당신의 정치적 기반이 더 강하니 TPP에서 양보해 달라"고 하더군요. 이후에도 오바마는 "내가 이 가게에 올 때까지 미국 차를 한 대도 보지 못했다. 이것을 어떻게든 해주지 않으면 곤란하다"라고 말하는 것입니다. 미국차를 수입하라는 거죠. 저는 "아니, 미국차에 관세 같은 건 안 붙였어요"라고 반박했지만 오바마는 "비관세 장벽이 있으니 미국차가 달리지 않게 된 거겠죠"라고 다그치는 겁니다.

그래서 저는 "그럼 잠깐 가게에서 나와 밖을 둘러볼까요? BMW, 벤츠, 아우디, 폭스바겐… 외제차가 얼마든지 달리고 있어요. 그런데 확실히 미국차는 없습니다. 왜냐하면 차를 보면 금방 알 수 있어요. 핸들 위치가 달라요. 미국차는 운전석을 오른쪽으로 바꾸지 않고, 왼쪽에 둔 채[02] 그대로 팔려고 합니다. 독일차는 TV 광고도 많이 하는데, 미국차는 하지 않아요. 도쿄 모터쇼에도 미국차는 참가하지 않습니다"라고 설명했습니다. 그리고 나서 "그런 노력을 해주지 않는데 팔릴 리가 없잖아요"라고 역으로 다그쳤습니다. 그러자 오바마 대통령은 입을 다물어 버리더군요.

사실 도쿄모터쇼에 미국 메이커가 참가하지 않았다는 이야기는 아마리 아키라 씨에게서 사전에 들은 것입니다. 자동차 이슈가 나올 줄 알고 반격 준비를 해놓은 것이죠.

— 미·일 정상회담 후 공동기자회견에서는 오바마 대통령이 역대 미국 대통령으로는 처음으로 센카쿠 열도가 미국의 대일 방위 의무를 규정한 미·일 안전보장조약 5조의 적용 대상이라고 밝혔습니다.

이것은 상당히 큰 의미가 있었습니다. 미국 안보팀에서 일본은 집단적 자위권[03]의 헌법 해석 변경을 착실하게 진행하려 한다고 판단했고, '그렇다면…'이라는 식으로 일본의 요구에 응해 준 것입니다. 오바마 대통령도 동의하고 이를 언급해줬습니다. 그런 의미에서

---

02) 역: 일본은 자동차가 좌측통행으로 미국이나 한국과 반대다.

03) 자국이 아닌 타국이 공격을 받았더라도, 이를 자국에 대한 공격으로 간주해 이에 대응하는 무력행사를 할 수 있는 권리. 2021년 아소 다로 부총리가 '중국이 대만을 침공하면 집단자위권을 발동할 수 있다'고 발언해 주목을 받았다.

도 일본과 미국은 신뢰 관계를 되찾고 있었다고 생각합니다.

― **외국 인사들과 식사할 때 식당을 고르는 기준이 있나요?**

오바마 대통령과 회담한 '스키야바시 지로'는 외무성이 추천한 곳이었습니다. 미국의 셀럽들은 1박 2일로 개인 제트기를 타고 이곳까지 초밥을 먹으러 온다고 합니다. 그런 세계가 있더군요. 당초 예정에는 수잔 라이스 백악관 국가안보보좌관이 만찬 멤버에 포함되지 않았지만, 장소가 '스키야바시 지로'라는 것을 알고 급히 넣어달라고 했을 정도니까요.

식당 선택에는 여러 가지 패턴이 있습니다. 2017년 당시 국제통화기금(IMF)총재였던 크리스틴 라가르드가 일본을 방문했을 때는 제가 자주 가는 시부야(渋谷) 신센초(神泉町)의 초밥집에 데려갔습니다. 그녀도 초밥을 좋아한다고 해서요. 트럼프 대통령이 2017년 일본에 왔을 때는 그가 고기를 좋아하고 화려한 곳을 선호하니까 철판구이를 선택했어요. 제가 고른 긴자의 '우카이테이(うかい亭)'로 데려갔습니다. 가게를 제가 직접 선택한다는 것이 상대방에게도 알려지면 이야기도 순조롭게 진행됩니다.

헌법 해석을 변경해 집단적 자위권 행사 허용

― **집단적 자위권의 한정 행사에 대해 묻겠습니다. 1차 내각에서 설치한 전문가 회의 '안전보장의 법적 기반 재구축에 관한 간담'(이**

하 안보법제간)을 2013년 2월 같은 멤버로 재개하고, 2013년 8월에는 내각 법제국 장관을 교체했습니다. 자민·공명 양당의 협의를 거쳐, 2014년 7월 헌법 해석의 변경을 각의 결정했습니다. 많은 제약을 넘기 위해 어떤 전략을 그리고 있었나요?

먼저 자민당 내부를 정리하는 것이죠. 집단적 자위권 행사는 2012년 중의원 선거 공약에 명기는 했지만 실제로는 당내에 여러 의견이 있었습니다. 일본의 존립이나 국민의 안전에 관계없이 지구 반대편에서도 동맹국을 지키기 위해서라면 행사해야 한다는 주장부터 논의를 신중하게 진행하는 것이 좋다는 의견까지 다양했습니다. 그러니까 당내를 교통정리해야 했어요. 그리고 법제국과 손발을 맞춰 정부가 그동안 보여온 다양한 견해와 모순되지 않도록 정합성을 취해야 합니다. 과거 질문 주의서[04]에 대한 답변서가 여러 개 있으니까요. 또한 공명당의 이해를 얻고나면 그 후 마지막으로 국회 심의를 통과하는 것이 필요했습니다.

자민당 내에서는 변호사이기도 한 고무라 마사히코 부총재에게 정리해 달라고 했습니다. 고무라 씨는 2014년 3월 말에 당사에서 150명의 중·참의원 앞에서 강연했는데, 이 강연이 헌법 해석 변경의, 소위 텍스트북이 된 것입니다.

헌법의 파수꾼으로 불리는 대법원이 헌법과 자위권의 관계에 대해 유일하게 언급한 것은 1959년 스나가와(砂川)사건[05] 판결입니다.

---

04) 역: 국회의원이 내각에 대해 질문하는 문서
05) 역: 1957년 7월 8일 도쿄 스나가와초(砂川町)에 있던 미군 비행장 확장 반대운동 중에 정부의 강제 측량에 반대하는 농민 시위대 7명이 출입금지 경계책을 부수고 기

고무라 부총재는 이 판결을 인용해 냈습니다. 당시 판결은 "자위를 위해 필요한 조치를 취할 수 있는 것은 국가 고유의 권능 행사로서 당연하다"고 지적하고 있었어요. 개별적으로나 집단적으로 구분하지 않고요. 한편 국제법 학자였던 다나카 코타로(田中耕太郎) 대법원장은 보충의견에서 "자위(自衛)는 곧 '타위(他衛)', 타위는 곧 자위라는 관계가 있다"고 했습니다. 즉, 집단적 자위권을 염두에 두고 있었던 것이 분명합니다. 다시 말해 고무라 씨는 집단적 자위권도 일본의 존립을 다하기 위한 조치라면 헌법상 인정된다는 설명을 한 것이죠.

— 고무라 씨는 "헌법론 때문에 국민의 안전이 침해받는 것은 주권자인 국민을 지키기 위해 헌법을 제정한다는 입헌주의 근간에 대한 배신이다"라고 주장했습니다.

이해하기 쉬워요. 완벽하죠. 고무라 씨와 논쟁해서 이길 수 있는 사람은 없을 거예요. 나와 고무라 씨가 같은 이야기를 해도 나는 뭇매를 맞지만 고무라 씨의 이야기는 담담하게 받아들여집니다. 고무라 씨의 매력은 중립적 입장으로 보인다는 점입니다.

— 자민 · 공명 법안 협의에서 공명당의 반응은 어땠나요?

야마구치 나쓰오 공명당 대표는 재난이 닥쳐 오고 있다는 느낌이었겠죠. 나는 야마구치 대표에게 "저는 집단적 자위권 행사를 주장해 당 총재가 됐습니다. 중의원 선거에서도 공약으로 내세울 겁니

지 안으로 들어갔다가 체포되어 기소된 사건

다. 제 결의는 흔들리지 않습니다"라고 전했습니다. 그러면 공명당에서도 이를 전제로 다음을 생각할 수밖에 없게 됩니다.

— 공명당의 지지 모체인 창가학회는 헌법 해석 변경에 반대했습니다.

그렇기 때문에 야마구치 대표 입장에서는 내가 억지로 밀어붙이니 '어쩔 수 없이 협력하는 형태로 보여졌으면…' 했던 것이 아닐까요. 또한 공명당에서는 기타가와 카즈오(北側一雄) 전 간사장의 존재가 컸습니다. 양당의 협의를 담당해 준 고무라 씨, 기타가와 씨는 서로 밀고 당기는 절묘한 콤비였지요.

— 안보법제간은 2014년 5월 보고서에서 집단적 자위권을 전면 인정하는 방법과 필요시 최소한에 한해 행사하는 방법, 두 개의 방안을 제시했습니다.

풀 스펙으로 인정하는 건 무리였어요. 헌법을 개정하지 않는 한 한정적인 행사까지만 용인할 수 있다는 생각입니다. 풀 스펙으로 인정해야 한다는 사람들은 자위권의 근거로 9조의 '아시다(芦田) 수정론'을 들고 나왔습니다. 1946년 헌법개정초안을 심의하는 일본정부 헌법개정소위원회에서 아시다 히토시(芦田均) 위원장이 9조 2항 첫머리에 '전항의 목적을 달성하기 위하여'라는 문구를 추가했습니다. 이 수정이 가해지면서 1항이 금지한 '국권 발동에 따른 전쟁이나 무력 행사'가 목적이 아니라면 자위를 위한 전력(戰力)은 보유할 수 있다는 해석인 것이죠.

이시바 시게루 간사장 외에 안보법제간의 회원 중에도 그런 의견이 있었지만, 그간 정부는 자위대를 합헌으로 하는 근거로써 아시다 수정론을 채택하지 않았습니다. 워낙 불분명한 점이 많아 근거로 쓰기엔 약하다는 판단 때문입니다. 그러니까 헌법 전문의 평화적 생존권과 13조 행복추구권을 근거로 해 온 거죠. 그 결과 정부는 '①전력(戰力)은 보유할 수 없지만 헌법 전문과 13조를 근거로 자위권 행사는 허용된다. ②하지만 필요시 최소한으로 제한한다. ③집단적 자위권 행사는 필요시 최소한이라는 조건을 초과하기 때문에 인정되지 않는다'라는 해석을 반복해 온 것입니다.

한정적인 집단적 자위권의 용인이라면 3번만 수정하면 되지만, 아시다 수정론을 꺼내면 오랜 세월 쌓아 온 해석을 모두 부정하는 꼴이 됩니다. 아무리 그래도 과거 정부의 답변이나 해석 전체를 없었던 것처럼 할 수는 없어요.

— 집단적 자위권 행사 용인을 위해 '우리나라의 존립을 지키고 국민을 지키기 위해 다른 마땅한 수단이 없을 것' 등 자위권 행사의 신3요건을 정했습니다. 설명이 복잡해 국민들이 이해하기 어렵지 않았을까요?

자위권 해석은 전후 70년 동안 미로에 빠져 있었습니다. 그 미로에서 나오기 위해 내각법제국이 새로운 미로를 만든 셈입니다.

— 오바마 대통령이 미국은 세계의 경찰이 아니라고 말한 것이 2013년입니다. 안전보장 관련 법은 미국의 국력 저하를 의식한 것인가요?

중국의 군사적 대두와 같은 현재의 안보 환경을 보면서 '이제 미국만으로는 지탱할 수 없는 것이 아닐까' 하고 느끼고 있었습니다. 일본 영토를 지키기 위해 미군이 공격을 받았을 때 이쪽이 미군을 돕지 않으면 그 순간 미·일 동맹은 끝납니다. 그래서 안전보장 관련 법이 필요했던 거죠. 관련법 가운데 자위대법이 개정되면서 자위대는 자위대 장비뿐 아니라 외국군 함선과 항공기도 방어·보호할 수 있게 되었습니다. 실제로 난세이 제도[06] 등을 날고 있는 미군기에 자위대 전투기가 방호 임무를 맡고 있습니다. 이 '무기 등 방호'의 규정은 사실상 미국을 지키는 것으로 이어집니다. 지금 집단적 자위권을 행사하고 있는 것은 아니지만 부수적으로는 이루어지고 있다고도 할 수 있습니다.

— 2014년 7월 1일 임시 국무회의에서 집단적 자위권 한정 용인에 관한 새로운 정부 견해를 확정했습니다. 헌법 해석을 변경했으니 이제 헌법을 개정할 필요는 없어졌다는 시각도 있습니다. 그런 주장이 나오는 것에 대한 우려는 없었나요?

보수 논객 중에도 이미 집단적 자위권 행사를 용인했기 때문에 충분하다는 사람이 있습니다. 하지만 연간 5조엔이 넘는 예산을 투

---

06) 일본 규슈(九州)와 타이완 사이 1200km에 걸쳐 있는 제도

입하고 있는 실력 있는 조직을 헌법에 명기하지 않는다는 것은 이상한 일이죠. 자위대원들은 임무를 위해 위험을 무릅쓰고, 책무를 완수해 국민의 위탁에 보답하겠다는 복무 선서를 하고 있습니다. 헌법상의 정통성을 명확히 하고 자부심을 주지 않는 것은 잘못된 것입니다. 9조에 자위대를 명기해 위헌 논쟁에 완벽하게 종지부를 찍고 싶었습니다.

'관저일강'의 상징? 내각 인사국 발족

— 2014년 정기국회에서 내각법을 개정해 5월 국가공무원 간부 인사를 일원적으로 관리하는 내각인사국을 설치했습니다. 이것은 장기 집권의 기초가 되었습니다. 정치 주도[07]에 대한 생각이 강했나요?

정치 주도란 무엇일까요. 근본은 선거에서 정책을 공약하고, 국민으로부터 다수의 지지를 받아 집권한 뒤 약속한 것을 실행해 나가는 것입니다. 선거에서 이기기 위해서는 공약을 실현하는 것이 중요합니다. 내각이 정책을 실행하려고 하는데, 관료들이 자기 조직에 이익이 되지 않는다고 방해하는 것은 허용되지 않습니다.

민주당도 정치 주도를 목표로 했지만 그들은 그 의미를 제대로 알지 못했어요. 정책의 세부사항까지 일일이 정치인들이 참견하는

---

07) 역: 정책, 예산, 인사 방침 등의 결정하는데 있어 관료가 아니라 정치가들이 주도권을 갖는 것. 여기서는 아베 총리와 내각 관방이 주도권을 갖는 것을 가리킨다.

것이 정치 주도라고 착각한 거죠.

예를 들어 외교에서는 정치인이 다각도로 전략을 생각하고 최종 결정을 내리게 되지만, 한편으로는 프로 외교관들도 있어요. 그들의 지혜를 빌려 전략을 짜고, 그런 다음에 정치인이 결정하면 그것을 따라줘야 합니다. 그러기 위해서는 인사권을 갖고 있는지의 여부가 관건이 되는 거죠. 물론 인사권을 자주 행사해서는 안 되겠죠. 하지만 만일의 경우에는 행사할 수 있는 시스템을 갖춰야 합니다.

— **내각인사국 때문에 관료들이 관저 수뇌부만 바라보는 문화가 만들어졌다는 비판이 일었는데 어떻게 받아들였나요?**

내각인사국이 생기면서 관료들이 두려워한다거나 위축되고 있다는 지적이 있습니다만, 선거를 거친 우리 의원들이 결정한 방침에 따라주는 것은 당연해요. 우리가 공약을 제대로 실현했는지 여부를 선거를 통해 심판받기 때문에 유권자들이 "자민당, 뭐 하는 거냐"라는 분위기가 되면 정권이 교체됩니다.

관료들 중에는 '이 정치인은 앞으로 3년만 있으면 끝이니까' 라는 생각으로 말을 듣지 않는 경우도 있습니다. '공무원은 불가침의 존재다.' 이런 생각은 큰 착각입니다. 그래서 내각인사국이 있어야 정치 주도가 실현되는 것입니다.

— **아베 씨가 개입해 부처 인사안을 바꾼 적이 있나요.**

관료 인사에 하나하나 참견하진 않았어요. 다만 외무성은 정상

외교의 실무 담당자이기 때문에 우리쪽 방침과 다른 인사에 대해서는 말한 적이 있습니다. 초대 내각 인사국장인 가토 가쓰노부(加藤勝信) 관방 부장관과 2대 국장인 하기우다 고이치(萩生田光一) 관방 부장관은 둘 다 매우 신중한 스타일이기 때문에 가스미가세키에서 올라온 대로 대부분 결정했다고 생각합니다. 스기타 가즈히로 관방 부장관이 국장으로 취임한 뒤에는 인사권 행사 기회가 늘었을지도 모릅니다. 스기타 국장은 '인사를 통해 관저의 의도를 가스미가세키에 보여줘야 한다'는 확고한 생각을 갖고 있었거든요.

북·일 협상과 기대 밖의 스톡홀름 합의

— 2014년 5월 스웨덴 스톡홀름에서 북·일 정부간 협의가 열렸습니다. 북한은 납치문제가 해결됐다는 기존 자세를 바꿔 모든 납북자들에 대한 조사를 포괄적이고 전면적으로 하기로 합의했습니다. 앞서 3월에는 몽골에서 요코타 메구미의 부모 요코타 시게루·사키에 부부와 손녀 김혜경 씨 가족의 면담이 성사되면서 모두 납치 문제의 진전을 기대하는 분위기였습니다. 그러나 이후 진전은 없었고, 2016년 북한이 핵실험과 탄도미사일을 발사하고 일본이 독자 제재를 부활시키면서 다시 관계가 악화됐습니다. 스톡홀름 합의 당시 북한의 태도는 속임수였던 것이죠?

외무성이 이하라 준이치(伊原純一) 아시아대양주국장을 중심으로 어렵게 협상 루트를 만들었고, 그 결과 스톡홀름 합의에 도달한 것입니다. 북한 측도 북·일 협상을 오래 담당했던 멤버 1명이 과감한 발언들을 앞세워서 우리도 기대했지만 안타깝게도 5명 생존, 8명 사망이라는 2002년 고이즈미 총리 방북 때의 수준을 넘어서지는 못했습니다. 처음부터 일본의 요구를 피할 수 있다고 생각했던 것인지, 아니면 도중에 방침이 바뀐 것인지 모르겠습니다. 아마도 그쪽은 납치 가능성이 의심되는 특정 실종자 조사로 끝내려고 한 것이 아니었을까 하는 생각입니다. 그런데 우리 쪽에서 사망했다고 하는 납북자 8명에 대한 전원 조사를 고집한 것이 북한 측의 계산과 어긋났을 가능성은 있습니다.

납치 문제는 김정일 국방위원장 시절의 사건으로, 아들 김정은 국무위원장과는 무관합니다. 그렇기 때문에 김정은이라면 북한 측이 과거에 내놨던 보고를 정직하게 바꿔줄 수도 있지 않을까 기대했던 것입니다.

— 결국은 미국으로부터 강한 압박을 받아야 북한이 움직이지 않나요.

그게 큰 요소지요. 2002년 조지 W. 부시 미국 대통령이 이라크·이란·북한 등 3국을 '악의 축'으로 규정하고 가장 위협적인 국가로 비난했어요. 그래서 북한은 부시 대통령에게 겁을 먹었습니다. 실제로 이라크는 공격도 받았기 때문에 북한은 일본에 매달리려고 했습니다. 고이즈미 정권 당시 북·일 협상에서는 우리 외무성 관료가 화가 나서 자리에서 일어나려 하자 북한 측 담당자가 눈물을 흘리기도 했습니다.

제가 관방 부장관이었을 때의 일인데, 2002년 고이즈미 방북 때 김정일도 그랬습니다. 고이즈미 씨와의 정상회담에서 호기롭게 "언제든 미국과 전쟁을 해도 상관없다"고 말했어요. 실제로는 반대로 전쟁만은 어떻게든 멈춰 달라는 절실한 느낌이 전해져 왔습니다. 고이즈미 총리는 "그런 말은 하지 않는 게 좋다. 과거 일본도 미국과 싸워서 힘들었다"고 진솔하게 응대했습니다. 내가 옆에서 "경우에 따라서는 부시 대통령과 만나는 게 어떻겠냐"고 하자 김정일은 갑자기 몸을 앞으로 쑥 내밀어왔습니다.

김정일은 납치를 시인한 2002년 9월 17일 오후 회담에서 문건을 읽으면서 고이즈미 총리를 힐끗힐끗 쳐다보더군요. 어떤 반응을 할지 궁금했던 거죠. 어쨌든 미국이 무서웠거든요. 그래서 일본에 가까워진 것입니다. 그렇게 보면 미국이 위협이 되지 않으면 납북 문제도 진전되지 않는다고 할 수 있습니다.

— **오바마 행정부가 대북정책에서 내세운 '전략적 인내'에 대해서는 어떻게 평가하나요?**

전략적 인내라는 것은 생각해 볼 수 있는 단어 같기는 한데, 실제로는 뒤로 미룬 거예요. 관심이 없었던 거죠.

— **외무성에는 납치문제 해결보다 북·일 국교정상화를 우선시해야 한다는 관료들도 많았던 것 같습니다.**

굉장히 위험한 생각이에요. 고이즈미 총리 방북은 다나카 히토시 외무성 아시아대양주국장이 북한의 '미스터 X'로 불리는 인물과 비밀리에 협상하면서 성사됐습니다. 다만 그 협상 기록 중 일부는 남아 있지 않아 어떤 거래가 오갔는지는 분명치 않아요. 납북자 5명의 귀국이 성사된 직후 이들의 북송 여부에 대해 외무성은 어쨌든 일단 북한으로 돌려보내야 한다고 말했습니다. 틀림없이 북한 측과 어떤 약속을 했기 때문이라고 생각합니다. 고이즈미 총리 방북 일정이 끝나고 평양에서 귀국하는 전용기 안에서는 대북 지원 내용을 어떻게 할 것인지 논의가 시작됐습니다. 저는 "요코다 메구미 씨를 포함해 8명이나 사망했다는 이야기가 나오는데 원조 같은 것을 할 수 있냐"고 강력히 반대했습니다. 결국 원조는 시기상조로 정리됐지만 외무성에 맡겼다면 어떻게 되었을지 모릅니다.

러시아 제재를 둘러싼 불협화음, G7

— 6월 벨기에 브뤼셀에서 선진 7개국(G7) 정상회의가 열렸습니다. 2014년 초 우크라이나 혁명으로 친러 정권이 실각한 혼란을 틈타 러시아가 우크라이나 영토인 크림 반도에 군사 개입했습니다. 이에 반발한 서방 주요국들은 러시아 소치에서 열릴 예정이던 정상회의 장소를 바꿔 브뤼셀에서 열고 러시아를 배제한 채 개최한 바 있습니다. 이 정상회의에서는 러시아에 어떻게 대처할지를 놓고 미국과 유럽이 갈등을 빚은 것으로 알려져 있습니다.

G7은 원래 기본적 가치를 공유하는 틀이었지만 러시아를 넣어

오랜 세월 주요 8개국(G8) 정상으로 만나왔습니다. 용납할 수 없는 일이 발생했다고 당사자를 쫓아낸다면 문제를 해결할 수 있을 리가 없지요.

브뤼셀 정상회의에서는 러시아에 대해 엄격했던 미국의 오바마 대통령이 대러시아 제재를 몇 가지 검토한 뒤 제재 목록 자료를 직접 나눠줬습니다. 보통 사전에 셰르파[08]가 조율하는데 갑자기 미국 대통령이 직접 제재안을 냈기 때문에 모두 놀랐습니다. 반면 유럽 국가들은 러시아와 경제로 연결된 측면이 있기 때문에 제재에는 신중했습니다. 프랑스는 양륙함[09]을 러시아에 수출할 예정이었고, 독일도 러시아로부터 석유와 천연가스를 공급받아온 역사가 있습니다.

메르켈 독일 총리가 나에게 "일본은 러시아 제재에 대해 어떻게 할 것이냐?"라고 물어보기에 나는 "러시아와는 영토 협상을 하고 있기 때문에 제재는 무리다. 하지만 무력에 의한 현상 변경에 대해 비판하는 형태로 문서를 정리하면 되지 않겠냐"고 했어요. 그랬더니 그러면 그 방향으로 하자고 이야기가 정리된 것입니다.

프랑수아 올랑드 프랑스 대통령 등이 오바마 대통령의 제안에 신중한 입장을 밝히고 난 뒤, 메르켈 총리가 나에게 발언을 재촉해서 나는 "G7이 결렬되면 끝이다. 차이점은 논의하지 말자. 일단 러시아를 비난하는 성명을 내고 제재 논의는 앞으로 각국 실무 차원에

---

08) 국제협력대사·각국 정상을 보좌해 의제 관련 의견 수렴이나 선언문 문안 교섭 등 준비 활동을 수행
09) 상륙작전에서 해안에 병사나 무기 등의 신속한 상륙을 목적으로 하는 함정

맡기면 되지 않겠냐"고 말했습니다.

— **결국 제재는 미뤄지고 우크라이나의 주권과 영토의 지속적인 침해를 일치단결해 비난한다는 정상선언을 채택했습니다.**

다들 안도했습니다. 내 옆에 앉아 있던 마테오 렌치 이탈리아 총리는 저에게 하이파이브를 요청하길래, 나는 '이거, 오바마 대통령에게 실례이지 않을까' 하고 생각하면서 손을 맞췄어요. 하지만 오바마 대통령도 그 후 나를 포옹했습니다. 이 정도가 타협점이라고 생각했을 것입니다. 메르켈 총리가 오바마 대통령에게 "제재안은 이제 회수하는 게 낫지 않겠냐"고 하자 오바마 대통령이 서둘러 정상 자리를 돌며 제재안을 회수했던 것이 기억납니다.

— **오바마 대통령과 유럽 정상들은 치열하게 주고받았나요?**

오바마 대통령과 올랑드 대통령은 제각기 주장이 강했어요. 일본을 제외한 각국은 G7 정상회의 이후 파리로 이동해 노르망디 상륙작전 70주년 기념식에 참석할 예정이었습니다. 제2차 세계대전에서 연합군이 나치 독일의 지배를 받던 프랑스 노르망디 해안에 상륙한 것을 기념하는 행사에요.

그런데 러시아 문제로 논란이 일자 오바마 대통령은 올랑드 대통령에게 "당신은 기념식에 푸틴 대통령이나 차기 우크라이나 대통령인 페트로 포로셴코를 부른다면서요? 엘리자베스 여왕 앞에서 푸틴과 포로셴코를 만나게 할 건가요. 마치 브로커 같군요"라면서 "내가 거기에 가면 신문에서 뭐라고 쓰겠어요. 갈지 말지 아직 고민하고 있습니다"라고 불만을 토로했어요. 올랑드 대통령도 만만치 않아서 오바마 대통령과는 파리의 별도 장소에서 만찬을 갖고 푸틴 대통령과는 대통령 관저인 엘리제궁에서 만나기로 약속을 하더군요. 오바마 대통령은 프랑스가 미국과 러시아 중 어느 쪽을 향하고 있는지에 대해 불쾌했을 것입니다. 올랑드 대통령은 딱 한마디만 했죠. "파리에 올지 안 올지는 당신이 결정할 문제"라고요. 회의장이 얼어붙었어요. 정말 난감한 상황이라고 생각한 나는 "이제 이 얘기는 그만해주세요. 애초에 일본은 노르망디 상륙과 관계없기 때문에 저는 초대도 받지 못했거든요. 계속 노르망디 얘기만 하는 건 자제해 주십시오"라고 말했어요. 상황을 수습하려 했던 거죠. 그러자 메르켈 총리가 "일본 입장에서는 그렇겠네요"라고 맞장구를 쳐준 덕분에 겨우 수습됐습니다.

— 2014년 이후 러시아는 주요국 정상회의에 불참하고 있습니다. 한편 2017년 취임한 트럼프 대통령은 러시아의 참여에 긍정적인 입장을 나타냈습니다. 러시아의 정상회담 참가 여부를 어떻게 생각했습니까?

냉전시대라면 소련은 적이기 때문에 서방은 결속하기 쉬웠습니다. 하지만 현재 상황은 다릅니다. 자원 문제를 해결하는 데 있어서도 푸틴 대통령을 제외하기는 어려울 것입니다. 군사력 행사에 있어서도 어찌보면 러시아는 상당히 지저분한 일을 맡아주고 있습니다. 시리아에서 이슬람 과격단체 이슬람국가(ISIL)의 거점을 공습한 것도 러시아였죠. 전 세계가 시리아 원유를 사들였고 ISIL은 그것을 자금원으로 삼고 있었습니다. 그 ISIL을 일소하려고 한 것입니다. 그런 역할도 국제사회에서는 중요합니다. 다만 트럼프 대통령이 주장했던 것처럼 아무 조건도 달지 않고 러시아가 정상회의 틀로 돌아오게 하는 것은 아무도 납득하지 않겠죠.

증세 연기를 내건 중의원의 기습적 해산

— 개각을 9월 3일에 했습니다. 개각은 대체로 1년 간격으로 이루어졌는데, 이때는 1년 8개월 만이었습니다.

개각은 정권의 체력을 소모합니다. 각료가 되어 기뻐하는 사람은 십여 명 뿐입니다. 당선 횟수를 늘려가는데도 뽑히지 못한 사람이 100명 안팎에 달해요. 그러니 '나는 뽑히지 않고, 왜 저런 놈이 각료가 되는 거지?'라는 불만이 터져 나오게 되죠. 내각 밖으로 떠나는 사람도 어깨를 숙이게 됩니다. 처음 1년 8개월 동안 내각을 교체하지 않은 것은 정답이었다고 생각합니다. 각료 문제는 전혀 일어나지 않았고 정권에는 안정감이 생겼습니다.

— 개각에서 여성 활약을 내세워 여성을 5명 기용했지만 불과 한 달 반 만에 오부치 유코(小渕優子) 경제산업상, 마츠시마 미도리(松島みどり) 법무상이 나란히 사임했습니다.

마츠시마 씨는 자신의 일러스트가 들어간 부채를 현지에서 나눠 줬는데, 이것이 공직선거법 위반 혐의가 있다고 국회에서 추궁당했습니다. 하지만 이것이 기부에 해당된다는 것은 무리한 적용이라고 생각합니다. 오부치 씨의 경우는 정치단체의 정치자금 조사에 시간이 걸린다고 해서 어쩔 수 없었습니다.

— 자민당 임원 인사에서는 이시바 간사장 후임을 다니가키 사다카즈 법무상으로 충원했습니다. 스가 요시히데 관방장관이 간사장 교체를 강하게 압박했던 것으로 알려져 있습니다. 이시바 씨가 간사장 자리를 이용해 차기 총재 선거를 유리하게 치르려 했기 때문이라는 이야기도 있습니다.

자민당의 간사장은 당의 자금 배분을 도맡고 있습니다. 당의 약진을 위해 돈을 쓴다면 좋겠지만 만일 자신의 계파를 키우거나 자신의 총재 선거 준비를 위해 돈을 쓴다면 그것은 간과할 수 없습니다. 당내로 눈을 번뜩이던 스가 장관은 "이시바 씨의 간사장 연임은 정권의 불안정 요인이 된다"고 주장했어요. 하지만 당시에도 이시바 씨의 인기가 높았어요. 게다가 스스로 연임을 희망한다고 밝힌 이상 교체하려면 나름의 명분이 필요했습니다. 그래서 앞으로 안전보장 관련 법 등 어려운 과제가 기다리고 있는만큼 보다 안정감을 우선시하고 싶으니 다니가키 씨가 대신해서 맡아달라고 했습니다.

2012년 총재 선거에서 승리해 연설했을 때 다니가키 씨의 공로를 기렸는데 당내에서 엄청난 박수가 터졌습니다. 앞서도 말했지만

(제3장), 연설 중 가장 큰 박수가 나온 것은 다니가키 씨에 대한 부분이었습니다. 그때 이 사람은 밀어줘야겠다고 생각했어요. 이시바 씨도 다니가키 씨가 후임이라는 것을 알고 "불만은 전혀 없다"고 말했습니다. 이시바 씨에게는 안전보장 관련법에 대한 어려운 답변을 앞두고 있으니 "방위상이 어떨까요"라고 물었더니 본인은 지방창생상을 희망한다고 해서 의향대로 취임한 것입니다.[10]

— 요미우리신문 여론조사에서는 개각 전 51%였던 내각 지지율이 개각 후 64%로 뛰어올랐습니다.

여성 5명과 다니가키 씨 덕분이에요. 다니가키 씨에게는 큰 도움을 받았습니다. 사회보장 및 세제 일체 개혁을 추진한 장본인이지만, 이 해 가을 증세를 연기하고 중의원을 해산한다는 제 생각에 동의해 주었습니다. 제가 중의원 해산과 소비세 증세 연기를 생각하고 있다는 얘기를 하자, 다니가키 씨는 "총리의 생각이라면 그걸로 됐습니다. 안심하십시오. 선거 준비가 돼 있습니다"라고 말해줬습니다.

— 2014년 11월 18일 기자회견을 갖고 2015년 10월 예정된 소비세율 10% 인상을 1년 반 연기한다는 것과 중의원 해산을 세트로 묶어 발표했습니다. 국민 경제에 중요한 결단을 내리기로 한 이상 신뢰를

---

10) 역: 이시바 시게루는 일본 정치인 중 국방에 정통한 것으로 평가받는 인물로 2007~2008년 방위상을 역임한 적이 있다.

물어야 한다며 11월 21일 해산했지만 증세 연기와 중의원 해산을 동시에 발표한 것은 어떤 의미에서는 교활한 수법이라고도 할 수 있을 텐데요.

증세를 연기하기 위해 어떻게 해야 할지 고민했습니다. 디플레이션을 아직 벗어나지 못했는데 소비세를 올리면 경기가 단숨에 얼어붙습니다. 그래서 어떻게든 증세를 피하고 싶었습니다. 그러나 예산 편성을 담당하는 재무성의 힘은 강력합니다. 그들은 자신들의 뜻에 따르지 않는 정권을 아무렇지 않게 쓰러뜨리니까요. 재무성은 국회의원의 탈세 등을 강제 조사할 수 있는 국세청이라는 조직도 갖고 있죠. 게다가 자민당 내에도 노다 다케시(野田毅) 세제조사회장을 중심으로 한 재정 재건파가 일정 규모 있었습니다. 노다 씨는 강연에서 "예정대로 (증세를) 단호하게 하지 않으면 안 된다"라고 말했습니다.

증세론자를 침묵시키려면 중의원 해산에 나설 수밖에 없다고 생각했습니다. 이것은 기습적으로 하지 않으면 당내 반발에 부딪히기 때문에 이마이 나오야 비서관과 상의해 비밀리에 진행했습니다. 경제산업성 출신인 이마이 비서관도 재무성의 힘을 상당히 경계하고 있었습니다. 둘이서 면밀히 해산과 증세 보류 계획을 세웠습니다.

— **11월은 전반에 중국에서 아시아태평양경제협력체**(APEC) **일정, 귀국한 뒤에는 중순에 미얀마와 호주에 가는 등 외유가 많았습니다.**

APEC 일정 전에 다니가키 간사장에게는 중의원 해산 의사를 전달했습니다. 그 후 나가타초에는 해산 바람이 불어닥치면서 의원들은 모두 고향으로 돌아갔습니다. 증세론자도 포함해서요. 이렇게까지 잘될 줄은 몰랐어요.

문제는 아소 다로 씨였어요 해산에는 찬성했지만 증세 연기에는 반대하고 있었습니다. 그래서 호주에서 돌아오는 전용기 안에서 설득을 했어요. 경제 상황에 맞춰 증세를 보류하는 '경기조항(景気条項)'은 철폐하기로 약속해서 최종적으로 양해해주었습니다. 아소 씨는 거물이니까[11] 재무성을 잠재울 수 있었습니다.

― 아소 씨는 정권의 대들보였습니다.

아소 씨, 고무라 씨, 스가 씨. 이 사람들을 빼고는 장기 집권을 이룰 수 없었어요. 아소 씨와는 인간적으로 죽이 잘 맞았습니다. 서로 정치 가문에서 자랐다는 환경도 영향을 미쳤던 거겠죠. 총리 시절에는 한자를 읽을 수 없다는 등 비판을 많이 받았지만, 사실 엄청난 교양인입니다. 역사에 조예가 깊고, 읽고 있는 것도 만화뿐이 아닌데, 본인을 나쁜 사람처럼 보이려고 합니다. 저는 그게 아쉬워요. 자연스럽게 굴면 되는데. 그는 붓으로 편지를 쓰잖아요. 그런 정치인은 이제 그가 마지막이에요.

― 12월 14일 치러진 중의원 선거는 자민·공명당 합계 325석의 압승이었습니다. 이 승리로 장기 집권할 수 있다는 생각이 들었나요?

---

11) 역: 이 시기에 아소 다로는 재무상을 맡고 있었다.

그렇지도 않아요. 원래 장기 집권을 생각하면 수비로 들어가 버리기 때문에 안 되는 것입니다. 물론 누구나 집권을 오래 계속하고 싶다고 생각하지만, 솔직히 매일매일 일에 쫓기다보니 장기 집권 따위는 신경 쓸 여유가 없었습니다. 비서관이 종종 저에게 역대 내각의 집권 기간 랭킹을 가져와서, 앞으로 여기까지 하면 나카소네 총리, 또는 고이즈미 총리를 넘어선다고 말은 해줬습니다만, 그런 것보다는 당장 눈앞의 국회를 어떻게 통과하느냐가 더 중요하다고 생각했습니다.

제5장

역사 인식 ―
전후 70년 담화와 안보 관련법

2015년

전후 70년이라는 전환점에 아베 총리의 역사인식이 도마 위에 오른다. 아베 총리는 역대 내각이 사용한 '침략', '식민지배', '통렬한 반성', '사과'의 네 가지 키워드를 답습한 뒤, 미래에 "사죄를 계속하는 숙명을 짊어지게 해서는 안 된다"며 적극적 평화주의를 강조한다. 아베 총리의 강성 지지자들로부터는 "나약하다"는 낙담의 목소리도 나왔지만 한국과 중국을 비롯한 인근 아시아 국가들의 비판을 억제하고, 자유주의 세력으로부터도 일정한 평가를 받게 된다.

국회에서는 집단적 자위권 행사 용인을 골자로 한 안전보장 관련 법안이 합헌이냐, 위헌이냐 하는 끝이 보이지 않는 공방이 전개된 가운데 자민당 측 참고인들이 "위헌"이라고 지적하는 예상 밖 사태가 벌어지면서 관저를 당황하게 만들었다.

'이슬람국가' 일본인 인질극

— 이라크와 시리아에 걸쳐 활동하던 이슬람 과격단체 이슬람국가
(ISIL)에 의한 일본인 인질극이 2015년 1월 급전개돼 2014년 시리아
에서 체포된 유카와 하루나(湯川遥菜)와 고토 켄지(後藤健二) 씨가
잇따라 살해됐습니다. 정부는 요르단 수도 암만에 현지 대책본부를
설치해 구출을 시도했지만 성사되지 않았습니다.

어떻게든 구출하려고 여러 가지 협상을 거듭했습니다만, 유감스
러운 결과였습니다. 특히 요르단의 압둘라 국왕이 굉장히 힘써줬어
요. 요르단도 군 조종사가 인질로 잡혀 있었는데, 압둘라 국왕은 요
르단 국민과 마찬가지로 일본인 2명에 대해서도 상대방과 협상하겠
다고 말해줬습니다.

— 일본 적군이 일본 항공기를 납치한 1977년 다카 사건으로 당시
후쿠다 다케오(福田赳夫) 내각은 몸값을 지불했고 일본은 '테러에
약한 나라'라는 비판을 받았습니다. 이슬람국가(ISIL)도 정부에 몸값
을 요구하고 있었는데, 인명 존중과 테러에 굴복하지 않겠다는 자세
사이에서 판단이 어렵지 않았습니까?

후쿠다 다케오 내각이 몸값을 지불하는 것 외에 구출 방법이 있
었겠느냐고 묻는다면 저의 대답은 '아니오' 입니다. 일본은 특수부
대가 없고, 설령 특수부대를 갖고 있더라도 해외에 파견할 법적 근
거가 없습니다. 그래서 후쿠다 총리는 "한 인간의 목숨은 지구보다

무겁다"라고 말하지 않을 수 없었던 것이죠. 저스틴 트뤼도 캐나다 총리는 '테러에는 굴하지 않겠다'며 테러 자금이 될 몸값은 절대 지불해서는 안 된다고 거듭 주장하고 있는데요. 그렇다면 각국은 무장단체에 인질을 잡히면 어떻게 구출하고 있냐 하면요, 나름대로 여러 가지 방법으로 협상하는 것이 실상입니다. 과격파 조직과의 협상에 절대 응하지 않는 곳은 이스라엘입니다. 과격파 조직도 이스라엘 인질은 잡으려고 하지 않습니다. 왜냐하면 이스라엘 정부가 전혀 협상에 응하지 않고, 인질을 잡으면 이스라엘 측이 범행 조직을 반드시 무너뜨리기 때문입니다.

― 충분한 정보를 확보하지 못하는 등 구출 시스템에 문제를 느끼지 않았나요?

외무성 위기관리대응팀이 중심이 되어 관련국에 유카와 씨와 고토 씨 구출 협력을 요청했습니다. 다만 이들의 정보수집 능력에는 한계가 있었습니다. 국제 테러 집단에 대해서는 경찰청이 정보와 대처 노하우를 가지고 있기 때문에 현지에 그쪽 전문가를 파견했습니다. 여러 방면으로 최선을 다 했지만 성공하지 못했어요. 2013년 알제리 인질극과 이때의 교훈으로 2015년 12월 외무성과 경찰청이 연계해 CTU-J[01]를 설치했습니다. 중동 등 정세가 불안정한 지역의 정보 수집 능력을 높여 실질적인 구출 활동에 나서기로 한 것입니다. 외무성 직원에게 위험한 지역에 가서 구출해오라고 해도 될 리가 없

01) Counter-terrorism Unit Japan=국제테러정보수집부대

으니 경찰이나 자위대를 의지할 수밖에 없는 것이죠. CTU-J는 이후 시리아에서 구속됐던 야스다 준페이(安田純平) 씨의 석방에도 큰 힘을 발휘했습니다.

대테러에서는 육상 자위대에 2004년 특수작전군이 생겼습니다. 그들도 매우 우수합니다. 안전 보장 관련법에서는 자위대가 재외 일본인 등에 대한 보호 조치를 실시할 수 있게 되었습니다. 테러에 대한 대비는 점차 강화되고 있습니다.

미 의회 상하 양원 합동 회의에서의 연설

— 전후 70년이라는 전환점인 2015년은 외교에 있어서 총리의 입장과 같은해 여름에 발표될 70년 담화에 관심이 집중됐습니다. 담화를 발표하기 전인 4월에는 인도네시아 자카르타에서 열린 아시아아프리카회의 60주년 기념 정상회의에서 연설했고, 미국 연방의회에서의 상하원 합동 연설도 있었습니다. 전후 50년 무라야마 총리 담화와 전후 60년 고이즈미 준이치로 총리 담화에는 제2차 세계대전에 대한 반성과 식민지 지배와 침략에 대한 사과라는 말이 공통적으로 사용되었습니다. 이런 키워드가 연설이나 70년 담화에 담길지에 초점이 모아졌습니다.

반둥 연설에서는 1955년 반둥회의에서 채택된 '평화 10원칙' 중 '침략'이라는 단어를 인용했습니다. 연설 패턴의 하나로 과거 문구를 인용하는 포석을 펴려는 의도였습니다. 침략이나 무력행사를 통해 다른 나라의 정치적 독립을 침해하지 않는다는 원칙을 이야기함으로써 일본의 침략 문제가 아니라 세계가 이를 결의하고 있다는 식으로 언급한 것이죠. 일본어로 6분 정도였기 때문에 미래 지향적 외교나 역사 인식에 대해 깊이 파고드는 것은 무리였습니다.

— **미 의회 연설은 외조부인 기시 노부스케**(岸信介) **전 총리가 1957년 방미 때 상원과 하원에서 각각 따로 했습니다. 이케다 하야토**(池田勇人) **전 총리도 1961년 하원에서만 연설했죠. 반면 상하원 합동회의에서 일본 총리의 연설은 이번이 처음이었습니다. 미국 측에 강하게 요구했나요?**

정권 운영도 3년차에 접어들었고 전후 70년 즈음해 미 의회 연설의 가능성을 타진해 보자는 생각이 들었습니다. 한다면 상하원 의원들이 모두 참석하는 합동회의가 무게감 있고 좋을 것 같았어요. 합동회의 연설은 박근혜 한국 대통령과 메르켈 독일 총리도 했기 때문에, 주미 일본대사관을 통해 미 의회의 반응을 알아보니 긍정적이었습니다. 원래 일본의 외교 로비력은 약합니다. 일본대사관의 의회 담당자는 2년 정도면 이동해 버리기 때문에 좀처럼 미국 의원들을 파고들지 못했습니다. 상대방도 대사관 사람이라면 만나주지 않아요. 하지만 이쪽이 국회의원이라면 상대방의 대응도 달라집니다. 나중에 가중매수(加重買收) 혐의로 체포 기소돼 실형이 확정된 가와이 가쓰유키(河井克行) 총리 보좌관은 의원들을 일일이 찾아다니며 인맥을 만들었습니다. 중진이나 소장파 자민당 의원들에게도, 특히 역사 인식을 둘러싼 문제 등의 미션을 전달해 의원 외교를 전개하도록 했습니다. 한국 측의 로비는 성행하고 있거든요. 그들이 각지에서 활동한 결과 위안부를 상징하는 소녀상이 곳곳에 세워진 것입니다. 안타깝게도 이런 외교전에서는 한국이 한 수 위였습니다. 그래서 어떻게든 만회하려고 안간힘을 썼습니다.

— 미 의회 연설에서는 '희망의 동맹으로'라는 제목으로 세계 안정과 번영에 기여하겠다는 뜻을 밝혔습니다. 한편, 제2차 세계대전에 대해 '통렬한 반성'을 표시하고 역대 총리들의 인식을 계승하겠다고 강조했습니다. 45분의 영어 연설에서 무엇을 추구했나요?

동맹국으로서 일본도 의지할 만하다는 것을 보여주려는 의도였습니다. 미국에서는 나를 역사 수정주의자처럼 말하는 사람도 있었기 때문에 역대 내각의 역사인식은 확실히 이어가겠다는 점도 강조하고 싶었어요.

메르켈은 영어에 능통함에도 불구하고 독일어로 연설했다고 합니다. 외조부 기시 노부스케 총리는 일본어로 연설했는데, 일본어로 연설할 경우에는 뭐랄까요, 감정을 절제한 동시 통역사의 담담한 말투 때문에 마음을 담은 느낌을 살리기 어렵지 않을까 생각했습니다. 그래서 영어로 말하기로 마음먹었는데 역시 힘들었어요.

키워드인 '희망의 동맹'은 제가 생각했고, 내각관방 참여(내각관방의 한 직책)로서 제 영어 연설문 작성을 맡은 다니구치 도모히코(谷口智彦) 씨가 원고를 써 주었습니다. 그 후 원어민의 확인을 거쳐 발음이 어려운 부분은 바꿔달라고 했습니다. 다니구치 씨는 20번 이상 고쳐 썼을까요? 나는 욕실에서 연설을 상당히 많이 연습했어요. 아내에게도 몇 번이나 들려주다가 '적당히 좀 하라'는 말을 들었을 정도입니다. 연설 전날 밤까지 반복 연습하면서 비서관에게 들려줬는데, 여러가지 주의를 받았습니다. 몇 번이나 지적을 받으니 화가 나더군요.

합동회의가 시작되고 이미 의원들이 앉아 있는 가운데 일본 총리로 소개돼 단상에 오를 때는 과거에 없던 긴장감을 느꼈습니다. 연설 첫머리에 외조부께서 했던 연설을 언급했는데, 여기만은 완전히 외워서 원고를 보지 않으려고 했습니다. 초반에 승부를 걸어 자신에게 '잘 되고 있다'고 다독이는 것이 중요하니까요.

미국과의 연결고리로 내가 직장인 시절 뉴욕에서 근무했다는 것, 고등학생 때 캐롤 킹의 곡에 감동한 것 등의 개인사도 넣었습니다. 연설의 하이라이트는 워싱턴의 제2차 세계대전 메모리얼 방문을 언급하면서 진주만과 바탄[02] 등에서 미국 젊은이들의 잃어버린 꿈과 미래를 떠올리며 묵념했다고 말했던 것입니다. 캐롤 킹의 'You've Got a Friend'라는 곡 중에 '너에게 가장 어두운 밤이라도 내가 밝혀줄게'라는 가사가 있거든요. 가장 어두운 밤, 'darkest night'인 거죠. 일본에 동일본 대지진이라는 'darkest night'가 찾아왔는데 미군이 '도모다치(일본어로 '친구') 작전'에서 지원의 손길을 내밀어 주었다는 식으로 연관을 지은 것입니다.

----

02) 필리핀의 격전지

이 부분에서 여러 차례 기립박수가 있었습니다. 존 베이너 하원 의장도 눈물을 글썽였습니다. 저 하이라이트가 잘 받아들여진 것 같아요. 캐롤 킹과 친구였던 낸시 펠로시 전 의장은 제 연설을 듣고 이건 영광스러운 일이라며 캐롤 킹에게 전화했다고 합니다. 연설 후 많은 의원들로부터 사인을 부탁받은 것은 감격스러운 일이었습니다. 7년 9개월간의 장기 집권 중에서도 저에게 가장 마음에 남는 연설이 되었습니다. 이때 70년 전 이오지마(硫黃島)에서 일본군과 싸운 해병대 로렌스 스노든 중장이 회의장에 와 줬더군요. 이 분을 소개할 수 있었던 것이 화해의 상징이 됐습니다. 이오지마의 생존자가 없는지 외무성에 알아봐달라고 해서 찾은 것입니다. 이오지마 수비대 사령관이었던 구리바야시 타다미치(栗林忠道) 대장의 손자인 신도 요시타카(新藤義孝) 중의원 의원을 그의 옆에 앉게 했습니다. 잘 만들어진 연출이었던 것 같아요.

— **스피치 라이터**(Speech Writer: 연설문 작성자)**의 역할은 중요하죠.**

존 F. 케네디 미국 대통령의 스피치 라이터였던 시어도어 소렌센은 수많은 명언을 만든 것으로 유명합니다. "미국 국민 여러분, 국가가 여러분을 위해 무엇을 해줄 수 있는지 묻지 말고 여러분이 국가를 위해 무엇을 할 수 있는지 물어보라"도 그렇죠. 일본 정치인들도 스피치 라이터를 더 많이 사용해야 해요.

1차 내각에서 제가 그만두기 직전 인도 방문 때 '두 바다의 어울림'이라는 제목의 연설을 했는데, 이것도 다니구치 씨가 원고를 쓴 것입니다. 두 바다, 즉 인도양과 태평양입니다. 2007년 8월 연설이 2016년에 정식으로 주창하게 될 '자유롭고 열린 인도 · 태평양' 구상의 원형이거든요. 외무성 관리들이 쓰는 원고는 그저 사실을 나열할 뿐이라서 싱거워요. 반면 다니구치씨의 원고는 시적이고, 읽을 만합니다.

2차 내각 이후 국내 연설 원고를 담당해 준 사에키 고조(佐伯耕三) 총리 비서관도 필력은 압권이었습니다. 특히 자위대 관련 이야기를 잘 했습니다. 2015년 방위대학 졸업식 훈시에서는 역대 총리 중 처음으로 옛 일본군을 언급한 것입니다. 팔라우의 펠렐리우[03] 섬에서 수비대장은 본격적인 전투가 시작되기 전에 섬 주민들을 대피시켜 생명을 지켰습니다. 한편 부하들은 전황이 악화되자 출전을 요구했습니다. 참호 속에서 죽는 것은 싫었던 것이죠. 하지만 수비대장은 살아서 지구전을 계속하라고 엄명했습니다. "너희들의 사명이란 하루라도 더 오래 싸우는 것이다, 그것이 본토 공격을 늦추는 것이다"라면서요.

이 이야기를 훈시 속에 넣자고 제안한 것이 사에키 씨였습니다. 과거의 군을 건드리는 것은 상당히 자극적이기 때문에 넣어도 될지 관저 내에서 논의했습니다만, 과감하게 해보자고 포함시킨 것입니다. 다니구치 씨나 사에키 씨나 박식한데다 연일 밤을 새가며 많은

---

03) 역: 1944년 9월부터 11월까지 벌어진 펠렐리우 전투에서 일본 수비군을 총지휘한 나카가와 쿠니오(中川州男) 대좌는 이전에 '반자이'를 외치며 무모하게 돌격을 고집했던 일본군과 달리 섬 전체를 요새화하고 불필요한 희생을 피하는 전략으로 방어에 주력해 미군에게 큰 피해를 입혔다.

것을 조사하고 마음을 울리는 문장을 생각해냈습니다. 그들의 열정에는 고개가 숙여졌어요.

키워드가 망라된 전후 70년 담화

— 전후 70년 담화를 위해 2월 설치한 21세기 구상 간담회[04]가 총 7차례의 논의 결과를 정리한 보고서를 8월 6일 제출했습니다. 만주사변 이후 일본의 행보에 대해 '대륙 침략을 확대'하고 '무모한 전쟁'을 벌였다고 평가했습니다. '지난 전쟁에 대한 통절한 반성'도 담겨 있었습니다. 지식인들과 총리의 생각은 가까웠습니까?

저를 지지해 주는 보수파 사람들은 항상 100점 만점을 요구하는데 그런 건 정치 현장에서는 무리거든요. 그래서 어느 정도 균형을 잡기 위해서 21세기 구상 간담회를 만들어서 지식인들의 의견을 들은 거죠. 그런 의미에서는 정치사에 밝은 기타오카 신이치(北岡伸一) 국제대학장이 적합할 것이라고 생각하고 좌장 대리라는 입장에서 정리를 부탁했습니다.

70년 담화에서는 먼저 무라야마 담화[05]의 오류를 바로잡을 것, 그리고 국민적 합의와 국제적인 공감대를 얻을 수 있는 것을 목표로 삼았습니다.

....

04) 20세기를 돌아보며 21세기 세계질서와 일본의 역할을 구상하기 위한 지식인 간담회. 좌장 니시무로 타이조(西室泰三) 일본 우정 사장

05) 역: 무라야마 도미이치(村山富市) 총리가 1995년 8월 15일 발표한 성명으로 일본 현직 총리로서는 최초로 침략과 식민지배에 대해 사과했다.

— 2015년 8월 14일 전후 70년 아베 총리 담화를 각의에서 결정했습니다. 일본은 전쟁의 가해자라는 측면도 있지만, 한편으로는 도쿄 대공습이나 원폭으로 민간인이 대규모로 희생됐고, 패전 후에는 나라를 점령당했습니다. 그럼에도 불구하고 왜 그 후 수십 년 동안 반성과 사과를 반복해야 하는가, 아베 총리는 이런 생각도 갖고 있었던 것 같습니다.

침략, 사과, 식민지 지배, 통절한 반성이라는 키워드가 있었습니다만, 예를 들어 침략에 대해 일본은 과거 몇 번이나 사과해 왔습니다. '여러 차례 사과를 시켰으면 이제 됐지'라는 생각이 있었어요. 그래서 70년 담화에서는 "우리나라는 (중략) 반복해서 통절한 반성과 진심 어린 사과의 마음을 표명해 왔다"거나 "이러한 역대 내각의 입장은 앞으로도 흔들리지 않는다"라는 표현을 사용하되, "제가 사과드립니다"라고는 말하지 않았습니다. 전략적으로 여러 가지 버전을 써봤어요. 이마이 나오야 정무비서관이나 사에키 씨와 연일 칠전팔도(七轉八倒)[06]하고 생각을 거듭해서 이런 표현을 했습니다. 무라야마 담화의 실수는 선악의 기준으로 일본이 범죄를 저질렀다는 전제하에 사죄를 했다는 것입니다. 일본에게만 "죄송합니다"라고 사과하라는 것이죠. 그러니까 '당시의 세계는 어땠는가' 하는 관점은 쏙 빠져 있습니다.

70년 담화는 일본이 국제사회의 조류를 잘못 파악했다는 현상 인식의 정책적 오류에 근거한 것입니다. 여기가 결정적으로 달라

06) 일곱 번 구르고 여덟 번 거꾸러진다는 뜻으로, 수없이 실패를 거듭해 고생한다는 의미

요. 거기에 시간축을 100년 전까지 되돌리고, 여기서부터 미래를 향해 어떻게 나아갈 것인가 하는 관점을 넣은 것입니다.

"사변, 침략, 전쟁. 어떠한 무력의 위협이나 행사도 (중략) 다시는 사용해서는 안 된다"라든가 "식민지 지배로부터 영원히 결별한다"라는 표현도 '세계가 그런 결의를 하고 있다, 일본도 그렇다'라는 식으로 쓴 것입니다. 4월 반둥회의 연설에서 '보편적인 가치'를 인용하는 형태로 과거의 잘못을 언급했었죠? 국제사회는 똑같은 실수를 저질렀습니다. 그러니 보편적인 가치를 공유해 나가자는 것이죠. 이 인용 방식을 70년 담화에서도 살린 것입니다. 무라야마 담화는 마치 일본만이 식민 지배를 한 것처럼 쓰여 있습니다. 전쟁 전에는 서양 각국도 식민 지배를 했을 것입니다. 인종차별이 당연하던 시절 아프리카에서 잔혹한 짓을 했던 나라도 있습니다. 벨기에 국왕이 잔혹 행위를 했다며 콩고 공화국에 사과한 것은 2020년이에요. 일본은 과거 거듭 중국과 한국, 동남아 국가들에 사과하고 정부개발원조(ODA) 등을 통해 실질적으로 배상까지 했던 것이죠.

— 우리 시대의 가치 기준으로 과거 침략이나 식민지 지배를 단죄하는 것은 무리가 있다는 생각입니까?

2019년 프랑스 비알리츠에서 열린 G7 정상회의에서 러시아의 크림반도 병합 문제를 논의하고 있을 때 한 정상이 "크림을 침략한 점을 놓고 러시아를 비난해야 한다"고 말했습니다. 이에 보리스 존슨 영국 총리는 반대했습니다. 존슨 총리는 "침략이라는 단어를 가볍

게 쓰지 않았으면 좋겠다. 영국은 역사적으로 지금 세계의 4분의 1 국가를 침략했었다"고 말했습니다. 역시 역사 전공자다워요.

— 70년 담화에 네 개의 모든 키워드가 들어가면서 보수파로부터 상당한 비판을 받았습니다.

전후의 주요 대목에 내는 담화는 정치적 문서이지 역사가 아닙니다. 그래서 제 지지자들께는 전략적인 것이라고 설명했는데, "뭐야, 아베 신조는 기개가 없지 않냐"고 호되게 야단맞았어요. 다만 시간이 흘러 다시 담화를 읽어보면 얼마나 치밀하게 짜여진 글이었는지 알아봐주는 학자도 나올 겁니다. 진보적인 사람들은 원래 저에 대한 기대치가 낮다보니 '이렇게까지 했나'라고 높게 평가했습니다. 덧붙이자면 기대치를 너무 많이 올리지 않는 것도 정권 운영의 요체라고 생각합니다.

자민당 참고인이 안보 관련 법안을 위헌이라고 지적하다

— 집단적 자위권 행사 용인을 골자로 한 안전보장 관련 법안은 5월 14일 각의에서 결정돼 중의원에 설치된 평화안전법제특별위원회에서 심의가 이뤄졌습니다. 한편, 6월 4일 중의원 헌법 심사회에서는 자민당이 추천한 참고인 하세베 야스오(長谷部恭男) 와세다대 교수가 관련법을 '헌법 위반', '법적 안정성을 크게 흔들 것'이라고 지적해 민주당 등 야당의 기세가 올랐습니다. 자민당 내에서도 "어쩌다

이렇게 된 것이냐"는 목소리가 확산되었습니다.

하세베 교수의 발언 전까지 저는 좋은 컨디션으로 특별위원회에서 답변하고 있었습니다. 야당의 비판에 계속 반박하면서 '자위권 행사 요건이나 자위대의 지리적 활동 범위 등에 대해 야당 의원들은 이 정도도 모르나'라는 생각으로 말하고 있었어요. 그런데 자민당 참고인이 '헌법 위반'이라고 해버리면 근거가 무너져 버리는 것입니다. 그때까지 나에게 밀리는 듯했던 야당은 그 발언으로 단번에 기세를 회복했습니다. 정부는 원점으로 돌아가 '관련 법안은 헌법 위반이 아니다', '스나가와(砂川) 사건의 대법원 판결 범위 내에서 법안을 제출했다'고 설명하지 않으면 안 되는 상황이 됐습니다.

— 하세베 씨를 참고인 자격으로 부른 사람은 중의원 헌법심사회 후나다 하지메(船田元) 자민당 필두이사[07]였습니다. 특별한 의도가 있는 인선도 아니었던 것 같은데 당 내에서는 "아무리 그래도 긴장감이 부족했던 것 아니냐"는 등 강도 높은 비판이 나왔습니다.

안전보장 관련법은 20~30년에 한 번 나올 법한 중요 법안입니다. 헌법 해석을 바꿔서 합헌이라고 규정한다는 별도 논리를 구축한 뒤, 범정부적으로 법안을 만들어 심의까지 간 것이죠. 참고인이 안전보장 관련법안에 대해 어떤 생각을 가지고 있는지 미리 확인해 두었으면 좋았겠죠.

---

07) 역: 한국 국회에서 상임위 간사와 비슷한 직책으로 정당 간 이견 등을 조정하며 물밑 협상을 맡는 자리

참고인의 발언이 문제가 되자 다니가키 사다카즈 간사장과 상의했는데 이번 정기국회에서 통과시키려면 회기를 대폭 연장할 수밖에 없다고 의견을 모았어요. 그래서 역대 최장인 95일간, 9월 27일까지 연장하기로 결정한 것입니다. 이렇게 하면 야당이 반발해도 충분한 심의시간을 가질 수 있을 것 같아서요. 뭐, 실제로는 참의원에서도 아슬아슬하게 식은땀을 흘렸습니다만…[08]

— 1992년 제정된 유엔평화유지활동(PKO) 협력법에는 미비점이 있었습니다. 자위대원 주변에 있는 의료 종사자나 피난민이 무장 단체에게 공격받아 도움을 요청해도 자위대원은 구조에 임할 수 없습니다. 자위대는 정당방위 목적의 무기 사용만 허용되기 때문입니다. 또 다른 장소로 이동하는 '출동 경호'는 헌법이 금지하는 '무력 행사'에 해당한다는 이유에서였습니다.

PKO법에서 무기를 사용하여 지킬 수 있는 대상은 자신이나 함께 활동하고 있는 자위대원뿐이었지만 2001년 법 개정으로 '자신의 관리 아래 있는 자의 생명이나 신체에 대한 방어 및 보호'로 확대됐습니다. 그리고 안전보장 관련 법의 통과로 비로소 원격지에 있는 민간인이나 타국 부대를 도울 수 있는 '출동 경호'가 가능해

---

08) 역: 이 법안은 7월 16일 일본의 하원에 해당하는 중의원 의회에서 야당이 퇴장한 가운데 여당 단독으로 통과됐으며, 9월 19일 새벽 상원에 해당하는 참의원 의회에서도 통과됐다. 그러나 야당은 물론 시민들의 반대도 거세 18일에도 4만여명이 시위를 여는 등 어려움을 겪었다. 당시 일본은 9월 19~23일이 연휴 기간이었기 때문에 자민당은 시기적으로도 다급한 입장이었다.

졌습니다.

2001년 법 개정 때도 사실 괴상한 논의가 있었습니다. 고이즈미 총리가 함께한 관저의 법안 협의에서 "자신의 관리 아래라는 것이 어디까지를 말하는 것인가?"라고 내각 법제국에 물었더니 "그렇게 세세하게는 말할 수 없다"는 거예요. "그럼 20m 떨어져 있는 사람은 지켜도 되는 건가?"라고 물었더니 "20m는 너무 멀어서 안 된다"고 하더군요. 나는 "자신과 함께 일하고 있는 민간인을 게릴라들이 덮치려 할 때 자위대원은 '잠깐만 기다려'라며 줄자로 20m 이내인지 아닌지 거리를 재야 한다는 건가? 현장은 목숨이 걸려 있기 때문에 0.1초 만에 판단하지 않으면 안 된다. 그 사람으로부터 20m가 넘으니까 무기를 쓰면 헌법에 위반된다는 거냐"라고 꾸짖었어요. 고이즈미 총리도 "확실히 당신 말대로다"라고 하더군요. '출동 경호'를 인정하면서 비로소 상식에 부합하는 형태가 되었습니다.

— 안전보장 관련법은 7월 16일 중의원을 통과해 9월 19일 새벽 참의원을 통과했습니다. 중의원 통과 직후 요미우리신문 여론조사에서는 내각 지지율이 6%포인트 하락해 43%였습니다. 2차 내각 출범 후 최저 수치였습니다. 전쟁을 할 수 있는 나라로 만든다거나 아이를 전쟁터에 보내지 말라는 상투적인 비판도 나왔습니다. 정권의 체력을 소모하면서도 정책을 관철하기 위해 중요한 것은 무엇이라고 생각하나요?

내각 지지율의 하락은 잘 알고 있었습니다. 노골적으로 '타도 아베 내각'이라는 운동을 전개하는 언론도 있었습니다.

이럴 때는 우리가 선거에서 승리했으니 확고한 결의로 해나가겠다는 생각을 다질 수밖에 없습니다. 집단적 자위권의 한정 행사는 옳다고 믿었고 선거에서도 약속했기 때문에 우리가 서 있는 위치에서 움직일 필요가 없었습니다.

이 시기 국회 앞에서 학생들이 조직한 'SEALDs'[09]가 시위를 벌이면서 일부 언론이 크게 다루기도 했지만, 제가 어렸을 때 TV에서 보던 60년 안보투쟁에 비하면 솔직히 별것 아니었어요. 저는 국회 앞 반대 운동을 멀리서 가만히 보고 있었는데, 저녁 8시가 넘으면 주최자는 "모두 수고했다"고 말하고 대부분의 사람들이 돌아가버리더군요. 2013년 12월 특정비밀보호법을 통과시켰을 때도 일시적으로 지지율은 떨어졌지만 바로 회복됐어요. 일본인의 재미있는 점은 현상 변경을 싫어한다는 것입니다. 그래서 안전보장 관련법이 생길 때는 지금의 평화를 깨지 말라고 반대하지만, 일단 통과 후에는 그 현실을 받아들입니다. 안전보장 관련법 통과 후 얼마 지나지 않아 '폐지하는 편이 좋냐'고 묻는 여론조사에서도 폐지파는 소수로 나타나더군요.

— 요즘 국회는 정부와 야당의 문답이 거칠어지고 있지 않나요? 아베 씨는 몇 차례나 야유를 보냈습니다. 2015년 안전보장 관련법 심

---

09) Students Emergency Action for Liberal Democracy-s: 자유와 민주주의를 위한 학생 긴급행동

의에서는 야당 의원들에게 "빨리 질문하라"고 했다가 결국 사과하는 상황으로 몰렸습니다. 2020년 정기국회에서도 야당 의원들의 아베 정권 비판에 대해 의미 없는 질문이라며 야유했습니다. 1955년 체제 때 사회당은 자민당에 예의를 표하며 질문했고 자민당도 야당을 도발하는 일은 적었습니다.

안전보장 관련법 심의에서 야당은 나카타니 겐(中谷元) 방위상에게 질문을 집중하는 전술을 취했습니다. 나카타니 씨는 굉장히 노력해 주었습니다만, 헌법에 정해져 있는 무력 행사와 자위대법이나 PKO 협력법에 있는 무기 사용의 차이 등을 질문받고 힘들어 했던 적도 있었습니다. 나카타니 씨를 집중 공격하는 야당에 대해 저는 짜증이 나 버렸습니다. 야유는 돌발적인 행위였고, 말이 지나쳤던 것은 인정합니다. 근데 야당 쪽도 야유가 심하더라고요.

여야의 주고받기가 거칠어진 것은 소선거구제 도입의 영향이 아닐까요. 자민당 후보자끼리 싸우던 중선거구제[10]와 달리 자민당과 야당이 일대일로 부딪히기 때문에 국회에서의 대립도 심해지기 쉽습니다. 55년 체제 당시에는 사회당이 중의원 선거에서 과반을 차지할 만큼 후보자를 세우지는 않았어요. 그렇기 때문에 자민당도 조금

---

10) 역: 중선거구제에서는 한 지역에서 2~5명 가량을 선출하기 때문에 같은 정당 후보끼리 경쟁하게 된다. 예를 들어 중선거구제로 치러진 1990년 중의원 선거구에서 도쿄도제1구는 10명의 후보가 출마해 사회당 스즈키 키쿠코 후보가 1위, 자민당 요사노 가오루·오츠카 유지 후보가 2~3위를 차지해 당선됐다. 반면 마지막으로 치러진 1993년 중의원 선거에서는 일본신당 가이에다 반리 후보가 1위, 자민당 요사노 가오루 후보가 2위, 신생당 시바노 타이조 후보가 3위를 차지했으며 앞서 당선된 오츠카 유지 후보는 낙선했다. 자민당 표가 줄어들면서 자민당 후보끼리 경쟁을 벌인 셈이 됐다.

배려해서 야당(사회당) 후보가 당선되기도 했습니다. 하지만 그러한 옛 문화는 정권교체가 일어나기 쉬운 소선거구제에서는 통용되지 않습니다. 그래서 저도 항상 파이팅하는 자세를 취합니다.

기시, 이케다 내각에서 배운 지지율 회복

— 9월 8일 3년간의 자민당 총재 임기 만료에 따른 총재 선거가 고시됐고, 무투표 재선이 결정됐습니다. 2014년 중의원 선거에서 대승을 거두었기 때문에 당연한 흐름이기도 했습니다만, 무투표 당선을 어떻게 받아들였습니까?

총재 선거를 치르면 여분의 에너지를 사용하게 되기 때문에 무투표는 도움이 됩니다. 유럽에서는 누군가 도전하지 않는 한 당수 선거는 치르지 않는 나라가 많습니다. 정기적으로 당수 선거를 하고 있는 나라는 적습니다. 일본 총리는 국정선거에 더해 정기적인 당수선거가 있어 심판 기회가 자주 노출되고 있습니다. 국정선거와 관계없이 선거로 자민당 총재를 결정한다는 파벌의 논리가 남아 있고요. 이 구조를 고치지 않으면 선거에서 국민에게 약속한 것을 내각은 실행할 수 없게 되어 버립니다. 정치 불안정이라는 문제가 계속 따라다닐 거예요.

— 안전보장 관련법 통과 후인 9월 24일 기자회견에서 국내총생산(GDP) 600조엔 달성과 새로운 간판 정책으로 1억 총활약 사회 실현

을 내걸었습니다. 10월 7일에는 개각을 단행했습니다.

안전보장 관련법으로 지지율이 떨어질 것을 알고 있었기 때문에, 즉각적인 국면 전환을 도모하고자 하는 의미였던 것이죠. 1억 총활약, 여성 활약을 큰 기둥으로 삼아 인구 감소 사회에서도 경제를 성장시키겠다고 내걸었습니다. 자민당은 미·일 안전보장조약 개정에 주력했던 기시 노부스케 내각이 끝나고 다음에 이케다 하야토 내각이 들어서면서 이케다 총리는 '소득 배증(배로 늘어남)'을 내걸었습니다. 저는 '기시, 이케다 내각이 했던 일을 한 내각에서 해 버리자'고 생각한 것입니다. 거기에 정책을 채운 것은 이마이 비서관입니다.

사와키 고타로(沢木耕太郎) 씨가 쓴 『위기의 재상(危機の宰相)』을 보면 이케다 하야토와 그의 브레인 시모무라 오사무(下村治)가 '분배가 먼저냐, 성장이 먼저냐' 하는 논쟁을 벌이는데 비슷한 일이 아베 내각에서도 벌어졌습니다.

관저에서 그런 논의를 벌이고 있는데, 니하라 히로아키(新原浩朗) 내각부 정책총괄관이 '경제의 선순환'이라는 말을 언뜻 꺼낸 것입니다. 그걸 듣고 "그거 좋다. 그 캐치프레이즈로 가자"고 결정했어요. '분배가 먼저냐, 성장이 먼저냐' 하는 논란에 종지부를 찍고, 순환시키면 된다는 논리를 구축하기로 했습니다. '닭과 달걀 중 어느 쪽이 먼저냐 하는 건 의미가 없다. 경제가 돌아가지 않으면 분배도 할 수 없다' 라는 생각이 든 것이죠. 니하라 씨는 경제산업성 출신인데, 경제 관료들은 아이디어가 풍부합니다.

— 아베 정권은 '세 개의 화살', 아베노믹스, 경제 선순환 등 정권의 상징이 되는 단어가 많았죠.

국민적 이해를 얻는 데 있어서도, 또 내각 지지율이 하락했을 때 당내를 진정시키는 의미에서도 상징적인 메시지는 중요합니다. 그런데 말로만 하면 안 되고 실제로 고용 환경을 개선해야 돼요. 65세 이상 취업자 수는 상승했고 여성 취업자 수도 2차 내각 출범 후 계속 늘어 2019년에는 3000만 명 가까이 되었습니다. 보수를 표방하는 정권이 여성 활약 같은 것을 내걸어도 그저 슬로건일 것이라고 생각하기 쉽지만, 실제로 결과를 내고 있는 것입니다.

상장사의 여성 임원 수도 2012년에서 2020년 사이에 약 4.8배나 늘었으니까요. 국가 공무원도 여성이 30%가 넘습니다. 이제 이 흐름은 멈추지 않습니다. 역시 어느 조직이든 여성을 넣는 편이 성과를 거두고 있어요. 다양한 시각을 가질 수 있게 되는 거죠

배신당한 위안부 합의

— 연말에 한·일 양국의 오랜 현안인 위안부 문제가 움직였습니다. 한·일 외무장관이 12월 28일 회담에서 위안부 문제를 '최종적이고 불가역적으로 해결'하기로 합의했습니다. 일본 정부는 전직 위안부 지원을 위해 한국 정부가 설치하는 재단에 10억엔을 기금으로 출연하기로 결정했습니다. 이걸로 위안부 문제에 종지부를 찍을 수 있을 거라고 생각했어요?

이 합의를 맺는 것에 처음에는 저는 신중했습니다. 왜냐하면 그들은 지금까지도 약속을 지켜오지 않았기 때문입니다. 하지만 최종적이고 돌이킬 수 없는 해결로써 국제사회에서 서로 비난·비판하는 것은 삼가하겠다, 즉 국제사회를 증인으로 삼는 것이죠. 이 두 기둥으로 이 문제를 종식하겠다고 한다면 마지못해 할 수밖엔 없겠다고 생각했습니다. 그래서 일본이 세금에서 10억엔을 내고 제가 사과한 것입니다.

다들 잊어버린 것 같은데 제가 박근혜 대통령에게 전화했어요. '위안부로서 수많은 고통을 겪고 심신에 걸쳐 치유하기 어려운 상처를 입은 모든 분들에게 진심으로 사과와 반성의 마음을 표한다'는 내용이었습니다. 강제 연행을 인정하는 것은 아니었지만요. 저를 포함해 향후 일본 총리는 위안부 문제의 '위'자도 언급할 필요가 없는 합의로 만들 생각이었습니다.

— 합의는 야치 쇼타로 국가안보국장과 이병기 청와대 비서실장이 물밑에서 협상해 마무리했습니다. 야치 씨에게는 어떤 지시를 하고 있었던 것입니까.

2013년 박근혜 정부가 들어선 이후 야치 씨는 위안부 문제를 계속 비밀리에 협상했습니다. 하지만 과거에 아시아여성기금을 설치하든 정상 간에 미래지향적인 한·일관계를 몇 번 약속하든 한국은 정권이 바뀔 때마다 뒤집어 온 셈이잖아요. 그래서 다시 한국 정권이 바뀌면 어떻게 될까 하는 불안감은 있었습니다. 만약 '한국이 태도를 또 바꾼다면 이제는 확고한 의지를 갖고 상대하지 않겠다'라고 생각했습니다.

즉시 약속을 지킬지 시험대에 오른 것은 서울 주재 일본대사관 앞의 위안부 소녀상을 철거할지 여부였습니다. 이병기는 야치 씨에게 "믿어줘, 남자와 남자의 약속이다"라고 말했다고 합니다. 나는 야치 씨에게 "그런 말은 이병기씨가 실각하면 끝 아닌가?"라고 되받았어요. 그래서 야치 씨는 국제사회를 증인으로 삼겠다는 합의를 담기로 했습니다. 그러면 움츠러들지 않을까 생각했던 것이죠. 절반 정도는 의심하고 있었어요.

— 박근혜 대통령은 믿을 만한 지도자였나요?

박근혜 대통령은 이병기 씨처럼 듣기 좋은 말은 하지 않았어요.[11] 위안부 합의를 맺을 때까지 몇 번인가 주고받았는데, 예를 들어 내가 "1951년부터 1965년까지 한·일 국교정상화 협상에서 한국은 위안부 문제를 한 번도 내놓지 않았잖아요. 다시 말해, 이건 나중에 갖다붙인 것이죠"라고 했더니 그녀는 "그때 14년 동안 주장하

---

11) 역: 박근혜 전 대통령도 2024년 2월 발간한 자신의 회고록에서 이와 관련한 기록을 남겼다. 박 전 대통령은 2006년 커터칼 피습 당시 아베 총리가 위로 편지와 쇠고기를 보낸 것을 언급하며 "나와 아베 총리는 개인적 인연으로만 본다면 좋은 관계였다고 할 수 있다"면서 "하지만 대통령이 된 뒤 나와 아베 총리의 관계는 시작부터 삐걱거렸다. 위안부 문제를 둘러싼 입장 차이가 앞을 가로막았다. 국제무대에서 마주쳐도 서로 간단히 인사만 하고 지나칠 때가 많았다. 결국 내가 해외 정상들을 만날 때마다 위안부 문제에 협조를 구하며 압박해 '백기'를 들게 됐으니, 그는 나에 대한 감정이 썩 좋지는 않았을 것이다."고 회고했다. 그러면서 "그래도 아베 총리는 신사였다. 속이 쓰렸을 텐데 국제무대에서 만나면 한 번도 그런 내색을 하지 않았고 웃는 얼굴로 반갑게 인사하며 매너를 잃지 않았다"고 덧붙였다.

지 않았으니까, 지금 말하고 있는 거예요"라고 받아치더군요. 황당한 논리죠.

정치인으로서 그녀에게 위안부 합의는 힘들었다고 생각해요. 왜냐하면 그녀의 부친 박정희 대통령은 일본 육군사관학교를 졸업했고, 대통령 시절에는 한·일 기본조약을 비준해서 국교를 정상화했어요. 그래서 한국 내에서 그녀는 '사실 친일파가 아니냐' 하는 의심을 받았습니다. 그녀는 아버지 박 대통령의 시대를 통해 위안부 문제의 실상을 잘 알고 있었다고 저는 느꼈습니다. 그래서 해결하지 않으면 안 되겠다는 생각이 들지 않았을까요?

그나저나 그녀는 어딘지 모르게 안쓰러운 느낌이 들어요. 국제회의에서 다들 테이블에 앉기 전에 돌아다니면서 악수도 하고, 술잔도 주고받고 그러잖아요. 그런데 그녀는 거의 그러지 않고 앉은 채로 '나에게 말 걸지 말라'는 식의 분위기를 내뿜고 있었습니다. 부모가 비명에 간 환경이 그렇게 만들었을지도 모르죠.

— **위안부합의는 결국 한국 측이 뒤집고 말았습니다. 결국 실패한 것이네요.**

확실히 합의는 깨졌지만 일본이 외교상 'Moral High Ground(도덕적으로 우위에 있는 지위)'가 된 것도 사실입니다. 한번 국제사회를 향해 합의한 것이니, 저는 상대방(한국)과 만날 때마다 "당신들, 잘 좀 하세요"라고 말할 수 있는 입장이 된 셈이니까요.

//////////////

제6장

국제 지도자들 —
오바마, 트럼프, 메르켈, 시진핑, 푸틴

2015년

1차 내각을 포함 재임 기간 동안 98개국, 196개 지역에서 해외 지도자들과 회담을 거듭한 아베 총리는 '외교의 아베'로 불리며 국제사회에서 존재감을 드러냈다. 장기 집권의 경험과 천부적인 정치력, 협상력을 살려 트럼프 미국 대통령에게는 자유주의 진영의 맹주 답게 행동하라고 설득했고, 중국에 고개 숙인 유럽 정상에 대해서는 인권 탄압과 위협적인 해양 진출 등 중국이 품고 있는 문제점을 줄기차게 호소했다. 아베의 주장을 받아들인 지도자도 있는 반면 거들떠보지도 않은 지도자도 있었다. 아베 총리가 본 정상들의 실제 모습은 어떤 것이었을까.

트럼프 대통령과 1시간 반의 긴 통화

— **2차 내각 이후 아베 총리가 만난 미국 대통령은 버락 오바마**(임기 2009년 1월~2017년 1월), **도널드 트럼프**(2017년 1월~2021년 1월) **두 사람이었습니다. 일벌레 스타일인 오바마 씨와는 인간적인 친분은 별로 없었던 것 같네요.**

오바마 대통령과는 일 애기밖에 안 했어요. 정상회담이나 회식 자리에서 내가 농담을 해도 그는 곧바로 본론으로 되돌립니다. 잡담에도 응하지 않습니다. 변호사 출신인 만큼 일 이야기도 매우 세세합니다. 솔직히 친구 같은 관계를 맺기엔 어려운 타입입니다. 하지만 국가 정상으로서 같이 일하는 데는 문제가 없습니다.

그는 "아베 총리는 그렇게 말하지만, 정말 그렇게 될까요?"라고 자주 말했습니다. 일본에 대한 불신감 같은 게 있었어요. 미국 측에는 "나를 믿어라(Trust me)"라고 약속했는데, 선거에서는 미군 후텐마 비행장을 오키나와 밖으로 옮기겠다고 공언하고, 결국은 헤노코라는 원점으로 되돌리게 만든 민주당 정권의 행태가 그렇게 만든 것 같습니다. 오바마 대통령도 사실은 "트러스트 미"라고 말한 하토야마 유키오(鳩山由紀夫) 총리에게는 기대를 걸고 있었다고 해요.[01] 같은 리

---

01) 역: 하토야마 정권은 오키나와 후텐마 비행장을 오키나와 헤노코로 이전하기로 했던 '주일 미군 재편에 관한 합의'를 백지화하고 오키나와 현 밖으로 이전하겠다고 오키나와 주민에게 공약했다. 처음엔 미국 측에 이런 의사를 명확히 하지 않다가 재협상하겠다는 입장을 밝히자 미국 측은 반발했다. 미국은 하토야마 총리가 오바마 대통령에게 오키나와 기지 이전과 관련해 "트러스트 미"라고 말한 것까지 공개하며 질책했다. 이는 미·일 관계를 악화하게 만들었으며, 결국 아베 총리의 2차 내각 때 후텐마 이전으로 재정리됐다.

버릴이니까요. 그런 만큼 배신감도 강했을 것입니다.

— 트럼프 당선인은 오로지 '아메리카 퍼스트'였고 감정적인 언사가 눈에 띄었습니다. 국제적 공조체제를 외면한다는 점에서도 극히 특이한 대통령이었는데, 과거에 만났던 정치 지도자 중에 이런 유형의 사람이 있었나요?

전혀 없습니다. 사업가였던 트럼프는 정치나 행정에는 문외한이었습니다. 그래서 발상의 방식이 기존 정치인들과는 다릅니다. 트럼프는 비즈니스에서의 성공 경험을 국제정치로 가져오려고 했습니다. 그게 아메리카 퍼스트, 미국 제일주의입니다. 하지만 정치와 비즈니스는 다릅니다. 기업은 이익을 추구하지만 국가가 이윤만을 생각해서는 민주주의 사회가 성립할 수 없습니다. 다양한 이해를 조정하고 문제를 처리하는 것이 정치인의 일입니다.

1차 내각과 그 전까지 포함해 제가 접한 미국 지도자들은 '나는 서방 세계의 지도자'라는 인식과 책임감을 강하게 가지고 있었습니다. 빌 클린턴, 조지 W. 부시, 2차 내각에서 사권 버락 오바마까지 모두 그런 입장을 인식하고 있었습니다. 반면 트럼프는 '왜 미국이 서방 국가들의 부담을 져야 하나'라는 생각을 갖고 있었습니다. 서방의 자유민주주의 진영과 중국 · 러시아를 중심으로 한 권위주의적 국가가 대치하는 구도 속에서 미국이 서방을 어떻게 묶어 중 · 러의 행동을 바꿔나갈 것인가 하는 생각은 별로 갖고 있지 않았습니다. 미 · 중 문제는 무역 균형, 미·러는 안전 보장이라는 식으로 두 나라

사이의 일을 생각하고 있었습니다.

역사적으로도 걸프전이나 중동 내전 등 세계에서 분쟁이 일어나면 유럽은 일정한 기여를 하더라도 결국은 '세계의 경찰'인 미국에 의존해 온 셈입니다. '어리광 부리는 것도 적당히 하라'는 트럼프의 동맹국에 대한 주장은 어떻게 보면 옳은 측면도 있습니다. 일본을 포함한 동맹국들은 응분의 부담을 져야 합니다. 그래서 저는 트럼프에게 북대서양조약기구(NATO)와 일본도 협력할 테니 자유 세계의 리더로서 행동해달라고 설득했던 것입니다. 통상과 무역 분야에서 자국 우선주의를 주장하는 것은 어느 정도 용인할 수 있지만 안전보장 정책에서 미국이 자국의 이익만 생각하고 국제사회 지도자의 입장을 거두게 된다면 세계는 분쟁으로 가득 차게 되고 맙니다. 저는 "국제사회의 안전은 미국의 존재로 유지된다"고 트럼프 대통령에게 거듭 말했습니다. 미국 국가안전보장회의(NSC)의 구성원들과 저는 같은 생각을 가졌기 때문에 NSC 직원들은 저를 이용해서 트럼프의 생각을 어떻게든 개선해보려고도 했습니다.

— 트럼프 당선인과는 자주 정상회담이나 전화통화를 했는데 정기적인 회담을 약속했나요?

약속은 없습니다. 다만 트럼프와는 서로가 같은 장소에 가면 무조건 보자는 이야기를 많이 했습니다. 그것은 매우 중요한 일입니다.

나카소네 야스히로 총리는 미국의 레이건 대통령과 여러 차례

회담을 거듭하면서 미·일 관계가 아주 좋은 상태에 있다고 과시하기 위해 노력했습니다. 그것이 나카소네 정권을 지탱하는 원동력이 되었다고 생각합니다. 제 아버지(아베 신타로 외무상)도 레이건 행정부의 조지 슐츠 미국 국무장관과는 국제회의에서 같은 장소에 가면 반드시 만나서 외무장관 회담을 진행하도록 노력했습니다. 아버지의 비서관이었던 저는 그 모습을 보며 회담의 중요성을 느끼고 있었습니다.

트럼프는 아메리카 퍼스트를 관철하면서도 가끔 '이 정책으로 괜찮을까'라고 불안감을 느낄 때가 있었던 것 같습니다. 그럴 때 제 의견을 들으려고 전화를 걸어왔어요. 제가 그의 상담 상대가 된 것은 트럼프 대통령이 미국 대선에서 이긴 2016년 가을, 제가 외국 정상 중 가장 먼저 승리를 축하하는 전화를 하고 곧바로 만나러 간 것이 컸다고 생각합니다.

전화 회담도 오바마의 경우 15분에서 30분 정도로 짧았습니다. 미국 대통령은 바쁘기 때문에 긴 시간을 낼 수 없을 거라고 생각했어요. 하지만 트럼프는 달랐습니다. 꽤 시간을 내주었어요. 트럼프는 아무렇게나 1시간 동안 얘기합니다. 길면 1시간 반도 되고요. 중간에 이쪽이 지칠 정도예요. 그리고 무엇을 이야기하느냐 하면 본론은 전반 15분 만에 끝나고 나머지 70~80%는 골프 이야기나 다른 나라 정상의 비판 등이죠.

총리 집무실에서 전화 회담을 지켜보고 있는 관료들 중에는 "트럼프는 언제까지 골프 얘기를 할까"라며 곤혹스러운 표정을 짓는 사람도 있었습니다. 잡담이 끝없이 이어지다 보니 제가 본론으로 되돌리고 이야기를 정리하는 경우도 많았습니다.

정상끼리 신뢰관계를 구축하는 데 중요한 것은 서로 마음을 열도록 하는 것입니다. 저는 제 생각을 트럼프 대통령에게 솔직하게 전달하려고 노력했고, 트럼프도 많은 문제에 대해 속내를 저에게 말해줬다고 믿습니다.

다만 마지막에는 저에 대한 찬사랄까, 반쯤은 아첨 같은 말을 했습니다. 제가 사의를 표명한 후 전화회담(2020년 8월 31일)에서 "아베 씨에게는 무역 협상에서 너무 양보한 것일지도 모르겠다"고 말했습니다. 전반적으로 미국과 일본은 좋은 관계를 맺었다고 생각합니다.

아키타견 '유메(꿈)'와 함께
아베를 영접한 러시아 푸틴 대통령

— 1차, 2차 내각을 통해 아베 총리는 블라디미르 푸틴 러시아 대통령(2000년 5월~2008년 5월, 2012년 5월~)과 모두 정상회담을 가졌습니다. 푸틴 대통령은 강인한 이미지 그대로의 인물인가요?

푸틴 대통령은 차가워 보이지만 의외로 소탈하고 실제로는 그렇게 까다롭지 않습니다. 블랙 조크(독설이 섞인 농담)도 자주 해요.

그가 대통령에 정식 취임한 것은 2000년 5월입니다. 모리 요시로 씨의 총리 취임은 2000년 4월이었습니다. 북방영토 문제에 강한 관심을 가지고 있던 모리 씨는 서로 정상이 된 지 얼마 되지 않은 시기였던만큼 푸틴 대통령을 북돋아 평화조약 협상을 진행하고자 했습니다. 다만 모리 씨는 1년 만에 퇴진하고 말았습니다. 다음을 맡은 고이즈미 준이치로 총리는 안타깝게도 모리 씨만큼 러시아와의 관계에 열정을 갖고 있지 않았습니다. 그 결과 러·일 관계는 냉랭해져 버렸습니다.

내가 총리가 되고 푸틴 대통령을 처음 만난 것은 2006년 11월 베트남 하노이에서 열린 아시아태평양경제협력체(APEC) 정상회의였습니다. 모리 총리 시절처럼 러·일 관계를 조금이라도 진전시킬 수는 없을까 생각하면서 이듬해에는 러시아를 방문할 생각이었지만, 제 컨디션이 악화되어 이루어질 수 없었습니다.

러시아 방문이 실현된 것은 2차 내각 발족 후인 2013년 4월입니다. 이때는 직전에 모리 씨가 총리 특사로서 러시아를 방문해 푸틴 대통령과 만나 사전 정지작업을 거친 뒤 모스크바 정상회담에 임했습니다. 북방영토 문제에 대해서는 러·일 공동성명에서 '상호 수용 가능한 해결책'을 목표로 한다는 방침을 명기했습니다. 이 모스크바 방문이 저에게 영토 교섭의 출발점입니다.

― 국가 간의 정상 방문은 외교적 의례로써 상호적으로 이뤄지는 것으로 알려져 있습니다. 아베 총리는 러시아를 수차례 방문한 반면 푸틴 대통령의 일본 방문은 아베 총리의 지역구인 야마구치현을 방문했던 2016년 12월과 2019년 6월 주요 20개국(G20) 정상회의의 두

차례 뿐입니다. 외교 의례에 대해 신경쓰지 않았나요?

그런 것에 연연하지는 않았어요. 우리 쪽에 해결하고 싶은 안건이 있으니 여러 차례 방문해 인내심 있게 협상해 나가는 것이 당연하죠.

2014년 2월 러시아 소치에서 동계올림픽이 열렸습니다. 다만 러시아 정부가 1년 전 동성애를 선전하면 벌금을 부과하는 등 성소수자에 대한 규제를 강화해 서방 각국은 "인권침해로 이어질 것"이라며 반발했고, 오바마 대통령과 프랑수아 올랑드 프랑스 대통령 등은 개회식에 불참했습니다. 각국이 보이콧하는 가운데 이건 기회라고 생각하고 저는 소치 올림픽 개회식에 참석해 러·일 정상회담을 가졌습니다.

러시아는 2013년 국제올림픽위원회(IOC) 총회에서 도쿄의 올림픽 개최를 지지해 줬습니다. 러시아의 압력으로 도쿄에 1표를 준 나라도 있었어요. 소치 방문은 그에 대한 답례를 하는 의미도 있었습니다.

푸틴 대통령은 아키타 현 지사로부터 기증받은 아키타견 '유메'를 데리고 소치의 대통령 별장에서 저를 맞아줬습니다. 제가 유메의 머리를 쓰다듬자 "조심하지 않으면 물릴 수도 있다"고 저를 위협했지만, 이후 회담에서는 제 방문에 대해 "스파시바(감사하다)"라고 여러 번 말했습니다.

2016년 5월 다시 소치에서 만나 북방영토 문제를 '새로운 접근 방식'으로 해결하기로 합의했습니다. 새로운 접근 방식은 극동의 산업 진흥과 에너지, 첨단 기술 등 8개 항목의 경제협력 계획이 핵심입니다. 이때부터 북방 영토 문제를 해결하고 평화 조약을 맺으면 러시아의 이익으로 이어진다는 메시지를 전달하는 전략이 시작됐습니다.

영토 반환이 약속되지 않았는데도 일본이 경제협력을 선행한 것에 대해서는 러시아 연구가 등으로부터 "아베는 큰 실수를 저질렀다"거나 "4개 섬 일괄 반환 입장을 저버렸다"는 등 많은 비판을 받았습니다.

그러나 4개 섬 일괄 반환을 주장하는 것은 영원히 북방영토가 돌아오지 않아도 된다는 의미와 동일합니다. 일괄 반환 주장이 아무런 돌파구를 가져오지 못했다는 것은 역사가 증명하고 있습니다.

2018년 11월에는 하보마이 군도(齒舞群島)와 시코탄 섬(色丹島)의 2개 섬 반환을 명기한 1956년 일·소 공동선언을 협상의 기초로 삼는다는 방침을 정했습니다. 이에 대해서도 "아베가 양보했다"고 말할 수도 있습니다. 하지만 관점에 따라서는 1956년 당시 하토야마 이치로(鳩山一郎) 내각의 입장으로 돌아왔을 뿐이라고 말할 수도 있습니다.

— 4년 연속 9월 블라디보스토크를 방문해 러시아 극동 지역 투자를 독려하기 위해 열린 국제회의 동방경제포럼에 참석했습니다. 블라디보스토크에서의 정상회담을 중요시했나요?

블라디보스토크에 매년 방문하는 것은 이마이 나오야 비서관의 제안이었습니다. 러시아를 둘러싼 국제정세는 불안정하기 때문에 언제 무슨 일이 일어날지 모릅니다. 갑자기 서방이 러시아의 행동에 강력한 제재를 가할 우려도 있었습니다. 만일 그런 상황이 발생하더라도 일본과 러시아 사이의 협상이 막히지 않도록 동방경제포럼에는 반드시 참석하겠다는 약속을 만들어보자는 생각이었습니다.

— 푸틴 대통령은 '강한 러시아'의 부활을 내세웠는데 진정한 의도를 어떻게 보셨나요?

그의 이상은 러시아 제국의 부활입니다. 푸틴은 페레스트로이카(국가 개혁)와 글라스노스트(정보 공개)를 추진해 소련을 붕괴로 이끈 미하일 고르바초프 전 대통령을 실패자로 지목했습니다.

푸틴 대통령은 1980년대 첩보기관인 국가보안위원회(KGB)의 일원으로 동독 드레스덴에서 케이스 오피서(공작 담당원)로 활동했습니다. 그리고 1989년 베를린 장벽이 무너지고 1991년 소련이 무너지면서 큰 좌절을 겪었습니다. 푸틴의 머릿속에는 '왜 이렇게까지 우리나라는 양보하고 영토를 포기해 버렸을까' 하는 생각이 있었던 것 같습니다. 우크라이나의 독립도 그에게는 용납할 수 없는 일이었습니다. 소련은 자원이 풍부한 우크라이나에 막대한 투자를 했고 러시아가 되어서도 자원 개발을 지원했기 때문입니다. 그런 배경이 있기 때문에 국제법상 결코 용서받을 수 없는 일이지만 2014년 우크라이나를 침공해 크림 반도를 병합한 것이라고 생각합니다. 세계사에서 크림 반도는 러시아 제국이 오스만 제국을 꺾고 얻은 땅입니다. 푸틴 대통령의 독선적인 사고방식이지만 크림 병합은 강한 러시아 복귀의 상징인 셈입니다.

발트 3국의 한 대통령이 제게 "러시아에 우크라이나를 포기하라고 해도 도저히 불가능하다. 우크라이나는 러시아의 자궁 같은 것이다. 크림반도를 시작으로 앞으로 점점 우크라이나 영토를 침식하려고 할 것"이라고 말한 것이 인상적이었습니다.

신뢰를 쌓아간 시진핑 중국 국가주석

— **아베 총리가 가장 경계해 온 시진핑 중국 국가주석**(2013년 3월~)**은 강대국 로드맵을 추진하고, 중국의 국부인 마오쩌둥에 버금가는 존재가 되는 것을 목표로 하는 것 같습니다.**

중국은 정치적으로 사회주의 체제를 취하면서 시장경제를 도입하는 '사회주의 시장경제'를 추진하여 강대국이 되었습니다. 초대 국가주석인 마오쩌둥이 추진한 계획경제가 붕괴한 뒤 '개혁 개방' 노선을 내건 덩샤오핑이 시장경제를 도입하고 규제완화를 추진하면서 일부가 먼저 부유해지는 '선부론(先富論)'을 인정한 것은 큰 변화였습니다. 시진핑은 그 부를 확장함으로써 과거 역사적 지도자들과 맞먹는 지위를 확립하고 싶을 것입니다.

제 임기 동안 시진핑 주석은 점점 자신감을 갖게 된 것 같아요. 2010년 세계 2위의 경제대국이 된 이후 더욱 강경해져 남중국해를 군사 기지화하고 홍콩 시민들의 자유도 박탈했습니다. 그리고 다음

은 대만을 노리고 있습니다. 마오쩌둥이 경제 실정으로 기아를 일으
킨 반성 때문에 중국은 덩샤오핑 시대에 집단지도체제가 시행됐지
만 지금 시진핑 주석은 다른 생각은 억누르는 매우 위험한 체제가
되고 있는 것이죠.

시진핑 주석은 취임 초 한동안은 중·일 정상회담을 열어도 사전
에 준비된 대본만 읽었습니다. 트럼프가 미국 대통령에 취임한 첫
미·중 정상회담에서도 시진핑은 고개를 숙여 원고를 읽고 있었다고
하는데, 트럼프가 "뭐야, 시진핑이라는 사람이 저 정도였냐"며 놀랐
다고 합니다.

그런데 2018년경부터 원고를 읽지 않고 자유롭게 발언하기 시작
했습니다. 중국 내에 자신의 권력 기반을 위협하는 존재는 더 이상
없다고 생각하기 시작한 것이 아닐까요.

— **시진핑과 마음을 터놓고 솔직하게 얘기한 적이 있나요?**

중국 지도자와 마음을 터놓고 이야기하는 것은 저에게는 무리입
니다. 하지만 시진핑 주석은 정상회담을 거듭할수록 점차 진심을 숨
기지 않게 되었습니다. 언젠가 "내가 만약 미국에서 태어났다면 미
국 공산당에 들어가지 않고, 민주당이나 공화당에 입당했을 것"이
라고 말하더군요. 즉, 정치적인 영향력을 행사할 수 없는 정당은 의
미가 없다는 것이죠. 중국 공산당 간부들은 원칙적으로 공산당 이념
에 공감해 당의 전위조직에 가입하고, 이후 권력의 중추를 맡는 것
으로 되어 있습니다. 그러나 시진핑 주석의 이런 발언으로 미루어

볼 때 그는 이념적인 신조 때문이 아니라 정치 권력을 장악하기 위해 공산당에 들어갔다는 것이 됩니다. 그는 강렬한 현실주의자입니다. 2018년 10월 베이징에서 열린 중·일 정상회담에서 그는 일본인 납치 문제에 대해 "해결을 촉진하는 데 도움이 되고 싶다"고 말했습니다. 사실 이 발언은 일본 측이 실무 조율단계에서 요청한 것입니다. 저는 그런 내용이 문서에 들어가면 좋겠다고 생각했는데, 그가 스스로 언급해서 매우 놀랐습니다. 납치 문제에 대해 중국은 줄곧 북·일 양국 사이의 문제로 여겼습니다. 이제 시진핑 주석은 자유롭게 발언할 수 있을 만큼의 정치 기반을 가지고 있었던 것이죠.

중국 정상에게 일본과 너무 가까워지는 것은 위험한 일입니다. 1980년대 후야오방(胡耀邦) 총서기는 나카소네 총리와 긴밀한 관계를 맺었지만, 이후 실각했습니다. 외무성이 2017년 공표한 외교문서에서는 후야오방이 나카소네 총리와의 회담에서 중국 공산당 인사에 대해서까지 언급한 것으로 드러났습니다.

시진핑 주석의 행동 변화를 돌아보면 그는 승천하는 용이었습니다. 그런데 고독감은 엄청날 거예요. 민주주의 국가는 선거로 교체되지만 독재 정권은 어느 날 갑자기 뒤집힙니다. 권위주의 국가 지도자들의 압박감은 우리의 상상을 초월하지 않을까요. 그래서 시진핑도, 푸틴도, 그리고 김정은도 정적들을 차례로 쓰러뜨려 왔을 것입니다.

중국을 중시한 앙겔라 메르켈 독일 총리

— **앙겔라 메르켈 독일 총리**(2005년 11월~2021년 12월)**는 국제무대에서 존재감을 드러낸 지도자 중 한 명입니다. 중국과 관계를 돈독히 하면서 독일에게 중국은 최대의 무역 상대국이 되었습니다. 아베 씨는 메르켈로부터 중국에 대한 배려를 느꼈나요?**

메르켈은 총리 재임 중 중국을 12번 방문했습니다. 일본에는 2007년, 2008년, 2015년, 2016년 그리고 2019년 2회, 총 6번 뿐입니다. 게다가 이 중 2008년은 홋카이도 도야코에서 열린 G8 정상회의, 2016년은 미에현 이세시마에서 열린 G7 정상회의, 2019년 6월은 오사카 G20 정상회의 때문입니다. 일본을 단독으로 공식 방문한 경우는 3번 뿐이었습니다.

2015년 3월 일본 방문 때 내가 "당신은 일본에 좀처럼 오지 않더군요"라고 뼈 있는 말을 했더니 그녀는 "일본은 매년 총리가 교체되다 보니 방문을 결정하기가 어려웠습니다. 아베 내각은 아무래도 오래 갈 것 같아서 고민 끝에 왔어요"라고 답했습니다. 하지만 실제로는 중국을 우선으로 고려했을 것입니다.

나는 이듬해 5월 유럽 순방으로 독일을 방문했고 독일 정부가 영빈관으로 이용하는 메제베르크 성에 초대받았습니다. 베를린 교외에 있는 성인데, 일본 총리가 초대를 받은 것은 처음입니다. 환대를 받은 것이죠.

그녀는 정상회담 후 만찬에서 중국에 대해 여러 가지 이야기를 꺼내곤 했습니다. 중국 정부가 중국 문화 보급을 목적으로 전 세계에 세운 공자학원에 대해 그녀는 "학원에 전혀 사람이 없다. 중국인들이 독일 내에서 공작활동을 하는 것 같다. 어이가 없다"고 말했습니다. 공자학원이 대외여론공작기관이 되고 있다는 이야기는 제가 정상회의 등에서 여러 번 했기 때문에 "그래서 내가 말했잖아요."라고 맞장구쳤어요.

하지만 메르켈의 중국에 대한 비판을 액면 그대로 받아들일 수는 없었습니다. 제가 "그런데 독일 엔진업체들은 중국에 디젤 엔진을 팔고 있잖아요. 또, 중국 해군은 구축함과 잠수함에 독일 엔진을 탑재하고 있어요. 이게 어떻게 된 일입니까?"라고 물었더니, 그는 "어, 그래?"라고 뒤에 대기한 관료를 돌아보며 묻더군요. 그런데 아무도 대답을 안 해요. 독일이 중국에 엔진을 공급하고 있다는 것은 누구나 알고 있습니다. 메르켈은 모른 척했을 뿐이에요. 메르켈은 각료 경험도 풍부하고 많은 국제회의나 협상을 해봤기 때문에 이 정도 얘기에는 동요하지 않았습니다. 수완가였어요.

영국의 세 총리, 캐머런, 메이, 존슨

— **영국 정상으로는 데이비드 캐머런**(2010년 5월~2016년 7월), **테레사 메이**(2016년 7월~2019년 7월), **보리스 존슨**(2019년 7월~2022년 9월)**과 교류했습니다.**

캐머런도 중국으로 기울어 있는 유럽 정상 중 한 명입니다. 2012

년 티베트 불교 최고지도자 달라이 라마 14세를 영국으로 초청해 만났습니다. 중국의 탄압을 받고 인도로 망명한 달라이 라마와 회견을 갖자 중국은 격분했고, 보복 차원에서 영국과의 교류를 중단했습니다. 당황한 캐머런 총리는 인권 문제는 미뤄두고 중국에 접근했습니다. 영국이 서방국가 중 가장 먼저 중국 주도의 국제금융기구 아시아인프라투자은행(AIIB)에 참여하겠다고 선언하게 된 배경입니다. 캐머런 정부는 영국 내 원자력 발전소 건설까지 중국에 발주하면서 영국 관계를 '골든 에이지(황금시대)'라고 표현했습니다.

나는 캐머런 총리를 만날 때마다 인권 탄압과 무리한 해양 진출 등 중국의 문제점을 설명했어요. 그 자리에서는 캐머런 총리도 동의하는 듯 보였지만 실제로는 듣지 않고 있었을지도 모릅니다. 대영제국의 역사를 생각하면 영국은 본래 세계 전체를 조망하면서 큰 전략을 짜는 나라입니다. 하지만, 캐머런 총리는 영국 경제 살리기만으로 머릿속이 가득 차 있었던 것 같아요.

메이 총리에게는 좋은 인상을 가지고 있습니다. 그녀는 총리에 취임한 직후인 2016년 9월 중국 항저우에서 열린 G20 정상회의에서 저에게 회담을 제의해 왔습니다. 결국 공식 회담이 아니라 선 채로 이야기하게 됐지만, 처음부터 격의 없이 편안하게 대화를 나눌 수 있었어요.

영국은 그 해 6월 국민투표 결과 유럽연합(EU) 이탈로 방향을 틀었습니다. 저는 "영국에 진출해 있는 많은 일본계 기업들의 활동에 차질이 생기지 않도록 해달라"고 요청했고, 그녀는 "어쨌든 일본과 영국의 경제 관계를 강화하고 싶다"고 말했습니다.

2차 내각 출범 후 일본과 EU는 경제동반자협정(EPA) 협상을 벌이고 있었는데, 영국이 EU를 이탈하면 EPA 대상에서 제외됩니다. 그래서 메이 총리는 영·일 양국 간에 어떤 식이든 무역 협정을 맺어놔야 한다고 생각했던 것 같아요. 영국에는 일본 자동차 제조업체 등 약 1000개사가 진출해 있습니다.

그 후에도 그녀는 정상회담을 적극적으로 제안해 왔습니다. 2017년 4월에는 총리의 공식 별장인 체커스에 초대되었습니다. 여기서 경제뿐 아니라 안보 분야에서도 협력을 이어나가자는 이야기가 나왔습니다.

이 해 8월에는 메이 총리가 공빈(公賓·국빈 다음 자격)으로 일본을 방문했습니다. 교토 영빈관에서 만찬을 한 다음날 도쿄 정상회담을 위해 신칸센으로 함께 이동하는데 메이는 계속해서 영·일관계를 "'allies(동맹)'으로 만들지 않겠냐"고 하는 것입니다.

2017년 1월, 일본과 영국은 자위대와 영국군이 물자나 탄약 등을 서로 제공할 수 있도록 하는 '상호군수지원협정(ACSA)'에 서명했습니다. 일본에게는 미국, 호주에 이어 세 번째였습니다. 메이 총리는 그러한 군사 협력이 있기 때문에 양국을 '동맹' 관계로 발전시키려고 했을 것입니다. 일본과 영국은 같은 해양 국가라는 의식이 강했을지도 모릅니다.

동맹의 명확한 정의는 없습니다. 옛날에는 침략에 공동으로 무력을 사용한다는 개념이었고, 최근에는 안보 협력을 폭넓게 동맹이라고 부르는 경우도 있습니다.

다만 일본에게는 감사한 제의일 수도 있지만, 미·일과 같은 동맹 관계를 맺는 것은 어렵습니다. 일본은 언제든 집단적 자위권을 행사하여 영국을 보호할 수는 없는 처지니까요.

— 메이 씨의 동맹 제의에 뭐라고 대답했나요.

솔직히 놀랐지만 거절할 수도 없기 때문에 "그러면 좋겠네요"라고 대답했습니다. "과거 일본은 영·일동맹을 체결해 러·일전쟁에서 이길 수 있었습니다. 그런데 영국과 일본의 긴밀한 관계를 탐탁지 않게 여긴 미국이 두 나라를 갈라놓으려 해서 유감스럽게도 동맹 관계를 폐지하고 말았습니다. 매우 안타까운 일이죠"라고 말했습니다. 이러한 대화로 일본과 영국은 '준동맹'이라는 관계로 인식하게 되었습니다.

프랑수아 올랑드-에마뉘엘 마크롱 두 대통령과의 추억

— 프랑스의 정상은 프랑수아 올랑드(2012년 5월~2017년 5월), **에마뉘엘 마크롱**(2017년 5월~)**이었습니다.**

올랑드와의 관계에서 인상 깊은 것은 2013년 6월 프랑스 대통령으로서는 17년 만의 국빈방문이었습니다. 올랑드 대통령은 사실혼 관계였던 파트너와 일본을 방문했는데, 직전까지도 그녀를 퍼스트레이디와 마찬가지로 대우해야 하는지를 놓고 정부 내에서 논쟁이 있었습니다. 국빈으로 일본을 방문할 경우 통상 궁중 만찬 등에서 천황, 황후 두 분으로부터 대접을 받게 됩니다. 그런데 사실혼인 그녀를 그 대상에 포함시켜도 되는지 궁내청이 문제 삼은 것입니다. 결국 외무성이 조사해보니 인도 등 다른 나라도 그녀를 퍼스트레이디로 대접한 것으로 밝혀져 어쨌든 궁중 만찬 참석도 허용하는 것으로 허락을 받았습니다. 올랑드 대통령의 일본 방문 시에는 도쿄 모토아카사카(元赤坂)의 영빈관에서 워킹 런치를 가졌습니다. 메이지 말기에 지은 영빈관은 프랑스 화가의 천장화라든가 훌륭한 샹들리에 등이 있어 세계에서 가장 아름답다는 프랑스 베르사유 궁전을 떠올리게 하지만, 실제로 베르사유 궁전과 비교한다면 확실히 뒤떨어집니다.

그래서 저는 프랑스인에게 보여주기가 조금 부끄러웠는데 국빈은 원칙적으로 영빈관에서 대접하게 되어 있습니다. 제가 올랑드에게 "서양 문화를 흡수하려고 했던 시대의 건축이라서 베르사유 궁전과 비슷하네요"라고 괴로운 설명을 했더니 올랑드는 아첨이겠지만 "멋진데요"라고 칭찬해 주어서 마음이 놓였습니다.

그리고 워킹 런치 식사는 프랑스 요리였습니다. 저는 본고장 사람에게 일본의 프랑스 요리로 접대한 것이 괜찮을지 걱정했는데, 기우였습니다. 일본을 대표하는 프렌치의 셰프, 미쿠니 키요미(三國淸三) 씨를 중심으로 여러 명의 스타 셰프가 각각 요리를 제공하자 올랑드 일행은 스마트폰을 꺼내 사진을 '찰칵찰칵' 찍고 있는 거예요. "맛도 좋고, 그릇에 담아내는 방식도 훌륭하다"라고 말해 줬을 때 비로소 안심했습니다. 이듬해 2014년 5월에는 제가 방문해 파리 엘리제궁 주변의 큰 길을 올랑드 대통령과 함께 걸었습니다. 그가 원해서 같이 산책했는데, 그때는 아베노믹스도 최고로 잘 나가던 시기여서 지나가던 사람들이 꽤 알아보고 사진을 찍더군요. 올랑드 대통령은 나와 걷는 것이 자신의 정치 활동에 도움이 된다고 생각했을 것입니다. 외교에는 그렇게 드러내는 방법도 있습니다.

마크롱은 프랑스 역사상 가장 젊은 39세에 대통령이 되었습니다. 대통령이 되기 전에는 경제장관을 지냈기 때문에 아베노믹스에 대한 이해도 있었어요. 그래서 그는 2017년 임기 초부터 저에게 존경을 갖고 대해줬습니다. 장기집권의 이점이겠죠.

일본이 제창한 '자유롭고 열린 인도·태평양' 구상에도 마크롱은 발빠르게 협력을 표명했습니다. 남태평양에는 누벨칼레도니(뉴칼레도니아)나 폴리네시아 같은 프랑스령 섬들이 있습니다. 이 해역의 권익을 중국에 빼앗겨서는 안 된다는 생각에서 일본과 전략적으로 협력하려고 했던 것입니다.

프랑스의 의향을 토대로 2018년에는, 일본이 주최해 3년 마다 열리고 있는 '태평양·섬 정상회의'에 누벨칼레도니와 폴리네시아 2지역을 새롭게 초청했습니다. 또한 이 정상회의에 프랑스 현지 총영사들의 참석도 허용했습니다. 법의 지배에 근거한 해양 질서의 유지나, 항행의 자유라고 하는 인도 태평양 구상은 프랑스의 국익에도 일치했습니다. 마크롱 대통령은 영토를 지키려는 의지가 강한 정치인이었습니다.

EU 수뇌 앞에서 하이쿠를 읊기도…

— **아베 내각은 EU 주요 인사들과도 회담을 여러차례 가졌습니다. EU 정상과의 회담을 의식적으로 진행한 것인가요?**

EU는 조직이 복잡합니다. 여러 이사회가 있고 입법 기능을 가진 의회도 있어요. 솔직히 저도 처음에는 잘 몰랐어요.

가장 높은 수준에서 의사 결정을 하는 것은 '유럽 이사회(정상회의)'로, 저는 헤르만 판 롬파위(2009년 12월~2014년 11월), 도널드 투스크(2014년 12월~2019년 11월) 두 의장과 수 차례 회담을 했습니다. 한편 관료 기구인 유럽위원회 멤버로는 조제 마누엘 바호주(2004년 11월~2014년 11월)와 장 클로드 융커(2014년 11월~2019년 11월) 등을 만났습니다.

솔직히 저는 독일 영국 등 유럽 강대국 정상들과 만나면 그걸로 충분할 것이라고 생각했습니다. 하지만 EU가 중요하다고 제게 계속 설득한 사람이 이마이 비서관이었습니다. 경제산업성 시절 벨기에 브뤼셀에 있는 일본기계수출조합 브뤼셀 사무소장이었던 그는 "EU의 역내 규정이 한번 마련되면 그것은 향후에 반드시 국제적인 규정이 됩니다. 그러니까 유럽이 규정을 만들기 전에 일본이 관여해야 합니다"라고 저에게 여러 차례 말했습니다. 실제로 기후변화와 에너지 문제에서 국제사회를 선도하고 있는 것은 유럽입니다.

다만 EU 정상과의 회담에서는 어려움도 있었습니다. 하이쿠 애호가인 판 롬파위와 만났을 때입니다. 그는 모국어인 네덜란드어로 읊은 하이쿠를 영어 · 불어 · 독어와 일본어 번역본까지 냈습니다. 네덜란드어 하이쿠는 5 · 7 · 5의 음절 수로 표현하고 있으며, EU 위기나 동일본 대지진을 읊은 것도 있다고 합니다.

그와 회담할 때는 서로 하이쿠를 선보이게 됐습니다. 그런데 하이쿠를 즐기는 비서관은 없어서 제가 스스로 생각해야 했습니다. 2013년 11월 판 롬파위가 일본을 방문했을 때 처음으로 만찬에서 제 하이쿠를 선보였습니다. '쏟아지는 별, 올려다보는 밤에 친구가 된다(降る星を, 見上げる夜に, 友来たる)'라는 시였습니다. 2014년 5월 제가 브뤼셀을 방문했을 때는 그의 관저인 성에서 만찬을 했기 때문에 '고성 안에서, 환대가 스며드는, 어느 봄날밤'(古城にて, もてなし染みる, 春の夜)'이라고 읊었고요. 두 가지 모두 꽤 힘들게 만든 것입니다.

— 솔직한 내용이네요.

운치 있고 멋진 하이쿠가 만들어질 리는 없잖아요? 어느 때는 계어(季語)[02]를 넣는 것을 잊었는데 너무 귀찮아서 그냥 읊은 적도 있어요.

나는 EU에도 중국의 문제점을 설명하고 있었습니다. 판 롬파위는 2014년 브뤼셀 회담에서 "아베 씨의 경고를 점점 이해하게 됐다"고 말하기도 했습니다. 무슨 말인가 했더니 "지난번 시진핑 중국 국가주석이 EU를 방문했을 때 미국 대통령과 똑같이 대우하라고 중

---

02) 하이쿠에 넣는, 계절과 관련된 단어

국 측이 끈질기게 요구해 와서 너무 질려버렸다"는 거예요. 나는 "중국은 대국으로서 행세하고 싶어하는 것 같다. 그런 경향은 점점 강해질 것"이라고 대답했습니다. 2008년 리먼 사태 이후 세계 금융 위기로 저성장 시대를 맞이하면서 EU 각국은 중국의 투자를 기대 했고 중국은 '일대일로' 구상으로 대응하려 했습니다. 하지만 중국 의 불투명한 투자가 실제로는 유럽의 국익을 해치고 있다는 것을 점 점 각국이 깨닫고 있었습니다. 후임 EU 의장인 투스크는 폴란드 총 리 시절 만난 적이 있었기 때문에 처음부터 좋은 분위기에서 회담할 수 있었습니다. 투스크와 콤비를 이룬 유럽위원회 융커 위원장은 재 미있는 인물로 언제나 농담을 했습니다.

나는 EU와의 관계에서도 꾸준히 결정을 내렸습니다. 미국의 환 태평양경제동반자협정(TPP) 이탈로 자유무역은 흔들릴 뻔했지만 2017년에 일-EU 경제동반자협정(EPA)은 큰 틀에서 합의에 도달했 고 2019년에는 발효시킬 수 있었습니다. 일본은 EU에서 수입되는 물품에 부과하던 관세 중 약 94%를 철폐하고 EU측은 약 99%를 철 폐한다는 내용입니다. 일본은 자동차 회사 등 제조업 등에 혜택이 컸고, 유럽은 치즈와 와인 생산자 등을 배려할 수 있었습니다.

호주의 애벗 수상의 도움을 받다

— 호주는 정쟁으로 총리가 빈번하게 교체됐습니다. 줄리아 길라드 (2010년 6월~2013년 6월), **케빈 러드**(2013년 6~9월), **토니 애벗**(2013

년 9월~2015년 9월), **말콤 턴불**(2015년 9월~2018년 8월), **스콧 모리슨**(2018년 8월~2022년 5월)**이 2차 아베 정권 동안의 호주의 정상이었습니다.**

아베 정권은 과거 어느 때보다 호주와의 관계를 강화한 정부였을 것입니다. 안보 측면에서는 2013년 영국 부대 간 협력을 규정한 상호군수지원협정(ACSA)이 발효됐고 2017년에는 ACSA를 재검토해 무기 및 탄약의 공급도 가능하도록 했습니다. 안전보장 관련법에 따라 호주 함정도 방호할 수 있게 됐습니다.

원래 호주는 철광석과 석탄 등 자원이 풍부해 에너지 안보상 일본에 필수적인 무역 상대국입니다. 2015년에는 무역 자유화나 지적 재산의 보호 등을 포함한 양국의 EPA가 발효됐습니다.

그러한 협력 관계의 계기를 만들어 준 것은 지일파 존 하워드(1996년 3월~2007년 12월) 총리인데, 2007년 안보 협력에 관한 공동선언은 안보 분야에서 영국 관계를 크게 진전시켰습니다. 2차 내각 이후에는 하워드 정권에서 각료를 맡았던 애벗 총리가 큰 역할을 해주었습니다.

2014년 1월 매년 스위스에서 열리고 있는 다보스 포럼(세계경제포럼 연차총회)에 제가 참석했을 때 회의에 와 있던 애벗 총리가 정상회담을 요구해 왔습니다. 나는 지난해 12월 야스쿠니 신사를 참배했던 터라서 '역사 수정주의라고 불평하려는 건가. 귀찮군'이라고 생각하며 거절했는데, 호주 측은 "짧은 시간이라도 좋으니 만나자"고 강력하게 요구했습니다. 어쩔 수 없이 연례 총회 장소에서 짧은 시간 동안 만났습니다. 그러자 애벗 총리는 먼저 "이것만은 전하고 싶었습니다"라며 "일본의 전후 평화국가 행보는 세계로부터 더욱 높게 평가받아야 합니다. 일본은 과거의 일에 대해 터무니없는 비판을 받고 있는데, 그것은 전혀 공정하지 않습니다. 그리고 일본은 안보 분야에서 더 공헌해야 한다고 생각합니다. 함께 협력해 갑시다"라고 말하는 것입니다.

저는 깜짝 놀랐어요. 일본과 호주는 제2차 세계대전에서 싸웠고 호주인 중에는 일본군의 다윈 공습을 여전히 비판하는 사람들이 있습니다. 애벗 총리는 그런 역사 이야기를 일절 하지 않고 저에게 협력을 제의해 온 것입니다. 이 짧은 회담이 이후 양국의 경제 및 안보 협력 강화로 이어지게 되었습니다.

애벗 총리에게 호감을 갖게 된 저는 그가 그해 4월 일본을 방문했을 때 외국 정상으로서는 처음으로 NSC 모임에 게스트로 초대했습니다. 정상회담에서는 그가 "노후 잠수함을 신형으로 전환할 계획인데, 일본 잠수함의 건조 기술 수준이 높으니 협조해 줄 수 없겠냐"고 타진해 왔습니다. 이 잠수함의 협력 계획은 실현시키고 싶었지만 턴불 정권으로 교체된 2016년 프랑스에 넘어가고 말았습니다.

2014년 11월 미얀마에서 동아시아정상회의(EAS)가 열렸을 때입니다. 회의 대기 시간에 저는 애벗 총리, 브루나이 국왕과 대화를 나누고 있는데 리커창 중국 총리가 다가왔습니다. 당시에는 중·일 관계가 냉랭했어요. 리커창 총리는 브루나이 국왕, 애벗 총리와 악수하고 한두 마디 이야기를 나눈 뒤 가까이 있던 나를 무시할 수 없으니 굳은 표정으로 악수를 청해 왔습니다. 제가 "중·일 관계를 개선해 나가고 싶습니다"라고 말하자, 그는 '역사를 거울삼아 미래를 바라보는 정신이 중요하다'는 식으로 답례를 하는 것입니다. 그러자 옆에 있던 애벗 총리가 그를 향해 "역사를 귀감으로 삼는 것은 괜찮지만 과거에 사로잡히면 안 되겠죠"라고 말했습니다. 리커창은 불쾌한 얼굴을 감추려고도 하지 않고 떠났습니다. 그러자 애벗은 "내가 피스메이커(중재자) 역할을 제대로 해낸 건가"라고 웃으며 말하더군요.

해외 정상과 친해지면 내정 상담을 받기도 합니다. 트럼프나 애벗이 그랬어요.

호주는 4명 중 1명이 외국에서 태어난 이민 국가인데, 이민을 너무 많이 받아 도시 지역의 주택 부족 문제 등이 생겼습니다. 애벗은 저에게 이민 억제 정책을 어떻게 생각하냐고 물어본 적이 있었는데, 이민을 받아들이지 않는 나라(일본)의 제가 뭐라고 할 처지도 아니었기 때문에 "이렇게 하면 어떨까요?" 정도로 이야기할 수밖에 없었습니다. 하지만 저를 신뢰하고 있다는 사실에 기뻤습니다. 다음에 일본에 오면 홋카이도 니세코에서 스키를 함께 타자고 했지만, 지지율이 하락해 그는 퇴진하고 말았습니다.

— 턴불 총리는 친중 인사로 알려졌습니다.

그가 중국에 가까웠던 것은 사실입니다. 그는 가까이하기 어려운 타입이었지만, 일본과 호주의 관계를 강화하고 싶었던 저는 포기하지 않고 정상회담 때마다 중국의 위험성을 호소했습니다. 2017년 1월 시드니를 방문했을 때는 만찬자리에서 그의 부인이 중국에 대해 매우 경계심을 갖고 있다는 것을 알게 됐습니다. 턴불 총리도 중국의 문제점은 충분히 인지하고 있었을 것입니다. 미국의 불참에도 불구하고 턴불과 협력해 결국 어떻게든 TPP를 발효시킬 수 있었던 것은 좋았다고 생각합니다. 턴불과 저는 같은 1954년생인데 그가 어렸을 때 가장 좋아했던 TV 프로그램이 60년대 방영된 일본 연속 사극 '은밀 검사(隱密劍士)'였다고 합니다. 에도 시대에 닌자가 날렵하게 수리검과 칼을 사용해 악당을 물리친다는 드라마인데, 저도 아주 좋아했어요. 호주에서도 방송이 됐다고 합니다. 턴불은 2015년 12월 일본에 왔을 때 "일본에 오면 닌자를 만날 수 있을까 기대했는데 아쉽다"는 농담을 했습니다. 일본의 서브 컬처 확산이 그렇게 예전부터 이루어지고 있었다는 사실에 놀랐습니다.

모리슨이 총리로 취임한 2018년 무렵에는 저는 국제사회에서 일정한 발언력을 가지고 있었습니다. 모리슨은 저를 '멘토', '선생님'이라고 불렀고 호주 국내에서 "내 외교 어드바이저는 일본의 아베 총리"라고까지 했습니다. 자유롭고 열린 인도 태평양 구상과 미국·일본·호주·인도 협력 등이 그의 생각에 부합했을 것입니다. 제가 2018년 11월 다윈의 전몰자 위령비를 방문한 것도 큰 역할을 했을지 모릅니다.

다만 포경을 둘러싸고는 모리슨과 대립했습니다. 2018년 9월 열린 국제포경위원회(IWC) 총회에서 상업 포경의 일부 재개를 요구한 일본의 제안은 부결됐습니다. IWC의 설립 목적은 고래에 관한 자원 보호와 지속적인 이용, 즉 일정한 포획은 허용하는 것인데, 실제로는 보호에 치우쳐 있습니다.

그해 11월 다윈에서 열린 양국 정상회담에서 저는 상업포경 재개에 대해 "포경 대상은 당신들의 뒷마당, 즉 남태평양이 아니다. 일본 영해와 배타적경제수역(EEZ)"이라며 이해를 구했지만 모리슨은 매우 직설적으로 "일본이 IWC를 탈퇴하면 된다"고 말하더군요. 나는 그 발언에 놀랐지만 결국 2019년 6월 일본은 IWC를 탈퇴하게 되었습니다.

두테르테 대통령과 네타냐후 총리, 아베가 '맹수 조련사'로 불린 이유

— **아베 총리는 로드리고 두테르테 필리핀 대통령**(2016년 6월~2022년 6월), **베냐민 네타냐후 이스라엘 총리**(1996년 6월~1999년 7월, 2009년 3월~2021년 6월) **등 거칠기로 유명한 정상과도 좋은 관계를 맺었습니다. 그러한 정상과 사귀는 데 있어서는 뭔가 요령이 있는 것입니까?**

국제사회에서 '문제아' 취급을 받고 있는 정상 중에도 의외로 재미있는 인물이 있습니다. 처음부터 싫어하면 아무리 상대방 앞에서 숨기려고 해도 반드시 전해지게 됩니다. 그래서 선입견을 갖지 않는 것이 중요합니다.

관행을 깨는 파격적인 사람은 어떤 면에서 단순한 모습으로 보이기 쉽지만 대개 인간은 복잡한 법이죠. 푸틴과 두테르테의 강경한 목소리는 국제정치의 원칙적인 세계에서 벗어나 있습니다. 인종, 종교 등 다양성을 배려하는 정치적 올바름은 없지만 모종의 '핵심'을 찌르는 경우도 많습니다.

검찰 출신인 두테르테는 마약 박멸을 위해 마피아를 몰살하겠다고 밝혔고 실제로 필리핀에서는 마약 범죄에 연루된 용의자들이 대거 사살되었습니다. 다만 두테르테는 자신의 정적을 매장하지는 않았습니다. 잘못된 수단이긴 하지만 사회의 적을 제거하고 있는 것입니다.

저는 두테르테가 2016년 10월에 일본을 방문했을 때 처음 만났습니다. 강경한 마약 단속 정책은 이미 서구 각국과 인권단체로부터 많은 비판을 받았습니다.

나는 두테르테에게 "나는 학교 선생님 같은 말을 하지는 않겠습니다. 마약을 박멸해 나가겠다는 당신의 입장을 이해하고 싶고 협력하고 싶습니다. 다만 당신이 초법적 수단만 쓰면 협조할 수 없습니다. 조금 더 부드럽게 하면 안 될까요?"라고 말했습니다. 결국 일본은 평화적 수단을 통한 마약 퇴치 지원 명목으로 약물 중독 환자 갱생 등 다양한 원조를 실시하게 되었습니다.

두테르테가 미국을 거듭 비판하기에 나는 "우리 할아버지(기시 노부스케 전 총리)도 연합군 총사령부(GHQ)에게 전범으로 구치됐습니다. 이후 미·일안보조약을 개정해 현재 동맹의 기초를 닦은 사람도 할아버지입니다. 사적 원한이 아니라 국익을 생각했기 때문입니다"라고 말하기도 했습니다. 이런 이야기에 두테르테는 매우 만족스러워했습니다. 다음 해인 2017년 1월 제가 필리핀을 방문했을 때는 자택 침실로 데려가 총기 컬렉션을 보여주고는 "좋아하는 총을 가져가라"는 말까지 들었습니다. 일본에서 총기의 개인 소유는 허용되지 않는다고 거절했지만 "됐으니까 가져가라"고 집요하게 권해서 힘들었습니다.

그의 뿌리는 검찰이거든요. 시정연설 등에서 "정당한 수단으로 단속하라고 '멋진' 말을 하는 사람들은 내가 자란 민다나오 섬 다바오 아이들의 목숨을 한 명이라도 구했냐. 마피아는 아이들에게 마약을 팔고 아이들은 죽어간다. 판매상이 된 아이도 있다. 아무도 구하지 않았잖아. 그래서 내가 하는 거야"라고 여러 차례 말했습니다. 그의 주장에도 일리가 있어요.

상대방 마음 속에 들어가면 그 사람이 겪어온 삶의 일부를 볼 수 있습니다. 거기서 비로소 영향력을 행사할 수 있게 되는 거죠. 외부에서 뭐라고 말해봐야 상대방은 경계할 뿐입니다.

네타냐후 총리는 매우 개성이 강한 인물이었습니다. 2018년 5월 이스라엘을 방문해 중동 평화에 대한 일본의 지속적인 지원과 외교·군사 당국 간 협의 개시를 결정했는데 헤어질 때 네타냐후 총리가 "가을 자민당 총재 선거에 나설 것이냐"고 물어왔습니다. "나가겠다"고 대답하자 "이번 회담의 가장 큰 목적은 그것을 확인하는 것이다. 나오면 당연히 이기겠지. 우리 정보로는 이기게 돼 있다"고 말했습니다. 대외 정보 기관 모사드의 정보였던 것 같아서, '모사드로부터 확실한 보장을 받았구나'라고 생각했습니다.

리덩후이 대만 총통의 국가관에 감명받다

— 아베 씨는 1994년 자민당 청년국 차장으로 대만을 방문해 리덩후이(李登輝) 당시 총통(1988년 1월~2000년 5월)을 처음 만났다는데 이 총통에게 어떤 인상을 받았습니까?

자민당의 외교 창구는 국제국이지만 국교가 없는 대만과의 교류는 전통적으로 청년국이 맡아왔습니다. 청년국은 매년 대만을 방문하고 있고, 그 일환으로 저도 대만을 방문해 당시 리 총통을 만났습니다.

처음 리 총통의 이야기를 들었을 때 저는 압도됐습니다. 2000만 명이 넘는 대만 국민들을 어떻게 지켜낼 것인지에 대한 강한 신념과 의지에 마음이 흔들린 것입니다. 리 총통은 인간적 매력이 넘치고, 사람을 끌어당기는 자기장 같은 인물입니다.

그는 타이베이의 고등학교를 졸업한 후 전쟁 중에 교토제국대학에 진학하여 일본을 대표하는 니시다 기타로(西田幾多郎)의 철학에 매료됐다는 이야기를 유창한 일본어로 말해줬습니다.

일본인 엔지니어 핫타 요이치(八田與一)가 댐을 만든 것이 상징하듯이, 일본은 대만을 통치하던 시절 대만 각지에서 인프라 정비를 진행했습니다. 아이들을 학교에 보냈습니다. 그는 이런 이야기를 통해 일본과 대만의 관계가 얼마나 깊은지, 대만 사람들이 일본으로부터 얼마나 큰 영향을 받았는지에 대해 말해줬습니다. 어휘가 풍부했고 철학적으로 뒷받침된 교양을 느꼈습니다. 틀림없이 아시아를 대표하는 위대한 지도자였습니다.

그 후 1996년 제가 청년국장이 되어 방문했을 때 저는 중국 방문을 앞두고 있었습니다. 리 총통에게 그 말을 하자 "어서 중국에 다녀오세요. 대만이 민주적인 행보를 착실히 진행하고 있음을 상대방에게 알려주세요"라고 말했습니다. 중국에 그 얘기를 했더니 분위기가 안 좋아졌어요.

— 관방장관이나 총리가 되고 나서는 물밑 접촉이었나요?

전화로 이야기를 할 때가 많았어요. 다만, 경제나 안보 등 구체적인 이야기는 하지 않았습니다. 그는 대만을 지켜낸다, 국제사회의 고아가 되지 않기 위해 대만과 일본, 대만과 미국의 관계를 강화하고 국제사회에서 인정받게 하겠다는 강한 신념을 저에게 거듭 전했습니다. 야스쿠니 신사참배 문제에서 리 총통은 지도자로서의 저의 자세를 꾸짖었습니다. 1차 내각 당시인 2007년 6월, 그는 야스쿠니 신사를 참배했습니다. 당시 저는 독일 하일리겐담에서 열린 G8 정상회담에 참석해 후진타오 중국 국가주석과의 회담을 앞두고 있었습니다. 리덩후이 총통이 퇴임한 후 일본 방문은 이때가 세 번째였는데, 앞서 두 차례는 일본 정부가 그에게 온건한 언행을 부탁했습니다. 하지만 저는 "총통의 마음에 따라 참배한다면 괜찮지 않겠냐"

며 일체의 제약을 두지 않았습니다.

저는 그에게 야스쿠니에 대한 생각을 들었습니다. "나의 형은 대일본제국 해군의 군인이었습니다. 나도 학도병으로 출정해 일본 육군의 군인으로서 목숨을 걸었습니다. 전쟁 당시에는 일본인이었거든요, 아베 씨. 그리고 형은 남방에서 전사했어요. 당시 야스쿠니에 모셔진다는 것은 병사와 국가의 계약이었습니다. 당연히 우리 형은 야스쿠니에 신으로 모셔져 있습니다. 저는 그렇게 생각합니다. 제가 형과 만날 수 있는 것은 야스쿠니 신사뿐입니다. 그래서 나는 야스쿠니에서 형과 재회하는 것입니다"라는 내용이었습니다. 이런 이야기를 하는데, 야스쿠니에 가지 말아달라고 말할 수는 없겠죠.

그는 이렇게도 말했습니다. "일본인들은 뭘 하는 건가요. 예전 일본인의 정신을 잃었나요? 나라를 위해 흩어진 많은 사람들이 야스쿠니에 모셔져 있습니다. 거기에 지도자가 가는 건 당연한 일이잖아요." 더 이상 끽소리도 나오지 않았어요.

제7장

전후 외교의 총결산 —
북방영토 협상과 천황 퇴위

2016년

동서 냉전시대 미국이 일본과 소련의 접근을 막기 위해 일본을 강력히 압박했던 '덜레스의 압박', 그로부터 60년이 되던 해에 아베 총리는 '전후 외교의 총결산'으로써 러·일 관계 개선에 나섰다. 일본 정부가 오랜 세월 금과옥조처럼 내걸었던 '북방영토 4개 섬 일괄 반환'도 재검토할 수 있다고 밝힌 아베 총리는 푸틴 러시아 대통령과 협의를 시작한다.

내정에서는 천황이 퇴위 의사를 표명했고, 법 정비 준비가 시작된다. 아베는 천황 퇴위가 항구적인 제도로 자리잡는 것을 경계했다.

중·참의원 동시 선거의 의도

— 2016년은 정기국회를 예년보다 대폭 앞당겨 1월 4일 소집했습니다. 전년도 가을 임시국회 개최를 미루고 추경 심의와 국회의 인사 동의를 앞두고 있었다는 사정이 있습니다만, 결정적인 요인은 중·참 동시 선거를 상정하고 있었기 때문입니까. 자민·공명 양당은 당시 중의원에서 헌법 개정 발의에 필요한 3분의 2 이상의 의석을 갖고 있었지만, 참의원은 3분의 2가 채 되지 않았습니다. 개헌 세력 확대를 위해 이세시마에서 열린 G7 정상회의(5월 26~27일) 후 정기국회 폐회(6월 1일)에 맞춰 국회를 해산한 뒤 같은 날 동시선거를 치르려고 한 것이 아닌가요?

중·참의원 동시 선거가 선택지에는 있었습니다. 다만 같은 날 선거를 하는 것은 중선거구제 시절만큼의 이점은 없다고도 생각했습니다.

중의원이 중선거구제였던 때는 자민당 조직보다 각 의원별 후원회가 더 강력한 힘을 가지고 있었습니다. 반면 참의원은 중의원만큼 강한 지지 조직을 갖고 있지 않았어요. 참의원 선거 때 지원해주는 중의원의 경우 후원회의 힘을 어디까지 내는가 하면, 40~50% 정도겠지요. 그러나 중선거구제 시절에는 중·참의원이 같은 날 선거를 하게 되면 중의원도 자신의 후원회를 100% 가동하게 되니까 시너지 효과 덕분에 참의원 선거에서도 이길 수 있었습니다.

하지만 소선거구제가 도입된 이후에는 정당 선거의 색채가 짙어

저 개인 후원회를 갖지 않는 젊은 중의원들이 늘었습니다. 이들은 당 조직이나 지방의원 후원회에 의존해 싸우고 있습니다. 이래서는 같은 날 선거를 해도 참의원에 그다지 플러스가 되지 않는다고 생각했어요. 오히려 같은 날 선거를 치렀다가 중의원 의석이 감소하는 리스크를 감안한다면 정권 운영에 마이너스가 더 크다는 우려도 있었습니다.

자민당은 2014년 12월 중의원 선거에서 290석을 획득하는 압승을 거뒀습니다. 그런데 2016년 여름 중의원 선거를 치르면 임기가 2년 이상 남았는데 해산하는 것입니다. 중의원 선거에서 승리한다면 환호 속에서 개선문을 행진할 수 있겠지만, 패배하고 돌아오면 죽창으로 찔릴 리스크도 있는 것이죠.

— 1월 28일에는 아마리 아키라 경제재생상이 불법 헌금 의혹에 책임을 지고 사임했습니다. 그만둔 각료는 과거에도 있었지만 아마리 씨의 사임⁰¹⁾이 가장 반응이 좋지 않았나요?

아마리 씨는 2차 아베 정권을 만들어 준 일등공신 중 한 명입니다. 아소 다로 부총리, 스가 요시히데 관방장관, 아마리 씨, 당에서는 고무라 마사히코 부총재. 이 사람들이 나의 복귀를 실현해줬고, 정권의 안정성을 높이고 있었습니다. 게다가 아마리 씨는 '아베노믹스'라는 경제성장을 우선시하는 정책을 추진해 당내 재정재건파를

---

01) 역: 아마리 아키라 경제재생상의 사임은 당초 아베 정권의 악재로 여겨졌으나, 이후 각종 여론조사에서는 내각 지지율이 상승했다.

억누르는 '무게추'였던 셈입니다. 환태평양경제동반자협정(TPP) 협상도 맡고 있었습니다. 아마리 씨의 퇴장은 단순히 각료 중 한 명이 그만두는 수준에 그치지 않고 정권의 기둥을 하나 잃는 큰 타격이었습니다.

— 거듭 만류했지만 이뤄지지 않았었지요.

아마리 씨는 2013년에 설암(舌癌) 수술을 했어요. 그때도 폐가 되니까 사임한다고 했거든요. 아마리 씨를 잃고 싶지 않았던 나는 "아니, 제대로 휴식을 취하면 되잖아요"라고 말하고 남아 달라고 했습니다. 사임의 계기가 된 공설비서의 헌금 문제는 감독 책임은 있었지만, 아마리씨가 직접적인 책임은 없었어요. 어떻게든 이겨낼 수 없을까 생각했습니다만, 아마리 씨의 의사가 확고했습니다.

재해 지원은 '푸시 유형'으로

— 4월 14일 구마모토(熊本) 현에서 진도 7을 기록한 지진이 일어났습니다. 이때부터 정부는 재해 피해를 입은 지자체의 요청을 기다리지 않고 바로 지원을 시작하는 방법을 채택해 시행했습니다. 위기관리의 접근 방식을 바꾼 건가요?

푸시형 지원이죠. 계기는 2014년 2월 간토, 고신에츠(甲信越·현재의 야마나시(山梨)·나가노(長野)·니가타(新潟) 현의 총칭)를 중심으로 한 폭설 피해였습니다. 특히 야마나시현에 기록적인 폭설이 내렸습니다. 과거와 달랐던 것은, 피해를 입은 지자체로부터 현지 정보가 들어오지 않아도 개인이 SNS를 활용해 정보를 알리고 있었다는 점입니다. 집 주변이 폭설로 인해 이렇게 힘든 상황이라고 하는 영상이나 메시지를 보내고 있었습니다. 아내 아키에가 실제로 그런 정보를 보고 나와 비서관에게 알려 줬어요. 반면, 지자체에서는 재해 정보가 올라오지 않았습니다. 그렇다면 각 개인이 보내주는 정보를 확인한 뒤 객관성이 있으면 그 정보를 바탕으로 대응하자고 결정한 것입니다. 구마모토 지진 때도 정보가 들어오지 않는 상황이 발생했습니다. 그래서 개인 SNS에서 정보를 수집하는 팀을 만든 것이죠. SOS발신을 받으면 바로 연락을 취하고 즉시 대응하기로 했습니다. 더 나아가 피해 지역의 대피소와 대피소에 올 수 없는 주변 주민들에게 태블릿형 기기를 배포하고, 현지에서 부족한 식량과 비품을 직접 발주하는 시스템도 만들었습니다. 정부에서는 구마모토에서 근무한 경험이 있는 공무원들을 피해 지역에 파견해 중앙 정부에 묻지 않고 현지에서 지원 방법을 결정하기로 했습니다. 상당히 신속하게 대처할 수 있게 됐다고 생각합니다. 물론 '이렇게 물자를 보내도 괜찮은 것이냐'며 이런저런 불평을 하는 사람들도 있었습니다. 푸시형 지원에 소극적인 지자체도 있었습니다. 하지만 낭비가 어느 정도 생기더라도 국민의 생명과 건강을 지키는 것이 최우선이잖아요.

2018년 7월 서일본 폭우 때는 오카야마(岡山)현, 히로시마(広島)현, 에히메(愛媛)현에 에어컨을 대량으로 보냈습니다. 대피소 등에 설치하도록 하기 위해서였습니다. 처음에는 그런 것을 보내도 '대응하기 어렵다', '설치하는 데 돈이 든다'고 말해 온 현도 있었지만, 설치 업체를 파견하고 설치하는 비용까지 정부에서 부담했더니 나중에 감사하다는 말을 들었습니다.

— **재해 시에는 지방 수장의 역량이 도마 위에 올랐습니다. 관저에서는 어떻게 보였나요?**

구마모토 지진 때는 오니시 카즈후미(大西一史) 구마모토 시장과 다카시마 소이치로(高島宗一郞) 후쿠오카 시장이 잘 대응해 주었습니다. 행동이 빠르고, 여러 가지 계획을 세워주시는 분들은 큰 도움이 됩니다. 후쿠오카 시장은 구마모토 재해 때 대량의 폐기물이 나오자 수거 인원을 파견해주는 등 앞장서 협력해 주었습니다.

— **지진 여파 장기화가 불가피해지면서 같은 날 치르는 동시 선거에 대한 연기론이 거세졌습니다.**

이미 그럴 분위기는 아니었죠.

북방영토 협상 가속화

— **5월 6일 러시아 소치에서 러·일 정상회담이 열렸습니다. 새로운 발상에 입각한 접근을 기반으로 평화조약 협상을 적극 추진하기로 푸틴 러시아 대통령과 합의했습니다. 아베 정권이 적극적으로 북방영토 협상에 임하는 기점이 됐습니다. 영토 귀속 문제를 우선시하지**

않고 경제 협력을 통해 영토 문제 해결의 기류를 조성해 나간다는 판단의 근거는 무엇이었습니까?

러·일의 영토 협상에서는 옛날부터 입구론과 출구론이라는 두 가지 입장이 있었습니다. 입구론은 에토로후(択捉) 섬, 구나시리(国後) 섬, 시코탄(色丹) 섬, 하보마이 군도(歯舞群島) 등 4개 섬의 일본 귀속이 확인된 후에 평화조약을 체결한다는 이른바 대러 강경파의 주장입니다. 출구론은 러·일 관계를 개선함으로써 영토 문제의 타결점을 찾겠다는 접근 방식입니다. 일본은 두 가지 방침을 왔다갔다 해왔지만, 근본적으로는 입구론, 즉 강경한 태도를 고수해 왔습니다. 하지만 저는 입구론에 연연해서는 안 된다고 생각했습니다.

— **북방 4개 섬은 일본 영토이기 때문에 4개 섬 일괄 반환이 아니면 인정할 수 없다는 원칙에 연연하다가는 영구히 반환되지 않을 수 있습니다. 반면, 일본이 러시아에 경제 협력을 하더라도 영토가 돌아온다는 보장은 없습니다. 궁극적으로는 타협점으로써 시코탄 섬과 하보마이 군도 2개 섬의 반환을 고려했던 건가요?**

원래 1956년 일본과 소련의 공동선언에는 평화조약 체결 교섭을 실시하고 조약 체결 뒤 하보마이 군도와 시코탄 섬을 인도한다고 적혀 있습니다. 과거 협상 기록과 다양한 문헌을 조사했는데 당시 하토야마 이치로 정권에서 협상에 임했던 마츠모토 슌이치(松本俊一) 의원과 시게미츠 아오이(重光葵) 외상 모두 하보마이, 시코탄 등 2개 섬 반환은 확실히 실현될 수 있다고 판단했습니다. 일본은 독립을 회복하고 있었다고는 하지만 여전히 패전국이라는 낙인이 찍혀 있었습니다. 또한 시베리아에 억류자들이 있었습니다. 그런 어려운 상황 속에서 두 섬이 반환되고 억류자도 돌아올 수만 있다면 괜찮다고 생각했던 것입니다. 그런데 존 포스터 덜레스 미 국무장관이 2개 섬 반환을 수락해선 안 된다며 '멈춰!'라고 한 것이죠. 이것이 이른바 '덜레스의 압박'입니다. 미·소 냉전 시대이기 때문에, 일본과 소련이 관계를 대폭 개선한다는 것을 미국은 전혀 바라지 않았습니다. 그래서 외조부 기시 노부스케 총리도 미·일 관계의 중요성을 고려해 '2개 섬으로는 안 된다'고 했던 것입니다. 그 후 일본은 어차피 영토 반환은 불가능하다고 생각하게 됐어요. 그래서 소련과의 공동 선언을 보류하고, 4개 섬 일괄 반환을 요구해 나간 것이죠. 하지만 소련이 러시아로 바뀌고 정상회의까지 갖게 됐는데, 기존처럼 각을 세운다고 해서 좋을 게 없어요. 게다가 중국이 대두하면서 일본을 둘러싼 전략적 환경이 크게 달라졌습니다. 솔직히 안보위협이 되는 곳이 어디냐 묻는다면, 역시 압도적인 군비 증강을 추진하고 있는 중국입니다.

일본은 중국으로부터 센카쿠 열도를 지키면서 북한 미사일의 위협에도 노출되어 있고, 러시아와도 어려운 관계에 있습니다. 미·일 동맹이 있다고는 하지만, 이런 상황에서 마냥 괜찮은 것인가 싶은 거죠. 많은 외교 현안과 위협을 안고 있는 가운데 대러 관계를 획기적으로 개선할 필요가 있다고 생각했습니다. 그래서 북방영토 반환을 현실문제로서 파악하고, 테이블 위에 올리려 했던 것입니다.

4개 섬에는 지금 러시아 주민이 살고 있습니다. 함께 경제 활동을 하고 일본에 대한 호감도를 높여야 영토 협상에 대한 이해와 협조를 구할 수 있습니다. 러시아 국민 전체에게도 극동 지역 개발을 통해 일본과의 관계를 강화하는 것이 좋겠다고 생각하게 만들 필요가 있었습니다. 소치에서 제가 제안한 에너지와 극동 개발, 교통망 정비 등 8개항의 협력 계획이나, 협의를 개시한 4개 섬에서의 공동 경제 활동도 일본에 대한 이해를 높이기 위해서였습니다.

소련 붕괴 이후 대러 외교는 시행착오 기간이 길었습니다. 아베 정권은 대러 전략을 바꾼 것입니다. 물론 전통적인 러시아 외교 전문가들로부터 비판을 받았습니다. 단바 미노루(丹波實元) 전 러시아 대사에게는 "아베 씨, 역사의 정의를 지켜주세요"는 말을 들은 적도 있었습니다.

— 오호크해는 러시아군의 중요한 항로이고, 중국이 해양에서 강력해지는 것은 러시아에게도 걱정거리일 것입니다. 중국과 러시아의 잠재적 갈등을 염두에 두고 영토 협상을 하려고 했습니까?

저는 중국 문제를 소치 회담 이후 정상회담에서도 상당한 시간을 할애해 푸틴 대통령에게 이야기했지만 그의 진의는 알 수 없었습니다. 그는 미국에 대한 비판은 하지만 중국에 대해서는 조심스럽게 말했어요. 러시아 외교당국은 기본적으로 중국과 사이가 좋습니다. 제가 "중국은 불량국가입니다"라고 해봐야 러시아도 '불량국가'니까 같은 부류끼리 소중히 여긴다는 느낌일까요.

— 미국은 러·일의 접근이 찜찜했던 것 아닌가요?

오바마 대통령은 제가 소치에 가는 것을 반대했습니다. 그해 3월 핵안보정상회의를 위해 방미했을 때 정상회담을 가진 오바마 대통령에게 소치에 가서 푸틴을 만나겠다고 하자 그는 "내가 당신 입장이라면 가지 않을 것"이라고 말했습니다. 2014년 러시아의 우크라이나 크림 반도 병합 이후 일본은 서구와 함께 대러 제재를 실행했기 때문에 그 대열이 흐트러지는 것을 경계했을 것입니다. 하지만 저는 "일본은 러시아와 평화조약을 맺고 있지 않다. 이 상황을 바꿔야 하기 때문에 가는 것으로 결정하겠다"고 말했습니다. 그래서 분위기가 안 좋아졌어요. 그 후 오바마 대통령은 화가 났는지 미국 외교 당국을 통해서도 반대 의사를 전해오더군요. 그래서 소치 방문은 미국의 의향을 무시하는 형식으로 진행됐습니다.

다만 2016년 가을에는 미국 대선이 있었고, 오바마 대통령의 임기가 끝나가고 있었어요. 차기 미국 대통령이 선출될 때까지의 틈을 노려 러·일 관계를 진전시켜야겠다고 생각했던 것이죠.

트럼프 미국 대통령은 러·일 협상에 반대하지 않았습니다. 대러 정책에 대해 나의 생각을 묻는 경우도 많았는데, 제가 조만간 푸틴과 만날 예정이라고 전하자 트럼프는 "푸틴이 뭐라고 했는지 나중에 알려달라"고 여러 번 말했습니다. 트럼프 대통령이 푸틴 대통령에게 보내는 메시지도 대신 전달했는데, 푸틴은 냉정하게 대응했습니다. 내가 언젠가 "트럼프가 대통령이 되면 미국의 대러 정책은 기존 적대시하던 방침에서 바뀔 수도 있어요"라고 했더니 푸틴은 "트럼프와는 얘기할 수 있는 사이인 것 같군요. 하지만 아베 씨, 나는 미국에 대해 아무런 환상도 품고 있지 않아요"라고 말했습니다. 트럼프 대통령이 아무리 협조적인 태도를 보여주더라도 미 국무부나 국방부는 그렇게 만만하지 않다는 것을 푸틴 대통령은 알고 있었던 것이죠. 실제로 트럼프 행정부는 2018년 미국 대선 사이버 공격 등을 이유로 러시아에 경제 제재를 가했으니까요.

이세시마 정상회의

— 5월 26~27일 미에현에서 G7 이세시마 정상회의가 열렸습니다. 신흥국의 경제 침체가 세계적인 위기로 이어지는 것을 막기 위해 적극적인 재정 투입을 협조하기로 합의했습니다. 실제로 각국 경제에 대한 위기의식이 높았던 것입니까?

정상회의 전에 세계 경제에 대한 인식을 공유하고자 골든위크(4월 말~5월 초로 이어지는 일본의 긴 휴가)에 영국과 독일, 프랑스 등을 방문했습니다. 6월에는 영국에서 유럽연합 탈퇴(브렉시트)를 묻는 국민투표가 예정되어 있었습니다. 실제로 탈퇴 지지가 많았는데, 저는 "경제 혼란에 대비하는 것이 좋다, 재정 투입을 해야 한다"고 설득하며 다녔습니다.

정상회의에서 재정 투입에 정면으로 반대하는 정상은 없었지만 캐머런 영국 총리와 메르켈 독일 총리는 머뭇거렸습니다. "그 정도까지 위기인가"라는 말도 했습니다. 다만 중요한 것은 의장국인 일본의 방침에 반대하지 않는 것이기 때문에 재정 투입에 반대하지 않는다는 합의를 이뤘습니다. 한편 미국, 캐나다, 이탈리아는 재정 투입이 필요하다는 입장이었습니다.

— 당시 아베노믹스에 회의적인 시각이 나오기 시작했습니다. 세계 경제가 위기라고 강조함으로써 경제정책의 실패를 호도하려는 것 아니냐는 시각도 있었습니다.

아베노믹스는 실패라고 말하고 싶어하는 사람이 있는데, 그럼 적극적인 재정 투입이나 대담한 금융 완화를 하지 않고 엔고나 주가 하락으로 침체되던 경제를 어떻게 살릴 수 있겠어요? 경제 상황이 100점 만점은 아니었을지도 모릅니다. 그러나 60점이나 70점이라고 해서 그것을 실패라고 하나요?

이세시마 정상회의에서는 경제에 초점을 맞췄지만, 사실 저는 중국 문제를 꽤 다뤘습니다. 중국이 남중국해에 법적 근거가 없는 경계선을 설정하고, 권리를 주장하면서 남중국해를 마음대로 매립하고 있다고 설명했습니다. 매립이 시작되기 이전과 군사 기지로 만든 이후의 섬을 비교하는 위성 사진을 배포했습니다. 물론 그 자리에서 회수했지만, 이러한 일방적인 현상 변경은 국제법에 위배되어 허용되지 않는다는 것을 국제사회에 이해시키려고 했습니다. 덧붙여 경제면에서는 지적 재산의 위조나 도용, 저작권 침해를 막아야 한다고 호소했습니다.

저는 "중국과의 무역이 중요한 것은 알고 있습니다. 하지만 여러

분, 한쪽 눈을 감는 것까지는 좋지만, 두 눈을 모두 감으면 안 됩니다"라고 말했습니다. 단단히 결속해서 중국을 올바른 방향으로 이끌어야 한다는 뜻입니다. 하지만 유럽도 미국도 당시에는 아직 중국의 대두에 대해 민감하지 않았습니다. 솔직히 보조가 맞춰져 있다고 할 수 없는 상황이었어요.

— 정상회의 첫날 아베 총리가 이세신궁의 내궁 입구인 우지바시(宇治橋)에서 각국 정상을 영접하는 가운데 오바마 대통령은 지각했습니다. 당시 오바마 대통령의 기분이 좋지 않았다는 정보가 있었습니다.

늦어진 이유는 잘 모르지만 그의 기분이 언짢았던 것은 사실입니다. 정상회의 전날 미·일 정상회담의 영향이겠지요. 그해 4월 미군 부대에서 군속으로 일하는 남성이 오키나와 현 우루마(うるま)시에서 여성을 살해한 사건이 있었습니다.

저는 이 사건을 정상회담에서 거론하고 항의했습니다. 그 후 오바마 대통령은 공동기자회견을 열고 싶다고 말해 왔습니다. 저는 "기자회견을 열면 반드시 군속 사건에 대해 물어볼 겁니다. 그러면 저도 엄격하게 말할 수밖에 없습니다"라고 했지만, 그래도 미국에 발표하고 싶은 안건이 있다고 해서 결국 기자회견을 열게 됐습니다. 기자들이 그 사건에 대해 물어봤기 때문에, 저는 "오바마 대통령에게 단호하게 항의했다. 엄정한 대응을 요구한다"고 말했습니다. 오바마 대통령도 깊은 유감을 표명했지만 그는 기분이 상했습니다.

다음날 오바마는 우지바시를 걷는 내내 군속 사건에 관한 제 방식에 불만을 토로했습니다. "내가 아베 총리의 입장이었다면 그런 표현은 쓰지 않았을 겁니다. 우리 미국인들은 매우 상처를 받았습니다"라고 하더군요. 또 체포된 군속은 흑인이었는데, "혹시 그가 흑인이니까 더욱 엄격하게 대응하고 있는 것 아닌가요"라고도 했어요. 이때 통역사가 근처에 없어 직접 영어로 대화했는데, 저는 "상처를 받았다면 미안하게 생각합니다. 하지만 일본으로서는 중요한 문제입니다. 이건 양보할 수 없어요. 그리고 그가 흑인인지 아닌지는 상관이 없습니다. 완전히 오해하고 있는 것 같아요"라고 답했습니다. 하지만 그는 좀처럼 이 이야기를 멈추려 하지 않았기 때문에 마침내 저는 "이 다리를 건너면 온갖 부정한 것들은 흘려보내는 겁니다"라고 말했어요. 그러자 오바마 대통령은 기자들 앞에서 아무 일도 없었다는 듯이 미소를 짓더군요.

오바마 대통령의 히로시마 방문

— 5월 27일 오바마 대통령은 현직 미국 대통령으로는 처음으로 히로시마를 방문했습니다. 오바마 대통령 측의 의향이었던 것 같습니다만, 미국과 어떤 조율을 한 것인가요?

2015년 미국 측이 일본 정부와 히로시마 현 양측에 오바마 대통령의 히로시마 방문을 추진하고 싶다는 의향을 전달했습니다. 그리고 미 국무부는 이것을 저의 진주만 방문과 세트로 진행하고 싶어

했습니다. 외무성도 미국이 원하는대로 "진주만에 가주십시오, 공동으로 발표하고자 합니다"라며 강하게 요청했습니다. 하지만 저는 이런 조건으로 받아들일 수는 없다고 반대했습니다. 진주만과 히로시마는 전혀 다른 의미를 갖고 있습니다. 진주만 공격은 선전포고가 있었든 없었든 간에 전략적인 군사적 목표지였고, 그것은 군대 간의 전투였습니다. 일본은 군함이나 비행장을 공격했으니까요. 제로센이 병원을 덮쳤다는 얘기가 있는데 그건 엉터리예요. 사망한 미국 민간인들이 있었던 것은 맞지만, 고사포 파편 등에 의한 것입니다. 반면에 히로시마는 군인이 아니라 민간인을 대상으로 한 무차별 공격이었습니다. 당시 남자는 전쟁터에 있었고, 희생자 대부분은 여성이나 노인, 어린이였습니다. 군대끼리 맞붙은 전투와 민간인에 대한 대량 살육은 전혀 다릅니다. 그래서 저는 만약 히로시마에 오바마 대통령이 온다면 그 후 우리도 별도로 진주만 방문을 계획하겠다고 이야기 한 것입니다. 그래서 미국 측도 이해를 해줬어요.

오바마 대통령도 히로시마를 방문하여 과연 환영받을 수 있을까 하는 망설임은 있었던 것 같습니다. 일본 내 반응을 걱정하고 있었어요. 하지만 주일대사였던 존 루스와 캐롤라인 케네디가 매년 히로시마를 방문했고, 특히 케네디 대사는 "핵 군축에 대한 생각을 강하게 갖게 됐다"고 말해 좋은 평가를 얻었습니다. 기시다 후미오 외무상의 공적입니다. 그렇게 분위기가 조성된 덕분에 오바마 대통령도 괜찮다고 생각한 것 같습니다.

— 오바마 대통령은 히로시마에서 연설하면서 "폭탄이 떨어지던 순간을 생각하지 않을 수 없다", "역사를 직시하고 이같은 일이 다시 일어나지 않도록 하는 책임을 공유하고 있다"는 내용의 성명을 발표했습니다. 사과는 하지 않았지만 평가는 높았습니다.

핵 없는 세계를 추구하겠다는 그의 비전을 잘 전달했어요. 전년도에 있었던 전후 70년 담화를 포함해 2년간 전후 문제는 일정한 결말을 지을 수 있었다고 생각합니다. 외교에서는 이때가 7년 9개월의 아베 정권 시기 중 정점이었던 것 같아요.

증세 연기

— 6월 1일 국회 폐회에 맞춰 기자회견을 열고 2017년 4월 예정됐던 소비세율 10% 인상을 2019년 10월까지 2년 반 연기하겠다고 밝혔습니다. 앞서 5월 G7 정상회의에서는 세계 경제가 위기에 있다는 분위기를 조성해 국내에서 소비세 인상(증세)을 미룰 수 있는 명분을 만들었습니다.

전체적으로 큰 그림을 그린 것이죠. 증세 연기에 대한 재무성의 저항은 강했습니다. 하지만 디플레이션 상황에서 단기간에 소비세 증세를 두 번이나 하겠다는 생각이 잘못된 것입니다. 게다가 증세를 한 만큼의 5분의 4는 빚을 갚는 데 쓰겠다고 하는데, 실물경제를 완전히 무시한 정책입니다. 예정대로 소비세를 인상했다면 경제는 난리가 났을 거예요. 그래서 2019년의 증세는 용도를 변경해 전세대의 사회보장이라는 형태로 유아 교육과 보육시설 무상화에 사용하기로 한 것입니다.

— 증세 연기는 왜 2년 반이었나요.

2019년 10월로 미룬 것은 그해 여름 참의원 선거를 끝내고 증세하는 편이 좋다는 관측 때문이었습니다. 저와 이마이 나오야 비서관이 경제와 정국에 대한 전략을 짰습니다.

— 2016년 당시만 해도 자민당 총재 임기는 3년으로, '연임 2기(6년)'만 허용됐습니다. 그런데 2017년 전당대회에서 '연임 3기', 즉 9년까지 할 수 있도록 당칙을 개정했습니다. 소비세 인상을 2년 반 연기한 것은 총재 3선도 염두에 둔 것이었나요.

경우에 따라서는 3선도 있을 수 있겠다는 정도의 생각이었어요.

— 2016년 참의원 선거 후 니카이 도시히로 간사장이 총재 임기 연장을 언급하며 3선을 용인하는 흐름을 만들었습니다.

애초에 자민당의 총재 임기는 이상하죠. 총재의 최장 임기가 2기-6년인데 너무 짧아요. 만약 4년간 야당인 자민당의 총재를 했다면 그 후 정권을 되찾아서 총리가 되더라도 2년밖에 총재를 맡을 수 없게 됩니다. 만일 내가 복귀하기 전 자민당 총재였던 다니가키 사다카즈 씨가 총리가 됐다면 그는 야당 시절 3년간 총재로 지냈기 때문에 남은 기간은 3년뿐입니다. 이래서는 정치 안정 같은 건 바랄

수 없어요. 저뿐만 아니라 앞으로의 총재에게도 3기-9년의 임기가 가능했으면 좋겠어요.

— 6월 1일 기자회견에서 참의원 선거 일정을 '6월 22일 공시, 7월 10일 투개표'라고 밝히고 승패 기준은 "여당에서 개선 과반수를 얻는 것"이라고 말했습니다. 당시 여당 의석 중 개선(선거가 치러지는 곳) 의석에 해당되는 곳이 59석이었습니다. 개선정수 121석의 과반인 61석이라면 이를 웃도는 수치였기에 어려운 목표 같았는데요.

1월 기자회견에서 비개선 76석을 합쳐, 연립여당인 자민·공명당이 과반을 얻겠다, 즉 당시엔 이 선거에서 획득할 목표 의석을 46석으로 잡았는데 너무 낮은 것 아니냐는 이야기를 들었습니다. 그렇다면 승부를 해보자고 생각한 거죠. 다만, 개선 정수의 과반을 목표로한 것은 솔직히 아슬아슬했어요. 야당들이 후보자를 단일화하고 공조를 시작했으니까요.

자민당 정세 조사에서 야당 후보를 5%포인트 정도 이기고 있는 후보들이 꽤 있었지만, 그 정도는 뒤집힐 가능성이 얼마든지 있습니다. 개선 과반수는 국회 막판에 야당 의원들의 질문이 끝없이 이어진 시간을 이용해 각 선거구의 숫자를 계산하고 분석해서 내놓은 수치였습니다. 국회에서 답변하면서 동시에 참의원 선거 결과를 계산하고 있던 것은 상당한 곡예였다고 할 수 있죠.

— 승패 기준선에 도달하지 못하면 책임을 추궁당할 것이라는 걱정

은 없었나요.

처음에는 그렇게 생각했지만, 어려운 목표치를 명확하게 제시하는 것이 당내 긴장감과 사기를 높일 수 있다고 생각했습니다. 중의원 선거에 비하면 참의원 선거는 아무래도 사기가 낮은 경향이 있거든요.

— 자민 · 공명 양당과 헌법 개정에 우호적인 세력을 합쳐 개헌 발의에 필요한 전체 의석의 3분의 2(162석)를 확보한다는 구상은 있었습니까?

생각하고 있지 않았어요. 그 중에서 큰 덩어리는 공명당입니다. 공명당을 설득하지 못하면 헌법 개정은 앞으로 나아갈 수 없습니다. 오타 아키히로(太田昭宏) 전 대표는 이에 대한 이해가 있었는데, 예를 들어 자위대의 명시에 대해서도 전력(戰力)을 항시 유지하지 않는 것 등을 규정한 9조 2항을 유지한다면 문제가 없다는 생각이었지요. 하지만 현재의 공명당 집행부는 엄격합니다. 야마구치 나쓰오 대표는 내 앞에서는 자신의 의견을 말하지 않고 내 이야기를 들은 뒤 항상 "우리 당에선 어렵겠네요" 같은 말을 해요. 저도 확고한 의지를 보여준 덕분에 집단적 자위권의 한정적 행사에 대해서는 인정받았지만, 헌법 자체를 손대는 것은 안 된다는 분위기였습니다. 보수파 지인들은 중 · 참 양원에서 개헌 세력이 의석의 3분의 2에 달하는데 왜 개헌에 나서지 않느냐고 수없이 말했지만 그렇게 간단하지 않습니다.

— 어느 정도 야당의 협조도 필요하지 않았나요. 야당에도 압력을 가하고 있었습니까?

헌법 개정에 대해 야당으로부터 찬성을 많이 얻기는 어려울 것 같습니다. 야당 의원 중 개헌에 협조할 가능성이 있는 사람을 개별적으로 접근하려고 했지만 좀처럼 이쪽을 봐주지 않더군요. 선거를 의식하다보니 지지 단체의 의향에 온통 신경이 가 있는 거겠죠. 우선 아래로부터 풀뿌리 운동을 일으키는 것이 중요하다고 생각해 청년회의소에 개헌을 위한 운동을 일으키도록 하기도 했지만, 분위기가 그다지 고조되지는 않았습니다.

— 공산당을 포함한 모든 정당이 자위대의 존재에 대해서는 인정하는데도, 자위대 위헌론을 해소하기 위해 헌법에 자위대를 명기하는 것이 어려운 이유는 무엇인가요?

공산당 등은 헌법에 손가락 하나 건드려서는 안 된다는 식입니다. 언젠가 공산당 시이 가즈오(志位和夫) 위원장과의 토론회에서 "야당이 집권해 내각에 들어가도 자위대가 위헌이라는 주장을 바꾸지 않을 것인가? 만약 바꾸지 않는다면 자위대법 자체가 위헌 입법이 된다"고 그의 입장을 물어본 적이 있습니다. 그러자 시이 위원장은 "정권을 잡더라도 곧바로 자위대를 해산하는 것은 아니다. 자위대는 재해 때 동원하고, 급박한 불법 침입 상황에도 대응하도록 한다"는 취지의 이야기를 하는 것입니다. 그건 엄청난 모순이죠. 하지만 그 모순을 만든 것은 자위대를 인정해 온 자민당이라고 주장하고 있어요. 공산당의 주장은 궤변이 아닐 수 없습니다.

고이케 유리코 씨가 최초의 여성 도지사로

— 도쿄도지사였던 마스조에 요이치(舛添要一) 씨가 자신의 정치자금을 둘러싼 공사혼동(公私混同) 의혹으로 사임해 7월 31일 도지사 선거가 치러졌습니다. 고이케 유리코 씨가 자민당의 추천을 받아 입후보한 마스다 히로야(増田寬也) 씨 등을 꺾고 여성 최초의 도지사로 취임했습니다. 도지사 선거에는 어떤 자세로 임했습니까?

도지사 선거는 고이케 씨가 풍향을 읽고 정당 지원을 받지 않겠다며 출마했어요. 자민당을 떠난 형태로 입후보 한 셈입니다. 당연히 자민당 도쿄도본부를 포함해 당내에서는 "고이케 뭐야" 하는 불만이 쏟아졌고, 정정당당하게 고이케 씨에 대한 대항마를 옹립해야 한다는 이야기가 나왔습니다. 그래서 능력이 있는 마스다 씨에게 출마를 부탁했지만 아쉽게도 충분한 지지를 얻지 못했네요. 반면 민진당과 공산당의 지원을 받은 도리고에 슌타로(鳥越俊太郎) 씨는 '아베 정치, 스톱'이라고 슬로건을 내걸고 출마했습니다. 그런 이야기를 할 거면 지자체가 아니라 국정에 참여하라고 말하고 싶었지만요.

저로서는 수도를 책임지는 도쿄도지사에 도리고에 씨가 당선되는 것이 가장 바람직하지 않았습니다. 반면 고이케 씨는 지사 선거 전까지 자민당 국회의원이었고, 1차 아베 내각에서는 총리 보좌관과 방위상을 맡았습니다. 물론 마스다 씨가 이기는 것보다 더 좋은 것은 아니지만, 그래도 자민당과 적대하는 사람이 지사가 되지 않는다면 고이케 씨가 되는 것도 괜찮지 않을까 생각했습니다.

— 마스다의 옹립을 주도한 것은 스가 관방장관이었습니다.

스가 씨는 2012년 총재 선거에서 고이케 씨가 저를 지지한다고 말해놓고, 이시바 시게루 씨를 응원한 것을 용서할 수 없었던 것 같아요. 2012년 총재 선거 전 고이케 씨가 정치후원금 모금 파티에 와서 강연해 달라고 해서 그녀를 위해 강연한 적이 있어요. 야당 시절에는 후원금 파티 티켓을 파는 것도 힘들거든요. 대신 고이케 씨는 총재 선거에서 저를 지지해 주겠다고 이야기를 했지만, 실제로는 이시바 씨를 응원한 것이죠. 스가 씨는 당시 저의 지지표를 모으기 위해 고군분투하고 있었고, 그 경위를 잘 알고 있었습니다. 그는 이런 방식을 절대 인정하지 않습니다. 저 자신은 그렇게까지 신경쓰지는 않았기 때문에, 스가 씨는 저에게 "그런 일을 당하고도 잘도 용서할 수 있군요"라고 말했어요.

자민당 간사장에 니카이 도시히로 씨

— 8월 3일 개각을 단행했습니다. 스가 관방장관과 아소 부총리 겸 재무상은 이후에도 계속 바꾸지 않았습니다.

사람은 아베 정권의 기둥입니다. 나카소네 내각을 참고한 것입니다. 나카소네 총리는 아베 신타로 외상, 다케시타 노보루 재무상을 4년 가까이 바꾸지 않았습니다. 안정적인 장기 집권을 위해서는 기둥을 바꾸지 않는 편이 좋다는 것이죠. 특히 아소 부총리를 말하자면 어느 정도 연륜이 풍부한 정치인이 내각에 있는 것은 큰 도움이 됩니다. 재무상으로서 재무성을 통솔한다는 측면에서도 중요했습니다.

— 4선의 이나다 토모미(稲田朋美) 씨를 방위상으로 발탁한 이유는 무엇입니까?

이나다 씨를 장래의 보수파 여성 총재 후보로 보고 있었기 때문에 이전에 정조회장을 부탁했습니다. 그녀는 정조회장으로서 열심히 해줬습니다. 다음 단계로 안보 정책은 총재 후보에게 필수이기 때문에 방위상에 등용했던 것이죠. 하지만 자위대의 이라크 파견 시 일보(日報) 문제(방위성이 '존재하지 않는다'고 해 온 자위대의 이라크 파견부대 활동기록이 발견됐는데, 1년 넘게 방위상에게 보고되지 않은 사건) 등이 발생하고 말았습니다. 방위성은 차관을 비롯한 공무원 출신의 방위관료들, 이른바 '양복조'와 자위대 장교로 구성된 '제복조'의 알력이 있어요. 또, 제복조 안에서도 육·해·공군의 생각이 제각기 달라 균형을 맞추기 어렵습니다. 방위성은 제가 상상했던 것 이상으로 다루기 어려운 관공서였습니다.

—개각에 따른 자민당의 주요 직책 인사 과정에서 자전거 사고로 다

친 다니가키 간사장의 후임으로 니카이 도시히로 총무회장을 임명했습니다. 이 인사의 목적은 무엇인가요?

니카이 씨는 당시 총무회장이었는데, 원래 2차 내각 발족 초기에는 노다 세이코 총무회장을 지원하는 총무회장 대리였습니다. 저는 노다 씨에게 총무회장을 부탁하면서도 실제로 당내를 잘 정리할 수 있을지 불안했기 때문에 니카이 씨에게 "실질적인 조정을 부탁합니다"라고 맡겼던 거죠. 노다 씨를 보조하며 잘해줬어요. 니카이 씨는 간사장에 취임하면서 파벌을 단숨에 크게 만들더군요. 간사장이라는 자리는 당 인사와 돈줄을 쥐고 있어서 정치적 힘이 역시 대단합니다.

— 이때 개각으로 지방창생상이었던 이시바 시게루 씨가 내각을 떠났습니다.

이시바 씨에게는 안보 관련법을 심의하기 전 방위상을 부탁했는데 거절당했습니다. 본인의 희망도 있어서 지방창생상에 취임했습니다. 결국 2차 내각 출범 이후 7년 9개월 중 2년이 당 간사장, 다음 2년은 각료였는데 사실 간사장을 하고 싶었던 거겠죠.

천황이 퇴위를 시사하다

— 8월 8일 천황이 영상 메시지로 퇴위 의사를 시사했습니다. 앞서 7월 중순에는 NHK가 보도한 바 있습니다. 천황의 생각을 어떻게

받아들였습니까?

깜짝 놀랐습니다. 물론 보도되기 전에 폐하의 마음은 알고 있었습니다. 그럼 이제 어떻게 대응할지에 대해 관저 내 극소수의 멤버들끼리 모여 생각하기 시작했는데, 갑자기 보도되고 말았던 거죠. 우선 퇴위는 앞으로도 또 일어날 수 있는 일이기 때문에 우리는 매우 신중했습니다. 지금 돌이켜보면 폐하의 뜻을 알린 것은 지혜로운 결단이었다고 생각합니다. 다만, 당시에는 과연 퇴위의 길을 열어도 좋을지 고민하고 있었습니다.

메이지 정부는 메이지22년(1889년) 제국 헌법과 함께 구(舊) 황실 전범을 제정했는데, 구 전범에서는 황위 계승 조건을 천황의 붕어(사망)로 한정했습니다. 즉, 천황을 종신으로 함으로써 정치가 천황을 이용하는 사태를 막은 것입니다. 역사를 돌이켜보면 양위는 여러 차례 이루어졌는데, 양위가 강제되어 정치가 혼란스럽게 되기도 했습니다. 그래서 이토 히로부미(伊藤博文)와 이노우에 고와시(井上毅)가 논의한 끝에 구 전범이 완성됐습니다. 현재의 전범도 거의 구 전범을 답습하고 있습니다. 만약 퇴위에 길을 터주면, 이후 천황에게 "걸맞지 않으니 바꿔라", "아니, 바꾸어서는 안 된다"는 양측의 주장이 맞부딪히며 나라가 양분되는 사태를 초래할 수도 있다는 불안감이 있었습니다.

— 어떻게 대처하려고 했나요?

천황께서 공무를 완수하는 것이 어려워졌다면 섭정을 두는 것은 어떨까 생각했습니다. 현재의 황실전범도 천황 폐하가 중환 또는 중대한 사고로 국사 행위를 스스로 할 수 없을 때에는 황실회의에 의해 섭정을 두도록 규정하고 있으니까요. 그런데 폐하께서는 여러 가지 생각이 있었습니다.

다이쇼 천황은 몸 상태에 문제가 있었기 때문에 다이쇼 10년(1921년) 황태자 히로히토(裕仁) 친왕 (후일 쇼와(昭和) 천황)을 섭정으로 삼고 요양에 힘쓰게 되었는데, 당시 섭정을 두어야 한다는 추진파와 반대파가 있어 실랑이를 벌였다고 합니다.

천황 폐하께서 이상적인 사례로 생각하고 있던 것은 에도 시대 후기의 고카쿠 천황(光格天皇)입니다. 고카쿠 천황은 재위 38년 만에 닌코 천황(仁孝天皇)에게 양위한 뒤 기본적으로 정무를 하지 않고 황실의 전통문화 계승과 학술 장려에 힘썼습니다. 당시 서식도 고카쿠 천황의 서식을 따랐다고 하니까요. 저에게 천황의 강력한 뜻이 거듭 전해졌습니다.

— 내주(內奏)[02] 에서 천황으로부터 퇴위 의사를 전달받았습니까.

내주에 대해 이야기하는 것은 적절하지 않습니다. 국정 전반에 대해 보고하고 있습니다. 내주에는 관례가 있어서 제가 폐하께 보고하고, 밖에 있는 궁내청 직원이 노크를 하면 제가 "이것으로 내주를 마치겠습니다." 하고 자리에서 일어나야 합니다. 그러나 이 시기에는 폐하의 말씀이 길어져서 궁내청 직원이 여러 번 노크한 적이 있

02) 천황을 만나 상주하는 것

었습니다. 분명 궁내청 직원들은 "아베는 대체 언제까지 폐하에게 이야기를 하고 있으냐"며 짜증을 냈을 것입니다. 하지만 제가 폐하의 말씀을 중단할 수는 없으니까요.

저도 폐하의 뜻이 확고하다는 것을 알고 있었기 때문에 검토를 시작하고 있었습니다. 하지만 좀처럼 진전되지 않았기 때문에 TV에서 국민에게 직접 호소하시게 된 것 같습니다. 천황 폐하의 생각은 압도적인 지지를 얻었습니다. 그로 인해 퇴위의 법제화라는 새로운 과제가 부상했습니다.

당시 관저에서 황실을 담당하던 야마사키 시게타카(山崎重孝) 총무관은 "조슈(長州) 출신 이토 히로부미가 고안해낸 계승 방식을 같은 조슈[03] 출신인 아베 씨의 시대에 바꿔도 됩니까"라고 물었습니다. 하지만 더 이상 그런 차원의 문제가 아니었어요.

― 지식인 사회는 양분돼 있었습니다.

학자들 중에는 퇴위 법제화에 반대하는 사람도 있었습니다. 특례법을 통해 일회성 조치로 했다고는 하지만 퇴위의 길을 열어준다는 것은 천황을 정치적으로 이용할 여지를 낳고, 폐하 주변에서 조속한 퇴위를 재촉하는 사태마저 빚어질 수 있다는 것이죠. 하지만 당시에는 천황 폐하의 뜻에 대한 국민들의 압도적 지지가 있었기 때문에 무시할 수 없었습니다. 천황은 국사(國事) 행위만을 행할 뿐

---

03) 역: 아베 신조의 지역구인 야마구치현은 과거 조슈번에 해당. 조슈번은 이토 히로부미, 야마가타 아리토모 등 메이지 시대의 많은 정치가를 배출한 곳이다.

국정에 관한 권한은 갖고 있지 않기 때문에, 폐하의 발의에 근거하지 않는 형태를 취하면서 법제화를 진행해야 했습니다. 꽤나 힘든 작업이었습니다. 그해 10월 천황의 공무 부담 완화 등에 대한 지식인 회의를 설치한 것도 국민들의 이해를 높이고 개방적인 형태로 절차를 진행할 필요가 있었기 때문입니다.

미국 대통령 선거에서 트럼프 당선

— 11월 미국 대선에서는 예상을 뒤엎고 공화당 도널드 트럼프 후보가 민주당 힐러리 클린턴 후보를 꺾었습니다. 언론도 그렇지만 외무성도 클린턴 후보 우세로 보고 있었습니다. 총리 관저는 트럼프 후보의 승리 가능성도 고려하고 있었나요?

유엔 총회에 참석하기 위해 9월 미국을 방문했는데, 그 전에 힐러리 진영에서 저를 만나고 싶다고 전해왔습니다. 외무성은 스기야마 신스케(杉山晋輔) 사무차관을 비롯해 "대선 승자는 힐러리"라고 단언했기 때문에 그렇다면 면담에 응하기로 결정하고, 미국 방문 때 뉴욕의 호텔에서 만났습니다. 대선에서는 힐러리도 트럼프도 환태평양경제동반자협정(TPP)에 "노"라고 말했기 때문에 자유무역의 중요성을 강조하려는 의도가 있었습니다. 트럼프 캠프에서는 저를 만나고 싶다는 이야기가 없었습니다. 하지만 9월 방미가 다가오면서 '혹시 무슨 일이 생길 수도 있으니 만약을 위해 트럼프도 일단 만나두는 게 좋지 않을까'라는 생각이 들기 시작했습니다. 관저 내에서는 트럼프와의 회담이 불필요하다는 의견도 있었습니다만, 만약의 상황을 대비하고 싶었습니다.

트럼프 캠프에 "짧은 시간이라도 좋으니까 만날 수 없겠냐"고 타진했지만 상대방은 "바빠서 시간을 낼 수 없다. 대리인으로 변호사 윌버 로스를 파견할 테니 그를 만나면 좋겠다"고 했어요. 로스는 지일파 사업가로도 알려진 인물입니다. 제안을 승낙하고 그를 만났더니 "보도되고 있는 트럼프와 실제의 트럼프는 다르다. 트럼프는 좋은 청취자다"라고 말하더군요. 로스는 트럼프 행정부에서 상무부장관을 맡게 되었습니다. 대선 중에 만나둔 것은 다행이었다고 생각합니다.

— **미국 대선 후 세계 정상으로는 처음으로 트럼프 당선인과 회담했습니다. 일본 총리가 취임 전 차기 대통령을 만나는 것은 이례적이었습니다.**

트럼프 대통령은 대선 과정에서 TPP에 반대했고 환율에 대해서도 "일본은 사기를 치고 있다"고 말했습니다. 도요타를 비판하기도 했어요. 마치 동맹을 경시하는 듯한 발언도 있었죠. 일본이 이러한 트럼프의 주장을 심각하게 받아들이지 않은 것은 당선되지 않을 것이라고 생각했기 때문이겠죠.

하지만 그가 당선됐어요. 협상이 이뤄지지 않는 것은 곤란하다고 생각했습니다. 즉각적으로 신뢰관계를 구축해야 한다고 생각했고, 그러기 위해서는 어쨌든 빨리 만나는 것이 중요했어요. 그래서 이제껏 그런 적이 없었지만, 취임 전에 만나야겠다고 생각한 것입니다. 당선자 신분인 트럼프에게는 먼저 당선 축하 전화를 한 뒤 "아시아태평양경제협력체(APEC) 정상회의를 위해 페루에 가는데 중간에 미국에 들러서 당신을 만나고 싶습니다. 당신이 어디에 있든, 만나러 가겠습니다. 어디에 계십니까?"라고 물었더니 뉴욕에 있다고 해서 페루에 가기 전에 만나기로 약속을 잡았어요. 취임 전 차기 대통령과 회담하는 것은 현직 오바마 대통령에 대해 실례일 것이라는 관측이 있었습니다. 하지만 그것은 분리해서, 쿨하게 처리하자고 생각한 거예요. 오바마도 쿨한 사람이니까요. 제가 트럼프와 만날 예정이라고 오바마 행정부에 전했더니 '트럼프와 식사는 하지 말아 달라', '취재진을 입장시켜 촬영을 허용하면 안 된다'라며 여러 가지 주문을 해왔습니다. 그래서 그대로 수용했어요. 하지만 오히려 그것으로 인해 저와 트럼프 사이에 차분하게 이야기를 나눌 시간을 가질 수 있었고 신뢰 관계를 쌓는 계기가 됐습니다. 뉴욕의 트럼프 타워를 찾은 의의는 컸다고 생각합니다. 국제사회 전체로부터도 주목을 받았고요.

— 트럼프 당선인의 첫인상은 어땠나요? 회담에는 어떤 생각으로 임했나요?

트럼프 당선자는 예상했던 것보다 겸손했습니다. 제 말을 계속 진지한 표정으로 듣고 있었어요. 그는 경제, 군사에서 세계 최고 국가의 리더가 될 예정이지만, 국가 지도자로서는 제가 선배에 해당한다는 점에서 경의를 표해주려는 면도 있었을 것입니다. 케미스트리도 맞았어요.

회담의 목적은 세 가지였습니다. 첫 번째는 안보입니다.

중국이 26년 동안 국방비를 약 40배로 증강한 점을 데이터를 사용하면서 설명했습니다. 중국군 잠수함의 수는 미국과 맞먹으려 하고 있다, 왜 이렇게 증강했을까, 과거사 문제를 안고 있는 일본에 대항하기 위해서가 아니다, 그들의 타깃은 해상자위대 잠수함이 아니다, 미국에 도전하기 위해 태평양에 전개하는 미 해군의 7함대를 겨냥하고 있는 것이다, 이런 이야기를 했습니다.

그렇기 때문에 미·일동맹이 중요하다는 것도 강조했죠. 주일미군은 일본의 방위 뿐 아니라 아시아와 태평양에서 인도양까지 광범위한 해역 안정에 기여하고 있으며, 미국이 세계에서 우위를 유지하는 데 큰 역할을 하고 있다고 말했습니다. 또 그것이 미국의 경제적 이익으로도 이어지고 있다고도 했어요. 그러면서 미국 바깥에서 유일하게 미 해군 항모를 정비할 수 있는 곳은 요코스카(橫須賀) 기지 뿐이라는 점도 언급했습니다.

두 번째는 경제 관계입니다. 무역적자의 균형을 맞추는 것에만 집착하지 말고, 일본이 다른 나라와 비교해서 미국 내에 얼마나 투자를 하고 일자리를 만들고 있는지도 봐야 한다고 지적했습니다. 트럼프는 내 말에 반박하지 않고 담담하게 듣고 있었어요. 마지막은 골프 약속입니다. 이 세 가지가 회담의 목적이었습니다.

첫 번째 회담이 신뢰 관계의 기초가 된 것은 틀림없습니다. 국제

정세에 대해서 제 의견을 듣는 관계를 만드는 데 성공했으니까요. 그는 대통령 취임 후 전화 통화에서 "우리 국무장관을 어떻게 생각하느냐"고 물어온 적도 있었습니다. 제가 안 좋은 말을 할 수 있을리가 없을텐데 말이죠.

— 회담에는 장녀 이방카 트럼프와 남편 재러드 쿠슈너가 배석했습니다.

두 사람이 처음에 트럼프 타워 입구에서 저를 맞이해줬고 엘리베이터에 함께 올라탔습니다. 그때 이방카의 큰딸인 아라벨라 양이 가수 피코 타로[04]의 성대모사를 하는 동영상에 대해 이야기를 꺼내고 "동영상을 봤어요. 가장 귀여운 파인애플이었습니다"라고 말했죠. 그랬더니 아주 좋아하더군요. 외무성에서 이 이야기가 중요하다고 해서 그랬어요. 덕분에 나중에 트럼프로부터 "이방카는 사람에 대한 평가가 까다로운데 아베 총리에 대한 평가가 가장 높다"는 말을 들었습니다.

— 트럼프 당선인과는 이후 정상회담을 거듭하게 되는데 회담 분위기는 어땠습니까?

미국과 일본뿐 아니라 일반적으로 정상회담의 주제나 대화 내용은 사전에 실무 차원에서 면밀하게 조율한 뒤 진행되는데, 트럼프

---

04) 역: 피코 타로는 일본의 유명한 개그맨 고사카 다이마오가 부캐로 활동하는 가수이며, 대표곡으로 '펜-파인애플-애플-펜'이 있음

대통령과의 회담은 대면이든 전화든 예상대로 되지 않습니다. 그를 만나면 (실무 레벨에서 조율했던) 의견이나 정보를 갖고 있지 않기 때문에 이쪽 자료가 전혀 도움이 되지 않았습니다. 한번은 그가 갑자기 "아베 총리, 오키나와현 후텐마 비행장 주변 땅값은 오르고 있나요?"라고 물어왔습니다. 그런 질문을 갑자기 받으면 바로 답하기가 어렵습니다. 외무성 관료들의 얼굴을 보니 모두 고개를 숙이더군요. 그래서 트럼프가 무슨 말을 하고 싶은 걸까 생각해보니 아무래도 후텐마 비행장은 미국 땅이라고 생각하고, 지역 부동산 가격이 상승했다면 반환하고 싶지 않다는 뜻 같았어요. 후텐마 대신 받기로 한 오키나와 북부 헤노코는 수지가 맞지 않는다고 말하고 싶은 듯 보였습니다. 그래서 "후텐마 기지는 원래 일본의 소유지이기 때문에 부동산 가격은 미국과 상관없습니다"라고 답변했더니 이해를 하더군요. 그렇게 엉뚱한 화제가 튀어나오는 거죠.

그는 언론으로부터 많은 비판을 받았지만 대선에서 공약한 것은 거의 이행했습니다. 기후변화에 대한 국제 공조인 파리 협정 탈퇴, TPP 이탈, 이란과의 핵 합의 파기, 멕시코 국경의 장벽 건설 등이죠. 또 주이스라엘 미국 대사관은 이스라엘과 팔레스타인 사이에서 귀속을 놓고 다투는 예루살렘으로 이전했습니다. 옳고 그른지를 생각하면 잘못됐다고 생각되는 정책도 많을 것입니다. 하지만 무리라고 여겼던 공약을 대부분 실현해내고야 말았습니다. 이에 호응하는 사람이 꽤 많기 때문에 확신을 갖고 한 것이라고 생각합니다. 전 세계 언론들은 미국의 계층간 소득 격차가 커지면서 미시간과 오하이오 등 중서부 '러스트 벨트(쇠락한 공업지대)' 백인 노동자층이 대거 트럼프를 지지했다고 분석했습니다. 하지만 저는 엘리트층에도 상당한 트럼프 지지자가 있지 않았나 생각합니다. 그렇지 않았다면 그렇게 강하게 밀어붙이지 못했을 거예요.

아베의 본적지 야마구치에서 열린 러·일정상회담

— 12월 15~16일 야마구치(山口)현 나가토(長門)시에 블라디미르 푸틴 러시아 대통령을 초청했습니다. 16일 도쿄에서도 회담했지만 아베 씨의 본진으로 푸틴 대통령을 초청함으로써 북방영토 문제가 진전되지 않을까 하는 기대를 안겼습니다.

나가토로 초대한 이유는 먼저 대접을 하기 위한 목적이 있었습니다. 예를 들어 레스토랑이 아니라 집으로 초대받으면 상대방은 마음을 얻었다고 느낄 것입니다. 푸틴을 내 본적지이자 아버지의 무덤이 있는 나가토로 초청한 것도 집으로 초대한 것과 마찬가지입니다. 인도의 나렌드라 모디 총리를 야마나시 현 나루사와(鳴沢)에 있는 제 별장으로 초대한 적도 있었습니다.

— 회담 장소를 나가토로 정했을 때, 여기서 북방영토 문제를 해결할 수 있다고 생각했나요? 아니면 해결로 향해 가는 단계로 규정하고 있었나요?

어느 나라에서든 정상이나 외무장관은 기본적으로 평화 조약이 없고, 영토 문제가 매듭되지 않은 나라를 방문하려고 하지 않습니다. 그런 점에서 푸틴 대통령의 일본 방문은 몇 안 되는 기회였습니다. 이 기회를 살리기 위해서는 편안한 분위기로 만드는 것이 중요하다고 생각했습니다. 그래서 우리 지역 온천 여관에서 정상회담을 진행하고 가능한 오랫동안 일대일로 대화하려고 했습니다. 푸틴 대통령에게 장소를 제안했을 때, 기뻐했으니 효과는 있었다고 생각했습니다.

— **어떤 합의를 목표로 했습니까?**

2016년 5월 회담에서 일치했던 '새로운 접근 방식'을 구체적으로 열어가려고 했습니다. 북방 4개 섬에 살고 있는 러시아인들에게 "이곳은 일본 땅이니 당장 나가라"고 말할 수는 없습니다. 4개 섬 사람들에게 먼저 일본과 교류하는 것을 이해시키는 방식을 취했습니다. 그것이 4개 섬에서의 공동경제활동입니다. 일본인과 러시아인이 4개 섬에서 함께 일하는 구상입니다. 일본은 과거에도 4개 섬에서의 공동경제활동을 모색한 적이 있었지만 "러시아의 주권에 따라 추진하겠다"는 러시아 측의 주장을 뒤집지 못하고 무산됐습니다. 그래서 새롭게 양국의 법적 입장을 해치지 않는 '특별한 체제'를 만들어 공동경제활동을 지향하고자 했습니다. 이 부분이 핵심입니다.

— **장래 영토 반환까지 합의하기 어렵다는 인식이었나요?**

나가토와 다음날 도쿄에서의 회담은 총 6시간에 이르렀습니다.

이 중 일대일 회담에 90분 이상을 할애했지만 합의까지 도달하는 것은 어려웠습니다. 그래서 영토 문제를 해결하고 평화 조약을 체결하겠다는 결의를 표명하자고 제안했습니다. 그리고 4개 섬의 공동경제활동에 대해 러시아 측이 어디까지 참여할 생각인지 가늠해 보려고 했습니다.

푸틴 대통령에게 예전에 섬에 살았던 여성의 편지를 읽어주기도 하고, 과거 일본과 소련 양국 국민들이 함께 살던 시절의 사진을 보여주기도 했습니다. '이것이 4개 섬의 미래가 아닐까' 하는 생각을 갖게끔 하기 위해서였죠. 이 편지와 사진은 푸틴에게 효과가 있었다고 생각해요. 예전 섬 주민들의 부담을 줄이기 위해 항공기를 이용한 묘소 참배에 대해 푸틴 대통령은 매우 협력적이었습니다.

— 오랜 기간 동안 일본은 북방영토 협상에서 우선 러시아에 이익을 안겨주고 영토 반환으로 이어가려 했습니다. 그러나 반환에는 이르지 못했습니다. 약속을 지키려면 어떻게 해야 한다고 생각하나요?

북방 4개 섬을 일괄 반환하라는 주장은 언제든지 할 수 있습니다. 그러고 나면 러시아는 반발하고 협상은 끝납니다. 일본이 아무리 멋진 말을 한들, 상대를 끌어들이지 못하면 영토는 돌아오지 않는 것입니다. 진심으로 영토 반환을 실현하려면 먼저 그쪽이 관심을 보이는 방안을 제시해야 합니다.

— 일본을 포함해 G7은 크림 반도 병합을 놓고 러시아에 경제제재를

가했습니다. 미국은 푸틴의 일본 방문에 대해 반대하지 않았습니까?

오바마 행정부를 설득하는 것은 힘들었지만, 미국이 북방영토를 되찾아 주는 것은 아닙니다. 이것은 일본 문제라고 밀어붙였어요. 게다가 푸틴 대통령의 일본 방문 후에 저는 진주만에 갈 예정이었습니다. 미국도 제가 와주길 바랐기 때문에 푸틴 대통령의 일본 방문을 방해할 수는 없었을 겁니다.

진주만 방문

— 12월 5일, 정부는 12월 26~27일 아베 총리가 진주만을 방문한다고 발표했습니다.

오바마 대통령은 히로시마에서 원폭 투하에 대해 사과하지 않았습니다. 그래서 저도 진주만 연설에서 사과나 반성을 할 필요가 없었습니다. "우리가 한 일에 대해 죄송합니다"라고는 말하지 않았습니다. 대신 사망한 병사들을 추모한다는 문장을 만들려고 했습니다.

연설은 이때도 다니구치 도모히코 씨와 상의하면서 작성했습니다. 내가 고민 끝에 생각한 것은 "귀를 기울이면 병사들의 목소리가 들려옵니다. 병사 한 사람 한 사람에게는, 자식의 안전을 걱정하는 어머니와 아버지가 있었습니다. 어떻게 자라고 있는지 궁금했던 아이들도 있었겠죠. 그 모든 꿈과 희망들이 갑작스레 사라져 버렸습니다"라는 문장이었습니다. 이렇게 표현함으로써 사망한 병사들의 마음에 충분히 다가갈 수 있었다고 생각합니다. 다니구치 씨가 잘 가공해서 담아줬어요.

적과 아군을 초월한다는 의미에서 일본인 전투기 조종사를 소개하고 그가 사망한 지점에 비석을 세워준 것이 미군이었다는 이야기도 넣었습니다. 앰브로스 비어스라는 미국 작가의 시에서 'The brave respect the brave'(용사는 용사를 존경한다)라는 말을 인용해 진주만에서 침몰한 애리조나함에서 사망한 미국인과 공격한 일본인 모두를 용사로써 규정한 것입니다. 그리고 치열하게 싸운 미·일 양국을 동맹국으로 연결시킨 것은 "관용의 마음이 가져온 화해의 힘"이라고 결론지었습니다. 호소력 있는 연설이었다고 생각해요.

제8장

흔들리는 일강 ―
트럼프 대통령 탄생,
모리토모·가케 의혹, 고이케 신당의 위협

2017년

전 세계의 사전 예측과 달리 미 대선에서 승리한 쪽은 도널드 트럼프였다. 아베 총리는 그가 대통령에 취임하자마자 회담을 갖고 일본 외교의 기반인 미·일동맹 강화에 힘썼다.

한편 순풍을 타는 듯했던 정권 운영에는 틈새가 벌어지기 시작했다. 모리토모·가케 두 학원을 둘러싼 의혹이 불거졌고, '관저 일강' 체제가 흔들리는 가운데 아베 총리는 중의원 해산을 단행한다. 희망의 당을 창당한 고이케 유리코 도쿄도지사와의 정쟁에서 밀리는 듯한 분위기였지만, 고이케 지사의 실언 등이 불거지면서 자민당은 중의원 선거에서 힘겹게 승리를 거두었다.

골프 외교와 북한의 미사일 발사

— 2017년 2월 미국 워싱턴에서 열린 트럼프 미국 대통령과의 첫 정
상회담에서 아소 다로 부총리와 마이크 펜스 미국 부통령을 수장으
로 하는 경제 대화를 신설하기로 합의했습니다. 트럼프 당선인은 그
동안 일본과의 자동차 무역 등을 문제 삼았고, 환율에서도 일본 정
부가 통화 약세를 유도한다고 비판했습니다. 어떤 구상으로 회담에
임했습니까?

트럼프 대통령은 항상 미·일 무역 균형이 불균형하다면서 도요
타를 거론하고 엔화 약세를 비판했습니다. 환태평양경제동반자협정
(TPP)도 탈퇴하겠다고 했습니다. 2016년 대선 직후 그를 트럼프타
워에서 만났을 때는 TPP에서 나가지 말라고 설득했지만 무리였습
니다. 그래서 백악관 정상회담에 임하기 전, 미·일 무역협상을 하게
된다면 어느 정도 성숙한 관계에서 진행하는 것이 좋겠다고 판단했
습니다. 펜스 부통령은 정치 경력이 풍부하기 때문에 그와 아소 부
총리에게 맡기려고 한 것입니다. 그래서 제가 '아소-펜스'의 틀에서
진행하고 싶다고 트럼프 대통령에게 양해를 구했습니다. 아소 부총
리를 본 트럼프 대통령은 "터프한 사내군요"라고 하더군요. 하지만
결국 펜스 부통령은 협상 파트너가 되는 것을 거부했습니다. 무역협
상을 어떻게 정리해야 할지, 또 협상 결과가 과연 어떤 평가를 받을
지에 대해 불안감이 있었던 것 같습니다.

우려가 됐던 것은 정상회담 후 공동기자회견이었습니다. 기자회

견에서 트럼프가 일본이 엔화 약세를 유도하고 있다는 발언을 하거나, 무역적자 문제를 제기하면 미·일관계가 곤란해질 수 있습니다. 그래서 회견장에 가기 전에 오벌 오피스(집무실)에서 단둘이 있을 때, 이야기를 했습니다.

우선 저는 "특정 기업의 이름을 거론하며 비난하는 것은 그만둬주셨으면 합니다. 이것은 해당 기업에 엄청난 피해를 주게 되거든요. 만약 그러한 비판을 그만둔다면 일본 기업도 미국에 투자하는 것을 고려할 것입니다"라고 말했어요. 또 환율 얘기도 하지 말라고 설득했어요. "환율이 불안정해지면 미국 경제에도 마이너스가 됩니다"라고 지적했죠. 그는 이후 4년간 기업의 이름을 구체적으로 언급하면서 비판하지 않았고, 환율 이야기도 꺼내지 않았습니다. 신뢰관계를 지켜준 것이죠.

— 회담 후 발표한 공동성명에서는 "핵 및 재래식 전력에 바탕을 둔 미국 군사력을 통해 일본을 방위하겠다는 미국의 의지는 확고하다"고 명시했습니다. 군사력을 계속 강화하고 있던 중국을 염두에 둔 이 합의는 일본 측의 의향이 강하게 반영되었다고 할 수 있습니다.

이 공동성명은 획기적이에요. 미국의 확장억제력(동맹국 방어를 위해 핵 및 재래식 억제력을 제공하는 것)에 대해서는 1968년 사토 에이사쿠 총리와 린든 존슨 미국 대통령의 성명에서 완곡하게 언급됐지만, 이렇게 명확하게 표명한 것은 처음이었습니다. 또 미국의 대일 방위 의무를 규정한 미·일 안전보장조약 5조를 센카쿠 열도에도 적용하는 방침이 포함됐습니다. 오바마 미국 대통령은 구두로 약속해줬지만, 미·일 정상 간 합의문서로써 자리매김한 것 또한 처음입니다. 공동성명에는 조약과 같은 정치적 중요성이 있습니다. 그렇기 때문에 이런 메시지를 반복해서 내보내는 것이 중요합니다.

— 당시 트럼프 당선인은 경제에만 관심이 있었고 안보에는 관심이 없었던 것 아닌가요?

트럼프는 회담 전까지 무역적자에 강한 불만을 거듭 표명했기 때문에 통상 부문에 초점이 맞춰져 있었습니다. 확장억제력에 대해서는 회담에서 딱히 언급하지 않았어요. 확실히 관심이 적었던 것 같습니다. 실무 차원의 조율 단계에서 일본 측 의견에 따르는 형태가 됐기 때문에 본 회담에서 트럼프가 이의를 제기하지 않을까 불안했는데 괜찮았습니다.

— '미국 우선'을 내세운 트럼프 대통령은 국제사회로부터 호된 평가를 받는 경우가 많았는데 아베 총리가 본 그의 실제 모습은 어땠습니까?

현실적으로 봤을 때, 만약 일본이 트럼프 대통령의 표적이 된다면 나라 전체가 어려운 상황에 빠져 버렸을 겁니다. 그는 상식을 넘어서는 인물입니다. 그렇기 때문에 먼저 대화할 수 있는 환경을 만드는 것이 중요했습니다. 뉴욕타임스(NYT)로부터 '아베는 트럼프에게 아부만 하니 한심하다'고 꽤 얻어맞았어요. 하지만 "당신 참 대단하다"고 구두로 칭찬함으로써 모든 것이 잘된다면 그보다 더 좋을 수 없는 것이죠. 최전선에서 "미국의 정책은 잘못됐다"고 불평해봐야, 미·일관계가 어려워지면 일본에는 어떤 이익도 되지 않습니다.

— 워싱턴 회담 후 대통령 전용기 에어포스 원으로 플로리다로 이동해 트럼프 대통령의 별장 마라라고 리조트 근처에서 골프를 쳤습니다. 트럼프 대통령과 너무 친밀하게 지내면 위험하다는 우려는 없었나요?

동맹국의 지도자로부터 골프 초대를 받으면 거절할 수 없습니다. 미국 방문 전 트럼프 대통령과 전화 통화를 했는데 "당신과 골프 약속을 했지만 지금 워싱턴의 온도가 영하라서 도저히 칠 수가 없는 상황이다. 1시간이면 플로리다에 갈 수 있으니 내 별장 근처로 가서 치자"고 하더군요. 설마 별장에서 2박을 하게 될 줄은 몰랐어요. 그는 친절하게 대접해주었습니다. 에어포스 원에서는 조종실에까지 앉는 바람에 문제가 되었지만요.

앞서 1월 일본을 방문한 미국 투자가 조지 소로스와 회담했을 때, 그는 "그렇게 트럼프와 사이좋게 지내면 여러 가지 비판을 받게 될 것"이라고 제게 충고하더군요. 그래서 나는 "트럼프를 선택한 것은 당신들이지 우리가 아니에요. 미국은 일본의 최대 동맹국이니, 일본 총리가 동맹국 지도자와 친하게 지내는 것은 당연한 의무"라고 반박했습니다. 정치인은 국가 관계를 고려해 명확한 판단을 토대로 교류를 이어가야 합니다. 그 점이 마음대로 말할 수 있는 평론가와는 다릅니다.

— 별장에서 함께 만찬을 하던 중 북한이 탄도미사일을 발사했습니다. 만찬장에서 미국 측으로부터 기밀정보 브리핑을 받은 뒤, 기자 회견을 했습니다.

둘째 날 만찬 때 미사일 발사 정보를 받고 행사장 옆 특설 텐트로 이동해 인텔리전스의 설명을 들었습니다. 도청 방지 장치로 둘러싸인 텐트 안에서 트럼프와 마이클 플린 대통령 보좌관, 정보기관 관계자들이 모였고, 우리 측에서는 나와 야치 쇼타로 국가안보국장, 이마이 나오야 비서관이 참석해 설명을 들었습니다. 매우 심도 있는 내용이었어요. 그 후 둘이서 긴급 기자 회견을 하기로 했고, 미국은 원고안을 마련했는데 미국 측이 작성한 원고가 너무 내용이 거칠어서 수정하게 됐습니다. 트럼프가 저에게 "뭐라고 해야 하느냐?"고 묻기에 "동맹국인 일본을 100% 지지한다"고 말해달라고 했고, 트럼프는 그대로 얘기해줬어요.

— 북한이 미·일 정상회담 타이밍을 노렸다고도 합니다. 그러나 미사일 발사가 반대로 양국의 유대를 강하게 만들었습니다.

같이 숙식하며 골프를 즐긴 것도 의미가 있었어요.

모리토모 학원(森友学園) 의혹 부상

— 2월 17일 중의원 예산위원회에서 학교법인 모리토모 학원에 국유지 매각 문제가 거론됐습니다. 2016년 모리토모 학원에 불하된 국유지는 부동산 감정사가 낸 토지 평가액이 9억5600만엔이었지만 긴키(近畿)[01] 재무국은 쓰레기 철거 비용으로 약 1억3400만엔을 깎아줘 약 8억엔에 계약했습니다. 아키에 여사가 학교 예정지를 시찰하고 초등학교 명예 교장으로 취임할 예정이었기 때문에 총리가 관여했다는 의심을 받았습니다. 의혹에 대한 답변에서 "저나 아내가 (매각에) 관여했다면 총리도 국회의원도 그만두겠다"고까지 말했습니다. 정치생명을 건 주장이었지만 이 답변이 결국 관료들로 하여금 분위기를 읽고 알아서 숙이게끔 만들어, 결재문서를 변조하는 결과를 초래했다는 비판이 제기됐습니다. 종합적으로 이 문제를 어떻게 보고 있습니까?

저는 학원 이사장인 가고이케 야스노리(籠池泰典)라는 사람을 한 번도 만난 적이 없기 때문에 결백하다는 자신감이 있었습니다. 그러니 저런 답변이 가능했겠죠. 아내 아키에가 초등학교 설립에 찬성했던 것은 사실이지만, 그 일이 왜 내가 관여했다는 의혹으로 직결되는 건지 이해가 되지 않았습니다. 제가 재무성에 압력을 가할 리가 없잖아요. 아내가 동참하고 있다는 이유로 재무성이 토지대금을 깎아주는 일도 있을 수가 없는 거예요. 그래서 "대체 무슨 소리냐"라고 대응하게 된 것입니다.

나와 아소 다로 부총재의 지역인 야마구치현 시모노세키와 후쿠

---

01) 오사카, 고베 일대를 포함하는 지역

오카현 기타큐슈를 연결하는 시모노세키 기타큐슈 도로(제2관문교) 구상이 있었는데, 몇 년이 지나도 구상 단계에서 진행되지 않았습니다. 저희는 그런 식의 이익 유도를 하지 않습니다.

국유지 매각 가격을 인하한 이유는 도요나카(豊中)시 매각 예정지에 쓰레기가 발견된 것 등 다양한 이유가 있었습니다. 그 사정이 간단치 않다는 것은 맞아요.

2018년 국유지 매각 결재 문서를 수정한 것이 드러났지만, 재무성의 사가와 노부히사(佐川宣壽) 이재국장은 2017년 "정치가의 관여는 일절 없었다", "가격을 제시하거나 상대방으로부터 얼마에 사고 싶다는 요청을 받은 적도 없다"고 답변했습니다. 이 답변과 일관성을 맞추기 위해 재무성이 결재 문서를 재작성한 것은 분명합니다. 야당으로부터 연일 추궁당하고, 재무성은 본래의 일을 할 수 없기 때문에 야당을 진정시키기 위해 수정해 버린 것이죠.

솔직히 수정하지 않고 원래 상태로 결재 문서를 공개했다면 아내가 토지 매매에 관여하지 않았다는 것이 분명하고, 저도 엉뚱한 의심을 받지 않고 끝났을 것입니다. 공무원들이 총리를 위해 변조했다는 식으로 결론지어지고 있습니다만, 재무성이 저를 신경쓰지 않았다는 것은 이후 밝혀진 문서를 봐도 명백합니다. 그들은 자기 조직을 지키는 것을 우선시하고 있었던 것이죠.

이 토지 협상은 재무성, 긴키 재무국, 국토교통성, 오사카 항공국의 실수입니다. 2015년 오염토와 콘크리트가 발견돼 철거했는데 2016년 새로운 쓰레기가 발견됐어요. 그런데 긴키 재무국과 오사카 항공국이 협의를 하면서 학원 측에는 입을 다물고 있었습니다. 이를 안 가고이케 이사장이 분노해 손해배상을 요구할 태세를 보이자 재무국이 부랴부랴 단번에 가격을 인하해 버린 것입니다. 오사카 항공국도 여러 가지 문제가 있었던 땅이니 "빨리 팔아버리라"고 재무국을 재촉했고요. 여러 가지 실수에 묶여버린 거죠. 하지만 관료 세계에서는 무류성(無謬性)[02]의 원칙이라는 게 있어요. 자신들은 '절대 그르게 일을 처리할 리가 없다'는 입장을 지키기 위해 나중에 앞뒤 일관성을 맞추려다보니 국민이 이해할 수 없는 행동을 하게 된 것입니다.

원칙대로라면 국토교통상과 재무상이 답변해야 하는데, 야당은 제가 관여했다는 식으로 강조하고 싶은 나머지 본질과 관계없는 질문을 반복했어요.

— 3월 23일 중·참 양원 예산위원회에서 열린 증인심문에서 가고이케 이사장은 아키에 여사와의 친밀한 관계를 강조하면서 아베 총리로부터 100만엔의 기부를 받았다고 말했습니다.

이사장은 희한한 사람이에요. 저는 돈을 주지 않았는데, 받았다고 우기고 있었어요. 그 후 이사장의 아드님이 저와 아키에로부터 100만엔을 받은 사실이 없다고 했습니다. 그러니 이 이야기가 허위라는 건 분명하겠죠. 이사장은 야당의 부추김에 그만 "받았다"라고 실언을 한 거예요. 이사장 부부는 그 후, 정부와 오사카부의 보조금

---

02) 오류나 실패가 없다는 것

을 편취한 사기 등의 혐의를 추궁당했습니다. 이제 저와 이사장 중 어느 쪽에 문제가 있는지는 명백하다고 생각합니다.

— 그래도 총리 부인으로서 아키에 씨가 경솔했다는 비판을 면할 수 없습니다.

어쩔 수 없는 면도 있죠. 아키에 친구의 딸이 모리토모 학원 유치원에 다니고 있는데, 그 친구로부터 권유를 받았다고 합니다. 제가 아키에로부터 모리토모 학원 이야기를 처음 들었을 때는 이들이 운영하는 유치원에서 원아에게 '교육칙어(教育勅語)'[03]를 외우게 하고 있고, 일본 최초로 신토(神道)[04] 이념을 기반으로 하는 초등학교 설립이 목표라고 하니 꽤 괜찮겠다고 생각했습니다. 그런데 학교명을 '아베 신조'로 하고 싶다는 이야기가 있었기 때문에 그것은 지나치다고 거절한 것입니다. 아키에가 요청받은 명예 교장도 사실 거절했습니다. 그럼에도 불구하고 고노이케 이사장 측은 그 후에도 멋대로 "아베 신조 초등학교다", "아키에가 명예 교장이다"라고 선전했습니다. 제 이름을 이용해서 기부금을 모으려고 했겠죠.

당칙을 개정해 총재 임기 연장

---

03) 일본 천황제 이데올로기에 입각한 군국주의식 교육 방침으로, 1890년 공포되어 1948년까지 사용됨
04) 일본의 고유 민족신앙

— 3월 5일 자민당 전당대회에서 총재 임기를 '연임 2기 6년까지'에서 '연임 3기 9년까지'로 연장하는 당칙 개정이 결정됐습니다. 2016년 8월 니카이 도시히로 간사장이 총재 임기 연장을 제안한 것에서 시작됐습니다. 니카이 간사장과 협의하고 있었나요?

회의 같은 건 안 했어요. 니카이 씨의 판단입니다. 왜냐하면 제가 니카이 씨에게 그런 걸 부탁하다 보면 빚이 생기잖아요. 그런 일은 만들지 않아요. 하지만 니카이 씨가 총재 임기 연장을 언급해 준 것은 마음이 든든했어요. 당내에서는 이시바 시게루 전 간사장과 고이즈미 신지로(小泉進次郎)[05] 씨가 "지금 왜?"라고 냉소적인 반응이었지만 니카이 씨가 곧바로 반대론을 억제했어요. 니카이 씨의 정치력이 없었다면 3기 연장은 실현되지 않았을 것입니다.

— 니카이 씨는 자민당 입당이 허용되지 않는 의원이라도 니카이파(派)에 가입시켜 파벌을 키웠습니다. 이러한 방식을 어떻게 평가하나요?

니카이 씨는 와카야마(和歌山)현의 의원 비서로 시작해, 그 의원의 선거구에서 당선됐습니다. 중의원 선거에서 와카야마 1구에 나선 나카니시 케이스케(中西啓介) 전 방위청 장관과 맞붙어 낙선시킨 것입니다. 그 후에도 오자와 이치로(小沢一郎) 씨를 야당으로 몰아냈고, 노나카 히로무(野中広務), 고가 마코토 씨 두 사람을 궁지에 빠뜨렸죠. 그에 대한 비판도 있을지 모릅니다. 하지만 니카이 씨

---

05) 고이즈미 준이치로 총리의 차남

는 무슨 일이든 '선봉'으로 나섰습니다. 저의 총재 3선을 제안한 것도 그렇고, 제가 2020년에 사임을 표명한 후 총재 선거에서 스가 요시히데 관방장관 지지를 가장 먼저 표명한 것도 니카이 씨였습니다. 선봉은 위험을 짊어지기 때문에 논공행상에서 많은 보상을 받는 것은 당연합니다. 2등부터는 역사에 이름이 남지 않으니까요.

니카이파에 대해서 여러 가지 비판이 있지만, 파벌에서 어떤 의원을 받아들인다는 것은 그를 계속 돌봐주겠다고 약속하는 것입니다. 좀처럼 할 수 있는 일이 아니에요. 니카이파가 어려운 처지에 있는 의원들에게는 구원의 동아줄이 되고 있는 것도 사실입니다.

— '3기 9년'의 장기 집권을 목표로 의식하기 시작한 것은 언제부터인가요?

건방지게 들릴 수 있지만, 총재로 복귀한 2012년 가을부터입니다. 당시 제 선거본부 책임자였던 스가 씨와 당규를 개정해 '3기 9년'을 목표로 하자는 이야기를 했던 기억이 납니다. 헌법 개정과 외교 안보의 안정을 감안하면 '2기 6년'으로는 어렵다고 생각했거든요.

다만 총재 임기 연장을 어떻게 실현할 것인가 하는 구체적인 방안까지는 생각하지 않았습니다. 그런 상황에서 니카이 씨의 발언이 있었던 거예요.

예를 들어 러·일 교섭을 중장기적 과제로 두었을 때, 우선 제가 러시아를 방문해 어떤 방안을 제시하고, 이후 푸틴 러시아 대통령을 일본으로 초청해 일정한 합의를 시도합니다. 그리고 푸틴의 방일 전에는 미국을 방문해 미·일 정상회담에서 미국의 양해도 얻는다는 그림을 그리는 것이죠. 그런데 이런 프로젝트는 장기집권이 아니면 할 수 없습니다. 마찬가지로 무역 협상도 어느 정도 끈기 있게 시간을 들여 추진할 필요가 있습니다.

당칙 개정 절차는 고무라 마사히코 부총재와 모테기 도시미쓰(茂木敏充) 정조회장이 진행해 주었습니다. 처음에 같은 야마구치현 출신 가와무라 다케오(河村建夫) 전 관방장관에게 "니카이 씨가 이렇게 말씀하시니 당내 절차를 부탁드려도 될까요"라고 부탁했더니 가와무라 씨는 중의원 위원장 자리를 희망하고 있어 좋은 답변을 받지 못했습니다. 곤란해 하고 있을 때, 모테기 씨가 "제가 하겠습니다"라고 구조의 손길을 내밀어 준 것입니다. '역시 정치에 강한 다나카파(派)의 계보를 잇는 모테기[06] 씨구나'라는 인상을 받았습니다.

헌법 9조 개정에 의욕

— 5월 3일자 요미우리신문에 헌법 개정에 관한 아베 총리의 인터뷰가 게재돼 주목을 받았습니다. 헌법 9조에 자위대의 근거 규정을 추가하는 것을 기둥으로 2020년 시행을 목표로 하겠다는 의지를 표

---

06) 역: 모테기 도시미쓰는 자민당의 주요 파벌 중 하나인 헤이세이 연구회(平成研究會)의 리더이다. 헤이세이 연구회는 1970년대 일본 정치를 좌우했던 다나카 가쿠에이(田中角榮) 전 총리의 파벌 목요회(木曜クラブ)를 전신으로 두고 있다.

명했습니다. 2차 내각 출범 초기에는 개헌 발의 요건을 규정한 헌법 96조의 개정을 내걸었습니다. 중의원과 참의원에서 각각 2/3 이상 찬성을 얻어야 하는 개헌발의 요건을 1/2로 낮추는 것을 목표로 하겠다고 했는데요. 96조 개정은 어렵다고 판단한 것입니까?

96조 개정은 일본유신회가 내걸고 있었습니다. 2012년 자민당이 정권을 되찾기 전에 유신회와의 연계를 깊게 해두는 것이 좋겠다는 정치적 판단에서 96조 개정을 내세웠던 것이죠. 유신회를 이끌고 있던 하시모토 도루(橋下徹) 씨의 영향력을 앞세워 헌법 개정을 할 수 없을까 하는 생각도 있었습니다만, 유감스럽게도 여론이 그다지 고조되지 않더군요. 요미우리신문 인터뷰에서 자위대의 근거 규정 추가를 내걸자 목표가 자꾸 바뀐다는 비판도 받았지만 정치를 둘러싼 상황에 따라 목표방침을 바꿀 수도 있습니다.

요미우리신문은 1994년의 헌법개정 시안을 시작으로 반복적으로 개헌을 제안하고 있었습니다. 발행 부수도 많고 영향력이 있기 때문에 인터뷰를 통해 이야기하려고 했던 거예요. 자위대의 근거 규정을 추가하는 것은 원점으로 돌아가기 위해서였습니다. 자민당 내에도 개헌을 추진하는 데 있어 헌법9조를 제외한 형태로 발의하는 것이 실현하기 쉽지 않겠냐는 목소리가 있습니다. 그러나 그것은 저의 진심이 아닙니다.

만약 9조 개정을 포기하고 환경권의 제정 등 다른 것을 내걸고 발의했다가 국민투표에서 거부당하면, 나는 정치 경력을 포기하더라도 이 결과를 받아들일 수 없을 것입니다. 하지만 9조 개정으로 국민투표에 내놓고 실패한다면 그것은 수용할 수 있습니다.

쓰지모토 기요미(辻元清美) 씨 등이 설립한 민간단체 '피스보트'가 2016년 학생 교류를 위해 중동을 항해할 때 해상자위대에 호위를 요청해 왔습니다. 그들은 평소 자위대를 비판하고 있었는데, 위험한 상황에서만 도움을 요청하는 것은 무시하는 것이 좋겠죠. 재난 구호 작전에서도 자위대는 큰 역할을 담당하고 있습니다. 위헌론을 불식시켜야 하는 것은 당연합니다.

— **요미우리신문 인터뷰 직후 5월 진행된 여론조사에서는 자위대의 근거 규정 추가에 대해 찬성 53%로 반대 35%를 웃돌았습니다. 내각 지지율은 4월 60%, 5월 61%로 매우 높아 개헌 논의를 진행할 환경이 갖춰져 있었습니다.**

지지율이 높았던 것은 아베노믹스의 효과로 고용 환경 등이 개선되고 있었고, 걱정했던 미·일 정상회담도 무난하게 소화했기 때문입니다. 하지만 이후 모리토모 문제로 인해 지지율이 하락했고 헌법 개정 일정도 틀어졌습니다. 저를 싫어하는 좌파 세력 입장에서는 개헌을 막기 위해 모리토모 문제를 과도할 정도로 크게 다룬 측면도 있을 겁니다.

가케학원 수의대 신설 의혹 부상

— **5월에는 국회에서 학교법인 가케학원(加計學園) 문제가 불거졌**

습니다. 2017년 1월 가케학원이 수의대를 신설하는 국가전략특구 사업자로 선정됐습니다. 가케 고타로(加計孝太郎) 이사장이 아베 총리의 친구였기 때문에 특별한 편의 제공이 있었던 것 아니냐는 야당의 추궁이 있었습니다. 내각부[07]가 '총리의 의향'이라며 문부과학성의 대응을 재촉했다는 문부과학성 내부 문건이 있었던 것으로 드러났습니다.

수의대 신설에 제가 전혀 관여하지 않은 것은 명백합니다. 문부과학성 문서도 허술했습니다. 나중에 밝혀진 문서에는 "국가전략특구 자문회의의 결정이라는 형태로 하면 총리가 의장이기 때문에 총리의 지시로 보인다"고 적혀 있었습니다. 즉, 저의 의향이 아닌 거죠. 이 이야기는 마에카와 키헤이(前川喜平) 전 문과 사무차관이 "행정이 왜곡됐다"며 부당한 압력으로 수의대 신설이 결정됐다고 강조해 논란이 일었지만 진실은 가토 모리유키(加戶守行) 전 에히메(愛媛)현 지사가 7월 참고인 초치(招致)에서 말한 것에 있습니다.

현지사로 3번 당선된 가토 씨는 2010년까지 12년 동안 조류독감이나 광우병 같은 감염증 대책을 위해 에히메현 이마바리(今治)시에 수의대를 유치하려고 했지만 문부과학성에 낸 신청이 전혀 통과되지 않았다고 국회에서 말했습니다. 그는 "국가전략특구가 강력한 철벽 규제에 구멍을 뚫었다. 왜곡된 행정이 바로잡혔다"며 마에카와 씨의 발언을 비꼬더군요. 이마바리 출신 현의원과 가케 학원의

---

07) 역: 일본의 중앙 행정기관 중 하나. 주요 정책의 기획 및 입안·조정 등 총리가 담당하는 행정 사무를 처리

사무국장이 친구 사이라서 이 문제에 뛰어들었는데, "친구라면 다 안 되는 것인가"라고 말하기도 했습니다. 사안의 본질은 수의사회의 반대와 이를 수용한 농림수산성이나 문부과학성의 철벽 규제가 있었다는 것이겠지요.

다만 저도 국가전략특구 자문회의 의장이기 때문에 국회에서 "신청한 것을 몰랐다"고 말할 수는 없었습니다. 총리대신이 여러 신청을 일일이 훑어보는 것은 무리지만, 형식적으로는 알고 있었던 것으로 하지 않으면 안 되는 거죠. 그러자 야당은 "알고 있었으니 아베 총리가 지시해 선정한 것 아니냐"고 말하더군요.

— 야나세 타다오(柳瀬唯夫) 총리 비서관이 이듬해인 2018년 참고인 자격으로 국회에 불려가 2015년 가케학원 관계자를 3차례 만났다고 말했습니다. 다만, 총리에게는 보고는 하지 않았다고 했습니다. 이러한 개별 안건에 대해서는 총리에게 보고하지 않습니까.

일일이 보고를 받지 않아요. 총리는 국회에 답변하면서 정책 판단을 해야 합니다. 개별 안건은 비서관이 정리해주지 않으면 곤란합니다. 게다가 이것은 문부과학성, 농림수산성, 내각부에 걸쳐진 안건이었기 때문에, 총리 비서관이 만나서 조정하고 무엇이 잘못됐는지에 대해 이야기했을 것입니다.

— 아베 씨는 가케 씨와 식사를 하고 골프도 쳐 왔으니 의심받을 수밖에 없습니다. 친한 친구라면 수의대 신설 이야기도 하지 않았을까

하고 누구나 의심합니다.

가케 씨는 제게 폐가 될 것 같아서 이야기하지 않았을지도 모르겠네요. 실제로는 아무 이야기도 나오지 않았습니다만, 만약 부탁을 받았다면 더 빨리 수의대가 설립됐을지도 모릅니다.

— **모리토모·가케 문제로 계속해서 야당의 추궁을 받게 됐습니다.**

관저 내에서 여러가지를 논의해 자세를 낮춰 대응하려고 했습니다만 야당과 일부 언론이 가고이케 이사장과 마에카와 전 차관을 치켜세우며 내 발목을 잡으려 했습니다. 우리도 좀 더 대응책을 궁리하면 좋았을 것 같네요.

천황 퇴위 특례법 성립

— **6월 9일 천황의 퇴위를 위한 특례법이 통과됐습니다. 폐하께서 퇴위 의향을 시사하시는 말씀이 나온 뒤 약 10개월 만에 법안까지 만들었습니다. 가장 고심했던 것은 '천황은 국정에 관한 권한을 갖지 않는다'는 헌법 4조에 어긋나지 않도록 하는 것이었겠죠?**

헌법 4조와의 관계를 정리하기 위해 특례법 1조에 장황하게 쓴 거죠. 제정 이유에 대해서 국민들이 "천황 폐하의 마음을 이해하고 공감한다"고 강조했습니다. 특례법을 만들면서 가장 신경 쓴 것은 이번 퇴위를 선례로 삼게 되지 않을까 하는 점이었습니다. 나와 스기타 가즈히로 관방 부장관, 황실 담당 야마자키 시게타카(山崎重

孝) 총무관과 오이시 요시히코(大石吉彦) 비서관, 그리고 이마이 나오야 정무비서관이 많은 논의를 진행했습니다. 당초 제가 섭정을 생각했던 것은 한번 퇴위를 인정할 경우 앞으로도 천황에게 퇴위를 강요하는 일이 일어날 수도 있었기 때문입니다. "더 계속해야 한다", "아니, 다른 인물로 교체하는 게 낫다"는 식의 논란이 황궁, 정치권, 여론 어디에서나 일어날 수 있으니까요.

하지만 폐하께서는 섭정을 두는 것에 대해 매우 부정적이었습니다.

황실의 연구자로부터 들은 이야기입니다만, 쇼와 천황이 섭정이 되었을 때 궁중이 '다이쇼 천황파'와 '섭정파'로 갈라져 쇼와 천황은 상당히 고생하셨다고 합니다. 그런 이야기를 폐하도 알고 계셨을지 모릅니다.

퇴위는 제 당초 생각과는 달랐지만 폐하의 말씀이 있은 뒤 국민의 압도적인 지지도 있었습니다. 그렇다면 보수 정권의 운명으로 받아들이고 사명감을 갖고 실현해야 한다고 생각했습니다.

법안에서는 퇴위는 어디까지나 특별한 사례라고 강조하기 위해 당시 폐하의 나이를 넣었습니다. '금상 천황(今上天皇: 현재 재위 중인 천황)'이라는 문구도 넣었지만 결국 민진당의 요구로 삭제했습니다. 건강하실 때 퇴위가 진행돼 정말 다행이라고 생각합니다. 새 천황의 즉위를 포함해 나라 전체에서 축하드리며, 화려하고 다양한 행사를 치를 수 있었습니다.

― 법을 정비할 때까지 지식인 간담회를 열어 공청회를 갖는가 하면, 중·참 양원의 의장과 부의장의 의견도 듣는 등 많은 절차를 거쳤습니다.

나라의 근본과 관련된 문제이기 때문에 최대한 신중하게 대응하지 않으면 안 되니까요. 총리 뿐 아니라 국회도 책임이 있다는 생각이었습니다.

― 특례법은 당시 자유당을 제외한 전 당파가 찬성해 통과됐습니다. 여야 대결로 치닫지 않기 위해 민진당이 요구한 여성 궁가(女性宮家) 창설 검토가 부대 결의에 포함되었습니다. 여성 궁가 창설을 어떻게 생각하세요?

여성 궁가는 내친왕(内親王)[08]이 결혼한 뒤에도 황녀로서 황실에 남아있을 수 있다는 점에서 가능성이 있다고 생각합니다. 헌법상 민간인과 결혼한 사람을 특별한 지위로 둘 수 있느냐는 논점이 남아있지만, 황족 감소에 대한 우려가 커지고 있는 것이 사실입니다. 결혼 후 민간인이 된 경우에도 '공주' 등의 칭호를 가지고 다양한 식전에 참석하는 것은 충분히 고려해 볼 수 있지 않을까요. 영국 왕실에서도 여성은 결혼 후에도 공주 자격을 유지하고 있습니다.

막부 말기에도 고메이 천황(孝明天皇)의 여동생인 황녀 가즈노미야(和宮)가 공무 합체[09]를 위해 14대 장군 도쿠가와 이에모치(德

---

08) 일본의 여성 황족

09) 역: 1853년 페리 제독의 내항으로 위기감이 고조되면서 도쿠가와 막부와 조정(천황)의 협력을 강화해 위기를 극복하려는 정치적 움직임

川家茂)와 혼인했지만, 결혼 전 내친왕의 지위를 부여받았기 때문에 결혼 후에도 도쿠가와 카즈노미야가 되지 않고 카즈노미야 지카코 내친왕(和宮親子內親王)으로서 황족 지위를 유지했습니다.

다만 여성 궁가는 외가를 통해 천황의 피를 이어받는 여계 천황(女系天皇)[10]으로 이어질 위험성도 있습니다. 남계의 남성으로 한정된 황위 계승을 여론에 휩쓸려 바꾸지 말아야 합니다. 수백 년, 수천 년이라는 척도로 생각해야 하는 이야기니까요.

저는 안정적인 계승책으로는 남계 쪽 구황족을 현황족으로 입양해 황적을 복귀시키는 것이 좋다고 생각합니다. 구황족으로 복귀한 최초의 남성에게는 계승권이 없고, 그의 자녀 대부터 계승권을 부여하면 어떨까 생각하고 있습니다. 많은 사람들이 복귀할 필요는 없지만, 히사히토(悠仁)[11] 친왕 곁에 도쿠가와 가문의 고산케(御三卿: 도쿠가와 이에야스의 후손인 오와리(尾張), 기슈(紀州), 미토(水戶) 등 세 지역의 도쿠가와 가문을 가리킨다. 쇼군의 후계자가 없을 경우 방계인 세 가문에서 낼 수 있었다) 같은 존재가 있어도 좋지 않을까요?

도쿄도 의원 선거에서 자민당 참패

---

10) 역: 여계 천황은 황가의 모계 쪽 자손들에게도 황가의 지위를 주고 경우에 따라 천황이 되는 것을 의미한다. 이 경우 얼마 전 일반인과 결혼한 마코(眞子) 공주의 자녀들도 천황이 될 수 있다. 한편 일본 황실전범은 여성의 황위 계승을 부정하고 있다.

11) 나루히토 천황의 동생 후미히토 친왕의 아들. 일본 황실의 하나뿐인 남자 황손

— 7월 2일 도쿄도의회 선거(127석)가 치러졌는데, 고이케 유리코 지사가 대표로 있는 지역 정당 '도민 퍼스트회'가 압승(49석)했고 자민당은 23석이라는 사상 최저의 참패를 당했습니다. 정권 운영에 미치는 타격이 크지 않았나요?

도의회 선거는 국정 상황을 반영하기 쉽습니다. 제가 두 번째 총리 취임 직후인 2013년 도의회 선거에서 자민당은 59명 후보자 전원이 당선됐습니다. 그러나 4년 뒤인 2017년은 모리토모·가케 문제의 영향을 받았고, 게다가 고이케 씨의 인기가 높았어요.

이무렵 내각 지지율은 계속 하락하고 있었습니다. 요미우리신문이 실시한 전국 여론조사에서는 5월 61%, 6월 49%, 7월 36%로, 불과 두 달 만에 25%포인트나 하락했습니다. 2차 내각 출범 이후 최저치였습니다.

그동안 존재하지 않는다고 말해 왔던 육상자위대 이라크 파견 당시의 활동 보고 문서(일보)가 발견되는 등 여러 가지 일이 겹친 것입니다. 하지만 도의회 선거에서 패한 가장 큰 요인은 고이케 씨의 존재입니다. 제가 한껏 조성한 영향도 있었는데, '민주당 정권은 안 된다'는 분위기가 사회에 정착되고 있었습니다. 하지만 과거에도 '사회당이나 자민당이나 모두 안 되겠네'라는 사회 분위기가 형성되었을 때 자민당에서 나름의 지위에 올랐던 인사들이 뛰쳐나가 새로운 이미지의 '신자유클럽'[12]이나 '일본신당'[13]을 만들었어요. 민주당

---

12) 1976년 자유민주당 소장파 의원들을 중심으로 창당된 중도보수정당
13) 1992년 창당된 일본의 중도우파 자유주의 정당으로 7개 야당 연합을 성사시켜 호소카와 모리히로(細川護熙)를 총리로 배출

정권도 하토야마 유키오(鳩山由紀夫), 오자와 지로(小沢二郎), 오카다 가쓰야(岡田克也) 세 사람 모두 자민당 출신이었습니다. 고이케 씨는 그런 위치에 서는 데 성공한 것입니다. '민주당도 아니고 자민당도 아니다'라는 여론을 담는 그릇이죠.

'조커' 고이케

— **고이케 유리코 지사의 정치인 평가는 어떻습니까.**

고이케 지사는 항상 조커예요. 1부터 13까지의 카드 사이에 존재하지 않는 패입니다. 조커가 없이도 트럼프 게임을 할 수 있는데, 조커가 들어가면 특별한 효과를 발휘합니다. 어떤 게임에서는 군대 같은 강력한 힘을 갖습니다. 스페이드 에이스보다 강력하죠. 그녀는 자신이 조커라는 것을 인식하고 있다고 생각합니다. 조커가 강력한 힘을 가지려면 그런 정치적 상황이 필요하다는 것도 알고 있어요.

— **도의회 선거 당일인 2일 밤 아베 총리는 아소 부총리, 스가 관방장관, 아마리 아키라 전 경제재생상과 함께 식사하고 있습니다. 상당한 위기감이 있었나요?**

4명이 모였을 때는 일단 당이 확실히 단결하면 극복할 수 있다는 인식이었어요. 아베 정권이 무너진다면 그것은 적이 아니라 제 식구의 손에 의해서 그렇게 될 거라고 했죠. 아무리 고이케 씨가 강하다고 해도 국회에 발판을 마련한 것은 아닙니다. 자민당 내부가 동요

되지만 않는다면 괜찮다고 생각이 일치했습니다. 사실 그 모임은 당 내부에 보여주려는 목적도 있었습니다. '4인조'라고 언급되는 것이 좋은 인상을 주지 않을 수도 있지만, 이 4인은 전혀 흔들리지 않고 있다는 것을 어필하고 싶었습니다. 지지율은 하락세였고 저 자신도 위기감이 있었지만 그걸 드러내면 당내가 동요할 수 있으니 태연한 척하고 있었던 것이죠.

고이케 씨는 좋은 사람이에요. 친근하고 사교적입니다. 상대방의 기세가 좋을 때는 먼저 다가와요. 2016년 지사에 취임했을 당시에는 제 등을 어루만지며 말을 걸어왔고, 다음 중의원 선거에서는 "자민당을 응원하러 갈게요"라고도 했어요. 그런데 상대를 쓰러뜨릴 수 있다고 생각되면, 확 다가와서 옆구리를 푹 찌르는 거죠. '엇, 옆구리가 아픈데' 하고 생각했을 때는 이미 늦은 거죠.

그녀를 지탱하는 원동력은 상승 지향적 태도라고 생각해요. 그런 태도를 갖는 것은 누구에게나 중요합니다. 하지만 그녀의 경우엔 상승해서 무엇을 할지가 보이지 않습니다. 상승 자체가 목적이 되어버린 것은 아닐까요.

상승하는 과정에서 고이케 씨는 주변 인물들을 철저히 몰아냈습니다. 쓰키지(築地) 시장의 도요스(豊洲) 이전 문제에서는, 토양 오염 대책 등이 불충분했다며 이시하라 신타로(石原慎太郎) 전 지사의 책임을 추궁했습니다. 도의회의 '두목'이라고 불렸던 우치다 시게루(内田茂) 전 자민당 도지부 간사장과도 대립해 우치다 씨를 은퇴하게 만들었습니다. 그렇게 생각하니 저도 위태로운 거예요.

그녀의 약점은 놀라울 정도로 실무가 서투르다는 점입니다. 2020년 이야기입니다만, 신종 코로나 바이러스 감염자가 속출하고 있던 신주쿠(新宿) 가부키초(歌舞伎町)에서 보건소와 경시청이 호스트 클럽과 유흥업소를 순찰했습니다. 처음 고이케 씨에게 연락해 "경찰과 보건소 직원이 함께 하는 것이 어떻습니까?"라고 타진했어요. 보건소는 구청에서 관할하고 있다고는 하지만 도쿄도가 인사를 결정하기 때문이죠. 고이케 씨는 "음, 글쎄요~" 하고 생각에 잠겼고, 그 후 "정부에서 하세요"라고 전해왔어요. 그래서 정부 차원에서 조정해서 실시하기로 했습니다. 보건소에는 인력 여유가 없다고 해 경찰관 퇴직자들을 보건소에서 임시로 채용하는 절차를 밟았습니다만, 고이케 씨는 일절 협조하지 않았습니다.

반면, 코이케 씨의 전달력은 굉장합니다. 네이밍이나 미디어 활용도 능숙해요. 감염이 확대되면 기자회견에서 '스테이 홈'이나 '도쿄 비상'을 호소해 '뭔가 하고 있다'는 느낌을 갖게 해요. '실질적으로 대응하고 있는 것은 정부인데…'라는 생각이 많이 들었습니다. 역시 만만치 않은 상대입니다.

— 중의원 해산을 선언했는데, 고이케 씨도 같은 날 희망의 당 창당을 발표했습니다. 초조했나요?

고이케 씨한테 당했다고 생각했어요. 이목이 나의 중의원 해산 표명보다 고이케 씨의 신당에 집중되고 말았습니다. '이거, 큰일이다'라고 생각했죠.

시모무라 하쿠분(下村博文) 전 문부과학상은 저의 중의원 해산 기자회견 직전에 "총리님, 해산하지 마십시오"라고 말했습니다. 하지만 이미 해산 분위기가 형성되어 있었기 때문에, "이제 와서 그만둘 수는 없어요"라고 말했죠. 시모무라 씨는 "이대로 가면 모두 떨어집니다"라고 하길래, 솔직히 근거는 없었지만 "괜찮으니까 나를 믿고 따라오세요"라고 쏘아붙였습니다.

그때는 필사적이었어요. 고이케 씨는 일찍이 JR서일본의 광고 타이틀을 이용해 마쓰이 이치로(松井一郎) 오사카부 지사와 오무라 히데아키(大村秀章) 아이치현 지사에게 제휴를 호소하면서 이를 '세 도시 이야기(三都物語)'라고 불렀어요. 나는 일본유신회 대표였던 마쓰이 지사에게 전화해 "'세 도시 이야기' 같은 것에 올라타지 않는 게 좋아. 독자적으로 싸우는 편이 유신회답지 않을까?"라고 말한 것입니다. 마쓰이 지사도 "그렇게 하겠습니다"라고 말해 줬지만, 결국 고이케 쪽에 합류해버렸습니다. 그때 희망의 당의 기세는 대단했기 때문에 휩쓸려간 것이죠.

하지만 저는 솔직히 열세라도 이길 수 있다고 생각했습니다. 어떤 면에서는 낙관적인 사고방식의 소유자일지도 몰라요. 낙관주의가 되지 않으면 선거 같은 건 치를 수가 없는 거죠. 이후 희망의 당이 내건 정책을 보니 너무 알맹이가 없었어요. '만원(滿員) 전철 제로'를 내걸고 있었는데, 이런 것은 도쿄 사람의 발상입니다. 제 지역구에서는 말이죠, 한 번이라도 좋으니 만원으로 만들어 보고 싶을 정도입니다. 지방은 어디나 그렇죠. 깊이가 너무 얕았어요. 이건 실수가 아닌가 생각했죠.

— 희망의 당은 안보관련법에 대해 "적절하게 운용하고, 현실적인 안보정책을 지지할 것"이라며 보수표를 빼앗으려 했습니다.

아마도 그녀는 진심으로 정권을 잡을 생각이었을 것입니다. 당시 자민당이 비둘기파 총리였다면 보수층은 희망의 당으로 흘러갔을지도 모릅니다. 하지만 상대는 보수 간판을 내건 아베 정권이기 때문에 기반 지지층이 무너지지 않았습니다. 그 점에서 고이케 씨는 계산을 잘못했어요. 결국 안보 관련법에 반대하는 사람들이 입헌민주당으로 가버렸습니다. 도지사를 그만두지 않은 것도 희망의 당에는 영향을 미쳤어요. 민진당 의원 중 생각이 다른 사람은 "배제하겠다"고 한 것도 좋은 인상을 주지 못했습니다. "여러분이 와주시는 것은 매우 감사하지만, 안보 정책에 대해서는 확인을 받도록 하겠습니다"라고 말했더라면 전혀 다른 결과가 나왔을지도 모릅니다. 순간 절정기를 맞이하다 보니 고압적인 태도가 되어버린 거죠.

두 번째 중의원 해산

— 9월 해산을 결정한 가장 큰 이유는 무엇인가요?

만약 중의원 임기가 2년 남았다면 해산을 보류했을지도 모릅니다. 하지만 임기가 1년 조금 남았으니까요. 8월에 개각을 해서 지지율도 다소 회복됐습니다. 해산하지 않고 가을에 임시국회를 맞이하면 '모리·가케' 문제의 여진이 남아있어서 야당은 실컷 공격해 왔겠죠. 의혹이 남아있다고 주장한다면 그 근거를 설명해 주면 좋겠는데 야당은 증명할 수 없으니까 의혹만 남게 되는 것이죠. 그렇게 끊임없이 공격을 받게 됩니다. 그러면 정권이 피폐해지면서 당내에서도 비판이 나옵니다. 그 사이에 고이케 씨가 만반의 준비를 해서 중의원 선거에 출전하고 많은 선거구에 후보자를 출마시키면 자민당이 힘들어지겠죠. 그럴 바에야 이쪽에서 먼저 움직이자는 판단을 한 거죠.

게다가 이 해에는 북한이 탄도미사일을 반복적으로 발사했습니다. 9월에는 6차 핵실험을 하고, 일본 상공을 통과해 태평양에 떨어지는 미사일도 발사했습니다. 북한에 대응하기 위해 국제사회에서 제재 논의를 활발히 하려면 이 국면에서 정치력을 회복해야 된다고 생각했습니다.

— 북한의 만행이 국민의 위기의식을 높이고 내각 지지도를 끌어올려 아베 씨를 돕는 역할을 했다는 말씀이신가요?

물론 그런 상황도 감안했어요. 자민당 내부는 '모리·가케'가 때문에 싸울 수 없다는 분위기가 강했습니다. 당내에 해산론이 퍼지면 반대할 수 있기 때문에 니카이 간사장과 아소 부총리에게만 상의하고 결단했습니다. 권력 투쟁의 파워게임이라는 점에서는 내가 해산이라는 카드를 꺼내들며 뒤통수를 친 셈이었는데, 저쪽에서 '조커' 고이케가 나오고 말았습니다. 조커를 **뺀** 게임으로 할 생각이었는데 예상 밖이었네요.

중의원 해산의 판단은 정치 감각에 달려 있습니다. 정세를 아무리 분석해도 계산대로 되지 않습니다. 물론 전술은 여러 가지로 준비해야 하지만, 언제 전투에 나설지 타이밍을 정하는 것은 촉이라고 생각합니다.

— 해산 전인 8월 3일 내각을 개편해 노다 세이코 씨를 총무상 겸 여성활약상에, 고노 다로(河野太郎)를 외상에 앉혔습니다. 개각으로 지지율이 상승했지만 노다 씨는 자민당 총재 선거에 의욕을 보였습니다. 고노 씨는 원자력 정책 등을 둘러싸고 당내의 평가가 갈라져 있었습니다.

노다 씨가 총재 선거 출마를 위해 노력하는 것은 훌륭한 일입니다. 2018년 총재 선거까지는 아직 시간이 있었기 때문에 협조를 받으려고 생각한 것입니다. 고노 씨는 소통 능력에 기대했습니다. 2016년 구마모토 지진 때 방재 장관으로서 노력을 해 주었습니다. 5년간 외상을 지냈던 기시다 후미오 씨는 침착하기로 정평이 나 있었습니다. 이번에는 전달력이 좋은 고노 씨로 해 보자고 생각한 것입니다. 고노 씨는 원어민 수준의 영어 실력을 가지고 있으니까요.

— 고노 씨가 총재 후보가 된 데는 외무장관 경력이 큽니다.

아버지 고노 요헤이(河野洋平) 전 자민당 총재는 비둘기파였지만, 고노 다로 씨는 의외로 중국이나 한국에 대해 할 말을 했잖아요.

그가 외무장관에 취임하고 첫 기자회견을 하기 전 나는 그를 집

무실로 불러 "부친과는 전혀 다른 입장으로 해줘. 고노 담화의 '고'
자도 언급하지 말아줘"라고 한 것입니다. 위안부 문제에 일본군이
연루되었음을 인정하고 사과한 것이 고노 요헤이 관방장관 담화[14]
입니다. 고노 다로 씨에게는 "아베 정권은 고노 담화를 재검토하겠
다는 입장을 취하고 있지는 않다. 다만 나는 전혀 저게 좋다고 생각
하지 않아. 전후 70년 담화가 전부다. 70년 담화에 따라 대응하겠다
고 말해 달라"고 했어요. 그는 훌륭하게 그 방침에 따랐지요. 원전
제로도 봉인했습니다. 다만, 만약 그가 총리가 되면 원전 제로를 다
시 말할지도 모르겠지만 말이죠.

　또 한 가지, 이 개각에서 제가 신경 쓴 것은 문부과학상입니다.
하야시 요시마사(林芳正) 씨에게 부탁했습니다. 문부과학성은 가케
학원에서 운영하는 오카야마(岡山) 이과대학의 수의학부 신설 인가
여부를 결정하는 과제를 안고 있었습니다. 하야시 씨라면 중립적으
로 논리정연하게 판단해 줄 것으로 기대했던 것입니다. 내 눈치를
보지 않고요. 하야시 씨는 불을 끄는 능력이 있으니까요. 담담하게
사무적으로 답한다는 점에서 그를 능가할 사람은 없습니다.

해산으로 재무성과 재정 건전파를 침묵시키다

— 9월 25일 중의원 해산을 발표하면서 '국난 돌파 해산'으로 명명하

---

14) 역: 1993년 8월 고노 요헤이 관방장관이 일본군 위안부에 대한 일본군의 개입과 강
　　제성을 인정하고 사과와 반성을 담은 담화

고 2019년 소비세 증세 시 사용처를 변경해 전 세대형 사회보장 재원으로 삼겠다고 공약했습니다. 북한의 위협도 극복해 나갈 것이라고 말했습니다. 하지만 북한 정세가 긴박하다면 의회 해산 같은 것을 할 상황은 아닙니다. 북한의 위협을 해산 이유로 삼는 것은 어색해 보였습니다.

증세의 용처 변경은 해산의 대의명분으로서 괜찮았다고 생각합니다. 북한 정세에 대해서는 해산의 명분이 될 수 없다는 비판이 나올 것을 예상했지만, 그런 분위기는 기세로 제압할 수 있다고 봤어요. 다만 그 전에 유엔 안전보장이사회에서 비난 성명을 내고 제재의 완전 이행을 회원국에 요구했습니다. 당분간 북한이 도발을 자제할 수밖에 없는 환경을 만든 것입니다. 만약 의회를 해산하고 중의원이 부재한 가운데 북한이 미사일을 쏜다면, "왜 해산한 것이냐"며 선거가 힘들었을지도 모릅니다. 결국 10월 22일 중의원 선거에서 자민당은 압승했습니다.

— 소비세 증세분의 용도 변경을 국가가 주도해 시행한다는 점에서 사회주의적 정책으로 느껴졌습니다. 국가사회주의적 정책이라고 해도 무리가 없었습니다.

기시 내각은 미·일 안전보장조약을 개정하고 경찰 직무집행법도 개정하려고 했습니다. 하지만, 외조부 기시 노부스케는 사회당의 미와 토시조(三輪寿壮)와 일생의 라이벌이자 친구 사이였고, 또 '국가는 무엇인가' 라는 관점에서 국민개보험(한국의 의료보험제도에 해당하는 일본의 보험제도)과 전원연금을 실현하고 최저임금법도 마련했습니다. 보수와 사회주의라는 울타리를 넘어 할 일은 하겠다는 입장이었습니다.

그래서 저도 매파와 비둘기파의 정책을 동시에 하면 좋겠다고 생각했습니다. 특정비밀보호법이나 안전보장 관련법을 실현하면서 일하는 방식(働き方) 개혁을 한다든지, 동일노동 동일임금이 필요하다면 해야 한다고 생각했습니다. 경제계가 동일노동 동일임금을 무조건 반대하는 것은 아니잖아요.

— 전 세대형 사회보장의 기둥인 유아교육·보육의 무상화는 선거에서 표가 되지 않는다는 말을 줄곧 들어왔기 때문에 자민당은 신중했습니다. 정책을 전환한 이유는 무엇입니까?

유아교육 무상화는 1차 아베 내각의 참의원 선거 공약에 포함되어 있었습니다. 민주당이 내건 '자녀 수당'에 맞서기 위해서였죠. 그후 민주당의 '자녀 수당'은 2차 아베 내각에서 '아동 수당'으로 명칭이 바뀌었지만, 매년 대규모로 지출되는 지원금이기 때문에 어쨌든 재원이 필요했습니다. 그래서 소비세 증세분의 사용처를 변경해 재원을 확보하기로 한 것입니다. 증세분의 사용처 변경은, 평소라면 재무성이나 당내 재정건전파의 반대로 할 수 없었을 것입니다. 하지만 해산과 동시에 결정해버리면 당내 논란을 잠재울 수 있습니다. 선거에서 이기면 재무성도 침묵시킬 수도 있습니다. 그런 의미에서는 고이케 씨가 일으킨 '전화위복' 같은 해산이었습니다.

옛날에는 수명이 짧았기 때문에, 60세 이상을 사회 보장의 수급 대상으로 해도 괜찮았지만, 100세 시대가 되어 고령자가 인구의 약 30%를 차지하게 되면서 이 구조는 감당할 수가 없게 됐습니다. 큰 틀로서는 100세 시대에 대응하는 사회보장제도를 구축해 나가고자 했습니다. 지속 가능한 제도로 만들기 위해서는 저출산 대책을 충실하게 해야 합니다. 그것이 전 세대형 사회보장제도인 것입니다. 그 구체적인 방안으로 유아교육과 보육의 무상화를 실현하고 아이 낳기를 주저하는 사람들에게 분배한다는 방안을 생각했습니다.

무상화를 실현하기 위한 재원을 확보하려면 소비세를 증세해야 합니다. 그 환경을 조성하기 위해 산업정책을 추진하고, 투자를 유도해 생산성을 높이고, 기업의 수익을 늘려줘야 합니다. 그리고 임금이 오르고 소비를 촉진해 세수를 늘려가야 합니다. 성장과 분배의 선순환에 의해 사회보장의 기반도 보다 견고해지게 됩니다. 이런 생각에 대해서는 누구도 불만이 없을 것입니다.

— **날개를 펼쳐 리버럴 세력을 끌어들인다는 생각이 한층 강해졌다는 말씀이신가요?**

리버럴을 끌어들인다기보다는 그 정책이 좋다고 생각했습니다. 저는 원래 당에서 사회부회장을 했기 때문에 사회보장을 충실하게 하고 싶다는 생각을 근본적으로 갖고 있었습니다. 하지만 입헌민주당이 주장하는 것과 같은 지원금 중심의 사고에는 동의하지 않습니다. 지원금만으로는 경제가 좋아질 리가 없으니까요. 다만, 필요한

지원을 아끼는 것은 안 됩니다. 2015년 안전보장 관련법 정비가 매파적 정책의 정점이었다면 2017년부터 2018년까지 추진한 전 세대형 사회보장과 일하는 방식 개혁은 비둘기파 정책의 정점이었다고 할 수 있겠네요. 전 세대형 사회보장이나 금융 완화, 재정 지출 등을 비둘기파 정책이라고 합니다만, 실은 일본 전통의 정책, '미즈호노 쿠니[15](瑞穂の国)'의 사고방식입니다. 다같이 논을 갈고 쌀을 나눠 온 것이죠. 전후 자민당은 꽤 사회주의적인 정책도 실시했습니다. 당시엔 보수파도 그런 정책을 주장하고 있었던 것입니다.

조부 아베 간(安倍寛)은 전후 바로 타계했기 때문에 저는 직접 알지는 못하지만, 아버지를 포함한 주위 사람들은 모두 아베 간에 대한 이야기를 했습니다. 반전(反戰)의 정치인이자 리버럴의 상징 같은 존재였는데, 그 영향을 받은 면이 있을지도 모릅니다.

— **아베 정권 하에서는 해산할 때마다 명분이 생기냐는 말을 많이 들었습니다.**

민주당의 노다 요시히코 수상이 2012년 11월 중의원을 해산했고, 제가 2014년 11월, 2017년 9월에 해산했으니, 특별히 단기간에 해산을 단행했다는 인상은 없습니다. 야당은 갑작스러운 해산이라며 비판했지만 평균적으로 2년 반에 한 번씩은 있으니까요. 조부 아베 간이 1942년 전쟁 수행을 위해 실시한 익찬선거(1942년 치러진 일본의 어용선거)에 입후보했을 때의 선거 전단이 남아 있는데, 도조

---

15) 역: 고대시대의 이상적 일본을 가리키는 명칭 중 하나

히데키(東條英機) 내각을 비판하고 있지만, 해산에 대해서는 긍정적입니다. "기성 정당들은 '불시 해산은 헌정의 정도에 반하는 비입헌적 태도다', '정부의 해산 강행은 불합리하다' 또는 '이번 총선은 뚜렷한 정책적 목표를 갖지 못한 무의미한 선거다'라는 격론을 쏟아내고 있다"면서 "이런 비상사태에 대해 여전히 올바른 인식을 갖지 못한 이들을 포착하는 것은 이상하지 않다. 다만 시대의 모습을 똑바로 응시하는 사람에게는 이번 선거의 중대한 의미가 매우 명확하다"고 주장하고 있습니다. 역시 야당의 입장에서는 선거를 잘 활용해야 한다는 것이겠지요.

나는 2012년에 야당인 자민당의 총재가 되었을 때, 취임 다음날부터 노다 정권에 중의원 해산을 요구했어요. 그러나 내가 총리로 돌아와 해산하자 민주당과 민진당은 왜 갑자기 해산하냐고 비판했습니다. 그 발언을 듣는 순간 저는 승리를 확신했습니다.

트럼프 대통령의 첫 일본 방문

— 11월 5~7일 트럼프 대통령의 첫 일본 방문이 성사돼 요코타 사키에 씨 등 납북자 가족들과 면담했습니다. 일본 측의 강한 희망으로 실현된 것으로 보이는데, 미국 측은 흔쾌히 응했습니까?

오바마 정부 시절인 2014년에도 미국 대통령과 납북자 가족의 면회는 성사되었습니다. 다만 오바마 정부는 납치 문제에 대해 일본의 입장을 지지하지만, 핵·미사일 문제와는 다르다는 입장이었습니다. 납치는 일본의 문제라는 견해를 갖고 있었기 때문에 상대방의 희망에 따라 만남을 원하는 가족의 수를 제한했던 것입니다. 이를 노출해서 주목받고 싶지 않았겠죠. 2017년 트럼프의 일본 방문 때는 일본의 주문대로 미국 측이 응해 주었습니다. 사진 촬영도 허락됐고요. 지난번 오바마 대통령 때는 선 채로 만났는데, 트럼프 대통령과는 앉아서 면회를 진행했습니다. 인원도 17명으로 늘려줬어요. 트럼프 대통령은 취재진에 "피해자들이 사랑하는 사람들의 품으로 돌아갈 수 있도록 아베 총리와 힘을 합쳐 나가겠다"고 말했습니다.

　납북자 가족을 정치적으로 이용했다는 목소리가 있는데, 전혀 달라요. 미국과 한 팀이 되어 납치 문제를 해결하겠다는 메시지를 북한에 내놓기 위한 것입니다. 그런 효과를 고려해서 피해자 가족과 대통령의 만남을 준비한 것입니다.

— 트럼프 대통령은 재임 중 각국 정상과 전화통화를 여러 차례 했습니다. 가장 많은 사람이 아베 총리였고 이어 메이 영국 총리, 메르켈 독일 총리였습니다.

　확실히 트럼프는 여러 나라의 정상들과 자주 전화 통화를 했어요. 그는 이야기를 좋아했습니다. 게다가 저와의 통화는 길었어요. 한번 하면 1시간이나 1시간 반에 이르는 일이 자주 있었습니다. 애인과의 전화라면 몰라도, 이렇게 긴 통화는 좀처럼 있을 수 없겠죠. 정말 이례적인 대통령이었습니다.

제9장

흔들리는 외교 —
북·미 정상회담, 중국의 '일대일로',
북방영토 교섭

2018년

국제 정세가 크게 요동쳤다.

얼마전까지 트위터에서 격렬하게 거친 말을 쏟아내던 트럼프 미국 대통령이 갑자기 김정은 북한 국무위원장과 정상회담을 하게 되면서 세계에 충격이 가해졌다. 일본 내에서는 북한과 미국이 손잡고 일본은 버려지는 것 아니냐는 초조감이 팽배했다.

아시아에서는 거대 경제권 프로젝트 '일대일로'를 내건 중국이 개발도상국 등에서 인프라 정비를 시작하고 있었다. 중국의 패권을 경계해 온 아베 정권이었지만, 경제계의 요청에 따라 투명성 확보 등을 조건으로 제3국 경제협력 형식의 일대일로 협력으로 방향을 틀게 된다. 주변국들과 긴장 관계인 가운데 아베 정부는 러시아와의 평화조약 체결을 목표로 북방영토 협상을 본격화하려고 한다.

사회 인식을 바꾼 '일하는 방식 개혁'

— 2018년 1월 22일 국회를 소집해 시정연설에서 '일하는 방식(働き方) 개혁' 관련 법 실현을 최우선 과제로 내걸었습니다. 1947년의 근로기준법 제정 이래의 '70년만의 대개혁'이라고 의미를 부여하며 장시간 노동 시정과 다양한 근로 방법의 촉진을 목표로 했습니다. 일하는 방식 개혁을 시작한 계기는 무엇이었을까요?

경제계의 요청에 따라 1차 내각 때 '화이트컬러 예외 조치'를 도입하려고 했습니다. 사무실에서 일하는 지식 근로자 층에 대해 노동시간이 아닌 성과에 따라 보수를 지급하는 제도입니다. 하지만 야당에서 '야근수당 제로 법안'이라는 비판이 나와서 법안을 국회에 제출하지 못했습니다. 그 개혁에 다시 한번 도전하자는 것입니다. 명칭을 '고도 프로페셔널 제도(고프로)'로 바꾸고 개혁을 실현하려고 생각했습니다.

그러나 일하는 방식 개혁을 추진하기로 결정한 것은 2015년 덴츠(電通: 일본의 최대 광고대행사) 여직원이 과로로 자살한 사건이었습니다. 그로 인해 장시간 노동에 대한 시정이 중요한 화두가 된 것입니다. 또 저출산 고령화에 따른 노동력 부족도 해소해야 했습니다. 그렇다면 일하는 방식을 재검토하는 개혁을 모두 통합해서 실시하면 좋겠다고 생각한 것입니다.

— 장시간 노동의 시정은 중요하지만, 오랜 기간 지속되어 온 근면

을 미덕으로 삼는 일본인의 가치관을 무너뜨리기 어렵다고 생각하지 않았나요?

서구에서는 아담이 선악과를 먹고 노동이라는 고난을 받게 됐다고 해서 노동은 '벌' 같은 것이라고 합니다. 하지만 일본은 노동을 긍정적으로 받아들여 왔습니다. 그래서 비교적 젊은 경영자들 사이에서도 일하는 방식 개혁이 실행되면, 경제가 버티기 어려울 것이라는 냉랭한 반응이 나오고 있었습니다. 하지만 워라밸을 생각해 일과 생활의 조화를 도모하고 일하는 방식을 다양하게 선택할 수 있게 하면, 삶이 풍요로워지고 동시에 기업의 생산성도 올라갈 수 있습니다. 개혁을 할 때 반대론은 따르기 마련이기 때문에 신경쓰지 않았습니다.

— 정부는 2016년 9월 일본경제단체연합회(經團連·게이단렌)와 일본노동조합총연합회(連合·렌고)를 포함한 '일하는 방식 개혁 실현 회의'를 관저에 설치했고, 2017년 3월 회의에서 실행 계획을 마련했습니다. 실행 계획은 연장근로에 패널티를 주는 상한제 도입, 비정규직 처우 개선을 위한 동일노동 동일임금 실현, 고소득 일부 전문직을 노동시간 규제에서 제외하는 '탈 시급제도' 적용, 미리 시간을 정해 장소에 관계없이 근무한 것으로 간주하는 재량근로제 대상 확대 등이 골자였습니다. 2018년 국회 제출한 관련 법안도 이 실행 계획에 따른 내용이었습니다.

일하는 방식 개혁 실현 회의에는 게이단렌의 사카키바라 사다유키(榊原定征) 회장과 렌고의 코즈 리키오(神津里季生) 회장이 멤버로 들어가 있어 장시간 노동 시정에 대해 심도있는 논의가 진행됐습니다.

정부 계획은 사실상 무제한인 연장근로를 원칙적으로 "월 45시간, 연간 360시간까지"로 규제하고, 성수기에도 노사가 특례를 맺어 '월 100시간 미만'으로 억제한다는 내용이었습니다. 저는 사카키바라 씨 등 경영계에 "장시간 노동 시정은 단시간에 효율을 올리는 쪽으로 이어지기 때문에 반드시 마이너스는 아니다"라고 설명했습니다. 연장근로에 대해서는 패널티로 규제를 받기 때문에 경영진에는 상당한 리스크였지만, 사카키바라 씨 등은 협력해 주었습니다.

그런데 코즈 씨는 이 방안에 찬성인지 아닌지를 분명히 밝히지 않았습니다. 정부나 경영진을 인정해주는 것은 피하면서 과실만 챙기려는 자세는 지나치게 편의주의적인 것이죠. 그래서 저는 코즈 씨에게 "노사의 의견이 일치하지 않으면 의미가 없습니다. 노동계가 찬성하지 않으면 이 방안은 없어질 겁니다"라고 압박했습니다. 결국 코즈 씨가 찬성해 주었기 때문에 연장근로시간 상한 규제 도입이 결정됐습니다.

일본 사회에는 '야근 과시'라는 말이 있잖아요. 물론 정말 바쁠 때도 있지만 10% 가량은 한가한 날도 있지요. 사실 저도 샐러리맨이었을 때는 오후 5시에 퇴근해 귀가하지 않고 질질 끄는 야근을 한 적이 있었습니다. 왠지 모두가 돌아가지 않으니까 핑계를 댄 거죠. 그러한 풍조를 고쳐 생산성이 향상된다면 엄격한 개혁을 단행해야죠.

후생노동성의 자료 수정

— 2018년 2월 14일 재량근로에 관한 아베 총리의 답변에 오류가 있었던 것으로 드러나 철회됐습니다. 2월 28일에는 일하는 방식 개혁 관련 법안에서 재량근로제 확대에 대한 내용을 제외하기로 결정했습니다.

제 답변은 "재량근로제로 일하는 분들의 근로 시간이 일반 근로자보다 짧다는 데이터도 있다"는 내용이었습니다. 그렇기 때문에 재량근로제의 대상 업무를 확대하는 의의가 크다는 것을 말하고 싶었는데, 그 전제가 되는 노동시간 데이터에 오류가 있었습니다. 후생노동성의 '노동시간 등 종합실태조사'라는 청취 조사 데이터에는 '하루 야근이 45시간'이라든가 '일주일에 35시간 연장근로를 하는 사람이 한 1개월치가 2시간 반'이라는 등 너무 부실한 오류들이 있어서 말이 되지 않았습니다. 계속해서 오류가 발견됐기 때문에 재량근로제 확대 부분을 관련 법안에서 제외할 수밖에 없었습니다.

고프로 도입 대상은 외환 딜러 등으로 업종이 한정되어 있지만, 재량근로제 대상은 다양한 분야로 확대했기 때문에 경제계에는 매우 중요한 주제였는데 오류투성이인 통계 자료를 바탕으로 법을 만들 수는 없었습니다.

— 후생노동성의 조사 실수는 무엇이 원인이라고 생각하나요? 후생성이 노동성과 통합되면서 조직이 비대해진 영향도 있습니까?

공무원들의 업무 능력이 저하된 것이 아닐까요? 조사는 대충 하고, 그것을 정리하다 보면 통상 오류를 발견할 수 있을 텐데 확실하게 살펴보지 않으니까 발견하지 못하는 것입니다.

2월 28일 제가 재량근로제 확대 포기를 발표했을 때 국회에서 "(오류) 실태를 파악해야 한다"고 했더니 후생노동성 간부는 "무엇을 어디까지 파악하면 좋을까요"라며 난감해했다고 합니다. 오류의 원인을 조사하고 재검토하는 것은 당연한 일이죠. 물론 후생노동성이 부처 개편으로 너무 커지면서 사각지대가 생기고 정치의 눈이 닿기 어려워진 문제도 있지만, 문제의 근원은 뿌리가 깊은 것 같습니다.

사실 재량근로제에 관한 국회 심의 때 저한테 주어진 것은 기관이 작성한 답변 문서뿐이었습니다. 보기 좋게 정리된, 즉 '각색'된 답변 문서뿐이었고, 오류투성이의 노동시간 종합 실태조사 자료도 없었습니다. 그런데 야당 의원들은 그 오류투성이 조사 자료를 갖고 있더군요. 그리고 나에게 "실태 조사 숫자와 내용이 다르다"고 추궁하는데 정작 저에게는 그 자료가 없기 때문에 대답할 수가 없었습니다.

내가 가토 가쓰노부(加藤勝信) 후생노동상에게 답변을 부탁했지만 야당에서는 총리가 대답하라고 말했습니다. 가토 씨는 "곧 해당 부서와 연락을 취하겠습니다"라고 했어요. 어쩔 수 없으니 제가 일하는 방식 개혁의 이념이나 의의 등을 말했는데, 시간을 벌기 위한 답변이었습니다. 그러자 야당은 "그런 걸 물어본 게 아니다"라며 화를 냈어요. 그날 예산위원회에서는 정말 힘들었습니다. 왜 내 손에 없는 자료를 야당 의원들이 갖고 있는 것인지. '후생노동성은 야당과 내통하고 있는 것 아닐까' 하는 의심을 하게 됐습니다. 고이즈미 내각 때 저출산이 예측보다 심각하게 진행되면서 실제 합계출산율이 추계치보다 크게 떨어져 버린 적이 있었습니다. 그러자 후생노동성 간부는 특정 연령대에만 국한된 '출생 코호트별 분석'이라는 자료를 갑자기 꺼내와 "추계치와 일치하는 면이 있다"고 주장했습니다. 그런 특수한 수치는 들어본 적도 없었습니다. '관료의 무류성이란 이런 거구나'라는 생각을 한 적이 있었습니다.

— 경제계는 '동일노동 동일임금' 도입에 대해 인건비 증가를 우려해 신중했습니다.

그렇긴 하지만 형 아베 히로노부(安倍寛信)의 장인이기도 한 우시오 지로(牛尾治朗) 전 경제동우회 대표 간사는 "이치를 따지자면 같은 일을 하고 있으니 동일노동 동일임금은 당연하다"는 생각이었습니다. 저는 당초 동일노동 동일임금에는 신중한 답변을 했는데 "비정규직 중에도 실질적으로 정규직과 같은 일을 하는 사람도 있다"는 야당의 주장을 듣다 보니 일리가 있다고 생각하게 됐습니다. 비정규직에 대한 대우를 올리면 소비로 이어지게 됩니다. 임금이 오르고 소비가 늘어나 기업이 윤택해지고 투자를 해서 생산성이 올라가면 또 임금이 오르는 것이죠. 아베 내각이 내건 '경제 선순환'이라는 목표에도 부합하고요. 그 외에도 겸업·부업의 확대도 포함시켰습니다. 경영진은 정보 유출 위험을 경계하며 "이해 상충이 된다"고 반대했지만, 벤처 기업을 설립하려고 해도 자신이 없으니 일단은 현재의 직장과 겸업으로 해보고 싶어하는 사람이 늘고 있었습니다. 스타트업을 적극 지원하는 것은 시대의 흐름이겠지요.

노동법제 논의를 하면서 느낀 것은 고정관념에 사로잡혀 있는 사람이 많다는 것입니다. 노조는 연공서열이나 신규 졸업자 일괄 채용을 전제로 기존 노동자들의 대우를 좋게 하는 데 열심이었습니다. 일하는 방식 개혁이라는 말이 자리 잡으면서 '장시간 노동=선'이라는 사회 관념은 많이 없어졌을 것입니다. 블랙 기업[01]은 지탄을 받게 됐습니다. 힘들게 한 보람은 있었어요.

모리토모 문제 재연, 재무성 결재 문서 조작

— 3월 2일 모리토모 학원에 국유지 매각 문제와 관련해 아사히신문이 "재무성 결재 문서가 다시 작성된 혐의가 있다"는 특종 기사를 냈고 재무성은 이를 인정했습니다. 그런데 사가와 노부히사 재무성 이재국장은 모리토모 문제가 발각된 2017년에 "모리토모 측과의 면회 기록은 남아 있지 않다. 가격 협상을 하지 않았다"는 취지의 답변을 내놓았습니다. 결국 당시 답변과 일치시키기 위해서 사가와 씨가 주도했다고 결론내려졌습니다. 아베 씨는 가격 협상의 여부 등을 조사하지 않았습니까?

---

01) 비상식적이고 가혹한 조건으로 노동을 강요하는 기업

문서 수정이라니, 생각도 못했어요. 상식으로는 불가능한 거죠. 수정은 사가와 씨의 지시로 과장 이하 직원들이 관련되어 있었습니다. 관저의 눈이 거기까지 닿지는 않아요. 당시 관료들의 불상사가 터지자 '관저 일강의 폐해다', '오만하다'라든가 또는 '관료들이 내 눈치를 보고 알아서 한 게 아니냐'라고 했습니다. 하지만 만약 관료들이 그랬더라도, 정작 그들이 배려해줬다는 저는 알 수가 없는 거죠.

"그렇게 관저가 너무 강하다고 비판한다면, 대체 어떻게 하면 좋겠습니까"라고 말하고 싶었습니다. 비판하던 측에선 관저의 힘이 약화되어 정치가 작동하지 않게 되면 만족스러웠을까요? 저는 전혀 이해할 수 없어요.

저는 자민당 총재로서 2012 · 2014 · 2017년의 중의원 선거, 2013 · 2016 · 2019년의 참의원 선거에서 연승했습니다. 또 총재 선거는 2012 · 2015년(무투표) · 2018년에 승리했습니다. 이 9개의 선거에서 하나라도 패했다면 아베 내각은 그걸로 끝이었습니다. 정권 선택이 아닌 참의원 선거라도 지게 된다면 당내에서 쓰러지게 되니까요. 사실 1차 내각에는 그런 측면이 있었습니다. 선거에서 승리를 얻기 위해 관저 주도로 정책을 추진하고 전력을 다하는 것은 당연합니다.

— 재무성은 결재 문서에 있던 "본건은 고노이케 요시타다(鴻池祥肇) 참의원의 진정 안건", "본건의 특수성"이라는 내용뿐 아니라 "아

베 아키에 총리 부인이 학원 측에 '좋은 땅이니 앞으로 진행해주세요'라고 말했다"는 대목도 삭제했습니다. 총리의 관여가 의심받더라도 어쩔 수 없는 상황이었다고 생각합니다.

고노이케 씨는 재무성에 문의하고 있었습니다. 그래서 '고노이케 안건'이라는 말이 쓰였습니다. 고노이케 씨 외에도 많은 의원들이 문서에 등장하기 때문에 삭제된 것입니다. 모리토모 측은 정치인을 이용해 국유지를 싸게 구입하려고 한 것이 분명합니다.

아내에 관해서는 모리토모 측이 아내의 이름을 언급한 부분이 있었고, 재무성은 그 부분을 삭제했습니다. 하지만 거기에 '아베 아키에 안건'이라고 쓰여져 있는 것은 아닙니다. 수정 같은 것을 하는 바람에 마치 대단한 의혹이 있는 것처럼 여론에서 다뤄지고 말았습니다.

— 가케 학원 수의학부 신설에 대해서도 새로운 내용이 나왔습니다. 야나세 타다오 총리 비서관이 2015년 4월 에히메 현 직원들과 만나 "이 건은 총리의 안건"이라고 발언한 것으로 여겨지는 기록이 발견됐습니다. 야나세 씨는 2018년 5월 10일 국회에 참고인으로 나와 에히메 현이나 이마바리 시 직원, 가케 학원 직원과의 만남을 인정했으나, 총리 안건이라는 발언은 부정했습니다.

모든 안건이 '총리 안건'으로 되어버리는 것은 저의 뜻이라고 강조하면 실현된다는 생각이 깔려 있기 때문입니다. 메모를 남긴 에히메현이나 이마바리시도 마찬가지일 것입니다. 가케 학원에 대해서는 2017년 1월에 수의학부 신설이 인정됐습니다. 일본에서 수의대가 신설되는 것은 52년 만이었습니다. 게다가 국가전략특구 제도를 이용해서야 비로소 인가를 받은 것이죠. 경쟁 상대를 늘리고 싶지 않은 수의사회 측이 신설을 인가하지 않도록 정치권에 압력을 가하고 있었습니다.

의대도 신설이 어렵습니다. 수의사회와 마찬가지로 경쟁 상대를 늘리고 싶지 않은 의사회의 의도가 작용하고 있습니다. 그런 구조적인 문제를 개혁해야 했는데, 제가 나섰으면 '친구인 가케를 위해서인가'라는 의심을 받고 말았을 것입니다. 그래서 개입하지 않았어요.

— 가케 문제로 야당의 추궁을 받고 있는 가운데 4월 18일 후쿠다 준이치(福田淳一) 재무성 사무차관이 성희롱 보도로 사임했습니다. 여러 여기자에 대해 성희롱 행위를 했다는 의혹이 불거졌는데, 관료들에게 발목이 잡혔다는 생각은 있었습니까?

오래 집권하다 보면 여러 가지 문제가 발생하는 법이죠. 하나하나 극복해 나가는 수밖에 없습니다.

후쿠다 씨는 꽤 재미있는 남자였어요. 재무 관료는 진지하고 어두운 사람도 많은데, 그는 달랐습니다. 그래서 저는 그를 싫어하지 않았어요.

재무 관료들은 관저의 총리 집무실로 찾아와서 저에게 재정 정책을 설명 하는데, 한 명밖에 말하지 않습니다. 동석하고 있는 다른 사람들은 제가 무슨 말을 하면 메모를 하고 있을 뿐입니다. 제가 '음…'이라고 생각하고 있어도 아무도 발언하지 않아요. 내 앞에서는 일절 논의하지 않습니다. 결국 정보 수집을 목적으로 관저를 방문하는 것이죠. 그리고 관저를 나온 뒤 재무성 내에서 작전 회의를 열어 대응을 결정합니다. 제가 증세에 신중한 이야기를 했을 경우, 제 방침을 뒤집기 위해 여러 가지 획책을 하는 것이죠.

같은 관료라도 경제산업성의 경우는 집무실에 와서 내 생각을 들으면 그 자리에서 논의를 시작합니다. 제 면전에서 관료 몇 명이 끝없이 이야기하는 일도 있었습니다. '이봐 당신들, 총리를 무시한 채 토론으로 불태우지 마'라고 생각한 적도 있을 정도입니다. 외무 관료는 담당 지역의 국(局)으로 제각각 세분화되어 있어 개인플레이를 하면서 여러 가지 주장을 합니다. 경찰 관료는 제가 야쿠자 동향에 관심이 있었기 때문에 야쿠자들의 갈등 상황 등을 설명할 때 오기는 했지만, 그 외 안건으로 집무실에 오는 경우는 드물었습니다. 관료는 관공서에 따라 색깔이 다릅니다. 후쿠다 씨는 재무 관료 중에서는 드물게 자유롭고 활발하게 의견을 교환하는 타입이었습니다. 제가 증세 회피를 이야기하면 "총리님, 그건 곤란합니다. 양해해주십시오"라고 주눅들지 않고 말했습니다. 하지만 성희롱은 허용되지 않죠.

북한 정세의 전환점이 된 평창동계올림픽

― 외교적으로는 2018년 북한 정세가 크게 움직이고 있었습니다. 평창동계올림픽(2월 9~25일) 기간 중인 2월 10일 김정은 북한 국무위원장의 여동생 김여정 당 중앙위원회 제1부부장이 서울에서 문재인 대통령과 회담하고 방북을 요청했습니다. 평창올림픽 개회식에는 아베 총리도 참석했는데, 당시 북·미 관계 개선의 분위기를 느끼고 있었습니까?

남북 간에 화해 분위기는 있었습니다. 한국과 북한은 개회식에서 한반도기를 들고 합동으로 입장했습니다. 여자 아이스하키는 남북 단일팀으로 출전했고요. 하지만 이런 분위기가 북·미 정상회담으로 발전할 것이라고는 생각하지 못했습니다.

평창올림픽 개회식에 미국에서는 펜스 부통령이 와 있었습니다. 그는 전통적인 공화당원답게 북한에 대해 엄격한 자세였습니다. 미·일 간의 긴밀한 관계를 북한이나 한국에 알리고 싶었던 듯 평창의 호텔에서 저와 회담한 뒤 부통령 전용 차량을 함께 타고 리셉션 장소까지 가자고 제안하더군요. 둘이 함께 행사장에 들어가는 것을 한국과 북한 측에 보여주고 싶었을 것입니다. 펜스 부통령과는 회담과 이동하는 차 안에서 대북 정책에 대해 충분히 이야기했습니다. 리셉션 장소에 도착하자 북한 서열 2위인 김영남 최고인민회의 상임위원장과 제 테이블이 나란히 있었습니다.

― 대화를 했나요?

네. 다만 그는 "납치 문제는 해결됐다"거나 "과거사 청산을 하라"

는 식으로 한 번밖에 말하지 않았습니다. 제가 김영남 위원장과 이야기하고 있을 때는 사람들이 주목하고 있었습니다.

— 김여정 제1부부장과는 말을 나누지 않았나요?

가까이 앉아 있었지만 일절 말하지 않았습니다. 그녀 주변은 비밀경찰로 생각되는 직원들이 둘러싸고 있었습니다. 경호원들을 뚫고 김여정에게 다가가다가 가로막힌다면 일본의 위신에 관계됩니다. 그렇게까지 할 필요는 없겠죠.

압박을 중시하는 펜스 부통령이나 제 생각과는 별개로 남·북, 북·미 정상회담을 위한 조율이 평창올림픽 이후 계속해서 진행됐습니다. 지금 생각하면 트럼프 대통령은 평창 올림픽 때 이미 북한과 어떤 협상을 하기로 생각했을지도 모릅니다. 북·미 정상회담에서 북한의 핵 개발을 중단시키고 김정은 위원장에게 경제 발전의 기회를 주는 것과 그 과정에서 일본에게 큰 역할, 즉 경제 지원을 요구하고, 미래에는 미국도 투자하는 것 등을 구상했을지도 모릅니다.

— 북한은 2017년 단·중거리 탄도미사일을 연이어 발사했고 핵실험도 2016년에 두 차례, 2017년에 한 차례 잇달아 했습니다. 그리고 2017년 11월 미국 본토에 도달할 수 있는 대륙간탄도미사일(ICBM) 발사에 성공해 '핵 무력 완성의 역사적 대업'을 실현했다는 성명을 발표했습니다. 긴장을 아슬아슬하게 높이고, 2018년이 되자 단숨에 대화 분위기를 만드는 데 성공했습니다. 김정은 위원장의 주도면밀

한 연출에 일본도 미국도 끌려갔다고 할 수 있지 않을까요?

그런 해석도 가능합니다. 다만 미국은 2017년 대북 군사작전을 진지하게 검토해 압박 수위를 극도로 끌어올렸습니다. 미 본토를 표적으로 삼는 것을 간과할 수 없었기 때문입니다. 가을에 미군은 항공모함 3척 등 공격 전단을 태평양 서쪽과 일본해(동해) 등에서 전개했습니다. 공습을 상정한 B52 전략폭격기가 여러 차례 날아왔고 미사일을 탑재한 미 잠수함도 일본해 인근 바다에서 운용되고 있었습니다. 김 위원장으로서는 자국 안보에 관해 상당한 불안을 느꼈을 거라고 생각합니다. 그것이 2018년의 방침 전환으로 이어지게 된 원인이었을지 모릅니다.

— **한국이 갑자기 대화 노선으로 선회했고 3월 5일 서훈 국가정보원장과 정의용 국가안보실장이 방북해 평양에서 김정은 위원장을 만났습니다. 여기서 북·미 정상회담에 전향적이라는 북한 측 의사가 확인됐습니다.**

한국 방북단은 그 후 일본과 미국을 방문해 이를 보고했습니다. 3월 13일 저는 서훈 원장으로부터 상세한 설명을 들었는데, 아무래도 이야기를 과장하고 있다는 느낌을 받았습니다. 그는 "북한은 핵과 미사일을 포기할 것입니다. 그러므로 정전 상태인 한국전쟁을 끝내고 평화협정을 맺을 수 있습니다. 김정은 위원장은 훌륭한 지도자입니다" 등의 이야기를 했어요.

— 4월 27일 남북정상회담이 열렸고 회담에 동석했던 서훈 원장은 이틀 뒤 다시 아베 총리를 예방했습니다. 한국이 상당히 적극적이었나요?

서훈 원장은 "김정은 위원장이 스위스에서 유학했기 때문에 서방 사정을 잘 알고 있다"고 말을 꺼낸 뒤 "나(김정은)의 안전은 미국에 의해 보장되어 있으며, 경제 발전을 목표로 해외로부터 투자를 유치하겠다"는 김정은 위원장의 말을 전했습니다. 서훈 원장은 북한이 일본과의 국교를 정상화하고, 일본의 지원을 받는 길도 선택할 것이라고 했습니다. 그러나 어디까지가 김정은의 의사이고, 어디부터가 한국의 희망인지 잘 모르겠더군요. 그만큼 한국 측은 상당히 고무되어 있었던 거겠죠.

사상 첫 북·미정상회담에 흔들리는 압박 노선

— 일본은 오랫동안 북한에 압박을 가하는 노선을 유지해 왔습니다. 수출입 전면 금지나 선박 입항 금지 같은 제재를 실시했고, 미사일 발사에 대해서는 유엔 안전보장이사회의 비난 결의 채택을 각국에 촉구한 적도 있습니다. 한국 측 설명을 듣고 일본도 대화 노선으로 전환해야겠다고 생각했나요?

저는 제재를 계속해야 한다고 생각했습니다. 미국의 군사적 압력은 북한에 효과가 있습니다. 그래서 북한은 한국의 중개를 받아들인 것이고, 그런 만큼 조금 더 제재를 지속해야 한다고 생각했습니다. 하지만 트럼프 대통령의 생각은 달랐습니다. 미국과 북한은 직전까지 트위터에서 서로 격렬하게 비난했음에도 불구하고 갑자기 대화 노선으로 방향을 틀었습니다. 3월 트럼프가 "김정은을 만나겠다"고 밝힌 뒤 곧바로 그와 전화통화를 했는데 트럼프의 머릿속은 이미 협상 모드로 바뀌어 있었습니다.

— 4월 17~18일 미국 플로리다를 방문해 트럼프 대통령의 별장에서 정상회담을 가졌습니다. 핵·탄도미사일의 '완전하고 검증 가능하며 돌이킬 수 없는 폐기'를 목표로 한다는 데 의견을 모은 것으로 전해졌습니다.

나는 트럼프에게 "주한미군 철수는 곤란하다. 북·미 정상회담을 한다면 납치 문제 해결의 필요성도 분명히 언급해달라"고 말했습니다. '완전하고 검증 가능하며 돌이킬 수 없는 비핵화'를 의미하는 CVID[02]는 미국과 일본의 공통 목표이며 제대로 실현되어야 한다고도 강조했습니다. 사실 회담 전에 미국 국가안전보장회의(NSC) 멤버들로부터 "트럼프 대통령에게 CVID를 꼭 지켜야한다는 것을 말해 달라"는 요청을 수차례 받았습니다. 트럼프 대통령은 북·미 정상회담 쪽으로 기울어 있었기 때문에 미국 안보팀의 주장을 들어주려고 하지 않았던 것 같아요. 하지만 이때 회담에서 트럼프는 제 말에 대해 "알았다"고 답하지 않았습니다. 큰 협상을 앞두고 있는데 본인의 등에 짐을 싣지 말라는 느낌이었어요.

---

02) Complete, Verifiable and Irreversible Dismantlement

— 사상 첫 북·미 정상회담이 6월 12일 싱가포르에서 열렸습니다. 미·일 정상은 여러차례 전화 통화를 했고, 6월 7일에는 워싱턴에서 다시 만나 회담을 가졌습니다. 자주 연락을 주고받은 것은 트럼프가 안이하게 타협하며 북한과 관계를 개선할까 우려했기 때문입니까?

일본과 미국 양국이 북한에 대한 압박을 주도해왔습니다. 트럼프 대통령이 그런 정책을 어떻게든 취해주기를 바랐습니다. 나는 "김정은이 가장 두려워하는 것은 갑자기 토마호크를 맞아 자신과 일족의 목숨을 잃는 것이다. 무력 행사의 압박을 가할 수 있는 것은 미국뿐"이라고 트럼프에게 계속 말했습니다.

국제사회는 트럼프 대통령에 대해 즉흥적으로 군사 행동을 벌일 수 있는 타입이라고 경계했지만, 실은 정반대입니다. 그는 본질적으로 사업가이기 때문에 돈이 드는 것에는 신중했습니다. 돈을 계산해가며 외교·안보를 생각하는 것입니다. 예를 들어 "한·미 연합군사 훈련에는 막대한 돈이 든다. 아까우니 그만두자"라고 말하는 거죠.

미군이 2017년 일본해(동해) 일대에 항공모함 전단을 파견했을 때도 그는 당초 나에게 "항공모함 한 척을 이동시키는 데 얼마가 드는지 알고 있나? 나는 마음에 들지 않는다. 항공모함은 군항에 두는 편이 낫다"고 말했습니다. 확실히 항공모함 전단은 항공모함 1척에 이지스함과 보급함 등 여러 척의 함정과 잠수함, 그리고 70여 대의 비행기로 편성되기 때문에 이동시키는 데 상당한 경비가 듭니다.

하지만 나는 "아니, 항공모함을 진주만이나 샌디에이고, 요코스카 항구에 두는 것만으로는 항공모함의 의미가 없잖아요. 항공모함 전단은 해양에서 활동하기 위해 있는 것입니다. 대서양, 태평양, 인도양, 아라비아해, 미국의 전략적 이익에 부합하는 장소에 있어야 합니다. 우연히 지금은 그 장소가 일본해(동해)인 것이죠"라고 반박했습니다. 그랬더니 트럼프는 백악관 국가안보보좌관 허버트 맥매스터를 향해 "어떻게 생각하냐"고 물어봤고, 그는 "아베 총리의 말이 맞습니다"라고 대답했습니다. 그런데도 트럼프는 "납득이 가지 않는다"고 투덜거리더군요. 그 자리에서는 그럭저럭 받아들여 줬지만 사실 힘들었어요.

그러나 만약 트럼프가 실제로는 군사행동에 소극적인 인물이라는 것이 김정은에게 알려지면 압박이 먹히지 않게 됩니다. 그러니까 외부에서는 절대로 눈치채지 못하게 해야 했던 거죠. 북한으로 하여금 '트럼프는 여차하면 할 거야'라고 생각하게 만들 필요가 있었습니다. 저뿐 아니라 미국 안보팀도 트럼프의 본성을 숨기려고 안간힘을 썼습니다. 북·미 정상회담 전에 반복적으로 대화한 것은 CVID를 견지하기 위해서였습니다. 그런데 잘 안 됐어요. 4월 27일 남북 정상회담이 있었고 김정은 위원장은 처음으로 판문점 군사분계선을 넘어 남한에 들어갔습니다. 문재인 대통령은 "이제 전쟁은 일어나지 않는다. 한국전쟁 종전을 목표로 한다"며 북·미 정상회담을 위한 여건을 조성하려 한 것입니다. 저는 트럼프에게 "문재인은 너무 낙관적"이라고 말했지만 그는 이해하지 못하더군요.

그래서 저는 북·미 회담 직전 논점을 좁혔습니다. CVID는 어차피 세계가 공유하는 기본 원칙이기 때문에, 굳이 우리가 힘쓸 필요는 없어요. 그러니 우리로서는 그것은 일단 제외하고 납치 문제에 집중하기로 결정한 것이죠. 트럼프 대통령에게 "납치 문제를 해결하지 못하면 대북 지원금을 내라고 해도 일본은 낼 수 없습니다. 북·일 국교정상화는 일반 국가 간의 정상화와는 사정이 전혀 달라요. 일본은 세금을 사용해 과거를 정리해야 합니다. 국민이 납득할 수 없으면 지원은 불가능합니다"라고 말했습니다. "과거 한국이 '한강의 기적'으로 불리는 경제성장을 달성한 것도 1965년 맺은 한·일청구권협정·경제협력협정에 따라 일본이 5억달러를 지원한 덕분"이라고도 했어요. 그러자 트럼프는 일본이 북한을 지원할 수 있다는 이야기에 흥미를 나타냈습니다.

— 북·미 정상회담에서는 CVID가 공동성명에 포함되지 않았습니다. 북한이 '완전한 비핵화'에 나서는 대신 미국은 북한 체제의 '안전보장'을 약속했습니다. 미사일 문제가 사실상 방치되고 말았습니다.

나는 핵무기뿐만 아니라 ICBM과 중거리 미사일, 생화학 무기도 모두 폐기시켜야 한다고 트럼프에게 말했지만 트럼프는 귀를 기울이지 않았습니다. 그에게 외교는 새로운 분야이고 북한 문제에 오랫동안 관심을 가져온 것도 아니죠. 역사에 이름을 남길 생각이었던 트럼프를 미 국무부, 백악관 안보팀, 그리고 저도 막을 수 없었습니다.

— 북·미 정상회담을 토대로 아베 총리는 "납치 문제에 대해 북한과

직접 마주하겠다"고 밝히면서 김정은 위원장과의 직접 회담에 의욕을 보이기 시작했습니다. 대미 추종, 대미 종속이라는 견해도 나왔는데 어떻게 받아들였습니까?

대미 종속이라고 해도 미국이 북·미 정상회담을 하겠다고 결정해버리면 바꿀 수 없습니다. 트럼프의 사고는 우리가 생각하는 논리와는 다르기 때문에 맞지 않았던 것입니다. 현실적으로 북·미 정상회담이 열린다면 이를 전제로 우리는 최선의 선택을 할 수밖에 없었습니다. 미국을 비판한다고 해서 아무런 실리도 생기지 않습니다. 그렇다면 이 기회를 이용해 납치 문제를 어떻게든 진전시킬 생각을 해야 합니다. 트럼프 대통령은 2019년 2월에도 베트남에서 김정은 위원장과 회담했는데, 그때도 납치 문제를 거론해 주었습니다.

남북 정상회담에서는 문재인 대통령이, 2019년 6월 북중 정상회담에서는 시진핑 중국 국가주석이 김정은 위원장과의 회담에서 납치 문제 해결을 제기했습니다. 외교는 일대일만이 아닙니다. 미국만 보고 있어도 잘 안 돼요. 각국에 제각각의 의도가 있는 가운데 다원적으로 진행할 필요가 있습니다. "아베도 결국 미국에 의지하는구나"라는 말을 듣더라도 미국은 일본이 할 수 없는 군사력 투자를 할 수 있습니다. 제가 일종의 경호원 역할을 맡으며, 트럼프와 좋은 관계를 맺고 "대통령님, 만일의 경우에는 부탁드리겠습니다"라고 하는 것이 북한에 위협이 될 것입니다. 제가 북한에 "이놈들, 까불지 마"라고 해도 북한은 일본이 군사를 행사할 수 없다는 것을 알고 있기 때문에 "그래봐야 너희들은 약하니까" 하고 일본을 무시합니다. 그래서 트럼프에 가까이 접근해 그의 입에서 납치 문제를 언급하도록 하는 것이 중요했습니다. 그러면 북한도 일본과의 관계를 정상화해야 한다는 인식이 강화될 것입니다.

— **2018년 여름부터 가을까지 기타무라 시게루(北村滋) 내각 정보관이 몽골과 베트남에서 북한의 정보부서인 조선노동당 통일전선부 간부와 접촉했다는 보도가 연이어 나왔습니다. 북한과의 협상은 어떤 방침으로 진행됐습니까?**

북한은 독재정권이기 때문에 외무성 국장이나 각료 레벨에서 협의를 거듭해 정상회담으로 이어간다는 일반적인 외교협상이 통하지 않습니다. 독재자 한 명이 판단하기 때문에 독재자와 가까운 인물을 접촉해 일본 측 생각을 정확하게 전달하는 것이 중요합니다. 납치는 범죄이기 때문에 기본적으로 북한 외무성의 영역이 아닙니다. 공작원이나 스파이의 정보를 다루는 정보부서를 교섭 상대로 해야 합니다. 그 중에서 김정은이나 여동생 김여정과 가까운 인물을 수소문했습니다.

물론 북한 외무성 내에도 일본과의 협상이 중요하다고 생각하는 인물이 있었습니다. 예를 들어 외교관인 송일호 수교협상 담당 대사는 위험한 다리는 건너려 하지는 않았지만 협상을 마무리하려는 의지가 있었습니다. 일본과 관계를 개선해 2002년 고이즈미 준이치로 총리와 김정일 국방위원회 위원장이 합의한 북·일 평양선언을 이행하게 되면 북한은 큰 경제 협력을 이끌어낼 수 있습니다. 선언에는 무상 자금 등 다양한 경제 협력이 담겨 있으니까요. 나는 가능한 경로를 모두 활용해 나에게 협상 정보를 집약시키고 판단을 내리겠다는 생각으로 임했습니다.

다만 시간이 지날수록 협상이 어려워진다고 생각도 있었습니다. 납치에 관여한 관계자들이 점점 사라져 가는 것이니까요. 발생 당시에 정치적으로 조금 더 적절하게 대처했으면 하는 아쉬움이 듭니다.

中 '일대일로'와 AIIB 구상

— 리커창 중국 총리가 5월 8~11일 일정으로 일본을 방문해 한·중·일 정상회담과 중·일 정상회담이 열렸습니다. 리 총리와의 회담에서는 중국의 거대 경제권 구상 '일대일로'를 논의할 합동위원회 설치 등에 합의했습니다. 센카쿠 열도 문제 등으로 대립하는 가운데 양국의 화해무드가 조성되는 계기가 됐는데, 어떤 배경이 있었습니까?

중국 측 요구에 우리가 응한 것입니다. 시진핑 주석이 제창하고 추진하는 일대일로 구상은 중국을 기점으로 아시아, 중동, 아프리카 동안, 유럽을 육로의 '일대'(실크로드 경제벨트)와 해로의 '일로'(21세기 해상 실크로드)로 연결해 경제협력 관계를 구축한다는 중국의 국가적 전략입니다. 경제정책, 인프라 연결, 무역 활성화, 자금 융통, 인적 교류 등 5개 분야에서 교역 확대와 경제 활성화를 도모하는 것을 목적으로 하고 있습니다.

일대일로 구상에 어떻게 접근할지 결정하는 데는 우선 중국이 주도하는 아시아인프라투자은행(AIIB)에 대한 대응을 고려해야 했습니다. '일대일로'와 대외 수출을 진행할 능력을 갖춘 AIIB는 양면적 관계에 있으니까요.

시진핑이 AIIB 구상을 발표한 2013년 당시에는 우리도 상당한 경계감이 있었습니다. 일본이 주도하는 아시아개발은행(ADB)에 맞서 제국을 만들려는 것은 아닌지, 또 미국과 패권 다툼을 벌이려는 의도는 아닌가 하는 시각이 있었습니다. 그래서 '일대일로'에 대해서 의사결정 과정이 불투명하다고 견제하고 있었던 것입니다.

그런데 2015년 AIIB가 설치되기 직전에 영국이 먼저 서방에서는 최초로 AIIB에 참여하겠다고 밝혔습니다. 그 후에도 프랑스, 독일, 이탈리아, 한국 등이 참가 의사를 밝히기 시작했습니다. 미국은 반대했지만, 동맹국들은 중국의 구상에 호응했습니다. 그것은 미국의 주요 동맹인 영국이 AIIB에 가입함으로써 중국의 입맛대로 움직이지 않아도 된다는 분위기가 형성됐기 때문이라고 생각합니다.

AIIB에서 투명성 높은 투자를 이끌어내려면 꼭 외부에서 비판하기보다는 내부에서 감독하는 방법도 있습니다. 또 실제로 AIIB가 출범하고 운용을 시작하면서 세계은행이나 ADB와 경쟁하기보다는 ADB 등에 참여를 요청해 왔습니다. 그러면서 AIIB에 대한 경계감도 점점 희미해져 간 것이죠.

한편 경제계는 '일대일로'를 기회로 삼아 해외 투자를 늘리겠다는 의지가 강했습니다. '일대일로'는 국제적으로 신용등급이 낮은 국가에 대한 투자를 지렛대 삼아 중국의 패권을 확대하려는 점에서 문제가 있지만 신흥국의 항만과 도로를 정비하는 것 자체가 나쁜 일은 아닙니다. 게다가 그저 거창한 구상만 이야기하고 있을 뿐 아직 패권에는 이르지 못했습니다. 그렇다면 몇 가지 조건을 붙여서 협력하는 것도 가능하다고 판단한 것입니다. 그 조건은 적정한 융자로 지원 대상국의 재정 건전화를 유지하는 것과 프로젝트의 개방성, 투명성, 경제성을 확보하는 것입니다. 요점은 질 높은 인프라를 정비하자는 것입니다.

그래서 일단 2017년 5월 중국과 라인이 있는 니카이 도시히로 간사장이 방중해 시진핑에게 제 친서를 전달했습니다. 니카이 씨는 2015년 3000명의 방문단을 이끌고 중국에 간 적도 있고, 중국 측도 실력을 인정하는 인물이었기 때문에 시진핑 주석도 만날 수 있었습니다. 니카이 씨가 경제산업상 시절, 경제산업성 총무과장으로 보좌했던 이마이 나오야 총리 비서관도 동행했습니다.

그리고 2017년 11월 베트남 다낭에서 시진핑 주석과 회담했을 때 제가 제3국에서도 중국과 일본이 협력해 사업을 전개해나가자고 협력 의사를 밝혔습니다.

중국 함정들이 센카쿠 열도 주변에서의 활동을 반복하고 있었지만, 2017년에서 2018년 무렵에는 줄어들고 있었습니다. 이것은 저의 '일대일로'에 대한 협력 의사 표명과 2018년 가을 중국 방문이 그 배경입니다. '일대일로'를 인정받기 위해 중국이 추파를 보낸 것입니다. 특히 국내정치를 담당하는 리커창 총리는 모든 상황에서 저와 만남을 갖고 싶어했습니다.

그는 '일대일로'를 직접적으로 언급하지는 않았지만, 이에 협력해 달라는 느낌을 주고 있었습니다. 아직 제가 '일대일로'에 강경한 자세를 취하고 있던 시기였는데, 동아시아 정상회의에서 각국 정상들이 다 같이 환담을 하고 있는 중에 리커창이 제게 와서 "잠깐 이야기 좀 나누고 싶다"고 했습니다. 그럼 일단 서서 이야기하자고 갔더니 리커창은 일본어 통역사를 데려왔습니다. 정상회담이 예정된 것도 아니었는데요.

일반적인 경우엔 제가 일본어로 말하고 일본 외무성 직원이 영어로 통역하면 중국 측 통역사가 영어를 중국어로 바꾸는 절차를 밟는데 리커창은 "시간이 오래 걸려 짜증나 일본어 통역을 데려왔다"며 "TV 카메라 앞에서 둘이서 같이 걷자"라고 제안했습니다. 중국은 '일대일로'에 대한 일본의 협력을 얻지 못해 국제사회에서 신용이 좀처럼 오르지 않는 것에 위기감을 느꼈다고 합니다.

— **중국과의 관계를 '갈등에서 포용으로' 방향을 틀었다는 건가요?**

'전략적 포용'이라고 할까요. 우선 중국의 움직임을 저지하기보다 일본이 관여해 질 높은 인프라 개발을 추진할 수 있다고 판단했습니다. 그 편이 신흥국에도, 일본 경제계에도 플러스가 될 것이라고 생각한 거죠.

또한 우리가 적극적으로 협력한다는 것은 국영기업으로만 이루어진 중국이 민주주의 가치를 공유하는 국가들의 기준에 맞출 수 있는지를 시험하는 것이기도 합니다. 높은 수준의 기준에 부합할 수 있겠는가? 라는 질문을 중국 측에 던지는 목적도 있었습니다. 이렇게 해서 서로의 관계가 이익이 된다면 전략적 호혜관계가 될 수 있을 것입니다. 참고로 저와 니카이 간사장의 관계도 전략적 호혜 관계였다고 할 수 있습니다.

— 5월 9일 리커창 총리의 회담에서는 자위대와 중국군의 우발적 충돌을 막는 '해상과 공중에서의 연락(海空連絡) 메커니즘 운용' 개시도 합의했습니다. 방위 당국 간 핫라인 설치와 함정이나 항공기가 직접 통신하는 구조를 구축해, 평시에 정기 모임을 갖는 것이 핵심입니다.

중·일 모두 예기치 못한 사태를 초래하고 싶지 않다는 점은 일치했습니다. 1962년 쿠바 위기에서는 미·소 간에 좀처럼 의사소통이 되지 않아 일촉즉발의 위기가 촉발됐지만 쿠바 위기 이후에는 미·소 간에 긴밀한 연락 수단이 마련되었습니다. 지금의 센카쿠 열도 주변도 전쟁 위기 상황으로 가지 않는다고 자신할 수 없습니다. 현상을 유지하기 위해서는 이런 시스템이 필수적입니다.

옴 진리교 사건, 사형 집행

— 7월 6일과 26일 옴 진리교 사건의 교주 아사하라 쇼코(麻原彰晃)와 사건에 연루된 13명의 사형이 집행됐습니다.

옴 진리교를 둘러싼 일련의 사건은 전후 사건으로서는 가장 충격적이지 않았을까 생각해요. 모두 헤이세이(平成) 시대에 일어났습니다. 사카모토 쓰쓰미(坂本堤) 변호사 일가족 살해사건은 1989년, 그 후 지하철의 두 차례 사린 사건은 1994년과 1995년이었습니다. 피해자나 유족이 받은 공포와 슬픔은 상상을 초월합니다. 1995년 야마나시현 카미쿠이시키 마을에 경찰의 대규모 수색대가 들어갔습니다. 그때 저는 초선 의원이었는데, 굉장히 놀랐습니다.

2019년에는 천황 폐하가 퇴위를 앞두고 있었습니다. 헤이세이 시대의 사건이기 때문에 그 시대에 마무리짓다는 의미는 있었겠지만 사형 집행은 전적으로 법무상의 전권 사안입니다. 총리는 관여하지 않습니다.

언젠가 사형수 한 명의 사형을 집행하기 전, 어느 법무상이 저에게 설명하러 왔는데, "아니, 전부 당신 판단입니다"라고 되받아친 적이 있었습니다. 책임을 분산하려는 의도였을지 모르지만, 그것은 받아들일 수 없습니다.

옴 진리교가 과격해진 계기는 1990년 중의원 선거 패배입니다.[03] 사카모토 변호사 사건 이후이긴 하지만, 선거 패배로 어떻게 영향력을 행사하면 좋을지 갈팡질팡하다가 무력 혁명으로 방향을 틀었다고 볼 수 있어요.

사형 집행은 사람의 목숨을 빼앗는 것인만큼, 법무상이 지게 되

---

03) 옴 진리교를 모체로 하는 '진리당'을 창당해 1990년 중의원 선거에 교주 아사하라 쇼코가 직접 도쿄 4구에 출마하는 등 27명의 후보자를 냈으나 모두 낙선했다.

는 심적 부담은 이루 말할 수 없을 것입니다. 평생 그 부담을 짊어지게 되겠죠. 아베 내각에서 법무상을 맡아 준 사람들은 모두 공판 기록을 꼼꼼하게 읽고 신중을 기해 최종 결재 도장을 찍었다고 생각합니다. 옴 진리교 13명의 형을 집행한 가미카와 요코 법무상도 괴로웠을 것입니다. 아사하라 쇼코에게 사형을 집행하면 미해결된 범죄의 진상을 알 수 없게 된다는 목소리가 있었지만, 교주처럼 문제의 본질을 모호하게 하면서 영원히 사형 집행을 피할 수도 있습니다. 그것은 곤란하다고 생각합니다.

— 가미카와 씨에게서 연락이 왔나요.

사전에 설명은 없었지만 형 집행 시 연락이 왔습니다. "지금부터 사형 집행이 이루어집니다. 차례차례 형장으로 향하고 있습니다"라고 하더군요. 저는 할 말이 없어서 "수고하세요. 고생이 많으십니다"라고 말할 수밖에 없었어요.

이시바와의 일대일 대결, 자민당 총재 선거

— 자민당 총재 선거(9월 7일 고시, 20일 투개표)가 6년 만에 치러져 이시바 시게루 전 간사장과 맞대결이 벌어졌습니다. 아베 총리는 당시 이미 5년 8개월에 걸친 정권 운영 실적이 있었습니다. 현직이 지지 않을 거라는 자신이 있었나요?

2018년에는 모리토모 학원의 국유지 매각을 둘러싼 공문서 조작

이 드러났고, 가케 학원 수의대 신설 문제도 총재 선거 무렵에는 아직 꼬리를 물고 이어지고 있었기 때문에 정치와 돈의 문제에 초점이 맞춰져 있었습니다. 7년 9개월간의 정권 운영 전체로 보면 2016년이 모리·가케 1파, 2017년이 모리·가케 2파라는 느낌으로 아베 정권에게는 힘든 골짜기였습니다.

모리·가케는 저에게 문제가 없다는 것을 증명하지 못한 것이 아팠죠. 그리고 관련 인물들이 언론에서 다루기 쉬운 캐릭터가 되다보니 흥행한 측면도 있다고 생각합니다.

— **모리토모·가케 학원 문제를 만만하게 본 것은 아닌가요? 총리의 명예와 관련된 일인만큼 예를 들어 모리토모 문제의 경우는 재무성 이재국이나 긴키 재무국, 국토교통성, 오사카 항공국 관계자 등을 전원 소환해 직접 조사하는 방법도 있었을 것입니다.**

모리토모 학원의 국유지 가격 인하 협상은 전혀 기억이 나지 않는 이야기이기 때문에 일시적인 억측이라고 생각했습니다. 물론 조사 기관을 설치하는 방법도 있었을 것입니다.

— **적극적으로 진상을 규명하려는 공격적인 자세가 보이지 않았습니다. 유권자들에게 도망치고 있는 인상도 준 것 같아요.**

기본적으로는 사태를 과소평가하고 있었다고 생각합니다.

— **총재 선거에서 이시바 씨는 모리토모 · 가케 문제를 염두에 두고**

정직, 공정을 슬로건으로 내걸고 "잘못한 것은 잘못했다고 사과하는 자세가 필요하다"고 아베 총리를 비판했습니다.

야당과 싸우는 기분이었어요. 내가 약해져 있을 때는, '지금이다'라는 듯이 덤벼든다고 생각했습니다.

하지만 이시바 씨도 수의대 신설 문제에는 관여했을 것입니다. 2015년 지방창생상 국가전략특구 담당 때 '이시바 4조건'(①새로운 분야의 요구 ②기존 대학에서 대응할 수 없는 경우 ③교수진 및 시설을 충실하게 확보 ④수의사 수급 균형에 악영향을 주지 않음)을 정해 사실상 수의대 신설 신청을 인가하기 어렵게 한 것입니다. 수의사회의 정치권 공작에 따라 이런 요청을 들어줬다는 거잖아요. 그래서인지 총재 선거 중간부터 그는 '공평', '공정'을 강하게 주장하지 않게 되었습니다.

— 총재 선거는 투개표 결과 아베 씨 553표로 68.5%, 이시바 씨가 254표로 31.5%를 획득했습니다. 선거 전 예상으로는 아베 씨는 현직이기 때문에 80% 정도 득표하지 않을까 하는 예상도 있었습니다.

절대적으로 이길 수 있는 선거는 솔직히 힘이 들어가지 않아요. 저 자신도 투지를 유지하는 것이 힘들었어요. 총리 직무를 수행하면서 총재 선거에 임한다는 것은 분명히 불필요한 일로 여겨졌습니다. 유럽이나 미국의 당수 선거에서는 현직에 대한 도전권은 있습니다만, 기껏해야 하루 정도면 끝납니다. 모리·가케의 영향도 있었고 이시바 씨를 응원하는 언더독 분위기도 조성됐어요.

— 총재 선거 중 이시바파의 사이토 겐(齋藤健) 농림수산상이 아베 총리를 지지하는 의원들로부터 "이시바를 응원하려면 사표를 내고 하라"는 압력을 받았다고 밝혔습니다. 아베 총리는 "그런 일이 정말로 있었다면 이름을 말해줬으면 좋겠다. 캠프에 물어봤는데 다들 '그럴 리가 없다'며 화를 내더라"며 반박했습니다. 성숙하지 못한 태도라는 비판도 있었습니다.

확실히 저는 그때 "압박하는 건 좋지 않다. 나는 사이토 씨를 신뢰한다"며 그를 옹호할 수도 있었습니다. 낡은 사고일지도 모르지만, 자민당 총재 선거는 권력 투쟁이기 때문에 모두 상당한 각오로 누군가를 응원합니다. 학급 반장을 정하는 선거와 다릅니다. 거기서 우는 소리를 하는 것이 저로서는 심정적으로 납득이 되지 않았습니다. 사이토 씨는 통상과 농정에 밝은 것으로 알려져 있었습니다. 저도 높이 평가하고 있었기 때문에 아쉬웠어요. 하지만 이시바 씨나 그를 지지하는 측이 총재 선거에서 현직인 저와 싸우겠다고 한다면 그것은 아베 내각을 부정하는 것이죠. 그렇다면 매듭을 짓고 각료를 그만두는 것이 순리죠. 각료 자리를 지키겠다면서 총재 선거에서 다른 사람을 응원하는 것은 이해하기 어렵습니다. "아베는 도량이 좁다"는 말을 들었지만, 가쿠후쿠 전쟁(다나카 가쿠에이와 후쿠다 다케오, 두 전직 총리의 주도권 다툼) 당시의 정쟁은 이렇게 부드러운 수준이 아니었을 겁니다.

— 총재 선거 후인 10월 2일 네 번째 개각을 단행해 새로운 내각을

출범시켰습니다. 이번 내각에서는 12명을 처음으로 입각시켰는데, 지금까지 가장 많은 숫자입니다. 총재 선거 논공행상이었군요.

12명의 첫 입각은 좀 과한 느낌은 있지만 총재 선거 직후였기 때문에 여러 사람들이 인사에 대한 기대를 표명하고 있었습니다. 모두 스스로에 대한 평가가 높은 사람들 뿐입니다. '그렇게 많은 희망을 만족시킬 만큼의 자리는 없다'고 생각하면서 인사를 해왔어요. 정말로 인사가 싫었어요.

— IT·과학기술 담당 히라이 타쿠야(平井卓也) 씨, 경제 재생 담당 모테기 도시미쓰 씨는 그 후 각각의 분야에서 활약하게 되었습니다.

이들은 스스로 내세운 것이 아니라 제가 생각해서 취임을 부탁한 사람들입니다. 히라이 씨는 인터넷 미디어에 정통했어요. 민주당 정권 시절 야당인 자민당의 IT전략특명위원장으로서 정부 시스템의 문제를 지적했던 것을 기억하고 있었기 때문에 IT담당상을 부탁한 것입니다. 히라이 씨는 스가 요시히데 내각에서도 IT상으로서 디지털청의 발족을 주도했습니다. 이 인사는 제대로 됐어요.

모테기 씨는 그의 실무 능력을 높이 샀기 때문에 미국과 미·일물품무역협정(TAG) 통상 교섭이 시작되기 전에 부탁해야겠다고 생각했습니다.

— 개각 직전인 9월 말 미국을 방문해 뉴욕에서 트럼프 대통령과 정

상회담을 가졌습니다. 농산물 등 광범위한 품목을 대상으로 관세를 재검토하는 새로운 협상을 시작하기로 합의했습니다. 이 회담까지는 아소 다로 부총리와 펜스 부통령 사이에서 무역 협상을 진행하고 있었을텐데, 아소·펜스 두 사람의 틀은 작동하지 않았습니까?

펜스 부통령이 조심스러워서 협상에 나서지 않았어요. 어려운 협상이 될 것이기 때문에 책임지고 싶지 않았을지도 모릅니다. 우리는 농산품과 자동차에 대한 관세 인상을 경계하고 있었습니다. 다만 펜스가 협상을 기피했던 것은 일본에게 유리하게 작용했다고 할 수 있습니다. 결국 미국 쪽에서 더 이상 지체하기 어렵다는 목소리가 나오면서 TAG를 시작했는데, 모테기 씨라면 잘 정리해 주지 않을까 기대하고 있었습니다.

모테기 씨와 미 무역대표(USTR) 로버트 라이트하이저와의 본격적인 통상교섭은 2019년 4월에 시작됐는데, 모테기 씨는 적극적인 협의로 2019년 가을에는 확실한 합의를 이끌어냈습니다. 일본의 시장개방은 환태평양경제동반자협정(TPP) 등 과거 경제동반자협정 수준에 그치는 것으로 매우 잘 진행되었다고 생각합니다.

최종적으로는 2019년 9월에 제가 미국을 방문해 트럼프 대통령과 최종 합의하고 공동성명에 서명했습니다. 이때 트럼프는 라이트하이저에 대해 "그 사람은 성격이 나쁘지만 일은 잘한다"고 하길래 제가 모테기 씨에 대해 "이쪽은 성격도 좋고 일도 잘한다"고 대답했더니 일본 측 대표단이 폭소를 터뜨리기도 했습니다.

— 개각에서는 중의원 3선에 이시바파 야마시타 타카하시(山下貴司)를 법무상으로 발탁했습니다. 이 인사는 총재 선거에서 싸운 이시바 씨에 대한 견제로 받아들여졌습니다.

총재 선거에서 이시바 씨는 러·일 협상에 대해 "경제협력을 한다고 해서 영토 문제가 진전될 것이라고는 생각하지 않는다"고 말했고, 북·일 관계에 대해서는 "평양에 연락 사무소를 개설하겠다"고 밝혔습니다. 나와 너무나 생각이 달랐기 때문에, 그렇다면 이시바파를 각개격파해서 한 방 먹이고 놀라게 해 주겠다고 생각했습니다. 야마시타 씨는 의원외교로 납치 문제를 다루고 있었기 때문에 저는 높이 평가하고 있었습니다. 저는 그의 선거 지원도 하러 갔습니다.

개각 직전 그에게 "당신 이름이 밖에 드러나면 망할 테니 절대 발설하지 마라. 이시바 씨에게도 말해서는 안 된다"고 전했습니다. 조금이라도 알려진다면 이시바파의 반발을 사게 될 테니까요. 야마시타 씨가 그것을 지켜줬기 때문에 이때의 개각 인사 때는 언론도 끝까지 법무상 퍼즐조각을 채우지 못했어요.

아베 정권을 무너뜨리려는 재무성과의 암투

— 2018년 10월 15일 임시 각의에서 소비세율을 2019년 10월 1일부터 8%에서 10%로 올리기로 공식 결정했습니다. 중소 소매점에서 결제할 때 현금을 사용하지 않으면 소비자에게 2%의 세금 인상분을 포인트로 돌려주는 제도도 만들겠다고 밝혔습니다. 소비세 증세

는 두 차례 연기한 끝에 사회보장과 세제 일체 개혁에 포함시키면서 간신히 10%로 가는 길이 열린 것입니다. 재무성과의 암투가 정권의 체력을 소모했나요?

소비세율은 2014년 4월에 8%, 2019년 10월에 10%가 된 셈이지만 10%로의 인상은 두 차례 연기를 거쳤습니다. 최초의 증세 보류는 2014년 11월 중의원 선거, 두 번째 보류는 2016년 참의원 선거였습니다.

2014년 보류를 결정한 것은 8%로 증세한 데 따른 경기 위축이 너무 심했기 때문입니다. 재무성은 8%로 올려도 금방 경기가 회복된다고 설명했지만 2014년 국내총생산(GDP)은 4~6월, 7~9월에 분기 연속 마이너스 성장이었습니다. 재무 관료들은 제가 증세 보류를 선언하기 직전인 11월, 제가 외유를 마치고 귀국하는 전용기에 아소 부총리 겸 재무상을 동승시켜 저를 설득하려고 했습니다. 그러나 기내에 있는 동안 7~9월기 속보치가 나왔고, 저는 "도저히는 아니겠지만, 그래도 증세를 하기는 어렵다"며 사정을 설명해 아소 씨를 설득한 것이죠.

이때 재무관료들은 아소 씨 카드 외에도 다니가키 사다카즈 간사장을 앞세워 아베 정권 비판을 전개하고 저를 끌어내리려고 획책했습니다. 앞서 말했듯이 이들은 조직의 이익을 위해서라면 정권을 무너뜨리는 것도 불사합니다. 다니가키 씨는 2012년 일체 개혁 합의를 결정한 당시 총재였기 때문에, 재무성은 그를 찾아가 "합의를 지켜야 한다"고 말해줄 것을 요청한 것이죠. 다니가키 씨는 재무상을 역임한 경력이 있고, 증세파에 가깝습니다. 하지만 그는 재무성의 음모에 동조하지 않았습니다. 정치의 불안정을 초래하는 것을 싫어했던 것 같습니다.

두 번째 증세 연기를 결정하기 전인 2015년에 생필품 등의 세율을 낮추는 경감세율 도입을 놓고 재무성은 또 꼼수를 부렸습니다.

공명당이 2014년 중의원 선거 공약으로 경감세율 도입을 내걸고 있었기 때문에 시행이 불가피하다고 판단한 것 같았지만, 재무성은 경감액을 가능한 한 줄이고 싶어 했습니다. 여당 협의가 가을부터 겨울에 걸쳐 열리면서 공명당은 세금 고통 완화와 경기를 고려해 '주류를 제외한 음식료품' 등을 대상으로 경감액을 1조3000억엔으로 하자고 주장했습니다. 한편 재무성은 자민당 재정재건파 의원들과 짜고 우선 4000억엔 범위에서 대상 품목을 좁히겠다고 내걸고 결국 5000억엔을 타협점으로 매듭지으려 했습니다.

이 재무성의 수법에 스가 요시히데 관방장관이 격노했습니다. 그리고 공명당의 주장을 거의 받아들여서 1조엔 규모로 상향했습니다. 이때도 재무성의 저항은 대단했어요. 관저 내에서는 2014년 여름에 시작된 재무성의 음모를 '여름 전투'라고, 겨울에 결정된 2015년 경감세율을 둘러싼 음모는 '겨울 전투'[04]라고 명명하면서 재무성은 무섭다는 이야기가 돌았지요. 결국 2016년 참의원 선거에서 두 번째 증세 보류가 결정됐기 때문에, 경감세율의 도입은 2019년 10월

----

04) 1614~1615년에 걸친, 도요토미 가문과 도쿠가와 막부 사이의 전쟁. 여기서 도요토미 가문에 최종적으로 승리한 도쿠가와 이에야스는 일본 전체의 패권을 확고히 장악한다. 시기상 '겨울 전투'가 앞서고 '여름 전투'가 뒤이다.

에서야 하게 됐습니다.

— 다나카 가쿠에이, 다케시타 노보루 등 역대 총리들은 옛 대장성(재무성의 전신)과 좋은 관계를 유지하며 정권을 운영해 왔습니다. 총리가 재무성을 이용하고 있는지, 재무성에 이용되고 있는지 알 수 없는 측면도 있었지만 아베 내각은 재무성과의 관계가 이전 정권과 비교하면 이질적이었습니다.

고이즈미 내각도 재무성 주도의 정권이었습니다. 소비세는 인상하지 않겠다고 공약했지만 대신 지출을 대폭 삭감했던 것이죠.

저도 1차 내각 때는 재무관료들의 말을 상당히 존중했습니다. 하지만 2차 내각이 되면서 그들의 말대로 할 필요는 없다고 생각하게 됐습니다. 왜냐하면 디플레이션 상황에서 증세는 정책적으로 잘못된 것이기 때문입니다. 특별히 재무성을 악당으로 만들 생각은 없지만, 그들은 세수 증감만 신경을 쓰고 있을 뿐 실물 경제에 대해서는 생각하지 않습니다.

재무성은 언제나 가스미가세키의 챔피언이었습니다. 그런데 아베 정권에서는 경제산업성 출신의 이마이 정무비서관이 힘을 갖고 있었습니다. 재무성 입장에서는 불쾌했을 거라고 생각해요. 재무성 간부는 참의원에서 '두목'이라고 불리던 아오키 미키오 전 참의원 간사장이나 공명당의 지지 기반인 창가학회 간부를 자주 찾아가 아베 정권의 앞날을 논의했던 것 같습니다. 그리고 내각 지지율이 떨어지면 재무관료들은 자신들이 주도하는 새 정부를 준비하기 시작하는 것이죠. 눈앞의 정권 유지에만 관심이 있는 정치인은 어리석다, 나랏돈을 짊어지고 있는 자신들이 가장 위대하다는 생각인 것 같아요. 그들은 나라가 망하더라도 재정만 잘 유지되면 만족할 거예요. 하지만 생각하기에 따라서는 재무성 입장에서 아베 정권만큼 훌륭한 정권은 없다고 할 수도 있습니다. 결국 소비세를 두 번이나 증세하고 경제성장으로 세수도 늘렸으니까요.

— **재무성과의 암투가 아베 내각 7년 9개월 내내 계속됐다는 것입니까?**

재무성과 자민당 내 재정재건파 의원들이 팀을 이뤄 '아베 끌어내리기'에 나서는 것을 경계했기 때문에 증세 연기 판단은 반드시 선거와 패키지로 진행했습니다. 그렇지 않았다면 아베 내각은 무너졌을지도 모릅니다.

저는 은근히 의심하고 있는데, 모리토모 학원의 국유지 매각 문제는 제 발목을 잡기 위한 재무성의 책략일 가능성도 없지는 않습니다. 재무성은 애초부터 모리토모 측과의 토지 거래가 심각한 문제라는 것을 알고 있었을 것입니다. 하지만 저에게는 토지 거래 협상 기록 등 자료가 전달되지 않았습니다. 모리토모 문제는 언론 보도를 통해 처음 알게 된 것이 많았죠.

자유롭고 개방된 인도-태평양

─ 2016년 8월 케냐에서 열린 제6차 아프리카개발회의(TICAD VI) 기조연설에서 일본의 새로운 외교지침인 '자유롭고 열린 인도 태평양 전략'[05]을 발표했습니다. 아시아에서 아프리카에 이르는 지역의 성장을 위해 자유와 법치, 시장 경제를 확대해 나가겠다고 밝혔습니다. 왜 이 시기에, 그것도 아프리카에서 발표했을까요?

동남아에서 이것을 발표하면 중국을 자극하게 됩니다. 하지만 케냐에서의 연설이라면 크게 주목받지 않죠. 이후 여러 차례에 걸쳐 주장하면서 점차 국제사회에 침투시켜 나갔다는 점에서 아프리카에서의 발표한 것은 좋은 생각이었다고 생각합니다.

FOIP는 오랜 시간에 걸쳐 차곡차곡 만들어 온 구상입니다. 먼저 2006년 1차 내각 출범 전에 출간한 『아름다운 나라로(美しい国へ)』(분순신쇼 · 文春新書)에서 인도와의 관계를 중시한다는 방침을 밝힌 것이 계기입니다. 인도는 일본과 역사 인식의 문제가 없고, 자유와 민주주의 같은 보편적 가치를 공유하고 있습니다. 그렇다면 협력을 강화할 수 있을 것이라는 생각이 있었습니다. 그리고 총리 취임 후인 2007년 8월 인도 방문 때 '두 바다의 어울림'이라는 제목의 연설을 하게 됐습니다. '태평양과 인도양은 자유의 바다, 번영의 바다로서 역동적인 결합을 가져오고 있다. 일본, 인도 양국은 이를 넓혀갈 책임이 있다'는 내용이었습니다. 일본은 해양국가로서 아시아-태평양에 머무르지 않고, 보다 넓은 인도·태평양 지역을 염두에 두고 외교를 전개하는 것이 국익으로 연결되지 않겠냐고 생각한 것입

---

05) FOIP: Free and Open Indo-Asia Pacific Strategy

니다. 이 연설이 '자유롭고 열린 인도 태평양'의 원점입니다.

외교의 기축은 미·일동맹이고, 보편적 가치의 관점에서 호주와도 협력할 수 있습니다. 일본, 미국, 호주, 인도 4개국은 인도·태평양이라는 거대한 경제권을 구성하고 있기 때문에 공공재로서 이 해양에 대한 권리와 이익을 지켜나갈 책임이 있지 않냐고 호소하기로 했습니다.

일·미·호주·인도의 구체적인 협력으로서는, 전략 대화나 합동 연습을 염두에 둔 쿼드(QUAD)[06]도 내걸었습니다. 이것 역시 1차 내각 당시인 2007년부터 대화가 시작됐습니다.

약간의 시행착오는 있었지만 QUAD를 다시 일으켜 세우고자 야당 시절인 2012년 국제 NPO 단체에 영어 논문으로 '아시아의 안보 다이아몬드 구상'[07]을 발표했습니다. 일-미-호주-인도를 잇는 사각형을 다이아몬드로 보고 법치와 해상 교통로의 안전 확보를 4개국에서 담당하자는 내용이었습니다. 근데 이 호칭은 정착이 안 됐네요.

FOIP도 QUAD도 다양한 과정을 거쳤지만 각국 정상들에게 끈질기게 호소해 온 결과 마침내 국제사회의 공통된 인식이 형성된 것입니다.

— **FOIP는 무리한 해양 진출과 군비 증강을 계속하고 있는 중국 포위망이라는 해석도 당초 있었습니다.**

---

06) QUAD: Quadrilateral Security Dialogue
07) Asia's Democratic Security Diamond

중국이 거대 경제권 구상 '일대일로'를 내걸고 패권을 넓히려는 것 아니냐는 우려를 지울 수 없습니다. 한편, '자유롭고 열린 바다'는 해양교통로를 감싸고 있는 중국에도 중요할 것입니다. 일본으로서는 전략적으로 보편적 가치를 공유하는 국가들과 협력하면서 중국도 배제하지 않을 것이라는 입장을 취하고 있습니다.

일본은 전쟁 중 대동아 공영권이라는 구상을 내걸었습니다. 침략을 정당화한다는 비판이 있지만 서구 제국주의로부터 아시아 각국을 해방시킨다는 개념 자체는 어떻게 보면 옳다고 할 수 있지 않을까요?

중·일전쟁, 태평양전쟁에 대한 과도한 반성으로 전후 일본은 외교적 도전이 봉쇄되고 이념이나 구상을 별로 내세우지 않았습니다. 잘 알려진 것은 후쿠다 다케오 총리가 동남아와의 협력을 호소한 후쿠다 독트린이나 하시모토 류타로 총리가 중앙아시아, 러시아, 중국과의 신뢰관계 구축을 촉구한 유라시아 외교 정도입니다. 그것들이 정착하지 못한 것은 장기 정권이 아니었다는 사정도 있을 것입니다.

— FOIP는 미·일 공통 인식이 됐는데 처음 제시했을 때 미국의 반응은 어땠나요?

오바마 행정부는 중국을 '책임 있는 이해관계자'로 규정했습니다. 즉, 경제적 실리를 생각해서 충돌을 피한 것이죠. 정권 후반에는 중국과의 협력으로 기울어져 있었습니다. 저는 오바마 미국 대통령에게 FOIP에 대해 설명했지만 솔직히 좀처럼 궤도에 호응하지 않았습니다.

트럼프 대통령은 외교의 이념이나 구상이라는 것에 관심이 적었던 것 같습니다. 그래서 대통령과 가까운 안보 담당자들에게 FOIP의 중요성을 호소했습니다. 대통령 보좌관 존 볼턴, 로버트 오브라이언, NSC 아시아 선임국장을 역임하고 나중에 부보좌관이 될 매슈 포틴저 등이 대상이었습니다. 볼턴과 오브라이언의 생각은 저와 완전히 일치했어요.

— **오랜 세월 비동맹 중립을 내세웠던 인도는 아베 총리의 구상을 어떻게 받아들였나요?**

인도는 미국과 유럽에게 있어서는 귀찮은 나라입니다. 비동맹 중립을 표방하면서 냉전 시기에는 중국에 대한 전략 차원에서 소련에 접근했고, 그 후에도 러시아로부터 무기를 사들이고 있습니다. 영국을 비롯한 유럽 앵글로색슨족의 지배에 대한 반감이 있을 것입니다. 유럽과 미국은 인도를 다소 껄끄러워했습니다. 반면, 인도에게 일본은 특별한 존재입니다. 1957년 외조부 기시 노부스케 총리가 인도를 방문했을 때입니다. 당시 동행한 통역으로부터 들었는데 정상회담이 열렸을 때, 뉴델리 관저 앞에 사람들이 몰려 들었다고 합니다. 자와할랄 네루 당시 총리는 할아버지와 회담 후 "군중 앞에 연설을 할 테니, 내친 김에 당신을 소개하는 것으로 하자"며 할아버지를 데려갔습니다. 거기서 그는 "기시 총리는 과거 러시아 제국과의 전쟁에서 이겼던 나라의 총리다. 일본은 우리에게 영국과 싸워 독립을 쟁취할 용기를 줬다"고 연설해 박수갈채를 받았다고 합니다. 인도를 식민지로 삼고 있던 영국을 약화시키려는 의도가 있었겠지만, 제2차 세계대전에서 일본이 인도의 독립운동을 지원했던 덕분에 인도는 일본을 존경해 주고 있는 것이죠. 물론 전후에도 일본이 정부 개발 원조를 통해 인도의 발전을 지원했다는 것도 배경으로 작용했을 것입니다.

1차 내각에서는 만모한 싱 총리에게 QUAD를 제의했지만 아쉽게도 신중한 입장을 보였습니다. 중국과의 관계가 틀어지는 것을 경계했다고 생각합니다. 2차 내각에서는 모디 총리가 동의해줬습니다. 모디 총리는 미국과 호주의 구상이라면 참여하지 않겠지만, 일본이 주도한다면 찬동하겠다는 입장이었습니다.

— **2017년 FOIP에서 '전략'이라는 단어를 삭제했습니다. 중국의 반발이 강했기 때문입니까?**

중국은 FOIP를 매우 싫어했습니다. '하고 싶으면 알아서 하라'는 태도였지만, 동남아국가연합(ASEAN) 국가들에는 동참하지 말라고 압력을 가했습니다.

'전략'이라는 표현은 구체적인 방위 협력까지 상기시키는 단어입니다. 처음에 사용했을 때 아세안이 주춤하더라고요. 일본에 대해 '중국을 너무 자극하는 것이 아니냐' 하는 식이었어요. 확실히 '전략'보다는 '구상'이라는 보다 온화한 표현을 사용하는 것이 국제사회 전체로 확대하는 데 있어서도 이해를 얻기 쉬울 것입니다.

7년만의 방중, 중국과의 관계 맺기

— 10월 25~27일 중국 베이징을 방문했습니다. 국제회의 참석을 제외한 일본 총리의 방중은 2011년 노다 요시히코 총리 이후 7년 만이었습니다. 아베 씨는 "경쟁에서 협력으로, 중·일 관계를 새로운 시대로 끌어올려 나가고 싶다"고 밝혔습니다. 양국 기업의 경제 협력 등 상당히 협력적인 노선을 걷게 된 배경은 무엇이었을까요?

중국은 매우 전략적인 외교를 전개하는 나라입니다. 어느 나라와 관계를 맺는 데 있어서도 중국은 게임 플랜을 갖고 있습니다. 우리도 대중 외교에 대해서는 치밀한 계획을 갖는 것이 필수입니다.

우선, 일본에 있어서 금세기 최대의 외교·안보상의 과제는 부상하는 중국과 어떻게 마주할 것인가 하는 것입니다. 중국의 군사적 대두는 방위백서에서는 '우려'라고 계속 말하고 있었지만, 실제로 '위협'이 아닐 수 없게 되었습니다. 그래서 저는 방위력을 강화하고, 미·일동맹을 심화시키며 다자간 방위 협력을 진행한 것입니다. 이를 위한 구체적 방안으로서 '자유롭고 열린 인도태평양' 구상을 주창하고 안전보장 관련법을 정비하여 일본에 대한 신뢰를 높이는 한편 정보를 보다 수월하게 입수할 수 있도록 하는 특정비밀보호법이나 테러 등 준비죄 등을 통과시켰습니다.

경제에서도 TPP의 체결로 공통의 가치관을 기반으로 하는 무역

규칙을 만들어나갔습니다.

한편, 위협에 대항해 나가는 것만으로는 정치의 책임을 다할 수 없습니다. 중국 시장은 큽니다. 일본 경제의 성장에 있어서 중국과의 관계를 끊을 수 없습니다. 안보상의 과제를 관리하면서 경제적으로는 중국의 시장 가치를 일본의 기회로 바꿔가는 것이 정치의 기술입니다.

— 2013년 12월 야스쿠니 신사에 참배하면서 중국과의 관계가 결정적으로 냉각됐다고 하는데, 어떻게 개선의 길을 찾았습니까?

민주당 정권 시절인 2012년 일본이 센카쿠 열도를 국유화한 시점부터 양국 관계는 냉랭해졌습니다. 더 이상 나빠질 수 없을 정도였죠. 저는 야스쿠니를 참배함으로써 비로소 지도자로서 역할과 책임을 다할 수 있었다는 안도감을 느꼈습니다. 이제부터는 중·일 관계를 어떻게 개선할 것인가를 생각해야 하는데, 상대방이 태도를 바꾸어 왔습니다.

2014년 11월 베이징에서 아시아태평양경제협력체(APEC) 정상회의가 열렸을 때, 그리고 2015년 4월 자카르타 반둥회의 때도 시진핑 국가주석과 회담을 가졌는데 매우 험악한 분위기였습니다. 시진핑 주석은 미소 한 번 짓지 않더군요.

그런데 2016년 9월 중국 항저우에서 열린 주요 20개국·지역(G20) 정상회의 때 만났을 때는 화기애애한 분위기로 바뀌었습니다.

G20 종료 후 호숫가에서 파티가 열렸는데, 중국은 호수 위에 투

명한 판자 같은 것을 이어붙여 물 위를 걸을 수 있게끔 무대를 설치해 기념행사를 가졌습니다. 그리고 발레리나가 호수 위에서 '백조의 호수'를 선보였는데, 제 옆에 있던 영국 메이 총리는 "원더풀(wonderful)"이라고 연호하며 "역시 독재국가가 아니면 이런 세레모니를 할 수 없다. 민주주의 국가에서는 이렇게 화려한 이벤트를 할 수 없을 것"이라고 감탄했습니다.

공연이 끝난 뒤 중·일 정상회담을 갖고 제가 "이렇게 멋진 기념행사는 본 적이 없습니다"고 하자, 시진핑은 시큰둥하게 "그렇군요. 인상 깊었습니까?"라며 평범하게 대화를 시작했습니다. 카메라 앞에서 악수할 때는 굳은 표정 그대로였지만, 방에 들어간 뒤엔 웃는 얼굴로 회담이 시작됐습니다.

— 시진핑은 국가주석, 리커창은 총리라는 입장입니다. 같은 정상회담이라도 차이가 느껴졌나요?

시진핑은 국가 원수 같다면, 리커창은 고도의 지식을 가진 행정관, 즉 테크노크라트 같은 느낌입니다. 리커창 총리는 그런 입장을 견지하며 당내 서열을 높이는 데 성공했을 것입니다. 국제회의에서 왕이 외교부장은 앉아 있는 시진핑에게 무릎을 꿇고 고개를 숙여 서류를 전달합니다. 저에게는 그렇게까지 하는 정치인이나 관료는 한 명도 없습니다. 권위주의 나라는 다르다고 생각한 적이 있어요.

1차 내각 때 대면한 후진타오 국가주석과 원자바오 총리는 투톱에 가까운 관계 같았습니다. 그에 비하면 시진핑과 리커창의 관계는

확연히 다릅니다. 시진핑과 리커창의 관계는 중국의 초대 최고지도
자인 마오쩌둥과 총리로서 마오를 열심히 섬겼던 저우언라이의 관
계와 비슷하지 않을까 싶습니다.

2차 내각 이후 7년 9개월 동안 저는 해외 출장을 81번 다녀왔습
니다. 저는 전 세계 어느 나라 정상과 회담하든지 반드시 중국의 군
비 증강과 무리한 해양 진출을 경계해야 한다고 말해 왔습니다. 그
러면 제 생각에 동조하는 정상도 있고 그렇지 않은 정상도 있습니
다. 중국과 친한 나라라면 제가 중국을 비난하고 있다는 것을 알려
줄 것입니다. 그걸 예상하면서도 하는 말입니다.

왜냐하면 이것은 감일 뿐입니다만, 중국이라는 나라는 우리가
승부수를 띄우면 우리의 힘을 어느 정도 인정하는 경향이 있는 것
같습니다. '일본도 꽤 하잖아'하면서 경계하고 대응책을 마련하는
것이죠.

중국과의 외교는 장기와 같습니다. 상대가 '포(包)'를 빼앗으려
하면, '차(車)'나 '상(象)'을 빼앗는 한 수를 둬야 합니다. 중국의 강압
적인 행태를 바로잡기 위해서는 우리가 선거에서 계속 이기고 중국
에 대해 성가신 아베 정권이 오래 지속될 것이라고 생각하게 만들어
야 합니다. 그런 신경전을 벌여온 것이었죠. 장기를 둬도 판을 뒤엎
기만 하는 한국과는 전혀 다릅니다.

**— 무력행사를 못하는 일본은 '체격에 맞는 외교'를 해야 한다는 목
소리가 과거에는 있었습니다.**

그러면 안 돼요. 차라리 과대포장하는 쪽이 낫습니다. 예를 들어 프랑스의 경제력은 국내총생산(GDP)으로 보면 일본의 60% 정도입니다. 영국도 러시아도 일본보다 낮은 거죠. 그런 프랑스가 자국을 세일즈하는 것은 문화와 핵 보유라는 점과 더불어 압도적인 강대국이라는 의식입니다. 그런 의식만으로 으스대는 나라들이 전 세계에 많이 있습니다. 세계 3위의 경제력을 자랑하는 일본이 기죽을 필요는 없어요.

— 7년 만에 중국을 방문해 시진핑 주석과 정상회담을 가졌습니다. 훈훈한 분위기였나요?

아니, 그렇지 않아요. 이 해에 중국의 센카쿠 열도 영해 침입은 줄었지만, 중국이 그대로 손을 놓고 있을지는 알 수 없었습니다. 저는 "우리의 결의를 잘못 보지 않았으면 좋겠다"고 여러 번 말했습니다. 영토를 지키겠다는 입장에는 변함이 없으며 만일의 경우 무력 충돌도 불사하겠다고 했어요.

정상회담 후 내용을 담은 문서에서는 '동중국해를 평화와 협력, 우호의 바다로 만든다'는 문구를 넣었는데, 일단 이것으로 합의하는 것이 중요했습니다. 만약 그 후 중국이 무리한 해양 진출을 계속하려 한다면 '합의에 어긋나는 것 아니냐'고 주장할 수 있으니까요.

동중국해의 가스전 개발에 관해서는, 양국이 공동으로 개발하는 것 등을 골자로 한 2008년의 합의를 견지하기로 일치했습니다. 또 국방 당국 간의 해공(海空) 연락 메커니즘에 기초한 핫라인 조기 개설 등에도 합의했습니다. 경제에서는 제3국에서의 중·일 기업의 경협, 일본산 농산물의 수입규제 완화 등이 합의 사항이 되었습니다. 중국은 정상회담 직후 니가타산 쌀에 한해 금수조치를 해제했지만 안타깝게도 여전히 미완의 상태입니다.

— 제3국에서의 경제협력은 양국 기업이 공동으로 인프라를 구축할 수 있도록 정부가 뒷받침하는 것이었습니다. '일대일로'를 지원한다는 정책의 전환은 정부 내에서 어떻게 결정되었습니까?

방중 전에 국가안전보장회의(NSC)에서 협력 여부를 놓고 두 차례 논의했습니다. 외무성은 일관되게 반대했습니다. 저도 예전에는 경계했지만, 일본이 아프리카까지 가서 도로를 얼마나 만들 수 있겠어요. 어렵겠죠. 그렇다면 중국에 맡기면 좋지 않을까 하고 생각하게 된 것입니다.

중국은 아프리카 등에서 사업을 수주하기 위해 끔찍한 일을 하고 있습니다. 고위 공직자에게 뇌물을 주고, 벤츠를 사주고, 대통령궁을 지어주고 있어요. 반면 일본의 원조는 깨끗합니다. 그렇기 때문에 수주 경쟁에서 이길 수 없는 것입니다. 과거 한 중동 고위 관계자에게서 "일본도 중국의 원조 기법을 배우는 것이 좋다. 역시 권력자를 기쁘게 해야 한다"는 말을 들은 적이 있었습니다만 그럴 수는 없어요.

그렇다고 뇌물을 받고 싶은 사람에게 도덕을 설파하는 것은 소용이 없죠. 이러니 어떻게 하겠습니까? 개방성과 투명성 확보, 채무 건전성 등 우리의 원칙을 내놓고 그 기준을 지킨다면 일본도 중국에 협력하겠다고 입장을 전환한 것입니다.

외교의 기본은 현실주의입니다. 이데올로기에 기반한 외교는 아무도 따라오지 않습니다. 세계 각국은 얼마나 국익을 확보할 것인가를 놓고 다투고 있는 것이죠. 경직적인 사고방식에 사로잡혀 있으면 결국 나라가 쇠퇴하게 됩니다.

징용공 재판

— 한국인 전 징용공들이 신일철주금(新日鐵住金, 현 일본제철)을 상대로 제기한 손해배상 청구 소송에서 2018년 10월 30일 한국 대법원은 회사 측 상고를 기각하고 위자료를 지급하라는 판결을 확정했습니다. 대법원은 11월 29일에도 미쓰비시중공업에 대해 같은 판결을 내렸습니다. 아베 총리는 "국제법에 비춰 있을 수 없는 판결"이라고 말했는데, 역사 문제를 다시 끄집어내는 한국에 대해 뾰족한 수가 없었습니까?

한·일 국교 정상화에 따라 체결된 1965년 한·일청구권협정 경제협력협정은 국제법상 조약에 해당합니다. 거기에는 배상 청구권 문제는 '완전하고 최종적으로 해결되었다'고 명기되어 있습니다. 게다가 당시 협상에서 한국 측은 징용에 대한 보상금이 협정에 포함된다고 설명했고, 이후 박정희 정권은 보상을 실시했습니다. 그 조약을 부정하는 판단은 국제사회에서 있을 수 없는 일입니다.

한국 대법원의 주장은 이해할 수 없습니다. 노무현 정권은 2005년 한·일협정을 다시 검토하는 '민관공동위원회'를 설치했지만 결국 전시노동자 보상은 일본으로부터 받은 배상금에 포함된다는 결론을 내렸습니다. 게다가 과거 박정희 정권은 일본에서 받은 자금을 인프라 정비에 너무 많이 썼기 때문에 징용공 유족들에게 더 써야 한다고 결정하고 한국 정부 스스로 추가 보상을 실시한 것입니다. 그 위원회에는 당시 청와대에서 민정수석 비서관이었던 문재인 대통령이 정부위원으로 참여했습니다. 문 대통령은 한국 대법원의 판단이 국제법 위반이라는 것을 알고 있을 텐데, 반일을 정권 부양 재료로 사용하고 싶었던 것 같습니다. 문 대통령은 확신범입니다.

— 징용공 판결 이후 문 대통령과의 직접 회담은 2019년 12월 한·중·일 정상회담 때까지 이뤄지지 않았습니다. 2019년 회담에서는 징용공 문제에 대한 협의를 계속하는 것으로 결론이 났는데, 실상은 어땠나요?

그는 제 앞에서 사법부의 판단 때문에 어려움을 겪고 있다는 표정을 지었거든요. "어떻게든 하겠습니다"라고 말했지만, 아무것도 하지 않았습니다. 그 후의 일입니다만, 2021년 6월 또 다른 전직 징용공 소송에 대해서 한국 지방법원은 징용공 측의 소송을 각하했습니다. 2018년 대법원 판결도 부정한 것인데, 그 후에도 소송은 계속되고 있습니다. 주의깊게 살펴봐야 할 것 같아요.

— 한·중, 특히 최근에는 한국에서 역사 문제를 거론하며 국제사회에서 일본을 깎아내리는 외교를 계속하고 있습니다. 위안부 문제에서도 위안부를 상징하는 소녀상을 세계 곳곳에 설치하고 있습니다. 역사를 둘러싼 싸움에서 일본은 왜 이렇게 약한 걸까요?

외무성이 싸워오지 않은 것은 사실입니다. 역사 문제는 시간이 지나면 풍화될 테니 그냥 넘어가자는 자세였던 것이죠. 하지만 그러면 기정사실이 되어 버립니다. 그래서 아베 정권 들어 많이 바꿨습니다. 열세를 만회하려고 했던 것입니다. 국경과 영토는 단호히 지킨다, 한국과 중국은 국제법을 준수하라는 주장을 강화했습니다. 한국 대사는 물론 전직 위안부를 상징하는 소녀상이 설치된 독일 대사에게도 명확히 지시했습니다. "열세라도 싸워라. TV에 나가서 당당하게 반박해라. 느긋하게 와인이나 마시고 있을 때가 아니야"라고요.

북방영토 협상 타개를 위해 도서 반환으로 방향을 틀다

— 2018년 가을 이후 북방영토 협상에 대한 관심이 높아졌습니다. 11월 14일 싱가포르에서 열린 러·일 정상회담에서는 하보마이, 시코탄 등 2개 섬 인도를 명기한 1956년 일·소 공동선언을 협상의 '기초'로 삼기로 푸틴 러시아 대통령과 합의했습니다. 12월에는 부에노스아이레스에서 다시 만나 고노 다로 외무상과, 세르게이 라브로프 외무장관을 협상 책임자로 정했습니다. 4개 섬의 귀속 문제를 해결

하고 평화 조약을 체결한다는 오랜 협상 방침과는 분위기가 달랐습니다. 뜻밖이라는 느낌이었어요.

9월 10일 러시아 블라디보스토크에서 열린 동방경제포럼 석상에서 푸틴 대통령이 과감한 공을 던져온 것이 계기입니다. 연말까지 전제조건 없이 평화조약을 맺자는 제안이었습니다. 그의 의도를 파악하지 못해서 포럼 중간에 자리를 떴을 때, 푸틴 대통령에게 "일본의 입장은 4개 섬의 영유권 문제를 해결하는 것이기 때문에 양보할 수는 없다"고 말했습니다.

다만 푸틴이 발을 들여놨으니 11월 싱가포르 회담을 대비해 이쪽도 대책을 마련한 것입니다. "어이, 일본은 어떻게 할 거냐"라고 물었으니, 과감히 승부수를 띄우기로 한 것이죠.

일·소 공동선언은 양국 국회가 비준한 공식 문서로 사실상 조약이나 다름없습니다. 여러 가지 사정 때문에 일본은 이를 인정하지 않았지만, 중립적으로 생각하면 일본이 이 공동선언을 무시하는 것은 이상한 이야기입니다. 그래서 원점으로 돌아가자고 한 것입니다. 싱가포르에서는 푸틴 대통령과 양측 통역만 있는 회담에서 제 아버지 이야기를 먼저 꺼냈습니다. 소련 시절인 1991년 4월 고르바초프 대통령이 일본을 방문했을 때 췌장암 말기였던 아베 신타로 외상은 중의원 의장 공저에 있던 고르바초프를 만나러 갔습니다. 푸틴 대통령은 "그때 상황을 잘 알고 있습니다"라고 말했습니다.

저는 "평소 아버지의 휠체어를 밀었는데, 그때는 아버지가 직접 걸어서 창백한 얼굴로 고르바초프와 짧은 시간 만났습니다. 아버지는 '진정한 우호를 만들어 나갑시다. 당신 덕분에 그 토대가 마련됐습니다'라며 첫 일본 방문에 대한 감사를 표했습니다"라고 설명했습니다. 이어 저는 "아버지 세대 때는 지난 전쟁에서 많은 사람들이 전사했습니다. 그래서 아버지는 살아남은 자들의 책임으로 마지막 남은 평화조약 문제를 해결해 양국 관계를 정상화하고 싶다고 생각했습니다. 저도 선거 승리로 정치 기반을 안정시켰으니, 이제 과감하게 새로운 시대를 열고 싶습니다"라고 일·소 공동선언 때의 화두를 꺼냈습니다.

푸틴은 이때 "평화조약 체결은 역사적 과제인만큼 영토 문제 해결은 러·일 양측 국민에게 도움이 될 것"이라고 말했습니다. 이후 모리 요시로 전 총리의 이야기로 넘어가면서 저는 "싱가포르에 오기 전 모리 전 총리를 만났는데 점점 건강이 좋아지고 있다"고 말하자 푸틴은 무척 기뻐하며 "요시로는 친구이자 선배이며 동지 같은 관계다. 지난해 만났을 때는 암이 진행됐고 이번에 생이별하게 되는 줄 알고 매우 우울했다. 정말 다행"이라고 화답했습니다. 저는 푸틴과 총 27번 회담했습니다만, 모리 씨와 푸틴 정도의 신뢰 관계까지는 구축하지 못했을지도 모릅니다.

그후 러·일 외무 관료 등을 포함한 확대회의에서 저는 푸틴과 약속한 내용을 설명하고 2개 섬 반환을 위한 협상을 시작하게 되었습니다.

— '일·소 공동선언을 기초로 협상'이라고 언론에 발표했을 때 러·

일 양국에서 내용을 조율했나요?

그럼요. 이때도 세세한 표현 하나하나를 놓고 옥신각신했습니다. 사실 저는 처음에 "일·소 공동선언의 프로세스를 완성하기 위해서"라고 말했습니다. 그러자 푸틴 대통령이 "프로세스를 완성한다는 개념은 러시아어에 없다"고 했어요. 그래서 저는 '푸틴이 어떤 의도를 숨기고 있는 것은 아닐까'라고 경계했고, 오랜 세월 나의 러시아어 통역을 맡아주고 있는 죠노 케이스케(城野啓介) 외무성 러시아과 과장 보좌관과 상의한 것입니다. 하긴 저의 "프로세스를 완성한다"는 표현도 좀 이상했어요. 결국 죠노 보좌관이 "'기초'라면 양국 언어에서 가능하다"고 했고, 다시 한번 양국에서 조율해서 일본 측은 '기초로'라는 표현으로 합의했습니다. 러시아어로도 "일·소 공동선언에 기초해"라든가 "선언을 기반으로"라는 표현을 쓰기로 했습니다.

— **싱가포르 회담 조정 단계에서 러시아 측은 일·소 공동선언을 협상의 기초로 삼는 것에 긍정적이었습니까?**

외무성은 기존 4개 섬의 영유권 문제를 고집하고 있었습니다. 러시아 외무부도 일본과의 협상에 매우 신중합니다. 원래 외교 협상을 맡아야 할 라인이 잘 작동하지 않더군요. 그래서 푸틴과 가까운 인물을 살펴보니 세르게이 나르시킨 대외정보국(SVR) 국장이 있었습니다. 푸틴은 전직 KGB였고, SVR은 KGB의 후신이기 때문에 푸틴은 나르시킨을 신뢰했습니다. 게다가 나르시킨은 과거에 몇 번인가 일본에 방문했고, 일본에 대해서도 지식이 있었어요. 이 분야의 전문은 기타무라 시게루 내각 정보관이었기 때문에 기타무라 씨가 나르시킨을 통해 푸틴 대통령에게 양국이 공동선언을 하는 것이 어떠냐는 이야기를 한 것입니다. 푸틴에게는 일본 측의 생각은 잘 전달됐습니다.

부에노스아이레스에서는 고노 다로, 라브로프 두 외무장관을 협상 책임자로 결정했습니다. 푸틴 대통령이 세부 내역은 차관급을 수석으로 하는 실무그룹에서 하자고 제안해 일본은 모리 켄야(森健也) 외무심의관, 러시아는 이고리 모르굴로프 외무차관에게 실무 차원의 협상을 맡기기로 한 것입니다. 이때까지만 해도 아주 순조롭게 진행되고 있었는데, 2019년 막상 협상이 시작되자 라브로프와 모르굴로프는 협의를 파행으로 몰고 갔습니다.

러시아 측은 "협상의 전제로 우선 제2차 세계대전 결과 북방 4개 섬은 정당하게 러시아령이 됐다고 인정하라"고 요구했습니다. 일본이 포츠담 선언을 수용한 후 소련이 북방 4개 섬을 빼앗은 것이기 때문에 일본으로서는 받아들일 수 없는 이야기입니다. 게다가 미·일 안전보장조약이나 미사일 방어에 대해서도 트집을 잡기 시작했습니다.

러시아는 "미군은 일본 어디에나 기지를 둘 수 있으니, 북방영토를 반환하면 미군이 미사일 기지를 설치하는 것 아니냐"고 했습니다.

저는 싱가포르 회담 때 푸틴 대통령에게 "물론 그런 시뮬레이션도 가능합니다. 그러나 미·소 냉전시대를 포함해 미군이 일본 어디에 있습니까? 홋카이도에서 가장 멀리 떨어진, 따뜻한 오키나와입니다. 홋카이도는 일본 자위대가 지키고 있습니다. 홋카이도에도 없는데 더 추운 북방영토에 미군이 기지를 둘 리가 없잖아요."라고 말했어요.

미·일 안보조약에 부속되는 미·일 지위협정에서는 '일본 측의 동의 없이 미군의 시설 및 구역을 설치할 수 없다'고 규정하고 있지만, 북방영토에 관해서는 '시설·구역을 마련하지 않겠다고 일본이 소련과 약속하는 것은 안보상 문제가 있다'는 외무성 문서가 남아 있는 것도 사실입니다.

그래서 저는 솔직히 이 협정 이야기를 한 다음, "저와 트럼프 대통령의 상당히 좋은 관계를 감안할 때, 설령 제가 푸틴 대통령과 '미군 기지를 북방 영토에 두지 않겠다'고 약속해도 화내는 일은 없을 것입니다. 애초 트럼프 대통령은 주일미군 기지에 대한 부담도 너무 무겁다고 불평할 정도니까요"라고 설득했습니다. 이때는 푸틴 대통령도 "잘 이해했다. 문제없다"고 납득해 주었습니다.

12월 부에노스아이레스 회담에서는 이듬해 6월 오사카에서 열리는 G20 정상회의에서 합의하는 것을 목표로 한다고 의견을 모았습니다. 푸틴 대통령은 "내일부터 외무장관 간 협상을 시작해도 좋다"며 옆에 있던 라브로프를 향해 "할 일이 없으니 위스키만 마시고 있다. 몸에 해롭다. 마실 거면 보드카를 마셔야지"라며 웃었습니다. 이때가 아베 정권 중 러·일이 가장 가까워졌을 때였다고 생각합니다. 2개 섬 반환 합의를 위한 절호의 기회였는데 2019년 외무장관과 차관급 협의가 시작되면서 러시아는 원리주의로 돌아가 버렸습니다.

— 러시아 내에서 영토 반환에 대한 반대 운동이 일어난 것이 푸틴 대통령을 소극적으로 만든 것일까요?

푸틴 대통령도 협상에 장애가 생기지 않도록 애쓴 것 같습니다만, 안 되었던 것 같네요.

저도 열심히 설득했지만 러시아의 미국 불신은 씻어내지 못한 것인지도 모릅니다. 1989년 동서독 통일 때 독일의 동쪽에 있던 폴란드, 체코, 헝가리는 북대서양조약기구(NATO)에 가입하지 않았습니다. 그런데 그 후 가입이 실현되어 지금은 폴란드와 루마니아에 미국의 미사일 방어 시스템인 이지스 어쇼어까지 배치되었습니다. 이란의 공격에 대비한 것이지만 러시아 측은 대 러시아도 염두에 두고 있다고 생각했습니다. 푸틴의 머릿속에는 그것도 있었을 것입니다.

19세기 독일을 통일한 비스마르크는 '철과 피', 즉 무기와 병력으로만 문제를 해결할 수 있다며 통일을 이루었습니다. 2004년 중·러 간 국경 획정도 1969년 국경 인근 강에서 군사 충돌이 일어나 양국이 해결하게 된 것입니다. 일본이 테이블 위에서 아무리 법적 정당성을 말해도 러시아에게는 아프지도 간지럽지도 않습니다. 그런 관점에서 보면 센카쿠 열도 역시 절대 빼앗겨서는 안 되는 것입니다. 일단 점령되면 아무리 협상해도 반환은 어려워지니까요.

제10장

새 연호 '레이와$^{(令和)}$' —
트럼프 일본 방문, 하메네이와의 회담,
한국, GSOMIA 파기

2019년

에도 시대 후기 고카쿠(光格) 천황 이후 약 200년 만에 퇴위를 통한 계승이 이루어져 2019년 5월 1일 연호가 헤이세이(平成)에서 레이와(令和)로 바뀌었다. 1400년 가까운 역사를 가진 연호 선정을 놓고 아베 총리는 고민하기도 했지만, 레이와 천황의 첫 국빈으로 트럼프 미국 대통령을 일본에 초청하는 등 국내는 축하 분위기에 들끓었다. 11월 20일 아베 총리는 가쓰라 다로(桂太郎) 총리의 통산 재임 일수를 제치고 헌정 사상 최장수 총리로 기록된다.

악화일로를 걷던 한·일관계는 마침내 한국이 양국 안전을 위해 맺은 군사정보보호협정(GSOMIA · 지소미아) 파기를 통보하는 사태로 이어졌다. 국회에서는 '벚꽃을 보는 모임'을 둘러싼 문제가 불거지면서 아베 총리에 대한 비판이 거세게 일어났다.

새 연호 '레이와'로

— 정부는 2019년 4월1일 각의에서 '헤이세이'를 대체할 새로운 원호를 '레이와'로 결정했습니다. 645년 '다이카(大化)' 이후 248번째 연호로, 일본의 가장 오래된 노래집인 『만요슈(萬葉集)』의 한 구절에서 인용했습니다. 헤이세이를 포함해 확인이 가능한 연호 77개의 출처는 모두 중국의 고전(『漢籍』)이었고, 일본인이 저술한 서적에서 나온 것은 처음이었습니다. 아베 총리는 선정 절차에 상당히 관여한 것 같습니다만, 어떤 과정이었습니까?

저는 스기타 가즈히로 관방 부장관과 연호를 담당했던 후루야 카즈유키(古谷一之) 관방 부장관보에게 새 연호 선정을 맡기고 있었습니다. "일본의 고전을 인용하는 것도 선택지에 넣어달라"고는 했지만 실무 차원의 검토에서 좋은 방안이 나와서 무난하게 결정될 것이라고 낙관했습니다. 그리고 발표가 다가온 3월 20일 몇 가지 후보안을 보게 됐습니다. 저는 '이게 좋겠다'라는 안이 나올 줄 알았는데, 너무 미안하지만 어느 것도 마음에 와닿지 않았습니다. 일본인의 정서에 녹아들어 일체감을 조성하는 느낌이 들지 않았습니다.

— 4월1일 열린 연호에 관한 간담회에서는 '에이코(英弘)', '코시(広至)', '레이와(令和)', '큐우카(久化)', '반나(万和)', '반포(万保)' 등 6가지 안이 제시되었습니다. 3월 검토 단계에서도 이런 안들이 있었나요?

관저 간부들이 "이것이 좋겠지요?"라고 추천한 것이, '반나(万和)'였습니다. 저를 반나로 유도하려고 했어요. 그런데 발음에 탁음이 들어가 있어서 울림이 안 좋았어요. 저는 아무래도 마음에 들지 않았습니다.

'에이코'는 음색이 깨끗해서 좋았는데 '에이코'라는 이름을 가진 사람들이 많을 거예요. 회사 이름으로 사용하는 경우도 있어요. 그래서 이것도 '딱 좋다'는 느낌이 들지 않았습니다. 후루야 씨는 이때까지 많은 학자들에게 예를 갖춰 검토를 부탁하고 이 후보안들을 받아왔습니다. 몇 가지로 좁혀 저에게 제시했음에도 불구하고, 제가 고개를 갸웃했기 때문에 후루야 씨는 "에!"라고 하고 놀랐습니다.

학자들에게도, 선정에 참여한 관료들에게도 대단히 송구했지만 연호는 한번 정하면 돌이킬 수가 없는 거잖아요. 만약 국민들이 "아베는 왜 이런 것을 선택했지?"라고 말하기 시작하면 연호 제도의 존립 자체가 흔들리게 됩니다. 그렇게 되면 총리직 사퇴 정도로 끝날 얘기가 아닙니다. 할복을 해야죠. 그래서 추가로 새로운 아이디어를 내달라고 주문한 것입니다.

— 비밀리에 학자들로부터 제안받은 연호 후보가 100개 이상이라고 들었습니다. 그 중에서 다시 고르려고 하지는 않았나요.

실무 단계에서 떨어뜨렸다면 나름의 이유가 있는 것입니다. 그러니까 완전히 새로운 것이 아니면 안 된 거죠. 그래서 중간 단계부터 이마이 나오야 정무 비서관이 연호 선정팀에 합류하게 됐습니다. 이마이 씨는 "스토리가 있는 것, 정경이 떠오르는 것이 좋다"며 스기타 씨와 후루야 씨를 보좌했습니다.

그리고 3월 27일 새로운 안이 나왔습니다. 그 중에 '레이와(令和)'와 '텐쇼(天翔)'가 있었습니다. 솔직히 말하면 순간 '텐쇼'도 좋겠다는 생각이 들었습니다. '텐쇼'도 일본 고전에서 나왔다고 했습니다. 그런데 자세히 조사해 보니 장례회사의 사명으로 사용되고 있다는 것을 알게 됐습니다. '세속에서 이용되지 않는다'는 연호 기준에 어긋나 적합하지 않다고 판단한 것이죠. 한편 '레이와'라는 조합은 그런 예가 거의 없었습니다. 이 두 글자를 계속 보고 있자니, 점점 '의미 있지 않나'라는 생각이 들기 시작했어요.

— 레이와는 『만요슈』의 '매화가 32수' 서문에서 인용했습니다. '초봄 좋은 달(月)이라, 기운은 맑고 바람은 평온하니, 매화는 거울 앞의 분가루처럼 흩날리고, 난초는 몸에 뿌린 향기처럼 은은한 향을 남긴다'는 구절에서 따온 것인데, 다자이후(大宰府)의 장관 오토모노 타비토(大伴旅人)의 저택에서 열린 연회 정경을 묘사했다고 알려져 있습니다.

이마이 씨가 제안했던 대로 스토리도 있고 어쩐지 정경도 떠오르는 것 같았습니다. '令'자는 중후함도 있는데, 영실(令室), 영애(令愛), 영식(令息)이라는 단어에서는 기품이 느껴집니다. 소리로서의 울림도 아름답습니다. 거기에 '와(和)'가 더해져 화목함과 온화함도 있습니다.

연호는 천황 폐하를 상징하는 것이어야 합니다. 저의 개인적인 생각이지만, '레이와(令和)'라는 글자는 당시 황태자 부부에게 어울리지 않을까 하는 생각이 들었습니다. 다이쇼(大正) 시대에는 다이쇼 천황과 함께, 쇼와 시대에는 쇼와 천황과 함께 일본인은 걸어온 것이죠. 각 시대와 천황은 직결되어 있기 때문에 새로운 천황의 시대에 맞는 연호로서 '레이와'로 결정하기로 했습니다.

— '레이와'의 선정자는 『만요슈』등 일본 문화 및 고전 연구가인 나카니시 스스무(中西進) 국제일본문화연구센터 명예교수라고 알려져 있습니다만, 사실입니까?

본인도 반쯤 인정하고 있더군요. 언론에서는 아베(安倍)의 이름을 따서 '安'이나 '案'자를 연호에 넣는 것 아니냐는 관측이 있었는데, 그런 소문이 나오는 상황에서 사용할 리가 없잖아요. 실무 차원의 검토 단계에서는 '安'자가 들어간 안도 있었던 것 같습니다만, 즉각 폐기했어요. '安'자만은 절대로 사용하지 말라고 지시했습니다.

— 4월 1일 연호에 관한 간담회나 그 후 각의에서 '레이와'에 이견은 없었습니까?

간담회에서는 9명의 지식인 전원에게 의견을 물었는데 대부분 '레이와'에 동의를 표해줬습니다. 각의에서도 각료 전원에게 어떻게 생각하는지 의견을 물었습니다. 다수결로 결정할 계획은 없었지만, 많은 사람들이 찬성해줬습니다.

— 요미우리신문이 신연호 결정 직후 실시한 전국 여론조사에서는 '레이와'에 '호감이 간다'고 응답한 사람이 62%였고 '낯설다'는 31% 였습니다.

처음엔 낯설다고 느끼는 사람들이 있어도 어쩔 수 없습니다. 하지만 언론사 조사에서 호감을 갖고 받아들인 사람이 더 많았기 때문에 안심했습니다.

— '레이와'는 『만요슈』가 출처라고 하지만, 엄밀히 따져보면 중국의 시문집 『문선(文選)』의 한 구절을 참고한 것이라는 지적도 있었습니다. 어떻게 받아들였나요?

'令'은 명령(命令)에서 가져온 것이라는 사람도 있었죠. 하지만 '令'에는 '좋다'는 의미가 있고 경칭으로 쓰기도 합니다. "아베의 명령 같다"는 사람은 그저 트집을 잡고 싶었을 뿐입니다. 일본 고전이라고 해도 한자는 중국에서 유래한 것이라는 사람도 있었습니다. 그렇다면 한자 대신 전부 히라가나[01]로 하면 연호에 적합한 것인가요? '일본인은 과연 어디까지 자학적인가' 하고 아연실색했습니다.

— 1989년 1월 '쇼와(昭和)'에서 '헤이세이(平成)'로 연호를 바꾼 것은 다케시타 노보루 총리 시절이지만, 오부치 게이조(小渕恵三) 관방장관이 '平成'라고 쓰여진 묵서를 내걸고 다케시타 총리의 담화를 읽었습니다. 그 후 이 사진과 영상이 여러 차례 사용되다보니 연호

---

01) 일본어를 표기하는 고유 글자

교체가 오부치 총리 시절(1998~2000년)이라고 착각하고 있는 사람도 있습니다. '레이와'는 스가 요시히데 관방장관이 묵서를 들고 발표했지만, 총리 담화나 새 연호에 대한 설명은 아베 총리가 직접 기자회견을 열어 했습니다. '헤이세이'처럼 잘못 받아들여지지 않도록 하기 위해서였나요?

그렇죠. 제가 직접 나서면 '정치적으로 이용한다'든가 '오만하다'는 목소리가 나올 것 같아서 처음에는 기자회견을 하고 싶지 않았습니다. 하지만 훗날 레이와 개원(改元)[02]이 스가 총리 시절이었다고 잘못 알려지는 것도 좋지 않습니다. 내각 내정심의실장으로서 다케시타 내각을 지원했던 마토바 준조(的場順三) 전 관방 부장관으로부터 들은 이야기입니다만, 다케시타 총리도 자신이 직접 할 걸 그랬다고 후회했다고 합니다.

— **2019년 새해 첫날이나, 4월 1일[03] 개원이라는 방법도 있었을텐데 왜 5월 1일을 택했나요.**

새해 첫날의 개원이 가장 자연스럽다고 생각했습니다만, 궁내청이 반대한 것입니다. 새해 첫날 전후에는 '황실 행사 일정이 너무 많이 잡혀 있다'고 전달해 왔습니다. 궁에서 그런 의견이 내려오면 "알겠습니다"라고 말할 수밖에 없습니다. 2019년 4월 1일은 4년에 두

---

02) 연호를 바꾸는 것

03) 역: 일본은 학교의 새 학기를 비롯해 정부 및 공공기관, 주요 기업의 회계연도가 4월 1일 시작된다. 법률 개정도 4월 1일부터 적용되는 경우가 많다.

번 있는 지방선거 기간과 겹칩니다.[04] 전국에서 선거를 하고 있을 때 천황의 퇴위나 즉위식을 치르는 것은 적합하지 않겠죠.

― 새 연호를 정한 정령(政令)은 4월 1일 당시 천황폐하가 서명해 공포했습니다. 정령 시행일은 새 천황이 즉위하는 5월 1일로 했습니다. 반면 자민당 보수파 국회의원들은 천황 한 분이 하나의 연호를 정하는 '일세일원' 제도를 내세우며 "새 연호는 새 천황이 서명, 공포해야 한다"고 주장했습니다. 황태자가 새 천황으로 즉위한 뒤 새로운 연호가 사용되는 것인데, 황태자가 서명하지 않는 것은 문제라는 주장이었는데 어떻게 설득했습니까?

보수파는 5월 1일 새 천황 폐하가 탄생하고, 새 천황의 첫 번째 업무로서 정령에 서명해야 한다고 주장했습니다. 그러나 새 천황 폐하가 서명을 한다면, 새 천황이 예전 연호를 쓰는 상태에서 즉위한 셈이니 모순이 생기는 거죠. 절차상 문제인데도 좀처럼 반발이 가라앉지 않았습니다.

그래서 제가 보수파 의원이나 보수파와 같은 주장을 하는 신사본청(神社本廳)[05]을 찾아가 설득했습니다. "정령에 서명하는 것은 관청의 절차적 업무일 뿐입니다. 중요한 것은 천황의 신하인 총리대신이 천황 폐하나 황태자를 찾아가 원호에 대해 보고하는 것입니다"라고 말했는데, 헤이세이 개원 때는 오부치 관방장관이 공표하

---

04) 역: 이 해 지방선거는 2019년 4월 7일과 21일 치러졌으며 임기는 4년.
05) 일본 신사를 총괄하는 기관

기에 앞서, 궁내청 장관에게 전화를 걸어 장관을 통해 지금의 상황 폐하(헤이세이 천황)께 보고했다고 합니다. 그래서 저는 "다케시타 정권의 헤이세이 개원은 전화로 알렸습니다. 저는 제대로 찾아가겠습니다"라고 보수파에게 말한 것이죠. 그러니까 겨우 총구를 거두더군요.

— 아베 총리는 2월 22일과 3월 29일 도쿄 모토아카사카(元赤坂)의 토구고쇼(東宮御所)를 찾아가 황태자를 방문했습니다. 황위 계승이나 연호 선정에 대한 절차를 설명한 것이지요?

연호 선정에 천황 폐하가 관여하게 되면 천황의 정치적 권능을 금지하는 헌법에 위배된다는 견해가 있었습니다. 그러나 연호는 천황의 시대를 상징한다는 의미도 있습니다. 그렇다면 연호안을 천황 폐하와 황태자 전하에게 보여드리는 것은 문제가 없을 것입니다. 보수파도 납득했어요. 게다가 황실과 거리를 두기 위해 전화로 직전에 연호를 알려준다는 것은 지금 시대에는 맞지 않는 것 같았어요.

그렇다고 해도 퇴위에 의한 개원은 예상치 못한 일이었습니다. 퇴위 관련법 정비와 각종 황실 행사, 개원 절차 등으로 꽤 고생했습니다. 하지만 이런 일에 직면한 것도 시대가 선택한 보수 정권의 사명이라고 생각하고 임했습니다.

부적절한 월별 노동통계 조사

— 2019년 정기국회에서는 종업원의 임금 변화 등을 조사하는 후생노동성의 월별 노동통계 조사 방식이 부적절하다는 지적이 제기됐습니다. 원칙적으로는 종업원 500명 이상의 사업장은 모두 조사 대상인데, 도쿄도에서는 2004년 이후 전수 조사가 아닌 추출 조사를 실시하고 있었습니다. 이로 인해 고용보험이나 산재보험에 과소급여가 있었던 것으로 판명돼 추가급여를 지급했습니다. 아베 내각 이전부터의 후생노동성 문제가 또 발각되었는데, 어떻게 받아들였습니까?

1차 내각 때 연금보험료 납부 기록이 누락됐던 '사라진 연금' 문제가 드러났습니다. 2018년에는 일하는 방식 개혁의 근거가 되는 재량근로제 데이터가 허술했습니다. 2019년에는 매월 노동통계의 부적절한 조사를 방치하는 직무 유기, 그리고 2020년 이후에는 신종 코로나 바이러스 대책에 있어서 검사와 의료 문제가 발생했습니다. 후생노동성은 정권의 발목을 너무 잡고 있었어요. 월별 노동통계의 문제점은 여러 가지가 있었습니다. 전수조사 원칙을 무시하고 추출조사를 실시한 점. 추출조사도 보정을 실시하면 정확도를 유지할 수 있는데, 그저 전례에 따라 보정을 게을리하고 있었던 점, 또 대외적으로는 전수조사라고 거짓으로 발표한 것 등입니다. 통계가 부실하면 정책에 대한 신뢰를 잃게 됩니다. 월별 노동통계는 70년 넘게 이어지고 있는데 조사 방식의 틀을 바꾸지 않은 것도 좋지 않았어요. 온라인 조사 등을 진행하도록 지시해서 지금은 개선되고 있습니다.

— 국회 심의에서는 2018년 중규모 사업장(30~499명)에 대한 추출 방식 변경도 지적됐습니다. 몇 년마다 대상 사업장을 모두 교체해왔으나 수치가 대폭 변동하는 것을 시정하기 위해 2018년부터 부분 교체로 변경했습니다. 나카에 모토야(中江元哉) 총리 비서관이 2015년 후생노동성 간부에게 "조사 방법의 개선 가능성을 검토해야 한다"고 말했기 때문에 야당에서는 임금 상승률을 끌어올리기 위해 압력을 넣은 것이 아니냐고 추궁했습니다. 그럴 수도 있나요?

나카에(中江) 씨의 지시는 당연하겠죠. 매번 조사에서 모든 사업장을 교체하다 보면 조사 결과는 완전히 달라져서 '이 통계가 무슨 의미가 있는 거야?'라는 말이 나옵니다. 국회에서 야당은 조사 대상을 일절 바꾸지 않고 전년도 조사와 같은 사업장으로 비교하면 1인당 실질임금이 마이너스라고 주장했습니다. 실질임금이 부진하다는 이유로 아베노믹스는 실패였다고 비판하고 싶었던 것입니다. 하지만 애초에 기업이 사람을 새로 고용하면 젊은 사람이나 비정규직이 많으니까 평균 임금은 떨어집니다. 실제로 고용자 수는 2012년부터 2019년까지 약 500만 명 늘었지만 고용 형태별로 보면 증가한 고용자의 70%를 비정규직이 차지했습니다. 그런 의미에서 실질임금만 거론하면 경제 실상을 반영할 수 없습니다.

저는 국내 근로자의 소득을 합한 '총고용자 소득'을 경제지표로 중시해야 한다고 말했습니다. 모든 사람이 벌어들인 총액입니다. 그것으로는 명목임금이나, 물가상승 효과를 뺀 실질임금이나 모두 플러스였습니다. 법인기업 통계의 종업원 급여나 상여금도 개선되는 추세에 있었습니다. 기업들이 베이스 업(정기적인 연봉 인상)을 하고 있었으니 당연하죠. 일본노동조합총연합회도 그 점은 평가했기 때문에 야당에서 시비를 걸 이유가 없었습니다. 즉, 어디까지나 '타도 아베 정권'을 내건 야당을 위해 하는 논의였던 셈입니다. 한편으로는 통계가 너무 많다는 문제는 남아 있습니다. 정부의 기간 통계는 50개가 넘습니다. 격차나 빈곤율 조사에서는 총무성의 전국가계구조조사와 후생노동성의 국민생활기초조사라는 비슷한 것이 있는데 아베 내각에서 이러한 과제에 손을 대지 못한 것은 유감입니다.

사쿠라다 올림픽상, 츠카다 국교 부대신의 실언

— 사쿠라다 요시타카(桜田義孝) 올림픽 담당상이 4월 10일 모리오카(盛岡)시 출신 다카하시 히나코(高橋比奈子) 자민당 중의원 의원 파티에서 "부흥보다 중요한 것은 다카하시 씨"라고 말했다가 사표를 제출해 사실상 경질됐습니다. 4월 5일에는 츠카다 이치로(塚田一郎) 국토교통성 부대신이 아베 씨와 아소 다로 부총리의 지역 도로 건설에 대해 "나는 이해력이 좋다. (총리나 부총리의 마음을) 잘 헤아리고 있다"고 말해 책임을 지고 사임했습니다. 실언이 계속되면 내각의 수명을 단축할 수도 있습니다. 각료들의 실언은 피하고 싶어도 피할 수 없는 일인가요?

내각이 정치 명문가나 관료 출신으로만 구성된다면 시시할 것입니다. 여러 사람이 있는 것이 좋은 거죠. 사쿠라다 씨는 농가에서 태어나 야간대학에 다니면서 목수 아르바이트로 학비를 벌었습니다. 일찌감치 건설회사를 세운 뒤 지역 주민들이 밀어 지방의원과 국회의원이 된 분입니다. 고생을 많이 했던 분이에요. 그런 분이기 때문에 사람의 마음을 잘 아는 면이 있겠죠. 인간적으로 좋아할만한 분이거든요. 사쿠라다 씨는 도쿄올림픽이 결정됐을 때 문부과학성 부대신으로 올림픽에 관한 지식도 있었습니다. 다만 안타깝게도 말하는 방식이 서툴렀다는 거예요.

츠카다 씨의 발언은 후쿠오카 현지사 선거 응원 연설 때 나온 것입니다. 이때 지사 선거는 후쿠오카가 지역구인 아소 부총리가 지지하는 신인과 니카이 도시히로 파벌의 다케다 료타(武田良太) 중의원 등이 지지하는 현직 간에 분열된 선거였습니다. 지사 선거는 아소·다케다의 대리전으로, 아소파로서는 질 수 없는 싸움이었습니다. 그러던 중 아소파의 츠카다 씨가 기타큐슈 시로 불려가 연설을 하다가 무리한 발언을 하고 말았습니다. 유머가 선을 넘은 셈이죠. 실언이 겹쳤지만 상황은 각기 달랐습니다.

― **2019년 2월 23일, 아베 총리의 통산 재임 일수는 1차 내각을 포함해 2617일로 역대 4위인 요시다 시게루(吉田茂) 총리(2616일)를 앞질렀습니다. 그해 6월에는 이토 히로부미 총리(2720일), 8월에는 사토 에이사쿠 총리(2798일)를 차례로 넘었고, 11월 20일엔 가쓰라 타로 총리(2886일)까지 제치고 헌정 사상 최장기록을 세웠습니다. '아베 독주'에 느슨함과 오만함이 생기고 있다는 말이 나왔는데, 그런**

분위기를 느끼셨나요?

물론 내각에 '느슨함이 없었다'고까지는 말하지는 않겠지만, 총리라는 자리에 있으면 이런 실언이나 사임이 나올 수 있는 것도 감안하면서 인사를 해야 합니다. 정책통이고, 답변이 안정되고, 돈 문제도 매우 깨끗하다는 사람만으로 인사를 돌리다 보면 한정된 멤버만 등용하게 됩니다. 이렇게 되면 당내에서도 마냥 기다리지 못해요. 다양성이 있기 때문에 좋은 측면도 있을 것입니다. 인사에 100점 만점이라니 말도 안 되죠.

트럼프 대통령 국빈 방문

— 트럼프 미국 대통령이 5월 25~28일 일정으로 국빈 방문했습니다. 새 천황의 즉위 후 처음 만나는 외국 원수가 되었습니다. 트럼프 대통령의 방일은 언제부터 생각하고 있었습니까?

2018년 가을 뉴욕의 트럼프 타워에서 단둘이 식사를 했을 때입니다. 9월 21일, 제 생일을 조금 넘겼을 무렵 트럼프가 갑자기 방에 불을 끄고 촛불이 켜진 케이크를 가져와 생일 축하 노래를 부르기 시작했습니다. 그래서 새로운 천황 폐하의 첫 국빈으로 맞이하고 싶다고 제안했던 것입니다.

— 트럼프 대통령은 2019년 4월 일본 방문에 대해 미국프로풋볼리그(NFL)의 정상을 가리는 슈퍼볼을 인용하면서 "신조가 천황의 즉

위는 그보다 100배 중요한 행사라고 말해서 결정한 것"이라고 말했습니다. 정말로 그렇게 말하고 설득한 건가요?

그 발언은 좀 과장됐어요. 트럼프 대통령이 슈퍼볼에 비해 얼마나 중요한 행사냐고 물어봐 "슈퍼볼은 매년 하잖아요. 즉위는 다릅니다. 일본 역사상 126대 폐하입니다"라고 대답한 것입니다. "영국왕실과 어느 쪽이 더 오래됐냐"고 묻기에 "훨씬 길다. 일본은 만세일계, 하나의 혈통(One Blood)이다"라고 말하자 트럼프는 놀랐습니다. 미국에는 그런 역사나 전통이 없기 때문이겠죠.

— 5월 27일 도쿄 모토아카사카 영빈관에서 열린 미·일 정상회담에서 양국은 무역협정 협상의 성과를 8월에 정리한다는 방침에 합의했습니다. 실제로는 그 해 9월 최종 합의하고 공동성명에 서명했습니다만, 8월에 성과를 내겠다고 했던 것은 7월 열리는 참의원 선거를 의식했기 때문입니까?

정상회담 초반, 트럼프가 TV 카메라 앞에서 "8월에 아주 좋은 발표를 할 수 있을 것"이라고 말했습니다. 참의원 선거 전에 협상을 마무리한다면 당연히 일본도 강경한 자세로 임할 수밖에 없습니다. 그보다는 냉정한 형태로 합의하는 것이 좋다고 생각했기 때문에 트럼프에게 부탁한 것입니다.

정상회담 당시에는 여전히 까다로운 협상이 남아 있었습니다. 미국산 쇠고기 관세율은 38.5%였는데 이를 낮추더라도 환태평양경제동반자협정(TPP)에 참여하는 캐나다 뉴질랜드 등과 같은 9% 수준으로 제한해야 합니다. 저렴한 상품이 늘어나 소비자들은 혜택을 보겠지만, 농업과 축산업에 미치는 영향도 고려해야 하니까요. 또, 미국이 일본 자동차에 부과하고 있는 관세(승용차 2.5%)에서도 추가 관세는 어떻게든 피하고 싶었습니다. 그런 협상을 앞두고 있었기 때문에 트럼프도 일정한 시간이 걸린다는 것을 이해해 주었습니다.

— 야당은 국회 심의에서 미·일 사이에 뭔가 밀약을 맺고 있는데, 참의원 선거 영향을 고려해 숨기는 것이 아닌가 의심했습니다.

밀약을 맺을 수 있을 정도라면 편했겠지만 모테기 도시미쓰 경제재생상과 라이트하이저 미 무역대표(USTR)의 협상은 매우 팽팽하게 진행되고 있었습니다. 야당도 밀약이 있다고 주장하려면 적어도 어떤 서류라도 제시해야 합니다. 내용이 어떻게 되어 있는지, 일본은 어디까지 타협하고 있는 건지 도리어 우리가 야당에 묻고 싶을 정도였습니다.

— 정상회담에 앞서 황궁에서 천황, 황후 폐하와 트럼프 대통령 부부의 회견이 열렸습니다. 트럼프 대통령에게는 어떤 조언을 했나요?

트럼프는 권위를 존중합니다. 육군 관련 학교에 다닌 영향도 있을지 모릅니다. 천황을 만나기 전에도 "신조는 나와 만날 때 항상 정장 단추를 차고 다니는데, 나도 그렇게 하는 게 좋겠냐"고 물어봐서 "내 앞에서는 안 해도 되니 폐하 앞에서는 단추를 채워달라"고 부탁했습니다. 회견 초반에는 잊고 있었던 것 같지만 그 후에는 확실히 단추를 잠그고 있었습니다.

전날인 26일에는 스모 나츠바쇼(夏場所)⁰⁶⁾의 센슈라쿠(千秋樂)⁰⁷⁾를 함께 관전했습니다. 트럼프는 표창장을 낭독하고 특별 주문한 트로피(미국 대통령컵)를 우승한 아사노야마 히로키(朝乃山広陣)에게 전달했는데, 그 직전까지 '아사노야마 히로키, 레이와 원년(令和元年)'이라는 발음을 대기실에서 반복 연습해서 저도 놀랐을 정도입니다.

— 트럼프 당선인은 영빈관에서 납북자가족모임을 면담하고 가나가와(神奈川)현 해상자위대 요코스카 기지에서 호위함 가가호에 승선했습니다. 아베 총리와의 골프나 노바타야키(炉端焼き) 가게에서의 회식도 있어, 미·일의 친밀함을 과시했습니다.

납북 피해 가족 모임과 트럼프 대통령의 면담은 2017년에 이어 두 번째였습니다. 이때는 피해자 아리모토 게이코(有本恵子) 씨의 아버지 아키히로(明弘) 씨가 대표로 이야기를 했는데 이야기가 길어졌습니다. 대통령의 수행원이 "대통령에게도 다음 일정이 있으니 이제 슬슬"이라고 중단하려 하자 트럼프 대통령은 "이 분에게는 매우 중요한 이야기를 하고 있다. 끝까지 듣자"며 충분히 시간을 주었던 것입니다. 그 후 트럼프 대통령이 이동하는데 아키히로 씨가 "사

---

06) 매년 5월에 개최되는 스모대회
07) 우승자가 결정되는 마지막 날 경기

실 나는 아직 할 말이 더 있다"고 했습니다. 그래서 그는 트럼프에게 편지를 쓰기로 했습니다. 이후 정상회담 때 트럼프 대통령에게 편지가 전달됐고 귀국 후 트럼프 대통령은 친필로 답장을 보내줬다고 합니다. "나는 당신을 위해 노력하고 있습니다. 아베 총리도 마찬가지입니다. 당신은 반드시 승리할 것입니다"라고 영어로 쓰여져 있었다고 해요. 트럼프 대통령의 성실함을 느꼈습니다. 그는 어쨌든 파격적이었습니다. 대통령 전용차 '비스트'에 해외에서 동승한 것은 제가 처음이었습니다. 스모 관전 후 롯폰기 노바타야키 가게에 갈 때 같이 탔는데, 미국 대통령의 차량은 30대 정도 있기 때문에 저와 다른 차를 타고 가게 되면 가게에 도착하는 시간이 어긋나 버립니다. 그래서 외무성 간부가 미국 측에 대통령 전용차에 나를 태워 달라고 부탁하기로 했어요. 그런데 당일 아침 "경호팀이 반대합니다. 해외에서 대통령 전용차를 외국 정상이 함께 탄 사례는 없다고 합니다"라며 거절당했다고 알려왔어요. 외무성 간부는 "총리가 트럼프에게 직접 부탁해 보세요"라고 말했습니다. '어, 내가 그걸 조정해야 하는 거야?'라고 생각했지만, 낮에 골프장에서 트럼프에게 부탁했더니 좋다고 하더군요. 그의 차로 출발하자 길에 있던 많은 사람들이 손을 흔들어 줬습니다. 트럼프가 그걸 보고 "다들 손을 흔들고 있는데 신조에게 흔드는 거냐? 아니면 나한테 흔드는 거냐"고 물어봐서 "차에 성조기가 나부끼고 있으니, 당신한테 흔드는 것"이라고 대답했어요. 그러자 기쁜 듯이 트럼프도 손을 흔들다가 갑자기 "하지만 저쪽에서는 차 내부가 안 보일 것"이라며 차 안에 조명을 켰어요. 그러자 앞에 앉아 있던 경호요원이 "안 됩니다, 꺼주세요"라고 말했어요. 비스트는 2대가 달리고 있어서 어느 쪽에 대통령이 타고 있는지 알 수 없게 하는데, 그 의미가 없어져 버린다는 것입니다. 그러자 트럼프는 "신조, 괜찮아요. 이 차는 200발의 탄환을 같은 장소에 쏴도 관통하지 않거든요"라고 자랑하는 것입니다. 이에 동승했던 멜라니아 여사가 "201발을 쏘면 어떻게 하죠?"라고 해서 다 같이 웃었습니다. 역시 시간을 공유한다는 것은 중요한 것 같아요.

— 여러 가지로 신경을 쓰며 맞춰준 것을 두고 지나치게 환대한다는 비판도 있었습니다.

하지만 그때는 천황 폐하 부부의 손님이라는 입장이었기 때문에 정부가 성의껏 대응하는 것은 당연했어요.

이란 하메네이, 로하니 대통령 면담

— 트럼프 대통령의 국빈방문 직전 아베 총리가 6월 이란을 방문해 최고지도자 알리 하메네이와 하산 로하니 대통령과 회담을 갖는다는 것이 보도됐고, 트럼프 대통령은 미·일 정상회담에서 아베 총리의 이란 방문에 이해를 표명했습니다. 이란 정세는 긴박했습니다. 2015년 7월 이란 핵협상은 이란이 핵개발을 제한하는 대신 서방 국가들이 경제제재를 해제하는 내용이었지만 트럼프 대통령은 2018년 5월 핵협상 탈퇴를 선언하고 이후 제재를 발동했습니다. '친이스라

엘' 색깔을 선명하게 해 미국 내 유대인 지지층 등에 호소하려는 의도였던 것 같습니다. 이란은 이에 반발해 고농축 우라늄 개발을 단행하겠다고 선언했습니다. 이란과 미국의 가교 역할을 할 수 있다고 생각한 근거는 무엇입니까?

세계 유수의 산유국인 이란은 일본에 중요한 석유 공급국입니다. 햐쿠타 나오키(百田尚樹) 씨의 베스트셀러 『해적으로 불린 남자』에도 그려져 있듯이, 일본인들은 전후 이란을 지배하던 영국의 반발을 무릅쓰고 이란에서 원유를 사들여 가난에 허덕이던 현지인들을 도운 셈입니다. 일본과 이란은 그런 좋은 관계를 유지했습니다. 세계 최대 규모라는 이란의 아자데간 유전 개발만 해도 일본은 권익을 유지하다가 미국의 이란 제재 강화로 철수해야 했어요. 그리고 일본을 대신해 중국 기업이 들어와 개발 계약을 맺어버렸습니다. 이란과의 관계를 이대로 방치해 두는 것은 너무 아깝잖아요.

이란의 로하니 대통령은 내가 유엔 총회를 갈 때면 항상 정상회담을 제안하곤 했습니다. 저는 1983년 아버지 아베 신타로 외상의 이란 방문에 동행했는데, 그때 대통령이었던 사람이 최고지도자 하메네이였습니다. 저는 당시 하메네이를 만나지 않았지만 당시 동행했다는 사실을 강조해 트럼프 대통령과 로하니 대통령에게 내가 그와 만날 수 있는 관계라고 생각하게끔 노력했습니다. 하메네이는 대통령 위에 서서 모든 통치권을 쥐고 있습니다. 해외 정상들도 쉽게 만날 수 없는 인물입니다.

— 일본은 핵협상을 체결한 유엔 안전보장이사회 상임이사국 5개국 과 독일의 틀에 들어가지 않았기 때문에 이란 사태에 간섭하기 어려 웠다고 생각합니다. 일본과 이란의 대화를 위해 미국을 어떻게 설득 한 것입니까?

미국은 백악관, 국무부, 국방부, 의회 모두 이란에 엄격했습니다. '몰래 핵이나 탄도 미사일을 개발하고 있다, 용납할 수 없다'라는 느낌이었습니다. 하지만 트럼프는 협상을 중시하기 때문에 어쩌면 다를 수도 있다고 생각한 것입니다.

처음 트럼프 대통령에게 "이란에 대해 어떻게 생각하느냐"고 물어본 것은 2018년 4월 미국 방문 때였습니다. 정상회담 전체회의에서 질문하면 미국 측에 들킬 수 있기 때문에 우선 트럼프와의 일대일 회담을 통해 알아봤습니다. "나는 하메네이와도 만날 수 있다. 대화의 길을 찾아보고 싶다"고 말하자 트럼프는 흥미를 가졌습니다. "신조가 이란과 대화할 수 있다면 대화해달라"며 오히려 적극적이었습니다. 이란 핵협상은 2015년 체결 후 일정 기한이 되면 핵개발 제한이 해제되는 '일몰 조항'이 문제가 됐습니다. 트럼프는 잘 이해하고 있었고, "'일몰 조항'을 어떻게든 바꿀 수 없을까"라고 저에게 말해왔습니다. 물론 트럼프 대통령이 저의 이란 방문을 상관없다고 해도 이란과의 대화는 쉬운 일이 아닙니다. 존 볼턴 안보담당 미국 백악관 국가안보보좌관은 "교섭이 불필요하며 이란의 체제 교체가 필요하다"고 주장했기 때문에 이후 조율이 힘들었습니다.

트럼프 대통령은 국빈으로 일본을 방문했을 때 "신조와 이란이 매우 가까운 것을 알고 있다"며 기대감을 나타냈습니다. 특별히 가깝다고 할 정도의 관계는 아니지만, 그때는 일본의 국익으로 이어지니까 어쨌든 해보자는 생각이었습니다.

— 6월 12, 13일 현직 총리로는 1978년 후쿠다 다케오 이후 41년 만에 이란을 방문해 로하니 대통령, 하메네이와 회담했습니다. 아베 총리는 미국과의 대화를 촉구했지만 하메네이는 거부 의사를 밝혀 회담은 불발로 끝났습니다. 아베 씨가 하메네이와 회담한 그날 이란 앞바다 호르무즈 해협 부근을 항행하던 일본의 '탱커1(유조선)'가 누군가에 의해 공격을 받기도 했습니다. 미국은 이란의 범행으로 보고 있었지만 진상은 어둠 속에 묻혀 있습니다. 일본에 대한 항의라는 명백한 의도가 있었는지도 확실치 않지만 세계의 이목을 끌었습니다. 매우 안타까운 결과였습니다.

로하니는 정상회담에서 나에게 여러 가지 요청을 해왔습니다. 다만 하메네이는 딱딱했어요. '내 입장은 강경할 수밖에 없다'는 것이었습니다. 피격된 유조선은 파나마 선적으로 일본 해운사가 운행했지만 일장기를 내걸지는 않았습니다. 일본을 노렸는지는 모르겠어요.

G20 정상회의

— 6월 28~29일에는 오사카에서 G20 정상회의가 열려 플라스틱 쓰

레기 감축과 기후변화 문제 대처를 담은 정상선언이 발표되었습니다. 그러나 미국은 2017년 기후변화 문제에 관한 국제 조약인 '파리협정' 탈퇴를 표명한 바 있습니다. 정상선언을 마무리하기까지 상당히 고생했을 것으로 추측했습니다.

오사카에서의 G20 정상회의 개최는 2018년 2월에 결정됐습니다. 제가 의장이 되는 거니까 많은 정상들에게 협조를 요청했어요. G20의 주제는 자유무역과 디지털화 촉진, 질 높은 인프라 투자와 환경 문제 등 다양했습니다. 오사카에서는 디지털화와 해양 플라스틱, 기후 변화에 초점을 맞췄습니다.

디지털화 추진은 유럽, 미국, 중국, 러시아가 서로 이견 없이 정리됐습니다. 해양 플라스틱 쓰레기에 관해서도 재활용이나 기술 혁신을 진행시켜 2050년까지 바다에 유출되는 추가적인 오염을 제로로 만든다는 목표에 모두 동의했습니다.

다만 기후 변화에 대해서는 끝까지 옥신각신했습니다. 미국은 전혀 양보하지 않으려 했어요. 그래서 일본은 정상 선언에서 기후 변화 문제는 두 파트로 나눠보려고 했습니다.

하나는 파리협정 서명국에 대해 "협정의 불가역성을 확인하고, 이를 이행하기로 결의한 서명국들은 완전한 이행에 대한 약속(참여)을 재확인한다"는 내용을 담는 것입니다.

또 하나는 미국에 대해 "파리협정에서 탈퇴하겠다는 결정을 재확인한다"고 협정 이탈을 인정하면서 "이산화탄소 배출량을 지속적으로 줄이고 보다 깨끗한 환경을 제공하겠다"고 명기하는 것입니다.

그런데 미국은 이 방안을 인정하지 않았습니다. 절대로 그렇게 쓰지 말라고 하더군요. 반면 프랑스나 독일은 미국이 반대해서 그 문구가 들어가지 않으면, 그것은 그것대로 미국을 비판하는 재료가 될 수 있으니 상관없다는 입장이었습니다. 하지만 기후 변화에 관한 미국의 입장을 아무것도 쓰지 않을 수는 없습니다.

미국은 정상회담 2주 전 나가노 가루이자와(軽井沢)에서 열린 환경장관회의에서는 이런 구분을 인정한 바 있습니다. 하지만 정상회담의 셰르파(보좌역)는 절대 안 된다고 주장하니 어쩔 수 없이 제가 트럼프 대통령에게 환경장관회의 문서를 가져가서 직접 담판을 벌였습니다. "환경장관회의 문서에 미국에 대한 것도 여기 적혀 있어요"라고 트럼프에게 말했더니 트럼프는 "문장을 좀 고치겠다"며 직접 손으로 수정했습니다. 그 문서를 미국 셰르파에게 가져가서 "이거 트럼프 대통령이 쓴 것이다"라고 했더니 드디어 받아들여진 거죠.

최종 정상선언 문구는 트럼프가 수정한 대로 되지는 않았지만 그래도 정리할 수 있었습니다.

대통령의 사인은 도쿠가와 가문의 미츠바 아오이(三つ葉葵)[08] 문장(家紋) 같은 것입니다. '미토가의 문장(黃門)처럼 이것을 보면 누구나 엎드리는구나'라고 생각했습니다.

---

08) 역: 미츠바 아오이는 3개의 잎을 그린 도쿠가와 쇼군 가문의 문장으로, 도쿠가와 쇼군 직계 외에도 방계인 도쿠가와 고산케 가문(오와리, 기슈, 미토)에서도 사용했다.

— 오사카에서는 중·일 정상회담을 열고 시진핑 국가주석에게 2020 년 국빈 방문을 초청했고 시진핑 주석도 응했습니다. 회담은 화기애 애했나요?

이때는 일본 내에서 중국을 환영하는 분위기가 있었습니다. 납 치 문제에 대해서도 시진핑은 김정은 북한 국무위원장에게 직접 해결의 필요성을 주장했습니다. 중국과 일본에 인권에 관한 공통 의 기반은 없지만, 일본의 요구에 응해 주고 있었다는 것이겠지요.

노후 2000만엔 문제

— 금융청 전문가회의와 금융심의회 실무그룹이 6월 3일 내놓은 보 고서에서 65세에 은퇴해 95세까지 사는 부부의 경우 공적연금만으 로는 매달 적자액이 5만엔이라며 30년간 약 2000만엔이 부족할 것 으로 추산했습니다. 자산운용 등 '자구책'의 중요성을 환기하려는 의도였던 것 같지만 '적자'라는 자극적인 표현이 불안감을 확산시키 면서 누구나 2000만엔이 필요하다는 오해도 낳았습니다. 민감한 문 제인데 신중함이 부족했다고 생각하지 않으세요?

금융심의회는 총리의 자문기구이지만 사전에 저에게는 일절 설 명이 없었습니다. 언론 보도로 난리가 났을 때는 물대포를 한 방 맞 은 느낌이었어요. 시산(試算)은 총무성의 가계 조사에서 기계적으 로 부족액을 산출한 것에 지나지 않습니다. 고령자의 생활은 저축의 유무나 자녀와의 동거 여부 등에 따라 크게 다를 것입니다. 언론이 보고서의 일부 표현만 오려낸 측면은 있지만 저 보고서는 너무 과격했어요.

— 아소 부총리는 보고서를 수령하지 않았습니다. 성숙하지 않다는 느낌도 들었어요.

그것을 받으면 정부가 인정하는 꼴이 됩니다. 아소 씨는 화가 나 있었겠지요. 금융청에 정치 감각이 조금이라도 있다면 7월 참의원 선거 직전에 소란스러운 보고서를 내지 않으려고 했을 텐데, 금융청은 무관심했습니다. 사회보장 이슈는 선거에 영향을 미치기 때문에 저도 필사적이었습니다. 야당은 연금제도의 불안을 부추겼지만 공적연금 적립금 운용수익은 매년 흑자였습니다. 선거에서는 민주당 정권 시절보다 연금 재정이 호전되고 있으니 안심해 달라고 호소했습니다.

개헌 쟁점화를 노린 참의원 선거

— 참의원 선거가 7월 4일 투·개표 일정으로 치러져 자민·공명 양당은 개선 정수(124석)의 과반수가 넘는 71석을 얻어 승리했습니다. 비개선을 포함한 의석은 141석으로 참의원 전체 의석(245석)의 과반을 넘었습니다. 선거 전 언론의 여론조사에서도 자민당 우위라고 알려졌지만, 어느 정도 승산이 있었습니까?

대체로 그럴 거라는 예상은 하고 있었어요. 팽팽하던 선거구에서 이길 수 있었던 것이 컸습니다. 개선 정수 3석의 효고현은 자민, 공명, 일본 유신회가 차지할 것이라고 예상했는데, 자민당의 막판 조사에서는 입헌민주당이 자민당을 앞서는 거에요. 황급하게 효고현 지부의 간부에게 전화했더니, 무슨 일인지 도쿄에 있다고 하더군요. "위험하니까 어쨌든 빨리 고향으로 돌아가 표를 모으라"고 했어요. 그래서 자민당 후보가 3등으로 간신히 들어갔습니다. 도쿄(6석), 홋카이도(3석), 지바(3석)에서 자민당이 2명씩 승리한 것이 컸습니다. 개선 정수 1석의 '1인 선거구'는 22승 10패였습니다. 2016년부터 개선 정수가 '2'에서 '1'로 줄어든 미야기, 나가노, 니가타 등 3개 현은 2016년, 2019년 모두 야당에 패했습니다. 그것은 반성할 부분입니다.

— 여당과 개헌에 적극적인 유신회, 무소속 의원을 포함한 개헌 세력이 국회 발의에 필요한 164석에 도달하지 못한 것을 어떻게 받아들였나요?

공명당은 헌법의 원칙을 바꾸지 않고 시대에 따라 조문을 늘리는 '가헌(加憲)'을 내걸고 있습니다. 개헌 세력으로 계산하는 것은 무리가 있습니다. 자민당 내에서도 헌법 개정 내용에 따라서는 입장이 일치하지 않을지도 모릅니다. '3분의 2 개헌 세력'이라는 표현은 사실상 큰 의미가 없습니다.

— 아소 씨는 이때도 "진심으로 헌법을 개정하겠다면 10월 소비세

증세 전에 중의원을 해산해야 한다"고 주장했던 것 같은데, 중의원 선거와 동시 선거는 고려했나요?

이날 선거 승리가 개헌으로 직결된다면 했을지도 모릅니다. 하지만 만일 동시 선거에서 이긴다고 해도 그렇게 되지는 않습니다. 자민당 내부를 정리한 뒤, 공명당을 설득하고 유신회를 포함한 야당의 협조를 얻지 못하면 개헌은 무리입니다.

2014년 중의원 선거, 2016년 참의원 선거, 2017년 중의원 선거에서 계속 승리한 가운데 개헌을 어떻게든 할 수 있지 않을까 하는 생각은 있었습니다. 하지만 공명당은 좀처럼 나서주지 않았습니다. '그렇다면 여론을 어떻게 환기시켜야 하나' 생각하고 2019년 참의원 선거에서는 헌법심사회의 논의에 응하지 않는 야당을 비판하기로 했습니다. "레이와 시대의 일본이 어떤 나라를 지향하는지 그 이상을 말하는 것은 헌법입니다. 지난 1년 국회 헌법심사회는 중의원에서 2시간, 참의원에서는 단 3분밖에 열리지 않았습니다. 정말 이래도 되겠습니까"라고 선거에서 호소했습니다. 저의 총재 임기도 2021년까지였기 때문에 2019년 참의원 선거에서는 정말 공을 들였습니다. 하지만 아소 씨는 "시간이 부족하다. 총재를 한 번 더 하라. 그리고 개헌을 실현하라"고 제게 말했습니다. 물론 그렇게까지 뻔뻔하게 할 생각은 없었지만요.

— 참의원 선거 승리로 9월 11일 제4차 개각을 실시해 새 내각을 출범시켰습니다. 이때는 자민당 임원 인사에 초점이 맞춰져 2016년 8

월부터 재직한 지 3년이 넘었던 니카이 도시히로 간사장을 교체하고 후계자로 기시다 후미오 정조회장을 충원하는 방안이 거론되었습니다. 그러나 결국 니카이, 기시다 두 사람을 그대로 연임시킨 이유는 무엇입니까?

니카이 씨는 선거 책임자로서 17년 중의원 선거에서 승리하고, 18년에는 저의 자민당 총재 선거에 3선 출마할 수 있는 길을 열었고, 그리고 19년 참의원 선거에서도 당의 승리에 공헌한 것입니다. 간사장을 교체할 이유를 찾기 어려울 겁니다. 제 총재 임기 중에는 바꿀 생각이 없었어요.

— 아베 씨는 오래전부터 기시다 정조회장을 높이 인정해왔습니다. 기시다 씨 본인도 간사장 자리를 희망하고 있었던 것 같습니다만.

니카이 씨는 당내를 장악하고 있었어요. 기시다 씨는 당시 니카이 씨에 필적할 정도의 힘이 없었습니다. 기시다 씨는 간사장이 되지 않아서 다행이라고 생각해요. 만약 간사장이 되었다면 당내의 질투와 시기로 짓밟혔을지도 모릅니다.

미·일 무역협상 타결

— 미·일 무역협정의 협상이 타결되어 아베 총리가 9월 미국을 방문해 트럼프 대통령과 최종 합의를 확인한 뒤 공동성명에 서명했습니다. 농업 분야에서는 일본이 38.5%인 미국산 쇠고기에 대한 관세

를 2033년까지 9%로 인하하고, 돼지고기는 고가품에 부과하고 있는 4.3%의 관세를 27년도까지 0%로 하며, 쌀은 협정 대상에서 제외됐습니다. 한편 자동차 및 자동차 부품은 일본이 미국에 요구했던 2.5%의 완전 철폐를 계속 협의하고, 협정이 이행되는 동안 일본 자동차·부품에 미국이 제재 관세를 부과하지 않기로 했습니다. 최종적으로 협정은 2020년 1월 발효하기로 했는데, 협상이 거의 잘 되었다고 인식했습니까?

모테기 경제재생상과 라이트하이저 미 무역대표(USTR)의 장관급 협의는 2019년 4월 시작됐지만 이렇게 빨리 마무리될 줄은 몰랐습니다. 미국이 합의를 서두른 것입니다. 미국 우선주의를 앞세워 보호주의 정책을 외치며 당선된 트럼프 대통령의 강력한 의지에 따라 미국은 2017년 자유무역을 추진하는 환태평양경제동반자협정(TPP)을 이탈했습니다. 한편 일본, 호주 등은 2018년 TPP를 발효시켜 회원국 간에 관세를 낮췄습니다. 그 결과 호주 등 TPP 회원국의 쇠고기 관세율은 종전 38.5%에서 10%포인트 이상 낮아졌습니다. 그 영향으로 매장에서 싸게 팔리게 된 것입니다. 반면 미국산 쇠고기에 일본이 매기는 관세는 38.5%로 호주산 등에 비해 높았습니다. 즉, 경쟁 조건이 악화된 것입니다. 그래서 미 정부가 초조해하고, 일본에 "TPP와 동등한 대우"로 조기 타결을 요구해 온 것입니다. 미국 농가가 미·중 무역 마찰의 영향으로 중국 수출이 줄어들고 있다는 영향도 있었던 것 같습니다. 또한 쌀은 협정 대상에서 제외되어 쌀 농가는 영향을 받지 않게 됐습니다.

미국은 일본차와 자동차 부품에 2.5%의 관세를 부과하고 있는데, 환율에 따라 그 영향은 억제될 것입니다. 일본 자동차에 대한 제재 관세나 수입량에 상한을 두는 수량 규제를 피할 수도 있게 됐습니다. 일본자동차공업회의 도요타 아키오(豊田章男) 회장(도요타 자동차 사장)이 곧바로 "자유롭고 공정한 무역환경이 유지·강화되는 것을 환영한다"고 발표했듯이 업계는 높이 평가하고 있었습니다.

이렇듯 전체적으로 보면 일본은 이 협정으로 결실을 보게 된 것입니다. 다만, 이런 이야기는 공식석상에서는 좀처럼 하기 어렵습니다. 제가 기자회견에서 "미·일 양측에 윈-윈하는 결과를 얻을 수 있었다"고 말한 것도 미국을 화나게 해봐야 의미가 없기 때문입니다. "일본도 상당히 양보를 했네요"라고 정도로 해두면 좋은 것이죠.

— 트럼프 대통령은 8월 프랑스 비알리츠에서 열린 G7 정상회의 때 아베 총리와 회담을 갖고 무역협정과는 별도로 일본이 미국산 옥수수를 구입할 것이라고 발표했습니다.

비알리츠에서 열린 미·일 정상회담 후 트럼프 대통령이 저를 다시 만나고 싶다고 해서 무슨 일인가 싶어 만나보니 "옥수수를 사주지 않겠느냐"고 하는 것입니다. 그래서 일본의 상황을 조사했더니 해충 발생으로 확실히 옥수수 생산량은 줄어들고 있다고 합니다. 하지만 구매하는 것은 정부가 아니라 민간입니다. 그래서 나는 "구매하는 건 상관없지만 추가로 구매하는 것이 아니라 일본 기업이 구입을 예정했던 수량을 앞당겨 구매하겠다. 그래도 괜찮은가? 대신

수량은 말하지 말아달라"고 한 것입니다. 그럼에도 트럼프 대통령은 "훌륭하다"고 기뻐하며 예정에 없던 공동 기자회견을 하게 됐습니다. 거기서 트럼프는 "미국에는 대량의 옥수수가 남아 있다. 아베 총리로부터 실제로 구입하겠다고 듣게 되면 미국 농가에서 기뻐할 것이다. 이미 생산된 몇 억달러어치를 모두 구입할 예정이라고 간단히 언급해 달라"고 TV 카메라 앞에서 말했고, 저는 "해충 대책 차원에서 일본도 구매가 필요하다"고 화답했습니다.

트럼프는 일본의 옥수수 구입을 2020년 미국 대통령 선거를 위한 재료로 활용하고 싶었던 것입니다. 미국 옥수수 농가는 오하이오주 등 대선 때마다 승리 정당이 요동치는 '스윙 스테이트' 지역에 많습니다. 이것은 트럼프에 대한 서비스였지만 옥수수 조기 구매로 자동차 제재 관세를 피할 수 있다면 비용 대비 효과가 나쁘지 않다고 생각했습니다.

가쓰라 타로 총리 제치고 역대 최장수 총리로 기록

— 11월 20일 아베 총리의 통산 재임 일수가 태평양 전쟁 전 가쓰라 타로 총리를 제치고 헌정 사상 최장인 2887일이 됐습니다. 의식하고 있었나요?

주위에서 말하니까 의식하게 되는 거죠. '올림픽까지 며칠 남았다' 같은 기분은 들지 않았어요. 가쓰라 타로는 러·일 전쟁에서 승리했을 때의 총리였지만, 세상에는 별로 알려져 있지 않다고 생각합니다. 제가 역대 최장수 총리가 되기 때문에 가쓰라 타로도 다시 주목을 받은 면이 있습니다. 그래서 저도 언젠가 재임 일수를 추월당하게 되어 '아베를 제치고 1위'라는 보도가 나오게 될 때 "아베가 누구냐"라는 말을 듣게 될까 생각했을 정도입니다.

자민당 총재로서 중·참의원을 합쳐 6번의 선거와 총재 선거 3번을 이기지 않으면 역대 최장수가 되지 않기 때문에 앞으로 누가 총재, 총리가 되든 터무니없이 어렵습니다. 요미우리 자이언츠가 1965년부터 1973년까지 9년 연속 프로야구 일본시리즈를 제패한 'V9' 같은 것이겠지요. 게다가 중의원 선거에서 대승을 거두면 다음 참의원 선거는 뒤집히는 경우가 많습니다. 결국 한 번 이겼다고 해서 안심할 틈이 없는 거죠. 항상 공약을 실현해 나가야 하는 압박감을 안고 정권을 운영하게 됩니다.

일종의 운도 필요합니다. 절대 기회를 놓치지 않겠다는 생각으로 행운을 잡으러 가야 합니다. 그리고 놓지 않는 거죠. 뒤로 물러나면 순식간에 끝이에요.

벚꽃을 보는 모임

— 총리 주최의 '벚꽃을 보는 모임'에 대해 묻겠습니다. 이 모임은 1952년부터 원칙적으로 매년 각계에서 공적을 남긴 인사를 위로하기 위해 열렸으며 국가 예산으로 경비를 지출했습니다. 그런데 2차 아베 내각 출범 이후 참가 규모와 지출이 늘고 참석자 중에는 아베

총리의 지역 후원회 관계자가 대거 포함되면서 사유화되고 있다는 비판을 받았습니다. 2019년 11월 참의원 예산위원회에서 공산당 의원들이 지적하면서 문제가 되었는데, 우선 참가자가 늘어난 이유는 무엇입니까?

　민주당 정권 시절을 포함해 과거 총리를 지낸 상당수가 '벚꽃을 보는 모임'에 자신의 후원회 관계자와 국회의원 등을 초청했습니다. 내각부가 초청자를 취합할 때는 오랜 관행으로 관저나 여당에 초청자 추천을 요청하고, 그에 따라 초청했던 것입니다. 저도 그것이 관례라고 생각해 별로 신경쓰지 않았는데 초대 기준이 애매했던 건 사실입니다. 야마구치현에 있는 제 지역 사무소가 참가자를 모집해 참석자가 늘어난 것도 사실입니다. 그 점에는 반성하고 있습니다. 저 때문에 '벚꽃을 보는 모임'이 취소되어 버린 것도 매우 송구하게 생각하고 있습니다.

— '벚꽃을 보는 모임' 전날에는 아베 총리 후원회의 회원들이 참가하는 전야제가 2013년부터 2019년까지 도쿄 시내 호텔에서 열려왔습니다. 지원자는 1인당 5000엔의 회비를 지불하면 음식이 제공됐습니다. 2019년 11월 당시 아베 총리는 "후원회 차원에서의 수입이나 지출은 일절 없다"며 위법성을 부인했지만 실제로는 개최비용 부족분을 호텔 측에 보전해 줬고, 도쿄지검 특수부는 2020년 12월 정치단체 '아베 신조 후원회' 대표를 맡고 있는 공설 제1비서를 정치자금법 위반으로 약식기소했습니다. 아베 총리는 혐의 불충분으로

불기소되었지만, 정치 자금의 투명화를 목표로 한 법률이 발밑에서 짓밟히고 있었던 셈입니다.

'벚꽃을 보는 모임'이 국회에서 다뤄졌을 때는 사무실에 여러 차례 확인했고, 제가 아는 모든 것을 이야기했습니다. 그러나 결과적으로 그것은 사실과 달랐습니다. 비서가 약식 기소된 사안은 제가 모르게 행해진 일이지만 책임을 통감하고 있습니다. 정치자금 내역 보고서를 수정한 것도 사과드립니다.

— '차액은 보전하지 않았다', '사무실은 관여하지 않았다'는 사실과 다른 답변이 2019년 11월부터 2020년 3월까지 모두 118차례나 있었다고 합니다. 국회를 경시하고 있었다고 해도 어쩔 수 없을 것입니다.

내각총리대신의 답변이 사실과 다르다는 것은 바로 국회의 신뢰와 관련된 일입니다. 정치적 책임이 무겁다고 생각합니다.

— 검찰심사위원회는 2021년 7월 정치자금법 위반에 '상당한다'고 판단하는 한편 회비 보전에 대해 일부 참가자의 진술을 토대로 공직선거법 위반(기부행위 금지)을 불기소한 것은 '부당하다'고 의결했습니다. 이 문제는 여전히 꼬리를 물고 있습니다.

그 점은 도쿄 지검이 수사중이므로, 현 시점에서 코멘트는 삼가겠습니다.[09]

---

09) 아베 씨의 답변은 2021년 9월 23일 시점으로, 그해 12월 28일 도쿄지검 특수부는 공직선거법 위반과 정치자금법 위반 혐의로 고발된 아베 씨에 대해 다시 불기소 처분이라고 발표했다.

한국의 GSOMIA 파기, 악화 일로의 한·일 관계

— 한국에 대한 수출관리 강화에 대해 묻겠습니다. 우선 7월 1일 경제산업성은 반도체 세정에 사용하는 불화수소 등 3개 품목에 대해 부적절한 사안이 발견됐다며 외환 및 대외무역법(외환법)에 따라 규제를 강화하고 개별 신청과 허가를 요구하기로 했습니다. 실질적인 수출 제한이라고 할 수 있습니다. 8월 2일에는 정령을 개정해 수출 절차 간소화라는 우대조치를 받을 수 있는 대상국 27개국에서 한국을 제외하고 3개 품목 이외에 대해서도 개별 신청을 요구하기로 했습니다. 한국에 대해 이러한 조치를 내놓은 이유는 무엇인가요?

한국은 일본과의 관계 기반을 훼손하는 대응을 해왔습니다. 2018년 가을 일본 기업에 징용공(옛 한반도 출신 노동자)에 대한 배상 판결을 확정지었고, 이후에도 아무런 해결책을 강구하지 않았습니다. 그런 문재인 정권에 대해 어떻게 대응해 나갈 것인가 하는 문제가 수출규제의 강화로 이어졌습니다. 물론 반도체 재료에 안보상의 우려가 있었던 것도 사실입니다. 하지만 신뢰 관계가 있었다면 좀 더 다르게 대응했을 것입니다. 정부로서는 수출관리 엄격화와 징용공 문제는 전혀 차원이 다른 문제라는 입장을 취했습니다. 다만 저는 "국가와 국가 간의 약속이 지켜지지 않는 상황에서 무역 관리는 당연하다"고도 했습니다. 굳이 두 문제가 연결된 것처럼 보인 것은 한국이 징용공 출신의 문제를 심각하게 받아들이도록 하기 위해서였습니다.

― 한국 정부는 8월 22일 일본에 대한 대항 조치로 한·일 간 비밀정보 교환을 위한 군사정보포괄보호협정(GSOMIA)을 파기하기로 결정했습니다. 미국의 강력한 요청에 따라 결과적으로 한국은 협정 유효기간이 만료되는 11월에 파기를 철회했습니다만, 이 한국의 지소미아(GSOMIA) 파기를 예상했습니까?

아니, 놀랐어요. 안보 문제를 이유로 수출 관리를 엄격하게 하는 일본의 조치는 자유무역을 원칙으로 하는 세계무역기구(WTO) 규칙으로도 인정받고 있습니다. 반면 이들은 단순히 감정적으로 지소미아 파기를 주장했어요. 대항 조치를 취하려 했다면 보통은 좀 더 건설적인 방안을 생각할 것입니다. 게다가 미국에 있어서도 한·일 간의 정보 공유가 중요하다는 점이 무시된 것이기 때문에 미국의 불신을 샀습니다.

― 미국에게 일본과 한국은 모두 동아시아의 중요한 동맹국이기 때문에 양국 갈등이 심화될 경우 아시아 태평양 지역에서 미국의 영향력이 약화될 수 있습니다. 이 때문에 미국은 마크 에스퍼 국방장관이 방한해 문재인 대통령에게 지소미아의 지속을 촉구했죠.

한국에 대한 미국의 압박은 대단했습니다. 한-미-일 안보협력이 망가지면 대북정책을 재검토해야 합니다. 게다가 미사일 발사 정보 등을 한·일 간에 직접 공유할 수 없게 되면, 항상 미국을 거쳐 한·일 간에 정보를 주고받아야 할 수도 있는데, 그런 일까지 미군이 감당하기는 어려울 것입니다.

— 수출관리 강화는 누구의 아이디어였나요?

경제산업성입니다. 경제산업성 출신인 이마이 나오야 정무비서관과 하세가와 에이이치(長谷川榮一) 총리 보좌관이 관여했습니다. 과거 중국이 하이브리드 자동차의 모터 등에 필요한 희토류 수출 쿼터를 축소해 WTO 규칙을 위반했다는 판정을 받은 적이 있습니다. 일본의 한국에 대한 조치는 수출 절차를 까다롭게 하는 것일 뿐, 수출 제한과는 다르므로 WTO 상으로는 문제가 되지 않습니다. 이런 방법을 생각해 낸 이마이 씨와 하세가와 씨는 정말 대단하다고 생각했습니다.

자위대를 중동에 파견하다

— 중동 호르무즈 해협 주변에서는 아베 총리가 이란을 방문하던 6월 일본이 운항하던 유조선이 괴한에 의해 공격받았고 이란의 군사조직 '이슬람혁명수비대'가 영국 유조선을 나포하는 등 정세가 긴박해졌습니다. 미국은 호르무즈 해협 등의 안전 확보를 위한 호위연합체를 결성했지만, 일본은 12월 미국 주도의 작전에는 가담하지 않고 독자적으로 해상자위대를 오만만(灣) 등에 파견하기로 결정했습니다. 중동 파견을 결정하기까지의 조정은 힘들었나요?

호위연합의 구상은 마이크 폼페이오 미국 국무장관이 7월 제안했고 트럼프 대통령도 "자국 선박을 직접 보호해야 한다"고 주장했습니다. 우리는 어떤 입장을 취해야 할지 국가안전보장회의 등에서 상당한 논의를 했습니다.

우선 아베 정권은 미·일 동맹이 근간입니다. 호르무즈 해협은 원유와 천연가스 등의 유통 요충지로 일본이 수입하는 원유의 약 80%가 통과하고 있습니다. 일본은 항행의 안전을 확보할 책임이 있습니다. 아무것도 하지 않으면 미국은 물론 세계로부터 따가운 눈초리를 받고 맙니다. 그러나 중동에 자위대를 파견하면 오히려 긴장을 고조시킬 수도 있습니다. 게다가 파견의 문턱이 높습니다. 안전보장 관련법에서 일본에 대한 직접적인 무력 공격 우려가 있으면 중요 영향 사태로서 후방 지원 활동을 할 수 있습니다. 일본의 존립이 위협받는 명백한 위험이 있으면 존립 위기 사태로서 집단적 자위권 행사가 가능합니다. 하지만 호르무즈 해협은 그렇게 급박한 상황은 아니었습니다. 호위연합의 활동을 인정하는 유엔 안전보장이사회의 결의가 있으면 보급활동을 할 수 있지만 결의도 없었어요.

해상자위대는 해적대처법에 따라 2009년부터 호르무즈 해협 인근 아덴 만에서 해적 단속에 종사하고 있지만 대상은 어디까지나 해적이어서 일반 선박의 안전 확보에는 적용할 수 없었습니다.

저는 미국과 협의해 관계가 양호한 이란의 이해도 얻을 수 있는 형태로 파견하려고 생각했습니다. 그것은 호위연합에는 들어가지는 않고, 방위성 설치법 4조의 '조사·연구'에 근거한 정보 수집 활동이었습니다. 그리고 만일의 경우에는 해상 경비 활동으로 전환하여 무력 행사를 수반하는 호위도 할 수 있도록 하자는 것입니다. 호위연합의 구상에는 중동의 긴장을 고조시킬 수 있다는 이유로 그다지 많은 나라가 참여하지는 않았습니다. 그 점도 일본이 독자적인 행동을 취하는 데는 다행이었습니다.

— 정보수집 활동 범위는 오만만, 아라비아해 북부 등 공해로 한정지었고, 이란 영해를 포함한 호르무즈 해협을 제외했습니다. 이건 이란에 대한 배려였네요.

여러 가지 정보 수집이나 시뮬레이션을 한 결과, 미국과 유럽 각국은 각 해역을 '지역방어(Zone Defense)'와 같은 형태로 지키면서 항행의 안전 확보에 나서고 있었습니다. 그래서 우리는 호르무즈 해협 밖에서 제대로 하기로 결정했어요. 이것은 현실을 중시한 결과입니다.

— 트럼프 대통령은 일본의 입장을 이해했나요?

트럼프에게 사전에 설명했더니 "일본은 이란과의 관계를 끊지 않는 것이 좋다"고 했습니다. 일본이 중동에서 대규모로 활동할 필요는 없다는 생각이었습니다.

— 자위대 파견 포석으로 일본을 방문한 이란의 로하니 대통령과 12월 20일 만나 중동 파견에 대한 이해를 구한 것입니까?

이란이라는 당시 서방에 '적대적'이라고 여겨졌던 나라의 대통령이 G7 국가를 방문한 것만으로도 뉴스일 것입니다. 로하니 대통령은 해상자위대 파견에 대해 "어서 오세요"라고 말하지는 않았지만 일단 양해를 구했습니다.

— 아베 총리는 2020년 1월 11~15일 일정으로 이란과 적대적인 사우디아라비아, 아랍에미리트(UAE), 오만 등 3개국을 방문했습니다. 중동의 긴장을 조금이라도 완화시키려는 의도였나요?

긴장 완화와 자위대 파견에 이해를 얻기 위해서였지만, 2020년 연초 미군이 이슬람혁명수비대 가셈 솔레이마니 사령관을 살해하는 일이 발생했습니다. 이 사령관은 레바논, 시리아, 이라크 그리고 아라비아 반도에서도 파괴 공작과 미군 공격을 주도한 인물로 이란의 국민적 영웅으로 꼽혔습니다. 이란이 어떻게 보복에 나설지 주시하고 있었는데, 미군과 호위연합 부대가 주둔한 이라크 기지에 탄도미사일을 발사했습니다. 그러나 사상자는 나오지 않았습니다. 즉, 사람이 없는 곳을 노리겠다는 억제적 태도를 보였기 때문에 '이러면 전면적인 군사충돌은 되지 않을 것'이라고 생각했고, 만약을 위해 국가안전보장회의를 열어 각종 정보를 검토한 후 방문하기로 했습니다.

특히 이 세 나라중 사우디아라비아와 UAE는 이란의 핵과 미사일 개발을 경계하고 있었습니다. 다만 사우디의 실질적인 국가 지도자인 무함마드 빈 살만 왕세자는 '이란과 대화해 달라'는 느낌이었습니다. 사우디와 이란은 2016년에 단교했는데 예멘의 내전 상태를 멈추고 싶다는 생각에는 일치했습니다.

사우디 사람들은 베두인(사막 거주자)이기 때문에 한 달에 한 번 사막에 텐트를 치고 그곳에서 옛날식 생활을 합니다. 왕세자가 북서부에 있는 알 울라라는 마을의 텐트에서 만나자고 해서 1시간 반 정도 걸리는 그곳으로 향했습니다.

그런데 중간부터 길이 없어지고 사막 속을 벤츠 SUV로 달리는데, 한밤중 캄캄한 가운데 차량의 타이어가 모래밭에 낀 채 앞으로도 뒤로도 나아가지 못하게 된 것입니다. 제 경호원조차 "어떻게 해야 하나" 하고 동요하고 있었어요. 사막 속에서 10분 정도 꼼짝 못하고 있는데 멀리서 움직이는 차가 보였습니다. 그것은 도요타의 랜드크루저였습니다. 그래서 랜드크루저를 타고 있는 사람에게 억지로 부탁해서 저와 경호원 몇 명만 차를 갈아타고 알 울라로 향했습니다. 통역도 도착이 늦어졌기 때문에 회담에서는 영어로 어떻게든 열심히 대화하고 있었습니다. 통역이 도착했을 때 솔직히 안심했어요.

— **경호체제에 문제가 있었다고도 할 수 있네요.**

아니, 선발대가 현지에 도착해서 사막에서의 회담은 "도저히 무리입니다"라고 했습니다. 그럼에도 불구하고 제가 가기로 결정했으니 어쩔 수 없죠. 선발대는 사람을 태우지 않고 달렸다고 합니다. 그런데 우리가 차에 올라탔더니 타이어가 모래에 박혔던 거죠. 다만 그 후에는 신종 코로나 바이러스의 확산으로 중동에서 외교를 펼칠 여유가 없어져 버렸습니다.

— **중동 외교를 총괄하면 어떻게 되나요?**

트럼프와도 로하니와도 여러 번 만나 속마음을 털어놓은 느낌으로는 미국은 이란 핵협상 시한을 문제 삼았습니다. 기한이 만료된다고 해서 다시 핵개발을 시작하는 것은 이상하지 않느냐는 것입니다. 그래서 다시 한 번 새로운 합의를 맺을 수 있다면 관계는 개선될 것입니다. 한편 이란은 일본처럼 되고 싶을지도 모릅니다. 일본은 핵확산금지조약(NPT)에 따른 국제원자력기구(IAEA)의 사찰을 받아들여 핵물질의 평화적 이용을 허용받고 있습니다. 이란도 NPT 회원국이니 사찰을 받아들이는 대신 원자력의 에너지 이용을 허용해 달라는 입장입니다. 하지만 그들은 고농축 우라늄 제조를 진행하고 있어요. 민간용이라면 저농축 우라늄으로 충분할 텐데, 의심의 눈초리를 받는 것도 어쩔 수 없습니다. 그래서 서구는 이란에 대해 엄격한 태도를 취하는 것입니다.

중동의 안정이라는 점에서는 베냐민 네타냐후 이스라엘 총리와 마흐무드 압바스 팔레스타인 의장과 이야기했고, 미국에서는 중동 평화 구상을 제창했던 재러드 큐슈너 백악관 수석고문과도 상의했습니다. 이들 3명을 도쿄로 불러 평화협정을 위한 협의를 하겠다는 계획을 몰래 진행하고 있었습니다. 압바스 의장은 적극적이었고, 네타냐후는 "미국이 좋다고 하면 일본에 가겠다"고 했습니다. 유감스럽게도 실현에는 이르지 못했습니다.

종장

헌정 사상 최장의 장기집권이 가능했던 이유

2021년

어떻게 7년 9개월이라는 기간 동안 장기 집권할 수 있었을까. 어떻게 가쓰라 타로를 제치고 일본 헌정 사상 최장수 총리가 될 수 있었을까.

가장 큰 이유로 아베 총리가 꼽은 것은 1차 내각에서 좌절을 겪은 것이었다. 함께 고뇌했던 동료들과 2차 내각을 시작하면서 유권자들의 가장 큰 요구인 경제 정책을 우선 순위에 두고 당내 결속을 다졌다는 것이다. 정책 결정의 막후, 번민과 고독의 나날을 되돌아보며 장기집권을 실현한 이유를 스스로 정리했다.

1차 내각의 좌절이야말로 가장 큰 자양분이었다

— 역대 최장인 7년 9개월 집권할 수 있었던 이유는 여러 가지라고 생각합니다. 인사의 절묘한 배치, 일하는 방식의 개혁 등 야당이 요구하고 있던 정책을 실현해 지지층의 기반을 넓힌 것. 또 특정비밀보호법, 안전보장 관련법이나 테러 등 준비죄 제정 등 비판이 있는 정책에서도 필요하다면 단호하게 실현한 점 등을 들 수 있는데 스스로는 장기집권이 가능했던 가장 큰 이유가 무엇이라고 생각하십니까?

인사나 지지층의 폭을 넓히기 위한 전략도 큰 요소라고 생각합니다. 하지만 장기집권을 실현할 수 있었던 가장 큰 이유는 2006년 9월부터 1년간 1차 내각에서 경험했던 실패입니다. 저는 처음 총리에 취임하기까지 관방부장관을 3년 이상, 관방장관을 1년 하면서 총리관저의 역할과 중앙부처와의 관계, 정책결정의 구조 등을 어느 정도 알고 있다고 자부했습니다. 관저를 충분히 경험하고 있기 때문에 총리가 되어도 잘할 수 있다고 생각했습니다. 하지만 그런 생각은 자만이었습니다. 총리대신이 되어 보는 풍경은 관방장관이나 부장관으로서 보는 것과는 전혀 다른 것이었습니다.

총리의 결정은 국가의 최종 결정이기 때문에 모든 국민에게 영향을 미칩니다. 방위나 방재에 국한되지 않으며, 경제나 사회보장 정책의 실수는 사람의 생사를 좌우합니다. 그것이 얼마나 무거운 일인지 처음 총리에 취임할 때는 알지 못했습니다. 관방장관으로서 저를 지지해 준 스가 요시히데 전 총리도 퇴임 기자회견(2021년 9월 28일)에서 "최종 결정자인 총리대신과 그렇지 않은 관방장관은 다르다"고 말했는데, 그 말대로입니다. 총리와 관방장관이 느끼는 무게감의 차이는 헤아릴 수 없습니다. 저는 1차 내각 당시 총리직을 맡기에는 너무 미숙했습니다. 예를 들어 인사에서는 각료를 경험한 적 없는 시오자키 야스히사(塩崎恭久) 씨를 갑자기 관방장관으로 앉혔습니다. 제가 처음으로 내각에 들어갔을 때 직책이 관방장관이었기 때문에 시오자키 씨도 해낼 수 있을 것이라고 생각했습니다. 시오자키 씨에게는 상당히 고생을 시켰습니다. 2006년의 자민당 총재 선거에서 싸운 다니가키 사다카즈 전 총재는 비둘기파이고 재정재건을 주장하고 있었기 때문에 다니가키 씨의 입각을 보류하는 것과 동시에, 다니가키 파에도 각료 자리를 배정하지 않았습니다. 내가 하고 싶은 대로 하겠다는 생각에 당내를 배려하거나 살피지 못했습니다. 그렇게 돌이켜보면 경험과 준비가 매우 부족했던 것 같아요.

한편 어깨에 힘이 너무 많이 들어갔던 측면도 있었습니다. 전후 세대의 첫 총리였고, 52세 총리는 전후 최연소였기 때문에 기대에 부응해야 한다는 생각이 너무 강했습니다. 1차 내각은 2006년 9월 26일 높은 지지율로 화려하게 출범했음에도 불구하고 거센 비판을 계속 받아 불과 1년 만에 퇴진했습니다. 이 실패는 매우 컸다고 생각합니다. 그 1년간은 보통 정치인 인생의 15년치 정도에 해당하지 않을까 싶네요.

그 경험이 있었기에 2차 내각 이후 정권을 안정시킬 수 있었던 것 같습니다. 2차 내각이 출범한 2012년 12월 26일 다시 관저에 들어갔을 때는 같은 실수를 되풀이하지 않겠다는 생각을 강하게 갖고 있었습니다.

함께 좌절을 경험한 사람들과 함께 안정감을 우선시했습니다. 경험을 쌓은 것은 저뿐만이 아닙니다. 그래서 2차 내각을 만들 때는 1차 내각 구성원들에게 다시 한번 저를 도와 달라고 부탁했던 거죠. 반드시 그때의 실패와 좌절의 경험을 살려줄 거라고 생각했습니다.

예를 들어 스가 씨는 1차 내각에서 총무상이었습니다. 2차 내각 이후 경제재생상과 당 세제위원장으로서 저를 지지해 준 아마리 아키라 씨는 경제산업상이었습니다. 아소 다로 부총재 겸 재무상도 1차 내각에서 외무상이었습니다. 고무라 마사히코 전 부총재에게는 2007년 8월 개각 후 짧은 기간이었지만 방위상을 부탁했습니다. 1차 내각의 시모무라 하쿠분 관방부장관, 세코 히로시게(世耕弘成) 총리 보좌관을 포함해 2차 내각의 주요 멤버들은 모두 1차 내각에서 저와 힘든 시간을 공유해 준 동료들입니다. 그리고 이 멤버의 배치가 2차 내각에서는 잘 작동했습니다. 아베노믹스의 사령탑역으로서 아마리 씨, 내각의 요체로서 스가 씨, 아소 씨. 그리고 당내를 견제하는 역할은 고무라 씨. 이 배치에 성공한 것이 정권을 안정시키고 전략적으로 정책을 수행하는데 도움이 되었다고 생각합니다. 1차 내각 때 총리 관저 직원에게도 다시 함께 일해 달라고 당부했습니다.

이마이 나오야 총리 보좌관 겸 정무 비서관은 1차 내각에서는 홍보 담당 비서관이었습니다. 기타무라 시게루 국가안전보장국장은 위기관리 방위 등을 담당하는 비서관이었습니다. 하세가와 에이이치 총리 보좌관 겸 내각 홍보관은 1차 내각에서도 내각 홍보관이었고, 사에키 고조, 나카에 모토야, 스즈키 히로시(鈴木浩) 등 3명의 비서관도 1차 내각 당시 총리 비서관은 아니었지만 관방장관 비서관이나 내각 부홍보관 등의 직책을 맡아 관저에서 근무했습니다.

관저 직원 중에는 출신 부처의 이익만 생각하고 총리와 거리를 두는 비서관도 있습니다. 하지만 제 관저 팀은 일본의 바늘구멍을 뚫어 길을 만드는 일에 보람을 느끼고 있었다고 생각합니다. 관저팀은 매우 일체감이 있어서 모두가 저를 지지해줬습니다. 운이 좋았네요. 그래서 과거 힘든 좌절을 겪었던 관저팀으로 다시 한번 정치를 해보자고 생각한 것입니다.

— 2차 내각의 관저 직원 중에는 경제산업성 출신이 많다는 비판도 있었습니다. 그 중심에 있던 것이 이마이 정무 비서관입니다. 이마이 씨를 정무 비서관으로 충원한 이유는 무엇입니까?

1차 내각 비서관들과는 2007년 퇴진 후에도 1년에 몇 번씩 식사를 함께 했습니다. 그 1년은 매우 밀도 높은 시간이었기 때문에 왠지 모르게 마음이 통하게 된 것이죠. 그런 인간관계를 계속하고 있던 중 제가 2012년 9월에 총재 선거에 다시 도전할 때, 이마이 씨에게는 정책 조언을 받았습니다. 그는 내정·외교의 올라운드 플레이어입니다. 물론 열정도 있고요.

1차 내각인 2007년 '사라진 연금'이 문제가 되었을 때입니다. 이마이 씨가 저를 보고는 "총리님, 참형입니다"라고 갑자기 말하는 것입니다. 무슨 얘긴가 했더니 그가 사우나에 갔는데 거기 있던 많은 사람들이 '사라진 연금'에 대해 이야기하면서, "아베는 목을 날려야 한다"고 흥분해 있었다고 합니다. 이마이 씨는 그런 이야기를 그대로 나에게 전한 것입니다. 귀에 거슬리는 것이라도 아무렇지 않게 이야기해 주는 사람을 곁에 두는 것은 중요합니다.

　　2차 내각 이후에도 이마이 씨는 아무렇지도 않게 저에게 엄격한 발언들을 계속했습니다. "정상회담에서 종이를 읽기만 하면 안 됩니다. 상대방의 반응을 봐야 합니다"라고 말한 적도 있는데, 저도 짜증이 나서 '대충 좀 해'라고 생각한 적이 몇 번이나 있습니다. 다만 그런 이마이 씨를 비롯해 많은 스태프들이 저를 위해 몸이 가루가 되도록 일해주셨습니다.

— 총리 관저의 기능은 1차 내각과 크게 다르지 않은데 2차 내각이 되니 관저 직원들이 한마음으로 뭉친 느낌이 듭니다. 1차 내각의 반성을 바탕으로 특별히 신경을 쓰고 있던 것이 있었습니까?

　　1차 내각에서는 각료들의 말실수나 사무실 비용 문제 등 역풍이 불면 수습할 시간이 없었습니다. 내 몸이 나빠진 것도 큰 영향을 미쳤습니다.

　　하시모토 류타로(橋本龍太郎) 총리가 추진한 행정개혁으로 2001년 중앙부처가 재편됨과 동시에 내각관방과 내각부가 총리를 보좌하는 기관으로 자리매김해 주요 정책 입안과 각 부처의 종합적인 조정을 실시하게 됐습니다. 총리나 관저의 권한도 강해진 셈입니다. 다만 아무리 훌륭한 구조나 조직이 완성된다고 해도 거기서 일하는 관료들과 총리 사이에 신뢰관계가 구축되지 않으면 잘될 리가 없습니다. 그래서 2차 내각에서는 가능한 한 직원과 접촉할 기회를 자주 만들었습니다. 적극적으로 대화를 한 셈이죠.

예를 들어 국회가 없는 날은 가급적 비서관이나 관저에 있는 참모들과 점심을 함께 먹도록 했습니다. 거기서 잡담을 하는 거죠. 때로는 TV로 와이드쇼를 보면서 정치뿐 아니라 다양한 이슈에 대해 논의했습니다. 농담을 던지고 관저 사람들과 허심탄회한 이야기를 나눈 것입니다. 그 결과 다 같이 하나가 되어 열심히 해 나가자는 분위기를 조성할 수 있었던 것이 아닐까 생각합니다.

리더는 키워지는 것이 아니다.

— 아베 총리가 차세대 리더를 키우지 않아서, 포스트 아베가 좀처럼 나오지 않은 덕분에 장기집권으로 이어졌다고 보는 시각도 있습니다.

그건 상관이 없어요. 다음 세대는 키우는 것이 아니라 자연스럽게 자라나는 법이에요. 저는 2차 내각 이후 많은 사람을 각료나 당직자로 기용했습니다. 그러한 포지션에 취임하면 야당뿐만 아니라 자민당 내에서도 견제가 강해집니다. 그걸 뚫지 못한 사람도 많아요. 반면 2021년 9월 자민당 총재 선거에 출마한 고노 다로, 기시다 후미오, 다카이치 사나에(高市早), 노다 세이코 등 4명은 모두 제 내각에서 요직을 수행했습니다. 그 중압을 극복할 수 있었기 때문에 당내에서 총재 후보로 인정받은 것이겠지요.

저는 고이즈미 준이치로 전 총리가 여러 자리에 임명해줬지만, 길러졌다고는 생각하지 않습니다. 저를 관방부장관으로 만들어 준 것은 모리 요시로 전 총리입니다. 모리 씨의 후계자인 고이즈미 씨는 계속 저를 부장관으로 삼았는데, 그것은 고이즈미 씨나 제가 소속되어 있던 파벌 세이와(清和)정책연구회 안에서 불만이 나오지 않도록 관리한 것이라고 생각합니다. 세이와정책연구회 안에는 일찍이 후쿠다 다케오 파와 아베 신타로 파가 있었습니다. 그 대립을 억제하기 위해 후쿠다 야스오 관방장관, 아베 신조 관방부장관 체제를 취했을 뿐이라고 생각해요.

그 후 고이즈미 씨가 저를 간사장으로 한 것은 자민당 지지자들 사이에서 제가 인기있었기 때문에 그것을 선거에 이용하려던 것이겠죠. 3선인 저보다 베테랑 의원들이 압도적으로 많았는데도 간사장으로 발탁한 것은 지나쳤다고 생각해요. 육성이라는 면에서 생각한다면 부적절합니다. 아마리 씨 등이 부간사장으로서 지탱해 주지 않았으면 극복할 수 없었습니다. 물론 저를 쓰러뜨리러 오는 사람에 대해서는 저도 강경한 태도로 맞붙었습니다. 정치권에서는 그것이 당연합니다. 저와 이시바 시게루 전 간사장은 2018년 총재 선거에서 싸웠지만, 저와 이시바 씨가 길러지고, 길러지지 않고 하는 식의 관계는 아니잖아요.

보수파 논객의 지지

— 경제학자나 매파 지식인의 도움을 받았다는 인식이 있나요?

네, 정책면에서는 아베노믹스를 뒷받침해 준 경제학자의 존재가 필수적이었습니다. 하마다 코이치 예일대 명예교수, 혼다 에쓰로 시즈오카 현립대 교수, 다카하시 요이치 가에쓰대 교수 등 이른바 '리후레파(リフレ派: 디플레이션 탈피를 위해 적극적인 재정 통화정책을 지지하는 그룹)'라고 불리던 사람들이 제대로 이론무장을 하고 제 주장을 뒷받침해 주었습니다. 재무성이나 재정재건파 의원들과 대치하는 데도 다카하시 교수 등은 큰 역할을 해주었습니다. 그것과는 별개로 보수파 논객들이 저를 지지해 주고 있는 것도 강점이었습니다. 저널리스트 사쿠라이 요시코(櫻井よしこ) 씨, 평론가 킨 비레(金美齡) 씨와는 가능한 한 자주 만나 의사소통을 거듭하도록 했습니다. 보수파 논객 중에는 저에게 백점 만점을 요구하는 사람이 있습니다. "봄철 가을철 예대제 때마다 야스쿠니 신사를 참배하라", "한국과는 단교하라"는 주장입니다. 하지만 그런 말을 들어도 현실 정치에서는 불가능하겠죠.

2015년 한국과 위안부 문제에 관한 합의를 맺었을 때도 보수파로부터 "한국에 돈을 대다니, 아베는 피가 거꾸로 흐르고 있는 거냐"고 호된 비판을 받았습니다. 그런 와중에 사쿠라이 씨도 힘들었겠지만 저를 든든하게 응원해 주셨습니다. 사쿠라이 씨는 "이 돈은 한국과의 계약금"이라는 주장을 하며 보수파를 달래줬어요. 보수파 입장에서는 60~70점인 제가 쓰러져 버리면 다음은 0점짜리 인사가 총리에 오를 수도 있다는 생각이었던 것 같습니다.

연예계와 문화계에서는 쓰가와 마사히코(津川雅彦) 씨가 저를 둘러싸는 그룹을 만들어 주었습니다. 항상 회식 자리를 마련하고 연예인 등 수십 명을 모아주었습니다. 저에게는 큰 재산이 되었습니다.

국민의 요구는 경제 최우선이었다

— 1차 내각에서는 전후 체제 탈피를 내걸고 교육기본법 개정 등을 추진했습니다. 이념형 정책이라고 할 수 있었습니다. 하지만 그것만으로는 정권 운영이 지속될 수 없을 것으로 판단해 2차 내각 이후에는 경제 살리기를 최우선 과제로 내걸었던 건가요?

1차 내각에서 내걸었던 이념은 그것대로 옳았다고 생각합니다. 1차 내각의 첫 소신 표명 연설에서는 "활력과 기회와 상냥함이 넘치고 자율의 정신을 소중히 여기며 세계에 열린 '아름다운 나라, 일본'을 지향한다"고 호소했습니다. '아름다운 나라'는 문화, 전통, 자연, 역사를 소중히 여기고 자유로운 사회를 기본으로 하며 규율을 아는 성숙한 나라라고 주창했습니다. 국가관이나 시대인식을 당당히 보여준 연설이었다고 생각합니다.

반면 2차 내각 출범 초기인 2012년 말부터 2013년은 민주당 정권 하에서 악화된 경제 상황을 어떻게든 해결해 달라는 국민적 요구에 부응하는 것을 우선시한 것입니다. 제가 다시 총리에 오를 당시에는 엔고 현상이 너무 심해 대기업 제조업체들이 생산 거점을 해외로 계속 이전했고, 이전할 수 없는 중소기업이나 소상공인들은 일본 내 공장을 닫을 수밖에 없는 상황에 몰렸습니다. 2012년 도산 건수는 1만2000건을 넘었습니다. 2020년보다 거의 1.5배의 많은 것입니다.

그런 상황을 거시경제 관점에서 분석해 기업 수익 개선과 일자리 창출에 나서기로 한 것입니다. 디플레이션 탈출을 목표로 한 이른바 아베노믹스입니다.

그 결과 일자리 창출에는 성공했습니다. 정치에 요구되는 경제 분야의 가장 큰 화두는 고용일 것입니다. 민주당 정권 시절 실업률은 5%를 넘었지만, 2차 아베 내각의 2016년 이후에는 '완전 고용'이라고 불리는 3%를 밑도는 상태가 유지됐습니다. 2010년은 0.52배였던 평균 유효 구인 배율도 2018년에는 1.61배까지 개선했습니다. 고졸, 대졸 취업률도 역대 최고 수준을 기록했습니다.

아베 내각은 젊은 층의 지지가 매우 높았습니다. 그 이유는 고용, 특히 취업 환경을 개선한 것이라고 생각합니다. 고령자에게 지지가 편중되어 온 오래된 자민당의 이미지를 바꾸는 데도 성공했습니다.

— 안보정책을 중시하고 헌법 개정을 주창한 아베 총리의 매파적 언

행이 젊은 층의 공감대를 얻었다는 시각이 있는데, 그게 아니라 경제상황 호전이 큰 영향을 끼쳤다고 보는 것입니까?

매파적 측면이 지지를 받기도 했을 것입니다. 인터넷을 활용해 세계 각국의 동향을 아는 젊은이는 늘었습니다. 그렇게 되면 억지력과 대처 능력을 높이고 국가의 안전을 지키는 것은 국제사회에서는 당연하다는 것을 깨닫게 됩니다. 국익을 지키기 위해 때로는 하드 라이너(강경 노선)로 나아가야 한다는 것을 그들은 알게 된 것입니다. 물론 주장이 편향된 사이트만 보고 있으면 사고방식이 경직돼 매우 위태롭습니다. 그런 인터넷 문제는 무시할 수 없어요. 다만 일본에서는 모든 주의나 주장이 인터넷 상에 넘쳐나고 있습니다. 여러 가지 정보를 접하면서 확고한 국가관을 길러가는 젊은이들도 많다고 생각합니다.

하지만 꾸준히 경기 회복에 나서지 않았다면 아무리 매파 정책을 내세웠어도 전후 최장수 정권이 되지 않았을 것입니다.

2차 내각 이후인 2012년 12월부터 코로나19 사태 직전까지 경기 확대 국면이 이어졌습니다. 고도성장기의 호황(1965년 11월~1970년 7월, 57개월간)을 넘어 전후 최장(2002년 2월~2008년 2월, 73개월간)에 필적하는 상황이 된 셈입니다.

물론 국민들에게 경제 성장의 효과가 피부로 와닿지 않았던 점은 인정합니다. 생산성 향상과 임금 인상은 더디게 이루어졌습니다. 경제 선순환을 목표로 내건 아베노믹스가 모두 잘된 것은 아니지만 어느 정도 성과를 거두어 많은 국민의 지지를 받은 것은 사실

일 것입니다. 일본은행에서 전국을 9개 지역으로 나눠 경기동향을 정리한 지역경제보고(사쿠라 리포트)가 있는데 2002년부터 2008년까지의 고이즈미-1차 아베-후쿠다 등 3개 내각의 경기 회복 국면에서 '경기가 좋다'는 판단이 이어진 곳은 주로 간토의 고신에츠(甲信越)[01]와 도카이(東海)[02] 지역뿐입니다. 이 지역은 대기업이나 수출 산업 중심의 기업이 많기 때문입니다. 반면 홋카이도와 시코쿠는 경기 회복 국면에서도 어려운 상황이었습니다. 수출 산업이 적기 때문입니다.

2차 내각에서 재등판하고 나서는 홋카이도에서 오키나와까지 9개 지역 모두를 플러스로 하는 것을 목표로 했습니다. 그러기 위해서 관광 산업을 늘리기 위해 노력했습니다. 수출형 기업의 공장이 없어도 좋은 경관과 문화재가 있으면 관광산업은 활성화됩니다. 그래서 홋카이도나 시코쿠에도 많은 외국인이 방문하여 경기와 고용에 크게 공헌한 것입니다.

그렇게 경제를 되살리는 것을 '아베 정권의 1번지'로 내세우는 한편 우리가 역사적 사명으로 여긴 정책도 함께 추진해 나가기로 했습니다.

어느 내각이나 정권 출범 초기에는 '허니문 효과'가 있어 지지율이 높습니다. 다만 거기에 기대어 명확한 국가전략 없이 모호한 정책 수행을 하다 보면 이내 지지를 잃게 됩니다. 그래서 저는 국민적

---

01) 지금의 야마나시·나가노·니가타 현의 총칭
02) 주부 남부, 태평양 연안에 위치한 아이치·기후·시즈오카·미에 현의 총칭

요구였던 경제정책 실행을 근간으로 삼고 절대로 발걸음을 멈추려하지 않았습니다. 보통 내각 지지율은 점점 떨어지기 마련이지만, 2012년 말부터 2013년까지는 한동안 지지가 올라갔습니다. 그런 정권은 드물 것입니다. 이것은 경제 정책에 대한 기대 때문이라고 생각합니다.

정권이 흔들리는 것은 자민당 내 신뢰를 잃을 때

— 2차 내각 이후 최대 목표는 집단적 자위권의 제한적 행사를 용인하는 헌법해석 변경이었다고 생각하지만, 이것은 정권에 돌아온 지약 1년 반 만인 2014년 7월에 이뤄졌습니다. 그 전에 경제 정책을 강화하고 지지를 높여 두려고 생각한 건가요?

집단적 자위권에 관한 헌법 해석 변경과 안전보장 관련법 정비는 미·일 관계에 대한 우려가 배경에 있습니다.

오키나와 미군 후텐마 비행장을 헤노코로 이전하는 계획에서 민주당 하토야마 유키오 정권은 '현외 이전'을 주창했지만, 실행은 미진했습니다. 저는 미·일의 신뢰관계가 상실된 상황을 어떻게든 개선해야 한다는 상당한 위기감을 가지고 있었습니다.

외조부 기시 노부스케 총리는 구 미·일 안전보장조약으로는 일본의 안전을 확보할 수 없다고 생각하고 조약 개정에 착수했습니다. 미국의 일본 방위 의무를 명확히 하는 동시에 일본의 기지 제공으로 쌍무성을 높인 것입니다. 안보 투쟁으로 기시 정권은 쓰러졌지만 미·일 동맹은 강화되었습니다. 조약 개정이 틀리지 않았다는 것은 역사가 증명하고 있습니다. 저는 얼어붙은 미·일 관계를 복원하고 중국의 군비 증강과 북한의 핵·미사일 문제에 대처하려면 어느 정도 방위력 강화가 필요하다고 생각했습니다. 민생을 살찌우는 경제 정책을 실행하면서 안보 정책의 변경을 추진하기로 했습니다.

다만 정책의 우선순위도 생각해야 합니다. 2013년에는 환태평양경제동반자협정(TPP)의 각국 협상이 진행되기 시작됐고, 일본의 참여도 시급히 결정해야 했습니다. 집단적 자위권 해석 변경과 TPP 두 마리 토끼를 모두 잡으면 정권에 부하가 걸립니다. 그래서 2013년 여름 참의원 선거까지는 TPP의 교섭 참가를 우선한 것입니다.

이어 2013년 참의원 선거 후에는 특정비밀보호법을 정비해 국가안전보장회의(NSC)와 국가안전보장국(NSS)을 창설했습니다.

특정비밀보호법은 당시 내각 정보관이었던 기타무라 씨가 "해외와 정보를 주고받는 데 꼭 필요하다"고 주장했기 때문에 그 열의를 받아들여 참의원 선거 직후에 추진하기로 했습니다.

1차 내각의 남은 과제였던 NSC와 NSS는 외교, 군사, 정보를 일원화해서 외교 및 안보 정책을 결정해 나가는 조직입니다. 안전보장 관련법을 정비하기 전에 설치한 것은 그렇게 하지 않으면 관저의 생각이 미국 등에 정확하게 전달되지 않을까 우려했기 때문입니다. 예를 들어 미국 NSC 담당자가 일본을 방문하더라도 일본에 카운터파트가 없으면 외무관료와 방위관료 양측과 따로 상의해야 합니다. 외무성과 방위성이 각각 다른 이야기를 하게 될 우려도 있습니다. 그런 사태를 피하기 위해 관저에 외교안보 사령탑 조직을 두는 것이 중요한 것입니다. 미·일간 기밀정보를 논의할 때 특정비밀보호법이 있으면 일본측 담당자는 비밀을 지키게 돼 미국측도 안심하고 이야기할 수 있죠. 이 점에서 기타무라 씨의 주장은 옳았다고 생각합니다.

— 특정비밀보호법은 비밀 지정이 끝없이 확대되고, 언론의 자유가 위협받는다는 반대론이 강해 내각 지지도가 하락했습니다.

10% 정도 잃었어요. 하지만 특정비밀보호법은 관료에 의한 자의적인 운용을 없애는 데 있어서도 법 정비의 의의가 컸다고 생각합니다.

과거에 실수를 한 적이 없다는 관료의 무류성은 대단합니다. 관료들이 준비하는 정치인의 국회 답변은 '지금까지도 실수가 없었지만 앞으로는 더 나아질 것'이라는 내용이 되기 쉽습니다. 솔직히 말해서 매우 이해하기 어렵습니다. 그래서 저는 특정비밀보호법 심의에서 방침을 크게 전환했습니다. '과거에 잘못은 있었다'고 인정한 셈이죠.

핵 밀약 문제가 바로 그것입니다. 이것은 1969년 11월 미·일 정상회담에서 극비리에 맺어진 약속으로 미군은 오키나와에 배치했던 핵무기를 오키나와 반환 전에 모두 철거하지만 동아시아에 급변 상황이 발생하면 다시 반입할 권리가 있다는 것을 일본이 인정하는 내용입니다. 그러나 이 밀약은 외무 관료의 자의적 판단으로 그때그때 총리에게 전달되기도 하고 전달되지 않기도 했습니다. 이건 분명히 잘못됐어요. 실제로 저는 1차 내각 당시 이 밀약의 존재를 듣지 못했습니다. 이런 일은 용납될 수 없습니다. 그래서 저는 핵 밀약을 예로 들어 특정비밀보호법이 정비되고 비밀지정과 해제의 기준이 명확해지면 관료들에 의한 자의적 운용이 일절 없어질 것이라고 답변한 것입니다.

2010년 9월 센카쿠 열도 부근에서 중국 어선이 해상보안청 순시선과 충돌한 사건에서 당시 민주당의 간 나오토(菅直人) 총리가 사건 비디오를 공개하지 않기로 결정했습니다. 그런데 법적 근거는 없어요. 특정비밀 보호법은 비밀 지정 여부를 결정하는 근거가 되는 것입니다.

정권이 흔들리는 것은 자민당 내의 신뢰를 잃을 때입니다. 그것을 나는 1차 내각에서 통감했습니다. 그래서 2차 내각 이후에는 여론의 반대가 많은 정책에 관해서는 전당대회 연설에서 "이 법의 정비는 우리 당의 사명이다. 역사적 요청이기도 하다. 해야 할 일을 완수해 나가자"라고 호소하는데 주력했습니다. 안전보장 관련법도 테러 등 준비죄를 신설한 조직범죄처벌법 개정도 그렇게 호소했습니다. 그러자 당내가 단단해졌습니다. 설령 내각이나 당의 지지율이 감소해도 책임 있는 보수 정당으로서 해야 한다고 자민당 의원이나 당원이 의기투합하는 것이 느껴지더군요.

— 오랜 기간 총리를 지냈기 때문에 외교에서 존재감을 발휘할 수

있었던 측면도 있겠죠.

그건 큰 의미가 있어요. G7 정상회의나 G20 정상회의, APEC 정상회의 등 여러 자리가 있는데, 인터넷 등 정보기술이 발달한 결과 많은 국민이 정치 지도자가 일을 잘하고 있는지에 관심을 갖게 됩니다.

저는 1차 내각에서 앙겔라 메르켈 독일 총리, 블라디미르 푸틴 러시아 대통령 등을 만났기 때문에 총리에 다시 올랐을 때는 이미 일정한 관계가 있었습니다. 2차 내각 이후는 해를 거듭해 가며 국제회의에 익숙해졌습니다. 그리고 각국의 새로운 정상들은 나에게 인사하러 옵니다. 원래 일본은 강대국이기 때문에 일본 총리를 만나고 싶다고 하는 정상은 많습니다. 여러 회의에서 제가 발언을 하게 되자 제 주변에 사람들이 점점 모여들게 되었습니다. 또 그러한 영상은 일본에도 전달됩니다. 시간이 길어질수록 국제사회는 물론 일본 내에서도 존재감을 더해가게 되었다고 생각합니다.

동영상, 트위터, 인스타그램

— 세세한 것이지만 아베 내각은 홍보에 힘쓴 것이 특징이라고 할 수 있습니다.

어쨌든 관저 홈페이지나 인스타그램의 동영상 조회수를 늘리고, 제 트위터 이미지도 고민해보자고 마음먹었습니다. 홍보 담당 사에키 비서관과 상의해 시각적인 동영상이나 사진 포스팅에 상당히 노력을 기울였습니다.

예를 들어 2019년 트럼프 미국 대통령이 일본을 방문해 지바에서 골프를 쳤을 때 저와 트럼프의 '셀카' 투샷 사진을 트위터 등에 올렸어요. 그것은 사에키 군의 아이디어로 "총리님, 기념촬영 같은 것보다 무조건 셀카가 좋습니다"라고 해서 그렇게 한 것입니다. 다만 실행에 옮기는 것은 쉽지 않았습니다. 먼저 백악관에 셀카를 용인해 달라고 하고 트럼프에게도 직접 "셀카를 찍겠다"고 양해를 구해야 했습니다. 하지만 결과는 매우 호평을 받았습니다. 공무원들은 국민이 정부의 동영상이나 사진을 얼마나 보는지 신경쓰지 않습니다. 그저 예산을 묵묵히 소비하려고 합니다. 저는 "그러면 안 되지"라고 하면서 여러 동영상에 대해 세세하게 지시해 왔습니다. 저는 영화를 좋아하기 때문에 비주얼에 까다로운 편입니다. 방위대 졸업식에서의 제 훈시를 담은 동영상도 대폭 수정했습니다. 방위성이 처음 만든 동영상에서는 연설 15분 동안 끝없이 저를 비추고 있는 것입니다. 나는 "이런 영상은 누구든 2~3분 만에 그만 보게 된다. 나도 보고 싶지 않다"며 수정을 지시했습니다. "내 훈시 음성은 계속 틀어도 되지만 내 영상은 필요 없다. 훈시에는 처음부터 배경음악을 넣어라. 그리고 내가 말하는 내용에 맞춰 자위대원을 비롯한 직원들이 현장에서 활동하는 장면의 동영상을 넣으라"고 지시한 것이죠. 내가 훈시에서 유학생을 언급하면 유학생들이 열심히 하는 모습의 영상이 나갑니다. 혹독한 훈련을 언급했을 때는 훈련 영상으로 전환합니다. 세계에서의 활약에 관해서 말할 때는 해외에서 활동하는 자위대의 영상을 차례차례로 내보냅니다.

그렇게 완성된 동영상을 보고 "여기는 줌으로 하라"거나 "PKO (유엔 평화유지활동)에서 각국 아이들을 대하는 모습도 좋겠다"며 더 고치게 했습니다. 그 결과, 그 졸업식 동영상은 방위성 시작 이래 가장 많은 조회수를 기록한 것입니다.

　　그 후에는 방위성도 긴장해서 다양한 영상을 모아 두도록 노력하고 있습니다. 제가 말하고 있는 영상 같은 것보다 자위대원이 노력하고 있는 모습이 국민의 마음에 와닿을 것입니다. 정보기술이 발달했으니 활용하지 않을 이유가 없습니다. 정치인도 단지 일을 하고 있는 것만으로는, 좀처럼 평가되지 않습니다. 보여주는 방법을 궁리하고, 이미지를 중요하게 생각할 필요가 있습니다.

감사의 말

여러 시간에 걸쳐 진행한 아베 신조 씨의 인터뷰에서 우리가 유의한 것은 "이 문제에 대해서는 어떻게 생각하십니까" 같은, 이른바 '어용 질문'은 최대한 피하는 것이었습니다. 많은 국민들이 궁금해하는 점과 '아베 정치'에 대한 따가운 비판도 감안하면서 가능한 한 솔직하게 직설적으로 물어봤습니다. 아베 씨 입장에서는 울컥할 만한 질문이 많이 있었을지도 모르지만, 그 편이 사실에 더욱 가까워진다고 생각했기 때문입니다. 반면 아베 씨는 자신의 기억을 떠올릴 뿐만 아니라 정상회담 기록이나 신문 기사 등을 사전에 꼼꼼히 조사해 성실하게 대응해 주었습니다.

그러는 동안 기타무라 시게루 전 국가안전보장국장은 1차 내각에서 축적해 온 자료 제공과 아베 씨와의 사전 협의를 비롯해 인터뷰의 모든 것을 뒷받침해 주었습니다. 또 사후적인 원고 체크나 게재할 사진 선정도 부탁했습니다. 그것이 없었다면 이런 형태로 역사적이고 실증적인 회고록이 세상에 나오는 것은 불가능했을 것입니다. 아베 씨가 소장하고 있는 300권이 훌쩍 넘는 방대한 스크랩북을 만드는데 노고를 마다하지 않고 종사해 주신 오노데라 아키라(小野寺亨) 씨, 또 인터뷰마다 주제에 따른 자료 정리에 임해 주신 사이키 아키라(斉木亨) 씨, 스즈키 유카코 (鈴木由佳子) 씨에게도 진심으로 감사의 말씀을 드립니다.

『아베 신조 회고록』 출판의 가장 큰 공로자가 주오코론신샤(中央公論新社)의 나카니시 게이코(中西恵子) 씨라는 것은 아베 씨도 키타무라 씨도 우리 모두 똑같이 동의하는 바였습니다. 아베 씨의 회고록이 왜 필요한지, 무엇이 국민의 관심사인지, 회고록이 앞으로의 정치인들에게 지침이 되도록 하기 위해서는 무엇이 필요한지도 모두 나카니시 씨의 안내가 있었습니다. 나카니시 씨에게 주오코론의 대선배인 고 카스야 카즈키(粕谷一希) 씨는 편집자로서 수많은 명저를 세상에 내놓아 '명편집자'라고 불렸습니다. 아베 신조 회고록에 들인 나카니시 씨의 열정과 노력을 접하면서 카스야 씨를 떠올렸습니다. 이처럼 『아베 신조 회고록』은 모두의 마음을 담아 완성된 것입니다. 많은 분들이 읽어주시고 가감없는 비판을 받음으로써 『아베 신조 회고록』은 한층 더 '맞고 두들겨져 단련되는 단조품'이 될 것이 틀림없습니다.

2023년 1월
하시모토 고로, 오야마 히로시

자료

아베 정권의 전개

제1차 아베 내각	
2006년	
9월 20일	아베 신조 관방장관이 제21대 자민당 총재로 선출
9월 26일	중참의원의 본회의에서 아베 총재가 제90대 총리에 선출됨. 총리가 된 역대 정치인은 아베 총리까지 57명. 그 후 새 내각이 발족됨
9월 29일	아베 총리는 중참양원 본회의에서 집단적 자위권 행사에 대한 소신 표명 연설을 하고, 구체적인 연구 작업에 착수한다는 방침을 발표
12월 15일	교육기본법을 59년만에 개정
2007년	
1월 9일	방위성이 발족. 초대 방위상에는 규마 후미오(久間章生) 임명
1월 26일	아베 총리의 첫 시정방침연설. 국민투표법안 통과 기대감
5월 14일	헌법 개정 절차를 정하는 국민투표법이 참의원에서 통과. 개헌에 필요한 법적 환경이 갖추어짐
5월 18일	집단적 자위권에 대한 개별 사례를 연구하는 전문가 회의 첫 개최
5월 28일	'사무실 비용' 의혹으로 추궁을 받고 있던 마츠오카 도시카츠 (松岡利勝) 농림수산상이 자살. 31일 후임으로 아카기 노리히코(赤城德彦) 중의원 임명

7월 29일	제21회 참의원 선거. 자민당 37석, 민주당 60석 획득. 이로 인해 참의원 전체 의석은 민주 109석, 자민 83석. 자민당은 참의원 제1당에서 처음으로 내려옴. 중참 '비틀림(중의원과 참의원의 다수당이 다른 상황)'으로 전개
8월 1일	아베 총리, 아카키 농림수산상 경질
8월 27일	아베 정권, 개각
9월 12일	아베 총리, 퇴진 의사 표명. 13일 기능성 위장 장애 진단을 받고 입원
2012년	
9월 26일	자민당 총재선거 출마 결선투표서 이시바 시게루(石破茂)에 역전승
12월 16일	제46회 중의원 선거. 자민당이 압승을 거둬 과반수(241)를 크게 웃도는 294석 획득. 3년 3개월 만에 정권을 탈환. 민주당 참패 57석으로 추락.
제2차 아베 내각	
12월 26일	노다 요시히코(野田佳彦) 내각 총사퇴. 자민당의 아베 총재가 제96대 총리로 취임. 사임했던 총리가 복귀하는 것은 요시다 시게루(吉田茂) 이후 64년 만이며 전후 2번째
2013년	
1월 16일	알제리 인질 사건
1월 22일	정부와 일본은행, 2%의 인플레이션 목표를 명기한 '공동 성명' 발표
3월 15일	아베, TPP 협상 참가 공식 선언

3월 20일	일본은행의 새 총재로 구로다 하루히코(黒田東彦) 전 아시아 개발은행 총재 취임
4월 29일	아베 총리, 러시아에서 푸틴 대통령과 회담. 북방영토 해법을 찾기 위한 협상 재출발과 가속에 의견 일치
7월 21일	제23회 참의원 선거, 자민, 공명 양당이 76석을 획득. 비개선 의석을 합쳐 참의원 과반수를 확보해 '비틀림 국회' 해소. 민주당은 창당 이래 최소 17석으로 참패
8월 8일	내각 법제국 장관에 고마츠 이치로(小松一郎) 주프랑스 대사. 집단적 자위권 행사가 가능한 헌법 해석 재검토 방향으로 추진
9월 7일	국제올림픽위원회(IOC) 총회 투표에서 도쿄가 2020년 하계 올림픽·패럴림픽 개최 도시로 선정. 투표 전 유치 설명에서는 아베 총리가 후쿠시마 제1원전에 대해 '상황은 통제되고 있다' 며 우려를 불식시키기 위해 노력
12월 6일	특정비밀보호법, 참의원에서 통과. 안전보장의 기밀정보를 누설한 공무원 등에 대한 벌칙을 강화
12월 26일	아베 총리, 취임 1주년을 맞아 야스쿠니 신사 참배
2014년	
1월 7일	일본판 NSC 사무국 '국가안전보장국'을 발족. 초대 국장에는 야치 쇼타로(谷内正太郎) 전 외무차관 임명
4월 1일	소비세율, 8% 인상. 17년만의 중세
4월 23~25일	오바마 미 대통령이 국빈 방일. 양국 정부는 TPP 교섭에서 실질적인 기본 합의에 이르고, 공동성명을 발표. 센카쿠열도에 미·일안보조약을 적용하고, 집단적 자위권 행사 용인을 위한 아베 내각의 조치를 미국이 '환영하고 지지한다'는 뜻도 포함

자료-아베 정권의 전개

5월 30일	중앙부처 간부 인사를 일원화 하고 관리하는 '내각인사국' 출범
9월 3일	개각. 18개 각료 중 12명 교체 여성 역대 최다인 5명 등용
11월 18일	아베, 소비세율 10% 인상을 2017년 4월로 1년 반 연기
12월 14일	제47회 중의원 선거. 자민, 공명 양당에서 325석을 획득해 정수의 3분의 2(317)를 웃도는 결과. 민주당 73석. 가이에다 반리(海江田万里) 대표 낙선
제3차 아베 내각	
12월 24일	제3차 아베 내각 발족
2015년	
1월~2월1일	이슬람 국가(IS)에 의한 일본인 인질 살해 사건
4월 29일	아베 총리, 일본 총리로는 처음으로 미 의회 상하 양원 합동회의 연설. 미·일 동맹을 '희망의 동맹'으로 규정
8월 14일	정부, 전후 70년 아베 총리 담화를 각의에서 결정. 지난 전쟁에 대한 '통절한 반성과 진심어린 사과'를 표명한 역대 내각의 입장은 변함없다고 강조
9월 8일	자민당 총재 선거에서 아베 총리가 무투표 재선
9월 19일	안전보장관련법 참의원 통과. 자위대의 미군 지원에 대해 지리적 제약을 없애고 공해 등 일본 영역 밖에서의 활동을 전면 허용. 한편 국회 주변에서는 반대 시위가 연일 벌어짐. 2016년 3월 29일 시행
10월 7일	개각. '미래에 도전하는 내각'으로 명명하고, 신설된 1억 총활약상에 기용된 가토 가쓰노부(加藤勝信) 전 관방부장관 등 9명이 첫 입각

12월 8일	국제 테러 정보수집 기관((CTUIJ) 설치
12월 28일	한·일 외교장관, 위안부 문제 합의 도달. 전 위안부 지원을 위한 재단에 일본 정부가 10억엔 출연. 양측은 위안부 문제가 '최종적이고 불가역적으로 해결된다'라고 표명
2016년	
1월 28일	아마리 아키라(甘利明) 경제재생상 사임 표명. 자신 또는 비서가 건설사 측으로부터 불법 정치자금을 받았다는 주간지 보도 때문. 후임에 이시하라 노부테루(石原伸晃) 자민당 전 간사장 표명
5월 26~27일	미에현 이세시마에서 G7 정상회의 개최
5월 27일	오바마, 현직 미 대통령으로서 히로시마를 첫 방문. 피폭자들과도 대화하며 '핵무기 없는 세계'를 추구해 나가야 하는 필요성을 호소
6월 1일	아베 총리, 2017년 4월 소비세율 10% 인상을 2019년 10월까지 2년 반 연기 발표
6월 2일	정부, 각의에서 '일본1억총활약플랜'과 '일본재부흥전략'(성장전략) 등을 결정
7월 10일	제24회 참의원 선거, 자민-공명 연립 여당이 69석을 획득해 대승. 개헌에 전향적인 세력을 합쳐 참의원 개정 발의에 필요한 3분의2(162개) 이상 확보. 이 선거로 18, 19세가 유권자로 포함
8월 3일	개각. 아베 총리는 '미래 챌린지 내각'이라고 명명
8월 8일	천황 , 국민을 향한 영상 메시지로 퇴위 의향을 시사. 정부는 9월 23일 지식인회의를 설치해, 구체적인 검토 착수

8월 21일	리우데자네이루 하계 올림픽 폐회식. 아베 총리는 차기 개최국 일본을 소개하는 이벤트에서 슈퍼 마리오 브라더스의 마리오 모습으로 등장.
11월 17일	아베 총리, 미국 뉴욕에서 트럼프 당선인과 회담. 총리는 '신뢰할 수 있는 지도자'로 평가
12월 15일	아베 총리, 야마구치현 나가토시에서 푸틴 러 대통령과 회담. 북방영토에서 '공동경제활동' 실시를 위한 실무 차원의 협의를 시작하기로 결정
12월 27일	아베 총리와 오바마 미 대통령, 미 하와이 진주만을 방문해 진주만 공격 희생자를 위령. 수상은 위령 후 연설에서 '부전(不戰)의 맹세'를 표명
2017년	
2월 17일	아베 총리, 중의원 예산위에서 오사카의 국유지가 '모리토모 학원'에 감정 평가액을 약 8억엔 밑도는 가격으로 매각된 것에 대해 "관계된 것이 있다면 총리도 국회의원도 그만두겠다"라고 발언
5월 3일	아베 총리, 자민당 총재로서 2020년까지 개헌을 시행하겠다는 방침을 발표. 전쟁 포기 등을 규정한 9조 1항 및 2항 유지, 자위대에 관한 조문 추가를 최우선으로 추진하겠다는 입장 표명
6월 9일	천황 퇴위 실현 특례법 참의원 통과
6월 15일	개정 조직범죄처벌법 참의원 통과. 테러 등 준비죄 신설
6월 15일	문부과학성, '가케학원' 수의학부 신설을 둘러싸고 내각부가 조기 개설을 "총리 의향"이라고 압박했다는 재조사 결과를 공표. 내각부는 16일, 그렇게 발언한 직원은 없었다는 조사 보고서를 공표

8월 3일	개각. 아베 총리는 '일하는 내각'이라고 명명
9월 25일	고이케 유리코(小池百合子) 도쿄도지사, 신당 '희망의당' 창당, 자신이 대표에 취임한다고 발표
10월 22일	제48회 중의원 선거, 자민당은 추가 공천을 포함해 284석을 획득해 압승. 자민-공명으로 313석이 되어 의석의 3분의 2를 확보. 입헌민주당은 55석으로 제1야당이 됨
제4차 아베 내각	
11월 1일	제4차 아베 내각 발족
11월 5일	트럼프 미국 대통령이 첫 일본 방문, 아베 수상과 회담. 북한에 압력을 최대한 높이기로 합의
11월 29일	북 신형 ICBM 발사. 고도는 4000km 이상으로 사상 최고치를 기록
2018년	
3월 9일	사가와 노부히사(佐川宣寿) 국세청장 사임. 재무성 이재국장 당시 모리토모 문제에 대한 답변으로 국회를 혼란에 빠뜨렸다는 이유
4월 16일	방위성, '존재하지 않는다'라고 설명해 온 육상자위대 이라크 파견시의 일보를 공개. '전투 확대' 등의 기술도 확인
6월 4일	재무성, 모리토모 문제로 사가와 전 국세청장 등을 처분. 수정을 실질 지시로 인정
6월 29일	일하는 방식 개혁 관련법, 참의원에서 성립. 잔업시간 벌칙 상한, 일부 전문직 탈시간급 제도 등 도입
6월 29일	TPP 관련법, 참의원 통과. 국내 승인 절차 종료

자료-아베 정권의 전개

7월 20일	카지노를 포함한 IR실시법, 참의원 통과
9월 12일	푸틴 대통령, 러 동방경제포럼에서 북방영토 문제를 보류하고 러·일평화조약을 체결할 것을 아베 총리에게 제안
9월 20일	아베 총리 이시바 시게루 전 간사장 누르고 연속 3선 달성
10월 2일	개각. 역대 아베 내각 중 가장 많은 12명이 첫 입각
10월 25~27일	아베 총리, 중국 공식 방문 및 정상회담. 중·일 관계를 '경쟁에서 협조'라는 새로운 단계로 발전시키는 내용에 일치
11월 14일	아베 총리, 싱가포르에서 푸틴 러시아 대통령과 회담. 1956년 '일·소 공동선언'을 바탕으로 평화조약 협상을 가속화하기로 합의
2019년	
1월 8일	후생노동성, '월별 근로 통계'의 조사 방식에 오류가 있었다고 발표. 고용보험 등으로 약 564억엔의 과소급여 발생/ 22일 차관 등 총 22명을 처분
4월 1일	정부, 새 연호로 '레이와(令和)'로 결정
4월 30일	아키히토 천황(제125대), 헌정 사상 첫 퇴위로 헤이세이 시대 폐막. "국민에게 진심으로 감사"라고 인사
5월 1일	황태자 나루히토(德仁) 친왕, 제126대 천황으로 즉위. 레이와 시대 출범
5월 25~28일	트럼프 미 대통령, 레이와 시대의 첫 국빈으로서 일본 방문. 천황 및 황후와 회견. 아베 총리와는 회담 외에도 골프 게임과 스모 관전

6월 12~14일	아베, 현직 총리로서 41년만에 이란을 방문, 로하니 대통령과 회담. 하메네이 최고지도자와의 첫 만남에서 미국과의 대화를 요구했으나 하메네이는 거부
6월 28~29일	오사카에서 일본 첫 개최한 G20정상회담
7월 4일	정부, 불화수소 등 3개 품목 대한 수출관리 규제 강화
7월 25일	제25회 참의원 선거. 자민-공명이 선거 의석의 과반수를 넘는 합계 71석을 획득. 국회 발의에 필요한 '3분의 2'(164)는 유지 못함
9월 11일	개각
10월 1일	소비세율, 10%로 인상. 경감세율도 도입
11월 13일	아베 총리 후원회 관계자를 다수 초청했다는 지적 때문에 매년 4월 개최되는 '벚꽃 보는 모임'을 2020년도는 중지하기로 결정
11월 20일	아베 총리의 통산 재임일수, 2887일로 개헌 사상 최장기 기록. 태평양전쟁 이전 가쓰라 다로(桂太郎)를 넘어섬
2020년	
1월 15일	후생노동성, 국내 첫 신종 코로나 확진자 확인. 간토 지방에 거주하는 중국인 남성으로 중국 우한시를 방문
2월 3일	신종 코로나 확진자가 승선한 크루즈선 '다이아몬드 프린세스'가 요코하마항으로 귀항. 후생노동성, 승객 등 3700여명 검역 실시
2월 27일	정부, 전국 초중고교에 3월2일부터 봄방학까지 임시휴교 요청
3월 13일	신종 인플루엔자 등 대책 특별조치법 공포

자료-아베 정권의 전개

3월 24일	아베 총리, IOC 바흐 회장과 도쿄올림픽 및 패럴림픽 1년 연기 합의. 대회조직위도 성화 봉송 연기 밝힘
4월 1일	아베 총리, 전 가구에 천마스크 2장씩 배포 방침 발표
4월 7일	아베 총리, 도쿄 등 7개 도도부현 긴급사태 선포. 16일, 대상 전국 확대
5월 18일	검찰 정년 연장하는 검찰청법 개정안 통과 보류. '특례규정'을 놓고 여론 반발
8월 24일	아베 총리, 연임일수 2799일로 사토 에이사쿠(佐藤榮作) 전 총리를 제치고 단독 역대 최장 기록
8월 28일	아베 총리 사임 의사 표명. 지병인 궤양성 대장염 재발
9월 16일	아베 내각 총사퇴. 아베 총리의 재임 일수는 연속 2822일, 통산 3188일로 모두 사상 최장. 자민당의 스가 요시히데(菅義偉) 총재가 국회의 총리 지명을 받아 제99대 총리 취임

아베 총리 해외 순방 일람

제1차 아베 내각	
2006년	
10월 8일~9일	중국, 한국 방문
11월 17~20일	APEC 정상회담 참석(베트남) 겸 베트남 공식방문
12월 8~10일	필리핀 방문
2007년	
1월 9~15일	유럽 국가 (영국, 독일, 벨기에, 프랑스) 방문 및 동아시아 정상회의 등 출석 (필리핀)
4월 26~5월 3일	미국 및 중동 국가 (사우디아라비아, UAE, 쿠웨이트, 카타르, 이집트) 방문
6월 5~9일	일본·EU 정기 정상회의 및 G8 정상회의 참석 (독일)
8월 19~25일	인도네시아, 인도, 말레이시아 방문
9월 7~10일	APEC 정상회의 참석 (호주)
제2~4차 아베 내각	
2013년	
1월 16~19일	동남아시아 국가(베트남, 태국, 인도네시아) 방문
2월 21~24일	미국 방문
3월 30~31일	몽골 방문

자료-아베 총리 해외 순방 일람

4월 28~5월 4일	러시아 및 중동 국가(사우디아라비아, UAE, 터키) 방문
5월 24~26일	미얀마 방문
6월 15~20일	G8 정상회의 참석 (아일랜드) 및 유럽 국가 (폴란드, 아일랜드, 영국) 방문
7월 25~27일	말레이시아, 싱가포르, 필리핀 방문
8월 24~29일	중동·아프리카 국가(바레인, 쿠웨이트, 지부티, 카타르) 방문
9월 4~9일	G20 정상회의 (러시아) 및 IOC 총회 (아르헨티나) 참석
9월 23~28일	캐나다 방문 및 UN총회 (미국) 출석
10월 6~10일	APEC 정상회의 참석 (인도네시아) 및 아세안(ASEAN) 정상회의 (부르네이) 참석
10월 28~30일	터키 방문
11월 16~17일	캄보디아, 라오스 방문
2014년	
1월 9~15일	오만, 코트디부아르, 모잠비크, 에티오피아 방문
1월 21~23일	다보스회의 참석(스위스)
1월 25~27일	인도 방문
2월 7~9일	소치 동계올림픽 개회식 참석 (러시아)
3월 23~26일	핵안전정상회의 출석 (네덜란드)
4월 29~5월 8일	독일, 영국, 포르투갈, 스페인, 프랑스, 벨기에 방문

5월 30~31일	싱가포르 방문
6월 3~7일	G7 정상회의 참석 (벨기에), 이탈리아 및 바티칸 방문
7월 6~12일	뉴질랜드, 호주 및 파푸아뉴기니 방문
7월 25~8월 4일	중남미 국가(멕시코, 트리디나드 토바고, 콜롬비아, 칠레, 브라질) 방문
9월 6~8일	방글라데시, 스리랑카 방문
9월 22~27일	제69회 UN 총회 출석 (미국)
10월 15~18일	제10회 아셈(ASEM) 정상회의 참석 (이탈리아)
11월 9~17일	APEC 정상회의 (중국) 및 아세안(ASEAN) 정상회담 (미얀마) 참석, G20 정상회의 (호주) 참석
2015년	
1월 16~21일	중동 국가 (이집트, 요르단, 이스라엘, 팔레스타인 자치구) 방문
3월 29~30일	리콴유 전 싱가포르 총리 국장 참석
4월 21~23일	아시아·아프리카회의 60주년기념 정상회의 참석 (인도네시아)
4월 26~5월 3일	미국 방문
6월 5~9일	우크라이나 방문 및 G7 정상회의 참석 (독일)
9월 26~10월 2일	제70회 UN총회 출석 (미국) 및 자메이카 방문
10월 22~28일	몽골 및 중앙아시아 5개국 (투르크메니스탄, 타지키스탄, 우즈베키스탄, 키르기스스탄, 카자흐스탄) 방문

자료-아베 총리 해외 순방 일람

11월 1~2일	한·중·일 정상회의 참석 (한국)
11월 13~17일	터키 방문 및 G20 정상회의 참석 (터키)
11월 18~23일	APEC 정상회의 (필리핀) 및 아세안(ASEAN) 정상회의 (말레이시아) 참석
11월 29~12월 2일	COP21 정상회의 참석 (프랑스) 및 룩셈부르크 방문
2016년	
3월 30~4월 3일	미국 핵안전정상회의 참석
5월 1~7일	유럽 국가 (이탈리아, 프랑스, 벨기에, 독일, 영국, 러시아) 방문
7월 14~16일	몽골 방문 및 제11회 아셈(ASEM) 정상회의 참석
8월 20~23일	리오데자네이루 하계올림픽 폐회식 참석 (브라질)
8월 25~29일	제6회 아프리카 개발회의 참석, 케냐 및 싱가포르 방문
9월 2~3일	동방경제포럼 참석 (러시아)
9월 4~9일	G20 정상회의 참석 (중국) 및 아세안(ASEAN) 정상회의 (라오스) 참석
9월 18~24일	제71회 UN총회 출석 (미국), 쿠바 방문
11월 17~23일	APEC 정상회의 참석 (페루), 페루 및 아르헨티나 공식방문, 경유차 미국 방문
12월 26~28일	미국 하와이 방문

2017년	
1월 12~17일	동남아시아 국가 (필리핀, 인도네시아, 베트남) 및 호주 방문
2월 9~13일	미국 방문
3월 19~22일	독일, 프랑스, 벨기에 및 이탈리아 방문
4월 27~30일	러시아, 영국 방문
5월 25~28일	G7 정상회의 참석 (이탈리아) 및 몰타 방문
7월 5~11일	유럽 국가 (벨기에, 스웨덴, 핀란드, 덴마크) 방문 및 G20 정상회의 (독일) 참석
9월 6~8일	제3회 동방경제포럼 출석 (러시아)
9월 13~15일	인도 방문
9월 18~22일	제72회 UN총회 출석 (미국)
11월 9~15일	APEC 정상회의 참석 (베트남), 아세안(ASEAN) 정상회의 참석 (필리핀)
2018년	
1월 12~17일	유럽 국가 (에스토니아, 라트비아, 리투아니아, 불가리아, 세르비아, 루마니아) 방문
2월 9~10일	평창 동계올림픽 개회식 참석 (한국)
4월 17~20일	미국 방문
4월 29~5월 3일	중동 국가 (UAE, 요르단, 이스라엘, 팔레스타인 자치구) 방문

자료-아베 총리 해외 순방 일람

5월 24~27일	러시아 방문
6월 6~11일	미국 방문 및 G7 정상회의 참석 (캐나다)
9월 10~13일	제4회 동방경제포럼 참석 (러시아)
9월 23~28일	제73회 UN총회 출석 (미국)
10월 16~20일	유럽 국가 (스페인, 프랑스, 벨기에) 방문 및 제12회 아셈 (ASEM) 정상회의 참석
10얼 25~27일	중국 방문
11월 14~18일	아세안(ASEAN) 정상회의 참석 (싱가포르), 호주 방문, PNG · APEC 정상회의 참석 (파푸아뉴기니)
11월 29~12월 4일	G20 정상회의 참석 (아르헨티나), 우루과이 및 파라과이 방문
2019년	
1월 9~11일	네덜란드, 영국 방문
1월 21~24일	러시아 방문 및 다보스포럼(세계경제포럼 · WEF) 참석 (스위스)
4월 22~29일	유럽 및 북아메리카 국가 (프랑스, 이탈리아, 슬로바키아, 벨기에, 미국, 캐나다) 방문
6월 12~14일	이란 방문
8월 23~27일	G7 정상회의 참석 (프랑스)
9월 4~6일	제5회 동방경제포럼 출석 (러시아)

9월 23~28일	제74회 UN총회 참석 (미국), 유럽연결성포럼 참석 (벨기에)
11월 3~5일	아세안(ASEAN) 정상회의 참석 (태국)
12월 23~25일	한·중·일 정상회의 참석 (중국)
2020년	
1월 11~15일	중동 국가 (사우디아라비아, UAE, 오만) 방문

아베 내각 지지율 추이

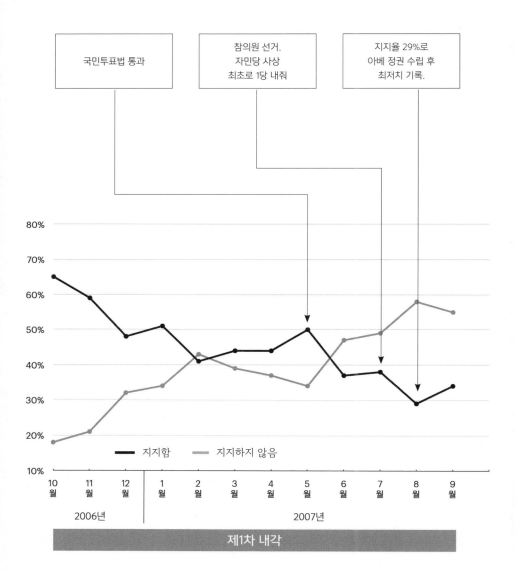

국민투표법 통과

참의원 선거.
자민당 사상
최초로 1당 내줘

지지율 29%로
아베 정권 수립 후
최저치 기록.

— 지지함 — 지지하지 않음

80%
70%
60%
50%
40%
30%
20%
10%

10월 11월 12월 1월 2월 3월 4월 5월 6월 7월 8월 9월

2006년   2007년

제1차 내각

자료-아베 내각 지지율 추이

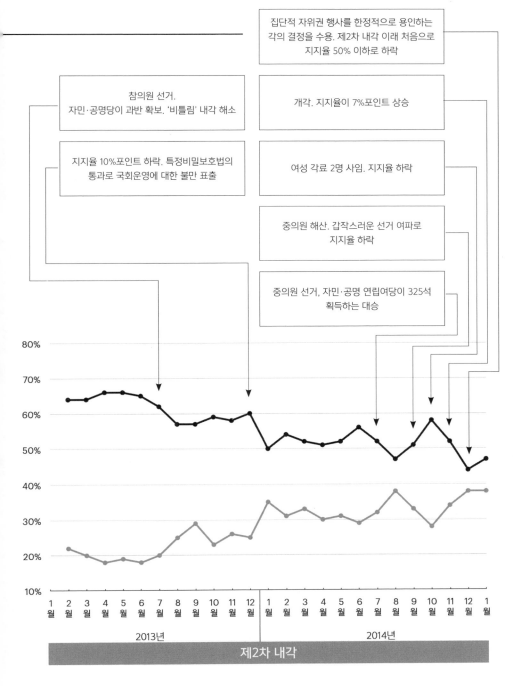

집단적 자위권 행사를 한정적으로 용인하는
각의 결정을 수용. 제2차 내각 이래 처음으로
지지율 50% 이하로 하락

참의원 선거.
자민·공명당이 과반 확보. '비틀림' 내각 해소

개각. 지지율이 7%포인트 상승

지지율 10%포인트 하락. 특정비밀보호법의
통과로 국회운영에 대한 불만 표출

여성 각료 2명 사임. 지지율 하락

중의원 해산. 갑작스러운 선거 여파로
지지율 하락

중의원 선거, 자민·공명 연립여당이 325석
획득하는 대승

80%

70%

60%

50%

40%

30%

20%

10%

1월 2월 3월 4월 5월 6월 7월 8월 9월 10월 11월 12월 1월 2월 3월 4월 5월 6월 7월 8월 9월 10월 11월 12월 1월

2013년

2014년

제2차 내각

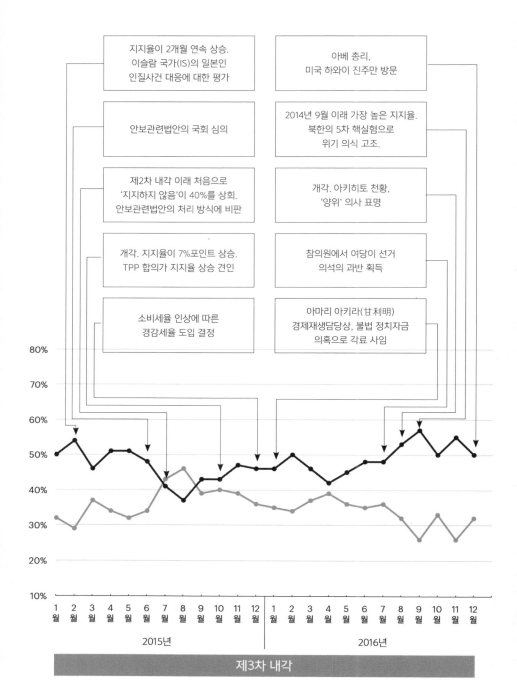

지지율이 2개월 연속 상승.
이슬람 국가(IS)의 일본인
인질사건 대응에 대한 평가

아베 총리,
미국 하와이 진주만 방문

안보관련법안의 국회 심의

2014년 9월 이래 가장 높은 지지율.
북한의 5차 핵실험으로
위기 의식 고조.

제2차 내각 이래 처음으로
'지지하지 않음'이 40%를 상회.
안보관련법안의 처리 방식에 비판

개각. 아키히토 천황,
'양위' 의사 표명

개각. 지지율이 7%포인트 상승.
TPP 합의가 지지율 상승 견인

참의원에서 여당이 선거
의석의 과반 획득

소비세율 인상에 따른
경감세율 도입 결정

아마리 아키라(甘利明)
경제재생담당상, 불법 정치자금
의혹으로 각료 사임

80%
70%
60%
50%
40%
30%
20%
10%

| 1월 | 2월 | 3월 | 4월 | 5월 | 6월 | 7월 | 8월 | 9월 | 10월 | 11월 | 12월 | 1월 | 2월 | 3월 | 4월 | 5월 | 6월 | 7월 | 8월 | 9월 | 10월 | 11월 | 12월 |

2015년   2016년

제3차 내각

자료-아베 내각 지지율 추이

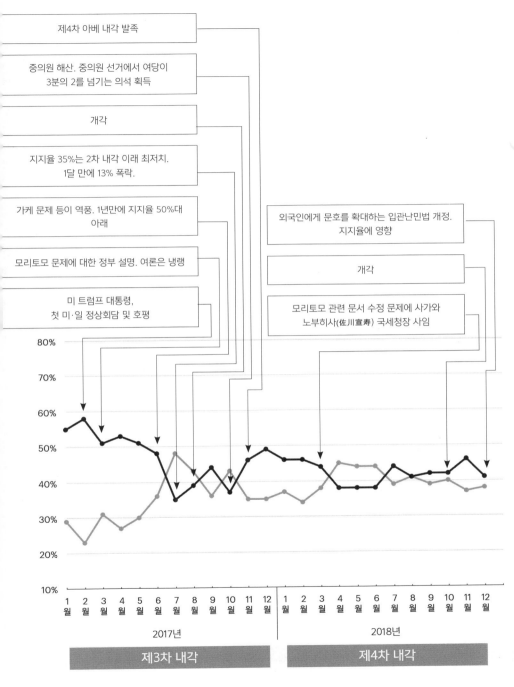

제4차 아베 내각 발족

중의원 해산. 중의원 선거에서 여당이
3분의 2를 넘기는 의석 획득

개각

지지율 35%는 2차 내각 이래 최저치.
1달 만에 13% 폭락.

가케 문제 등이 역풍. 1년만에 지지율 50%대
아래

모리토모 문제에 대한 정부 설명. 여론은 냉랭

미 트럼프 대통령,
첫 미·일 정상회담 및 호평

외국인에게 문호를 확대하는 입관난민법 개정.
지지율에 영향

개각

모리토모 관련 문서 수정 문제에 사가와
노부히사(佐川宣寿) 국세청장 사임

80%

70%

60%

50%

40%

30%

20%

10%

1월 2월 3월 4월 5월 6월 7월 8월 9월 10월 11월 12월 1월 2월 3월 4월 5월 6월 7월 8월 9월 10월 11월 12월

2017년

2018년

제3차 내각

제4차 내각

449

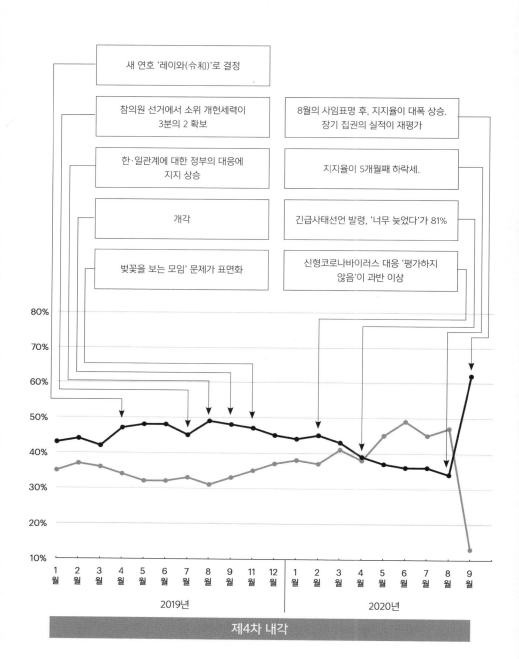

새 연호 '레이와(令和)'로 결정

참의원 선거에서 소위 개헌세력이
3분의 2 확보

8월의 사임표명 후, 지지율이 대폭 상승.
장기 집권의 실적이 재평가

한·일관계에 대한 정부의 대응에
지지 상승

지지율이 5개월째 하락세.

개각

긴급사태선언 발령, '너무 늦었다'가 81%

벚꽃을 보는 모임' 문제가 표면화

신형코로나바이러스 대응 '평가하지
않음'이 과반 이상

80%
70%
60%
50%
40%
30%
20%
10%

1
월
2
월
3
월
4
월
5
월
6
월
7
월
8
월
9
월
11
월
12
월

1
월
2
월
3
월
4
월
5
월
6
월
7
월
8
월
9
월

2019년

2020년

제4차 내각

자료-아베 내각 지지율 추이

일본 참의원 선거 결과

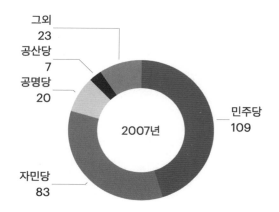

그외
23
공산당
7
공명당
20
민주당
109
2007년
자민당
83

여당(자민·공명 등)		105(-29)
야당		137(+31)
그 외	사민당	5
	국민신당	4
	신당일본	1
	무소속	13
		(합계 : 242)

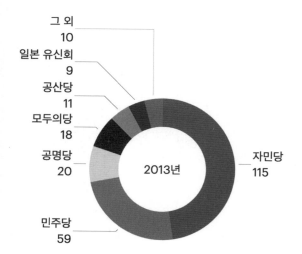

그 외
10
일본 유신회
9
공산당
11
모두의당
18
공명당
20
2013년
자민당
115
민주당
59

여당(자민·공명)		135(+32)
야당		107(-27)
그 외	사민당	3
	생활의당	2
	신당개혁	1
	오키나와 사회대중당	1
	무소속	3
		(합계 : 242)

자료-일본 참의원 선거 결과

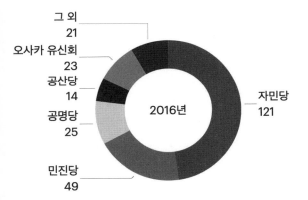

여당(자민·공명)		146(+11)
야당		96(-10)
그 외	일본의 마음을 소중히 하는	3
	사민당	2
	생활의당	2
	일본을 건강하게 하는 모임	2
	오키나와 사회대중당	1
	무소속	11

(합계 : 242)

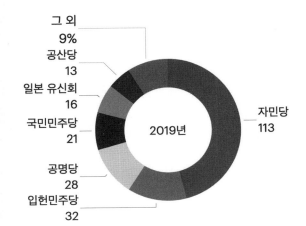

여당(자민·공명)		141(-6)
야당		97(+13)
그 외	사민당	2
	레이와 신센구미	2
	NHK당	1
	무소속	17

(합계 : 242)

일본 중의원 선거 결과

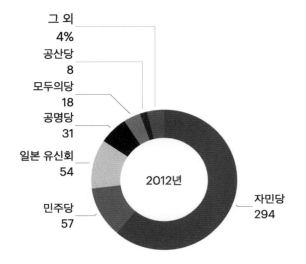

그 외
4%

공산당
8

모두의당
18

공명당
31

일본 유신회
54

민주당
57

2012년

자민당
294

	자민·공명	325(+186)
	민주·국민	58(-175)
	신당	54(+43)
그 외	일본 미래의당	9
	사민당	2
	국민신당	1
	신당대지	1
	무소속	5

(합계 : 480)

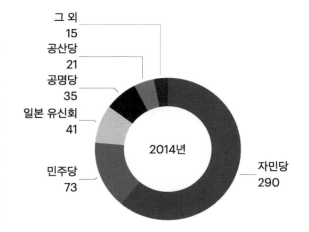

그 외
15

공산당
21

공명당
35

일본 유신회
41

민주당
73

2014년

자민당
290

	자민·공명	325(+1)
	야당 등	150(-5)
그 외	차세대당	2
	사민당	2
	생활의당	2
	무소속	9

(합계 : 475)

자료-일본 중의원 선거 결과

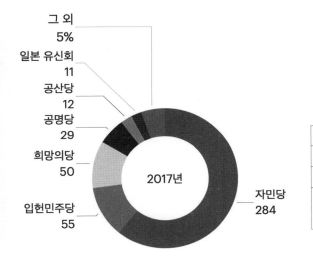

자민·공명		313(+5)
입헌민주		55(+40)
희망의당		50(-7)
그 외	사민당	2
	무소속	22

(합계 : 465)

아베 신조 회고록

1판 1쇄   2024년 2월 28일
ISBN   979-11-92667-48-5

저자   아베 신조 & 하시모토 고로 & 오야마 히로시
감수   기타무라 시게루
번역   유성운
편집   김효진
교정   황진규
제작   재영 P&B
디자인   우주상자
펴낸곳   마르코폴로
등록   제2021-000005호
주소   세종시 다솜1로9
이메일   laissez@gmail.com
페이스북 www.facebook.com/marco.polo.livre

책 값은 뒤표지에 있습니다. 잘못된 책은 교환하여 드립니다.